高等学校酒店管理专业本科系列教材

邮轮旅游基础知识

YOULUN LÜYOU JICHU ZHISHI

◎主 编 崔慧玲

◎参 编 苏筱丹 张晓芳 程芸燕

李淑贤 赵蕙婷 陆宝福

重庆大学出版社

内容简介

本书是国际邮轮专业方向核心基础课程的通用教材。全书分为9章,系统介绍了邮轮船舶、邮轮港口、邮轮旅游概述、邮轮旅游产品、邮轮旅游市场、邮轮旅游者、邮轮旅游从业人员、邮轮公司、邮轮航线及航区等。

本书理论体系完整、观点鲜明、内容翔实,将邮轮旅游相关知识与邮轮旅游活动实践相结合,把邮轮旅游研究领域的前沿问题合理融入其中。该教材可作为国际邮轮运营管理职业本科、应用型高等院校(本科)旅游管理学科相关专业和国际邮轮乘务管理专业的教材,也可作为邮轮旅游企业中高级管理人员的培训用书以及其他类型院校邮轮和旅游管理相关专业的教学参考用书。

图书在版编目(CIP)数据

邮轮旅游基础知识／崔慧玲主编. -- 重庆:
重庆大学出版社,2023.8
ISBN 978-7-5689-3631-6

Ⅰ.①邮… Ⅱ.①崔… Ⅲ.①旅游船—旅游
业—经营管理—高等学校—教材 Ⅳ.①F590.7

中国版本图书馆 CIP 数据核字(2022)第 223349 号

邮轮旅游基础知识

主 编 崔慧玲

责任编辑:尚东亮　　版式设计:尚东亮
责任校对:刘志刚　　责任印制:张 策

*

重庆大学出版社出版发行
出版人:陈晓阳
社址:重庆市沙坪坝区大学城西路 21 号
邮编:401331
电话:(023) 88617190　88617185(中小学)
传真:(023) 88617186　88617166
网址:http://www.cqup.com.cn
邮箱:fxk@ cqup.com.cn(营销中心)
全国新华书店经销
中雅(重庆)彩色印刷有限公司印刷

*

开本:787mm×1092mm　1/16　印张:16　字数:392 千
2023 年 8 月第 1 版　　2023 年 8 月第 1 次印刷
印数:1—2 000
ISBN 978-7-5689-3631-6　定价:48.00 元

前 言

邮轮产业进入中国市场10多年来,发展迅猛,我国邮轮出境游客人数从不到2万人增加到2019年的239万人,年均增长率约50%。全国国际邮轮港口从零发展到10多个,以中国为母港的航次从2006年的24艘次增加到2018年的898艘次,增长幅度超过37倍,中国已跃升为全球邮轮第二大客源国和发展最快的新兴市场。在国家"海洋强国""交通强国"等战略部署下,邮轮行业已成为我国经济新的增长点。习近平总书记强调"大力发展邮轮产业是一件利国利民的好事",并两次亲自见证了邮轮国际合作。2015年习近平总书记和英国首相卡梅伦见证了中国船舶工业集团、中投公司和世界最大邮轮公司嘉年华集团的合作。2017年习近平总书记和意大利总统马塔雷拉共同见证了中国船舶工业集团与美国嘉年华集团、意大利芬坎蒂尼集团签署我国首艘国产大型邮轮建造备忘录协议。李克强总理也多次提出要大力发展邮轮产业、打造"中国自己的邮轮"。2019年10月18日,中国首艘自主建造邮轮正式开工。2020年11月中船嘉年华邮轮有限公司在上海宣布成立全新的邮轮运营团队,旨在打造具备市场营销和商务运营、海事运营、酒店和产品管理、新造船管理等全运营能力的中国邮轮旗舰企业。未来十年,中国船舶集团计划运营一支8~10艘的中资邮轮船队,并形成每年两艘左右的大型邮轮研发设计总包能力。国内邮轮市场正逐步形成比较完整的邮轮产业体系。

邮轮产业发展刺激人才需求,而邮轮人才存在严重的供给侧结构性矛盾问题,人才需求和供给无论从数量和质量方面都存在矛盾。①人才数量方面。按照行业惯例每艘国际豪华邮轮上游客与乘务人员的比例多为2∶1,有的甚至达到1.5∶1。根据未来我国邮轮发展的趋势估计,今后我国将存在30万的国际邮轮乘务人才需求缺口。②人才培养质量方面。目前我国邮轮人才培养主要以专科层次的邮轮乘务人才为主,无法满足打造"中国自己的邮轮"的国家战略要求,培养具有更深厚的理论基础、更完整的知识体系、更加复合的专业能力,能适应邮轮产业高级管理岗位需求的高层次国际邮轮运营管理人才成为必然需求。基于此原因,本书编者在多年一线教学的基础上,结合亲赴邮轮进行实地考察、调研和岗位实践的大量信息资料,编写了这本《邮轮旅游基础知识》教材,希望弥补邮轮管理专业方向教材不足的缺陷,丰富邮轮管理专业方向的教学内容。

本书以开篇导读引出,让学生带着问题和思考来学习,通过理论讲解,再将理论融入邮轮旅游的实践,其编写特点主要体现在以下几个方面:

①强调立德树人根本任务。本书始终以立德树人为根本任务,以培养中华文化传播者为核心,试图通过思政元素的融入,增强学生的家国情怀,激发学生对邮轮行业的热爱。

②强调知识结构全面系统。本书涵盖了邮轮旅游全要素,系统详细地介绍了邮轮船舶、邮轮港口、邮轮旅游业、邮轮旅游产品、邮轮旅游市场、邮轮旅游者、邮轮旅游从业人员、邮轮

公司、邮轮航线及航区等邮轮旅游各个环节的知识与内容。

③强调内容的行业实用性。本书围绕我国邮轮旅游行业的特点和现实问题,结合国际邮轮的经验展开思考与探索,力求贴近我国邮轮行业的实践,增强学生解决实际问题的能力,提升学生的创新能力。

本书由桂林旅游学院崔慧玲担任主编,负责内容框架拟定、章节编写及全书修订统稿工作。全书共9章内容,其中,第一章由苏筱丹编写,第二章由崔慧玲编写,第三章由崔慧玲、张晓芳编写,第四章由崔慧玲编写,第五章由苏筱丹编写,第六章由程芸燕编写,第七章由李淑贤、苏筱丹编写,第八章由赵蕙婷编写,第九章由陆宝福、崔慧玲编写。

为了编写本书,笔者曾先后考察体验了歌诗达邮轮维多利亚号和大西洋号、皇家加勒比邮轮海洋航行者号和海洋水手号、诺唯真邮轮喜悦号、星梦邮轮云顶梦号、公主邮轮蓝宝石号、天海邮轮新世纪号、辉煌邮轮钻石号,实地走访了上海、天津、厦门、广州、深圳、三亚等多地的邮轮港口,积累了大量写作素材。同时,本书也参考、借鉴和采纳了国内外部分专家、学者的研究成果和教材资源,在此表示衷心的感谢!

本书可作为国际邮轮运营管理职业本科、应用型高等院校(本科)旅游管理学科相关专业和国际邮轮乘务管理专业的教材,也可作为邮轮旅游企业中高级管理人员的培训用书以及其他类型院校邮轮和旅游管理相关专业的教学参考用书。

限于时间和水平,书中难免有不当或错误之处,敬请各位同行、专家学者和广大读者批评指正。

编 者
2023 年 6 月

目 录

第一章　邮轮船舶 ·· 1

第一节　邮轮船舶发展简史 ·· 2

第二节　邮轮的主要指标 ·· 6

第三节　邮轮的分类 ··· 10

第四节　邮轮的设计 ··· 23

第二章　邮轮港口 ··· 32

第一节　邮轮港口的分类与基本条件 ··· 33

第二节　邮轮母港的建设 ·· 36

第三节　世界著名邮轮港口 ·· 40

第四节　中国邮轮港口的发展 ·· 46

第三章　邮轮旅游概述 ··· 57

第一节　旅游概述 ··· 58

第二节　邮轮旅游概述 ··· 63

第三节　邮轮旅游业概述 ·· 70

第四章　邮轮旅游产品 ··· 82

第一节　邮轮旅游产品的定义及内涵 ··· 83

第二节　邮轮旅游产品的类型 ·· 86

第三节　邮轮旅游产品的构成 ·· 88

第四节　邮轮旅游产品的特征 ·· 90

第五节　邮轮旅游产品的价格 ·· 91

第六节　邮轮旅游全过程 ·· 93

第五章　邮轮旅游市场 ··· 100

第一节　世界邮轮旅游市场 ·· 102

第二节　中国邮轮旅游市场 ·· 115

第六章　邮轮旅游者 …………………………………………………… 129
　第一节　邮轮旅游者概述 ……………………………………………… 130
　第二节　邮轮旅游者的购买动机及消费特征 ……………………………… 139

第七章　邮轮旅游从业人员 ……………………………………………… 153
　第一节　邮轮公司从业人员 …………………………………………… 154
　第二节　邮轮旅游代理商 ……………………………………………… 166
　第三节　国际邮轮乘务人员 …………………………………………… 169

第八章　邮轮公司 ………………………………………………………… 191
　第一节　邮轮公司的定义和发展 ……………………………………… 193
　第二节　世界主要邮轮品牌 …………………………………………… 195
　第三节　中国主要邮轮品牌 …………………………………………… 207
　第四节　其他邮轮公司 ………………………………………………… 214

第九章　邮轮航线及航区 ………………………………………………… 218
　第一节　邮轮航线概述 ………………………………………………… 219
　第二节　加勒比海航区 ………………………………………………… 223
　第三节　阿拉斯加航区 ………………………………………………… 225
　第四节　地中海航区 …………………………………………………… 227
　第五节　北欧与波罗的海航区 ………………………………………… 229
　第六节　亚洲邮轮航区 ………………………………………………… 232
　第七节　大洋洲邮轮航区 ……………………………………………… 237
　第八节　南美洲邮轮航区 ……………………………………………… 240
　第九节　南极洲邮轮航区 ……………………………………………… 243

参考文献 …………………………………………………………………… 246

第一章　邮轮船舶

> 【学习目标】
>
> 　理解：船舶的简史、邮轮的设计原理
>
> 　熟悉：邮轮的发展历程、邮轮的主要特点
>
> 　掌握：邮轮的特征及其分类、邮轮的建造技术指标

【开篇导读】

首艘国产大型邮轮建造过程揭秘：零部件数量多达 2 500 万个

2023 年 6 月 6 日，我国首艘国产大型邮轮"爱达·魔都"号在上海正式出坞，标志着该邮轮整船主体建造基本完成，转入码头开始设备调试和内装收尾阶段。因设计建造难度极高，大型邮轮与大型液化天然气运输船、航空母舰一起被誉为造船工业"皇冠上的三颗明珠"。

从我国第一艘自行研究、设计、建造的万吨级远洋船"东风"号，到 2008 年国产"大鹏昊"号打破 LNG（液化天然气）船的垄断，再到 2022 年国产航母福建舰下水，如今"爱达·魔都"号邮轮顺利出坞，距摘取造船业"皇冠上最后一颗明珠"，填补国产大型邮轮空白，实现在大型邮轮建造领域零的突破这一历史性时刻仅一步之遥。

建造大型邮轮为何如此复杂，难点在哪里？大型邮轮具有"船+酒店+娱乐"的交叉化、定制化产品属性。此次国产大型邮轮全船有 503 个薄板结构分段，在加工和运输过程中极易出现变形，精度控制难度大；作为目前全球最复杂的单体机电产品，大型邮轮的零部件数量多达 2 500 万个，相当于大飞机 C919 的 5 倍，复兴号高铁的 13 倍，线缆超过 4 300 千米，约等于上海到拉萨的距离。

大型船舶出坞、下水是建造过程的一个重要又危险的环节，稍有不慎就会出现翻船事故。"爱达·魔都"号邮轮出坞需要经过倾斜试验、舷门冲水试验和救生艇脱钩巡游试验，用以测试船身稳定性、密闭性和逃生功能。

出坞后，邮轮还需在码头完成坞内没有完成或无法完成的剩余工作，诸如码头舾装、码头测试、2 次海上试航、交船前的准备工作等任务。

邮轮产业是我国"十四五"时期经济供给侧结构性改革的重要支点和推动力,而大型邮轮建造是典型的复合型、定制型、巨系统工程,也是我国迄今唯一有待攻克的高技术船舶产品,对推进邮轮产业供给侧结构性改革和助推我国船舶工业的转型升级有重大意义。

资料来源:澎湃新闻,2023-06-11.

阅读思考:建造大型邮轮为何如此复杂,难点在哪里?

第一节　邮轮船舶发展简史

邮轮是船舶的一种。船舶是指船体利用水的浮力,依靠人力或畜力、风帆(风力),利用蒸汽机动力、汽轮机动力、柴油机动力、燃气轮机动力、电力和核动力等动力装置在水上移动的各种船只的总称。船舶是一种主要在水中航行或停泊于水域进行运输或作业的人造交通工具。船舶在国防、国民经济和海洋开发等方面都起着十分重要的作用。

一、船舶的简史

船舶的起源很早,从史前刳木为舟起,经历了独木舟和木板船时代。自世界上第一艘动力驱动的钢船问世后,便开始了以钢船为主的时代。同时,船舶的推进动力也由19世纪的风力驱动发展到现在的柴油机动力驱动及核动力驱动。

船舶工业迅速发展始于第一次世界大战中,战后美、英、日、德等国家展开了军备竞赛,使得世界造船业重新活跃。再一次的发展高峰期出现在第二次世界大战爆发后,大量军事订货和大规模物资供应的运输需要,加快了世界商船的发展步伐。随着人类社会的发展以及科学技术的进步,特别是进入21世纪后,航运业得到迅猛发展,人类越发频繁地使用各种船舶进行交通运输、渔业生产、资源开发和军事活动。

(一)风帆动力时期

帆船起源于欧洲,其历史可以追溯到远古时代,最早的文字记载见于1 900多年以前古罗马诗人维吉尔的作品中。15世纪初期,中国明代的郑和前后7次率领船队出海,到达30多个国家。他所率领的船队是一支特混舰队,有200余艘,是当时世界上最大的一支船队。其中一艘"宝船",载重量达7 000吨,总排水量近1.7万吨,可容纳上千人。它的体式巍然,巨无匹敌,船的设计很独特,船的两头出梢、纵向通体的底龙骨、船底多层板,至今这种设计在中国东南沿海和东南亚仍然保留着。

现代帆船发展始于荷兰,1660年荷兰的阿姆斯特丹市市长将一艘名为"玛丽"(Mary)的帆船送给英国国王查理二世。帆船分稳向板帆艇和龙骨帆艇两种,荷兰的人型、星型帆艇等均属于稳向板帆艇,是世界上最普及的帆船。

15世纪到19世纪中叶是帆船的鼎盛时期,直到19世纪70年代以后,才逐渐被新兴的蒸汽机船所取代。

（二）蒸汽机动力时期

1807年，被誉为"轮船之父"的美国发明家罗伯特·富尔顿建成第一艘往复式蒸汽机船"克莱蒙特"（Claremont）号，并试航成功。1839年，第一艘装有螺旋桨推进器的蒸汽机船"阿基米德"（Archimedes）号问世，这种推进器充分显示出它的优越性，因而被迅速推广。1868年，中国第一艘蒸汽机兵船"惠吉"（Huiji）号建造成功。1896年，世界上第一艘回转式蒸汽轮机船"透平尼亚"（Turbinia）号在英国建成。

20世纪初期，大西洋上的超大型客船都是以往复式蒸汽机为动力，直至20世纪50年代，才逐渐被柴油机动力淘汰。

（三）柴油机动力时期

柴油机的发明者鲁道夫·狄赛尔本想把它用于汽车，但直至他去世也没有实现。不过，随着石油的开发，柴油机却率先在船舶动力推进中得到应用。最早将柴油机应用于船舶中的是1903年俄国建造的柴油机船"万达尔"（Vandal）号，而第一艘柴油机动力军舰是1904年法国建造的"埃及瑞特"（Aigrette）号潜艇，同型艇共两艘。由于柴油机热效率高、经济可靠，因而逐渐得到广泛应用，20世纪40年代末柴油机船的吨位就已超过蒸汽机船。

早期的柴油机主要应用于内河船舶和近岸潜艇，在经历了最初的发展阶段后，柴油机的技术日趋成熟，单机功率和可靠性都有大幅提高，为柴油机动力船驶向大海和远洋创造了基础。如今，柴油机已成为海洋舰船的标准动力配置。

（四）核动力时期

原子能的发现和利用又为船舶动力开辟了一个新的途径。1954年，美国建造的核潜艇"鹦鹉螺"（Nautilus）号下水。1959年，美国在客货船"萨凡那"（Savannah）号上成功使用功率2万马力（1马力≈745瓦）的核动力装置。1960年，苏联建成了核动力破冰船。现在，世界上有6个国家拥有核动力舰船。

核动力发动机具有长航时的特性，必将具有极为广泛的应用前景和市场价值。目前，受其价格和复杂性影响，核动力发动机主要应用于军用舰船。

（五）造船发展新方向

近年来，智能化造船得到快速发展，"工业4.0"正在欧美蓬勃发展，机器人和智能装备产业受到越来越广泛的关注和利用，适应国际产业革命形成的新态势，制造产业向服务化、高端化、智能化、网络化、绿色化趋势发展，而亚洲的造船形势也在悄然变化之中。

二、邮轮的定义

邮轮，英文名为Cruise ship，原意是指海洋上的定线、定期航行的大型客运轮船，众所周知的"泰坦尼克"号就是这种邮轮。"邮"字本身具有交通的含义，而且过去跨洋邮件总是由这种大型快速客轮运载，故此得名。随着航空业的出现和发展，原来的跨洋型邮轮基本上退出了历史舞台。现在所说的邮轮，实际上是指在海洋中航行的旅游客轮，客轮上配有较齐全的生活和娱乐设施，专门用于旅游休闲度假。因此，以前说"邮"轮是因为它是运送邮件的工具，今天的邮轮实际是"游"轮，因为它已经成了娱乐媒介而不是交通媒介。现代大型豪华邮轮的主要服务对象是游客，而不是旅客。游客把邮轮作为旅游目的地，通过邮轮旅游，他们可以在船上充分地享受海风、日光,感受大海的浩瀚壮阔;可以在船上尽情地休闲、娱乐、健身、购物;还可以中途停靠沿海国家港口,进行陆地观光、购物和游览。现代邮轮旅游成为一种独特的、颇有魅力的高端消费方式。

在学术界关于邮轮的定义有广义的邮轮和狭义的邮轮之分。广义的邮轮包括海上邮轮、游船、游艇、帆船和内河游船等,狭义的邮轮即指海上邮轮。

三、邮轮的起源

关于邮轮起源年代,版本各不相同,但是多数学者认为邮轮的历史始于19世纪上半叶的英国。当时,随着英国与新大陆之间往来的日趋密切,邮件传递需求迅速增加。在此背景下,英国铁行渣华公司于1837年创办了海上客运兼邮件运输业务,"邮轮"的称呼也由此而来。1839年5月,加拿大人Samuel Cunard在维多利亚女王的支持下取得了英国与北美间运送邮件的承包权。1840年,他在朋友的协助下创办了世界上第一家邮轮公司——英国北美皇家邮件船务公司,并以"冠达邮轮"为名,翻开了世界航运史的新篇章。1846年,世界上第一家旅行社的创始人英国人托马斯·库克组织了350人的团队,包租了一艘邮船,航行至苏格兰旅游,这是世界上公认的首次商业邮轮旅游活动,标志着以邮轮作为旅游载体的开始。虽然邮轮仅仅只是用于搭载商业旅行团队的交通工具,但也可以折射出邮轮作为旅游载体的内在优势,邮轮旅游呈现出早期的萌芽形态。

但是由于经济条件的限制,这一期间海上运输仍为以实现交通运输为目的的旅行。邮轮的穿梭往来,不仅有力地促进了远洋客运的发展,同时也掀起了跨洋旅行的热潮,乘坐邮轮进行洲际旅行乃至环球旅行的游客与日俱增。由此,船运公司发现通过招揽旅客乘坐商船可以增加利润,因而开始设计建造专门用于客运的船舶。其中,较为著名的邮轮是"Aquitania"号、"Leviathan"号和"泰坦尼克"号。

19世纪下半叶,邮轮的功能开始逐渐由运输邮件向乘载旅客转换。这一时期的船舶多为钢制船体、蒸汽动力,乘客乘船探亲、探险或者寻找新的生存基地,部分乘客开始搭乘邮轮旅行。19世纪末,德国汉堡美洲航运公司(Hamburg-America Line,HAPAG)最大的旗舰船奥古斯塔·维多利亚号(Augusta Victoria)客轮在寒冷的冬季几乎处于停运状态,于是驶往温暖的地中海海域开展了一次为期58天的"快乐航行"。这次航行取得了巨大成功,但是这类旅行活动却因为船只构造的限制而难以普及。奥古斯塔·维多利亚号按照远洋客轮的标准建造,为了适应北大西洋的严酷环境,船体封闭空间较多,且缺乏娱乐设施,并不符合游乐市场的需求。在这样的背景下,汉堡美洲航运公司斥资建造了维多利亚·路易斯公主号(Prinzessin Victoria Luise)。该船于1900年6月29日下水试航,注册总吨位为4 409吨,专门为搭载乘客旅行而设计。1901年冬季,历史上第一艘以搭载游客为目的的邮轮"维多利亚·路易斯公主"号以"避寒航行"的方式航行于地中海地区,至此真正意义上具有旅游功能的邮轮诞生。1912年,远洋豪华客轮"泰坦尼克"号开始了她的处女航。邮轮的发展也正是在"泰坦尼克"号所处的年代开始走向高峰。1922年,冠达邮轮引进"Laconia"号客货两用船,率先完成环游地球的壮举。

四、邮轮的发展

邮轮的前身是远洋客船或远洋客轮。在还没有飞机出现的年代,跨洲旅行多数要依靠远洋客船,在远洋客船上几乎都是长途旅行,时间长达几周甚至数月。那个时候,客船主要是运送旅客的工具。然而,自1958年起,能够飞越大西洋的飞机投入商业运营,飞机正式成为民用运输工具。此后,追求时间和效率的旅客纷纷改乘飞机,远洋客船的生意日益惨淡。船务公司为了适应市场的变化,恢复和提高船务公司的盈利能力,必须重新考虑自己的生意,及时调整发展策略:客船转型成为现在为生活富裕及闲暇时间充裕的游客提供舒适的海上旅行服务的邮轮。

(一)越洋客运时期

19世纪末到20世纪前期,在飞行航空器发明之前,人们横越大洋的旅行主要以船舶为主力,这一时期是海上定期运输客船的鼎盛时期。直到20世纪50年代,喷气式客机的发明并投入商业运营,引发一波航空运输的革命性发展,越洋客船逐渐失去其海上运输功能。

随着欧洲半岛东方轮船公司的建立,邮轮开始进入人们的视线。起初,公司名为半岛轮船公司,开辟了第一条从英国出发至伊比利亚半岛的航线。1837年,公司签订了第一份合约,开辟了海上邮件运送业务。1840年,邮件运送业务扩大至埃及港口亚历山大,其间必须通过直布罗陀海峡和马耳他。同年,该船务公司被皇家宪章公司收购,合并成为P&O。

1844年,P&O第一次引入"载人邮轮"概念,并推广从南安普敦到直布罗陀、马耳他、雅典等航线,这也是邮轮历史上的里程碑。之后,公司逐渐将航线扩大至亚历山大和君士坦丁堡。19世纪后半叶是邮轮旅行的快速发展期,邮轮也变得更加豪华,设备更加完善。第一艘钢结构表面的邮轮是在1880年建造的"SS Ravenna",1889年建造的"SS Valetta"是第一艘使用电子灯泡的邮轮。

(二)邮轮蓬勃发展时期

20世纪初,欧美客轮业者顺应潮流趋势,改变船舶吨位、船舱空间及加装各式休闲娱乐设施,配合欧洲南部爱琴海周边、西亚和埃及等三大古文明遗迹景点,开拓地中海邮轮旅游航线。发展历程分为如下4个阶段:

1.1900—1910年

1901年冬,真正意义上的具有旅游功能的邮轮出现,"维多利亚·路易斯公主"号邮轮以避寒的方式在地中海地区航行,并且持续运营14年之久。这无疑开创了邮轮航运史上一个新的时代,这之后的一百年成为世界远洋邮轮发展的黄金岁月。

2.1920—1930年

1912年,冠达邮轮引进"Laconia"和"Franconia"两艘客货两用轮船加入邮轮市场。"Laconia"号于1922年率先从事环航世界的壮举,自此,海上邮轮航线逐步扩大至大西洋(Alantic)两岸海域、中美洲加勒比海(Caribbean Sea),最后向北延伸至阿拉斯加(Alaska)、波罗的海,南至亚太地区及南太平洋等海域。

3.1940—1970年

第二次世界大战之后,各家邮轮公司逐步推出短程航线、价位较低的航线,并装设各种新颖先进的休闲娱乐设施,除了传统的银发族加入邮轮旅行外,还吸引更多较为年轻的中产阶级游客的参与。

4.1980—1990 年

20 世纪 80 年代电视剧《爱之船》和 20 世纪 90 年代灾难电影《泰坦尼克号》的风靡，引发人们对邮轮冒险和探索未知世界的好奇心，为邮轮旅游拓展起到如虎添翼的宣传效果。20 世纪 90 年代，世界邮轮旅游市场持续成长，更加速了邮轮产业的持续发展。

（三）奢华邮轮时期

20 世纪 90 年代中期是航空旅游的兴盛时期，为增强竞争力，邮轮公司逐步兴起了邮轮假期的概念。1996 年，"嘉年华命运"号邮轮横空出世，以 10 万余吨的净重称霸当时的邮轮业。邮轮假期在 20 世纪 80 年代逐渐蓬勃，不少邮轮公司加入并投资建造设施更豪华、节目更丰富、排水量更大的邮轮，使邮轮变成了一座豪华的海上度假村。邮轮被称为"无目的地的目的地"和"海上流动度假村"，毫无疑问地成为当今世界旅游休闲产业不可或缺的一部分。奢华邮轮除了设有餐厅、酒吧、咖啡厅、游艺室、电影院外，还设有舞厅、游泳池和健身馆等游憩设施。

（四）超级巨轮时期

进入 21 世纪，各种新型的、吨位更大的、技术更先进的邮轮陆续投入使用，这些邮轮不再是运输工具，也不会深入大海中央，只是沿着港口城市周边航行，这样便避免了风浪的危险。邮轮几乎每到港口都要停靠，保证了物资的充足，停靠的港口都是世界著名旅游目的地，岸上观光让游客的邮轮假期不感乏味。而更重要的是，今日的邮轮早已成为航行在海上的豪华酒店，乘坐邮轮出游成为最有诱惑力的旅行方式之一。在全球化中受益的国家变得更加富有，使不少人具有更强的邮轮旅游休闲度假消费能力，每年都有成千上万的游客选择搭乘邮轮去旅行。持续增长意味着信心，更加促进了邮轮旅游产品的开发创新，积极宣传激发潜在邮轮市场人口产生更大的需求，邮轮旅游业界也在这种良性循环中受益。

在历史的进程中，各大航运公司不断兼并、重组以及转型，形成了以美国嘉年华邮轮集团、美国皇家加勒比游轮公司、美国诺唯真游轮公司、意大利地中海邮轮公司等为代表的邮轮运营商。这些邮轮公司瞄准特定市场，为其量身打造适合的产品和服务。邮轮公司更加重视自身的品牌建设，在游客全过程邮轮体验中增加提升品牌忠诚度的机会。无论是游客从邮轮手册中获得总体印象、第一次港口登船感受邮轮规模，还是在旅行途中享受各种极致愉悦的体验，各具特色的邮轮旅游产品与游客需求不断磨合，品牌认知度与顾客忠诚度不断提升。各家邮轮船队新造加入营运的船舶数字增长惊人，更有甚者，各家邮轮船队竞相定造所谓"史上最大超级巨轮"，几乎每年都会有一艘破最高吨位纪录的邮轮面世。

第二节　邮轮的主要指标

一、邮轮主尺寸（Main Dimension）

邮轮主尺度是指表示船体外形大小的尺度，主要包括邮轮的长度（Length）、宽度（Width）、水面高度（Height）和吃水深度（Draught）等。①邮轮长度，表示邮轮从艏端至艉端的最大水平距离。②邮轮宽度,表示邮轮的型宽,通常是船舶最宽地方的尺寸。③水面高度,表示邮轮顶部至船体与水面相连处的垂直距离。④吃水深度,表示邮轮底部至船体与水面相连处的垂直距离。吃水深度用来衡量邮轮在水中的位置,同时间接反映邮轮在行驶过程中所受到的浮力。邮轮的吃水深度越大,表明船体载重能力越大。

二、邮轮吨位(Tonnage)

除了长度、宽度等主尺寸之外,邮轮吨位同样是邮轮大小的计量单位。船舶吨位种类复杂,总体来说包括重量吨位(Weight Tonnage)和容积吨位(Volumetric Tonnage)两种类型。

(一)重量吨位

邮轮重量吨位是表示邮轮重量的一种计量单位,以1000千克为1吨。重量吨位分为排水量吨位(Displacement Tonnage)和载重吨位(Dead Weigh Tonnage,DWT)两种。

1.排水量吨位

排水量吨位表示邮轮在水中所排开的水的吨数,也是邮轮自身重量的吨数。在造船时,依据排水量吨位可以知道该船的重量。排水量吨位又可分为轻排水量、重排水量和实际排水量3种。

(1)轻排水量(Ligth Displacement)。轻排水量又称空船排水量,是邮轮本身加上船员和必要的给养物品三者重量的总和,是邮轮最小限度的重量。

(2)重排水量(Full Load Displacement)。重排水量又称满载排水量,是邮轮载客、载货后吃水达到最高载重线时的重量,即邮轮最大限度的重量。

(3)实际排水量(Actual Displacement)。实际排水量即邮轮每个航次载客、载货后实际的排水量。排水量的计算公式如下:

排水量(吨)=长×宽×吃水×方模系数(立方英尺)/35(海水)或36(淡水)(立方英尺)

排水量(吨)=长×宽×吃水×方模系数(立方米)/0.975 6(海水)或1(淡水)(立方米)

2.载重吨位

载重吨位(Dead Weight Tonnage,D.W.T.)表示邮轮在营运中的载重能力。载重吨位可分为总载重吨和净载重吨。

(1)总载重吨(Gross Dead Weight Tonnage)。总载重吨是指邮轮根据载重线标记规定所能装载的最大限度的重量,它包括邮轮所载运的船员、游客、货物、船上所需的燃料、淡水和其他储备物料重量的总和。

总载重吨=满载排水量-空船排水量

(2)净载重吨(Dead Weight Cargo Tonnage,D.W.C.T.)。净载重吨是指船舶所能装运游客、货物的最大限度重量,即从船舶的总载重量中减去船舶航行期间需要储备的燃料、淡水及其他储备物品的重量所得的差数。

(二)容积吨位

容积吨位(Registered Tonnage)是表示邮轮容积的单位,也称为注册吨位(Registered Tonnage),是各海运国家为船舶注册而规定的一种以吨为计算和丈量的单位,以100立方英尺或2.83立方米为一注册吨。常见的容积吨位衡量指标有总吨位(Gross Tonnage)、净吨位

（Net Tonnage）和注册总吨位（Gross Rgister Tonnage，GRT）三种类型。总吨位表示船舶内以及甲板上所有围蔽空间的容积总和。净吨位表示总吨位减去为船员居住区、燃料舱、机舱、驾驶台、物料房等所保留空间的容积总和。注册总吨位表示邮轮按照其登记证书所记载的容积，是邮轮最常用的衡量指标，也是业界划分邮轮大小的重要依据。

三、邮轮容量

一般情况下，邮轮容量是从邮轮的载客数量（Number of passengers）和客舱数量（Number of cabin）的角度进行描述的。载客数量是指邮轮所能容纳的游客人数，但不包括船员和服务员在内。邮轮的载客数量又分为标准载客量和最大载客量两个指标。标准载客量是指以每间舱房入住 2 人计算所得到的最大载客量。最大载客量是指以每间舱房所有床铺都得到利用而计算出的最大载客量。除了载客数量之外，业界还会根据邮轮所拥有的客舱数量或床位数量来衡量邮轮接待能力的大小。但邮轮客舱数量的多少并不能说明邮轮的豪华舒适程度以及接待服务水平的高低。

四、邮轮船籍和船旗

（一）船籍

船籍（Ships Nationality）指船舶的国籍。商船的所有人向本国或外国有关管理船舶的行政部门办理所有权登记，取得本国或登记国国籍后才能取得船舶的国籍。

（二）船旗

船旗（Ships Flag）是指商船在航行中悬挂其所属国的国旗。船旗是船舶国籍的标志。按国际法规定，商船是船旗国浮动的领土，无论在公海或在他国海域航行，均需悬挂船籍国国旗。船舶有义务遵守船籍国法律的规定并享受船籍国法律的保护。

（三）方便旗船

国际航行的船舶，除了在本国登记，还可以根据政治、军事和经济上的需要，选择在其他国家进行登记，这样做可以带来诸多好处，如在冲突事件中保持中立、降低税收、降低注册成本、降低人员成本等。

方便旗船（Flag of Convenience），是指在外国登记、悬挂外国国旗并在国际市场上进行营运的船舶。第二次世界大战以后，方便旗船迅速增加，挂方便旗的船舶主要来自一些海运较发达的国家和地区，如美国、希腊、日本、韩国和中国香港的船东。他们将船舶转移到外国去进行登记，以图逃避国家重税和军事征用，自由制定运价不受政府管制，自由处理船舶与运用外汇，自由雇佣外国船员以支付较低工资，降低船舶标准以节省修理费用，降低营运成本以增强竞争力等。而公开允许外国船舶在本国登记的所谓"开放登记（Open Register）"国家主要有利比里亚、巴拿马、塞浦路斯、新加坡等国。这种登记可为登记国增加外汇收入。

五、邮轮船级

船级（Ships Classification）是表示船舶技术状态的一种指标。在国际航运界，凡注册总吨在 100 吨以上的海运船舶必须在某船级社或船舶检验机构监督之下进行制造。在船舶开始建造之前,船舶各部分的规格须经船级社或船舶检验机构批准。每艘船建造完毕,再由船级社或船舶检验局对船体、船上机器设备、吃水标志等项目和性能进行鉴定,发给船级证书。证书有效期一般为 4 年,期满后需重新予以鉴定。

船舶入级可保证船舶航行安全,有利于国家对船舶进行技术监督,便于租船人和托运人选择适当的船只,以满足进出口货物运输的需要,便于保险公司决定船、货的保险费用。

世界上比较著名的船级社有:英国劳埃德船级社(Lloyds Register of Shipping)、德国劳埃德船级社(Germanischer Lloyd)、挪威船级社(Norske Veritas)、法国船级局(Bureau Veritas)、日本海事协会(Nippon Kaiji Kyokai)、美国航运局(AmericanBureau of Shipping)。

中国船级社是中华人民共和国交通部所属的船舶检验局。1996 年,中国船级社第一次被选任国际船级社协会理事会主席,任期一年(1996 年 7 月 1 日—1997 年 6 月 30 日),这标志着中国验船技术的权威性受到国际认可。

船级证书除了记载船舶的主要技术性能外,还绘制出相应的船级符号。各国船级社对船级符号的规定不同。中国船级社的船级符号为 * ZC;英国劳埃德船级社的船级符号为 LR,标志 100AI,其中 100A 表示该船的船体和机器设备是根据劳氏规范和规定建造的,"I"表示船舶的装备如船锚、锚链和绳索等处于良好和有效的状态。

六、邮轮船龄

(一)旧船和新船

现役邮轮的服役时间跨度很大,一些邮轮下水时间较长,已经接近半个世纪。业界经常把 1970 年作为新船和旧船的分界线。1970 年之前下水的邮轮为旧船,1970 年以后下水的邮轮为新船。早期的邮轮由于造船技术较差,在建材以及结构设计上多有限制,无法和较新、较高的造船技术相比。旧船的仪器设备功能有限,而且操作上既花费金钱又耗费人力,效率却不见得好,运营成本因而较高。旧船使用较密实、较重的金属制造,因此较之同样大小的新船,旧船载重吨位较大,吃水深度深,进出港口不易,但相对地,旧船在航程中遇上大风浪时,其平稳度较新船要高。

(二)船龄

船龄是邮轮自建造完毕时起计算的使用年限。船龄在某种程度上表明邮轮的现有状况,因此,在有关船舶和海上运输交易中是一个重要因素。根据中华人民共和国交通部发布的《海船船龄标准》条令,国内运营邮轮的船龄应小于 30 年。

在邮轮的发展历史上,有很多著名的邮轮运营时间将近半个世纪,冠达邮轮的"伊丽莎白女王2"号邮轮营运时间长达 40 年之久。但是,目前邮轮市场上各大邮轮公司向市场投入的邮轮大多船龄较小,船龄高于 20 年的邮轮不及邮轮总量的 1/3,邮轮船队正呈现出年轻化的趋势。

七、游客空间比率

邮轮游客的空间比率(Passenger space ratio)等于邮轮的注册总吨位与邮轮的载客数量之比。邮轮游客空间比率表示的是邮轮上人均拥有的自由伸展空间。空间比率越高,游客越能感受到邮轮的宽敞。因此,邮轮游客空间比率是衡量邮轮舒适与否的重要指标,也是真正体现邮轮价值的标尺。

$$邮轮游客空间比 = 注册总吨位/载客量$$

目前,大多数邮轮的游客空间比率为 $25\sim40$,最低值为 8,最高值约为 70,它并不是体现邮轮宽敞程度的唯一指标,也不一定与邮轮的大小互为正相关。一些空间比率较小的邮轮可以通过灯光、落地景观窗等设计来增加游客感知的宽敞舒适度。邮轮的日平均价格越高,游客空间比率值可能越大,高档邮轮的一个特点就是宽敞。一般来说,游客空间比例评比如表 1-1 所示。

表 1-1　邮轮游客空间比率评比

游客空间比率	<10	10~20	20~30	30~50	>50
评比情况	十分拥挤	尚可,但密度略高	合理的空间比率	宽敞舒适	宽敞自在

八、邮轮游客/船员比例

邮轮一般讲究高质量的服务,因此船员与游客的比例将是邮轮一个很重要的参考依据。游客船员比(Passenger crew ratio)等于邮轮的载客数量除以船员数量,表示一位船员平均服务多少位游客。根据行业惯例,邮轮游客/船员比例通常为 2.5∶1,左边的数字越小,说明每一位船员服务客人就越少,服务等级就越高。有些特别讲究精致取向的邮轮,游客/船员比例可达到 2∶1,即一位船员平均服务两位游客,奢华邮轮游客/船员比例甚至达到 1.5∶1。

$$游客船员比 = 载客量∶船员人数$$

第三节　邮轮的分类

对于现代意义上邮轮的划分,业界常用的划分方法是按照邮轮的功能特点进行划分、按照邮轮的大小进行划分以及按照邮轮的档次进行划分。按照邮轮功能特点划分从更加广阔的范畴囊括了具有旅游度假意义的各类船舶,按照邮轮的大小以及档次划分则专指现代海上邮轮。

一、按照邮轮功能特点划分

按照邮轮功能特点进行划分,可将现代邮轮划分为海洋邮轮、近海游船和内河游船 3 种类型。此种分类方法考虑了近海游船和内河游船的旅游度假功能,故而在此将其与海洋邮轮加以区分。

(一)海洋邮轮

现代海洋邮轮由经典远洋邮轮演变而来。20 世纪六七十年代以前,经典远洋邮轮用于越洋运送乘客与邮件,船体呈现优美的流线造型,具有较强的抗风浪能力,航行速度较快,适合在开阔的海洋上高速前进。20 世纪六七十年代以后,经典远洋邮轮逐渐退出历史舞台,取而代之的是具有休闲度假特征的现代海洋邮轮。

海洋邮轮不再追求航行速度上的优越性,故而船体由狭长改为宽大方正,以利于构筑更加宽大的房间,打造更多的娱乐空间。海洋邮轮是移动的度假村,船上客舱、餐厅、酒吧、剧院等娱乐设施应有尽有,水、电、垃圾处理、卫星电话等设施一应俱全,可以满足游客海上生活和娱乐所需。海洋邮轮是无目的地的目的地,游客登船即可享受海上孤岛式的休闲娱乐活动,沿途岸上观光仅仅只是一种调剂。海洋邮轮是高科技的集合体,其高技术含量不亚于一般的飞机,卫星导航系统、环保系统、海水淡化系统、电子控制系统等代表着当今世界科技的前沿。海洋邮轮是高投资的建造物,一艘邮轮的建造花费可以高达十几亿美元。现代海洋邮轮作为旅游休闲度假活动的重要载体,搭载游客航行于世界上最美丽的海域。

（二）近海游船

近海游船严格意义上讲并不是邮轮,而是具有旅游功能、在近海海域开展近距离短时间乘船观光活动的游船。从外形上来看,近海游船类似于微缩版的海洋邮轮或是大号的游艇;从载客数量上来看,近海游船载客一般不超过 200 人;从内部构造上来看,近海游船也配备有客舱、餐厅、酒吧等场所设施;从航行路线上来看,近海游船一般不会横渡海洋,而是以最普通的方式绕圈行驶,起点和终点通常在同一港口,带领游客领略近海海域的海上风光。由于近海游船船体较小,且并不涉及国际航线,故而具有经营上的灵活性,既可以开展海上休闲观光游览,也可以开展特色游和探险游。在很多沿海城市,近海游船是城市旅游项目中非常重要的组成部分。

（三）内河游船

内河游船亦被称为河轮,是航行于江、河、湖泊的游览性船舶。在国际旅游市场上,内河游船市场一直是兵家必争之地。以欧洲为例,多瑙河与莱茵河风光秀美,航行于此的内河游船为游客提供周到的管家服务、多种餐饮选择、健身和水疗中心、岸上景点观光,比海上邮轮更悠闲也更具文化的包容性,有时还能够提供更加高端的体验,因而深受各国游客的喜爱,成为当地经济和文化的重要组成部分。

全球内河游船品牌众多,知名度较高的是维京河轮（Viking River Cruises）和环球河轮（Uniworld River Cruises）。维京河轮是全球最大的内河游船公司,航线集中在欧洲,在亚洲、非洲等地也有航线。环球河轮亦屡获殊荣,在欧洲、亚洲等地提供精品内河航线。奢华邮轮品牌水晶邮轮于 2016 年也开始进军内河游船市场,旗下莫扎特号内河游船在 2016 年 7 月下水,可以搭载 154 名游客,船上拥有高科技设施以及世界最大的内河游船舱房,水晶套房的面积达到 80 平方米。在中国的长江,也分布着很多内河游船,为游客提供短途的内河游览服务,其中较为著名的是重庆交旅投资有限公司旗下的"长江黄金系列"内河游船。

如果单纯从旅游度假功能进行船舶家族巡礼,除海洋邮轮、近海游船和内河游船之外,还包括游艇、帆船等多种船舶类型。游艇素有海上行宫之称,诞生于 300 多年前的英国,集航海、运动、娱乐、休闲等功能于一体,可以开展观光、考察、探险等旅游活动。游艇可以分为多种类型,商务型游艇一般体量较大,装潢豪华;休闲型游艇大多为家庭购买,用于家庭度假使用;运动型游艇也称为快艇,速度较快,价格较低,在年轻人中比较有市场。而从游艇的特色来讲,意大利游艇豪华典雅,代表现代游艇的潮流;美国游艇体现个人品位,注重自我个性化设计;英国游艇具有浓郁的古典贵族气息。在全球范围内,有很多奢华游艇。知名游艇章鱼号,设有两块直升机停机坪、一个游泳池、一个棒球场、一所医院、一个车库和一个电影院,配备船员60余名,几乎具有小型邮轮的规模。

帆船曾在船舶发展史中占据重要地位,至今仍未退出历史舞台。在现代社会,驾驶帆船出海旅游,仍然受到很多人的青睐。帆船一般是部分或者全部依靠风力推动,有的也会利用电脑进行控制。为了安全起见,有些帆船装有马达,以备风停或应急之时使用。选择乘坐帆船的游客,追求的是一种返璞归真的体验,鼓起的风帆和大海的传奇色彩,就是航行的全部意义所在。在目前的邮轮市场中,风星邮轮(Windstar Cruises)经营着多艘电动邮轮,船上配有船帆,离港时优雅地展开,可以带领游客体验美妙而又浪漫的帆船旅行。

二、按照邮轮吨级规模分类划分

船舶的排水量和总吨位是通常用于对船舶大小进行分类的单位依据。邮轮的分类,通也可以通过排水量、总吨位(Gross tonnage,GRT)两个指标,并结合载客量(Paxapacitiy)或者标准底层床位(Lower Berth,LB)两个指标来衡量。就邮轮规模而言,一般按注册总吨位划分为小型、中型、大型和超大型;就载客量而言,500～1 200人为小型邮、1 200～2600人为中型邮轮,2 600～4 000人为大型邮轮,4 000人以上的为超大型邮轮。

表1-2 邮轮船型的吨级分类标准

分类	注册总吨	载客量
小型	50 000 GRT 以下	500—1 200 Pax
中型	50 000—100 000 GRT	1 200—2 600 Pax
大型	100 000—150 000 GRT	2 600—4 000 Pax
超大型	150 000 GRT 以上	4 000 Pax 以上

邮轮的规模是影响游客体验的主要因素。大规模的巨轮的典型特征是拥有多个泳池、博彩中心、多种就餐选择以及众多活动;小型邮轮针对各自的品牌特色舍弃了一些设施,以奢华型邮轮为例,娱乐设施有所减少的,但是舱房的档次和服务水平有明显提高;探险型邮轮则更集中精力关注目的地和致力于提供不同的邮轮体验。

(一)小型邮轮

注册总吨位小于5万吨,或者载客数量小于1 200人的邮轮,通常被划分为小型邮轮。小型游轮可以使游客更靠近岸边和水面,穿过大型邮轮无法穿越的海峡,也可以逆流而上开展旅游活动。小型邮轮更加注重目的地的历史文化和自然风光等内容,尽管缺少丰富多彩的船上集体娱乐活动,但却能使游客更贴近自然景观,为其带来更为真实的航海感受。

（二）中型邮轮

注册总吨位在 5 万吨与 10 万吨之间,或者载客数量在 1 200~2 600 人之间的邮轮,通常被划分为中型邮轮。由于大型邮轮已经演变为漂浮在海上的度假村,因此选择搭乘中型邮轮,可以得到更加接近传统邮轮的体验。中型邮轮可以提供各式各样的娱乐设施,船上的装饰也很有特点。而且由于船舶吃水深度较小,可以驶入很多拥有历史沉淀和文化底蕴的老港观光。

（三）大型邮轮

注册总吨位在 10 万吨与 15 万吨之间,或者载客数量在 2 600~4 000 人之间的邮轮,通常被划分为大型邮轮。大型邮轮犹如水上移动的城市,一般配备有健身房等娱乐设施,并且提供各式各样的餐饮,夜晚通常有现场表演。大型邮轮因为吃水深度较大,必须航行于深水区域和无水上障碍物的航线,而无法驶入水深有限的水域或者需要通过桥梁的水域。

（四）超大型邮轮

注册总吨位在 15 万吨以上,或者载客数量超过 4 000 人的邮轮,通常被划分为超大型邮轮。随着科学技术的不断进步,船舶可以获得极好的操纵性,越来越多的邮轮建造商都把焦点集中在大型化上,邮轮的注册总吨位以及载客数量不断被刷新。

20 世纪 70 年代以来,邮轮船舶同货轮一样,也正在经历不断大型化的过程。受规模经济效益的驱动,以及船舱要求更高(阳台房、宽敞)和娱乐设施多样化的需求,邮轮公司对新造船舶的大型化的定位趋势已经确立。大型邮轮能够提供更多的娱乐活动,能够给游客带来超凡的体验,已经成为未来邮轮发展的重要趋势。

随着邮轮大型化的发展趋势,10 万~15 万 GRT 的大型邮轮几乎已经成为现阶段的主流船型,15 万总吨以上邮轮在船队中的比例越来越高。最新数据显示,2018—2027 年 10 年间共有 99 艘邮轮在建或拟建,平均每年建造 10 艘豪华邮轮,其中 2018—2022 年 5 年间共有 81 艘,平均每年建造 16 艘。未来 10 年在建或将建的超大型邮轮(17 艘)占 17%、大型邮轮(22 艘)占 22%、中型邮轮(15 艘)占 15%、小型邮轮(45 艘)占 46%。

邮轮大型化和巨型化趋势较为明显,新造邮轮基本在 10 万总吨以上,皇家加勒比游轮有限公司旗下拥有 4 艘绿洲级巨型邮轮,分别是"海洋绿洲号""海洋魅力号""海洋和悦号""海洋交响号",分别于 2009 年、2010 年、2016 年及 2018 年下水,使得世界最大邮轮的纪录一直被皇家加勒比游轮占据。其中"海洋绿洲号""海洋魅力号""海洋和悦号"等均为 22.5 万总吨的巨型邮轮,当前世界上最大的邮轮为"海洋交响号",总吨位达到 23 万,客房数量达到 2 775 间,标准载客量达到 5 494 人,最大载客量达到 6 780 人,船员数量达到 2 175 人,引领了世界邮轮大型化、巨型化的发展趋势,如表 1-3 所示。

表 1-3　皇家加勒比游轮有限公司旗下巨型邮轮基本参数

邮轮名称	下水时间	总吨位	标准载客量	最大载客量	建造厂商
海洋绿洲号	2009 年	22.5 万	5 492	6 296	STX 法国
	船员数量	长度	造价	建造工时	内舱房数
	1 800	361.8 m	14 亿美元	大于 1 000 万	496
	楼层	吃水	宽度	高出水面	运营区域
	16 层	9.1 m	63.4 m	72 m	加勒比海
	最近翻修	船速	甲板楼层	邮轮母港	外舱房数
	2016 年	22kn	24 层	劳德岱尔堡	2 210
海洋魅力号	下水时间	总吨位	标准载客量	最大载客量	建造厂商
	2010 年	22.5 万	5 492	6 296	STX 法国
	船员数量	长度	造价	建造工时	内舱房数
	2100	360 m	15 亿美元	大于 1 000 万	478
	最近翻修	船速	甲板楼层	邮轮母港	外舱房数
	—	23kn	16 层	迈阿密	2 222
海洋和悦号	下水时间	总吨位	标准载客量	最大载客量	建造厂商
	2016 年	22.7 万	5 492	6 360	STX 法国
	船员数量	长度	造价	建造工时	内舱房数
	2 100	362 m	14 亿美元	大于 1 000 万	478
	最近翻修	船速	甲板楼层	邮轮母港	外舱房数
	—	22kn	18 层	劳德岱尔堡	2 222
海洋交响号	下水时间	总吨位	标准载客量	最大载客量	建造厂商
	2018 年	23 万	5 494	6 780	STX 法国
	船员数量	长度	造价	建造工时	内舱房数
	2 175	362 m	14 亿美元	大于 1 000 万	506
	最近翻修	船速	甲板楼层	邮轮母港	外舱房数
	—	22kn	16 层	迈阿密	2 269

【知识链接】

皇家加勒比"海洋奇迹号"正式交付,刷新世界最大豪华游轮纪录

全球最大游轮品牌皇家加勒比国际游轮(以下简称"皇家加勒比")于近日正式迎来旗下第 26 艘游轮——"海洋奇迹号"(Wonder of the Seas)。盛大的交付仪式在法国马赛举行。

皇家加勒比集团董事会主席 Richard Fain、皇家加勒比集团总裁兼首席执行官 Jason Liberty、皇家加勒比国际游轮全球总裁兼首席执行官 Michael Bayley 和法国圣纳泽尔大西洋船厂总经理 Laurent Castaing 进行了交接仪式,象征世界最大豪华游轮"海洋奇迹号"由造船厂正式交付给皇家加勒比。2022 年 3 月 4 日,她将在佛罗里达州罗德岱堡(Fort Lauderdale)正式亮相,开启为期 7 晚的加勒比海蔚蓝之旅。之后将前往西班牙巴塞罗那和意大利罗马为欧洲宾客创造历奇冒险体验。

　　皇家加勒比集团总裁兼首席执行官 Jason Liberty 表示:"海洋奇迹号将以更大胆创新的方式革新邮轮体验。这艘新船的加入进一步壮大了我们世界级的船舰规模,夯实了公司引领创新的行业地位。让我们以全新的方式负责任地为世界各地的宾客提供难忘假期。"

　　皇家加勒比国际游轮全球总裁兼首席执行官 Michael Bayley 表示:"海洋奇迹号的成功交付背后是 2 000 多名尽忠职守的船员和工人历经 30 个月的智慧与汗水。她不仅将革命性的绿洲系列邮轮提升至新的水平,还为所有家庭和旅行者创造了无限期待。涵盖冒险、娱乐、餐饮和夜生活等方方面面的全新设施与体验将使海洋奇迹号成为旷世奇观,打破所有人对邮轮旅行的想象。"

　　"海洋奇迹号"是皇家加勒比最受瞩目的绿洲系列第 5 艘游轮,总吨位为 23.7 万吨,长 362 米,宽 64 米,总层高 18 层甲板,船上设有 2 867 间客房,最多可接待 6 988 位宾客。其亮点包括:

　　● 皇家府邸(Suite Neighborhood):"海洋奇迹号"创新性地打造了第八个社区——皇家府邸。在船上黄金位置,套房客人将享受独一无二的私密体验。既可以前往汇聚全球美味的海上厨房一饱味蕾,也可以踏上全新的套房阳光甲板,欣赏无与伦比的海景,品尝专为套房客人精心制作的鸡尾酒。同时,可容纳 10 人的完美家庭套房也将不负期待。

　　● Mason Jar Southern Restaurant & Bar:这是皇家加勒比全新推出的美式乡村风格餐吧。餐厅菜品以经典南方佳肴为主,可供全家享用早午餐、晚餐和深夜小吃。酒吧内则收藏着超过 12 种美国威士忌和一系列南方酒水,无论是在餐厅与家人共进晚餐,还是在酒吧里喝点小酒、享受现场音乐,Mason Jar Southern Restaurant & Bar 都将成为宾客欢享美味的不二之选。

　　● 梦幻岛(Wonder Playscape):这一充满海洋元素的儿童游乐区域是皇家加勒比全新的冒险项目,里面包括滑梯、攀岩墙、游戏、触摸壁画等众多游玩设施。

　　● 天际酒吧(The Vue):白天,宾客可以在这一全新的悬臂酒吧内将美丽壮阔的海景尽收眼底。日落后,酒吧顶上的天篷将在夜色下释放五彩光芒,夺人眼球。

　　● 加勒比风格甲板泳池:这里拥有极具加勒比风情的泳池边特色酒吧 The Lime & Coconut,宾客可以一边享用独家调制的鸡尾酒,一边享受动听的现场音乐。还有由 3 条高速水滑道组成的"完美风暴"(Perfect Storm)以及儿童水上乐园"嬉水滩"(Splashaway Bay)。

　　● 疯狂墨西哥餐厅(El Loco Fresh)和 Cantina Fresca:这里是享用即食墨西哥美食的绝佳去处。全新推出的 Cantina Fresca 是一家地道的墨西哥酒吧,提供精选的 Aguas Frescas、玛格丽塔和其他墨西哥主食。

　　"海洋奇迹号"也延续了备受宾客喜爱的标志性设施,包括:由 20 000 多株真实植物打造的中央公园(Central Park),有 10 层甲板高的海上最高水滑道终极深渊(Ultimate Abyss),

以及在 10 层甲板高的中庭横跨 25 米的高空滑索(Zipline)等,将为宾客带来超乎想象的游轮体验。

资料来源:皇家加勒比国际游轮官方网站,2022-02-10.

三、按照邮轮等级划分

现代邮轮常常被称为"移动的五星级酒店",因此邮轮也跟星级酒店一样具有不同的等级。根据行业惯例,目前邮轮的等级通常由游客空间比、游客船员比、平均舱房的造价和免费服务项目的数量 4 个指标予以评定。

邮轮空间比越大,每位游客所拥有的单位空间越大,游客会感觉邮轮越宽敞,因此邮轮的舒适度也会越高,邮轮的等级也越高。

游客船员比越低,代表每位服务员服务的游客数量越少,服务也会越周到,服务水平也会越高,邮轮的等级也越高。

通常邮轮每间舱房的造价在 15 万~30 万美金之间。平均每间舱房的造价越高,说明邮轮舱房的服务设施越完善,服务质量也越高,奢华程度自然越高,邮轮的等级也越高。

邮轮通常都会为游客提供各种各样的餐食、酒水、软饮料以及休闲娱乐服务,邮轮提供的免费服务项目越多,邮轮等级越高。奢华邮轮通常食物、酒水、软饮料等都是免费的,而大部分邮轮只提供部分免费的餐食,酒水、软饮料都是收费的。

根据以上邮轮等级评定的指标,国际邮轮协会通常将邮轮划分普通大众型、高等精致型和奢华私密型 3 个等级。

(一)普通大众型

普通大众型邮轮,通常游客空间比在 30~50 之间,游客船员比在 2.7∶1~3.4∶1之间。代表的邮轮公司主要有嘉年华邮轮、歌诗达邮轮、皇家加勒比游轮、公主邮轮、地中海邮轮、名胜世界邮轮、迪斯尼邮轮、诺唯真游轮等。普通大众型邮轮的特点是它们通常有足够大的公共区域,有众多的娱乐设施和休闲设施,提供大众化的食物,每晚有丰富的娱乐节目,但由于游客通常较多,游客上下船需要排队等待。

(二)高等精致型

高等精致型邮轮,通常游客空间比在 40~60 之间,游客船员比在 1.4∶1~2.6∶1之间。代表的邮轮公司主要有冠达邮轮、荷美邮轮、精致游轮、精钻邮轮、大洋邮轮等。高等精致型邮轮的特点是它们通常有超五星级酒店的设施,因此每个舱房造价通常都会比较高;它们提供全天候餐饮服务,并且餐饮均由世界著名的厨师团队主理;它们提供高雅的娱乐活动,同时还提供私人管家式服务。

(三)奢华私密型

奢华私密型邮轮,通常游客空间比在 60~70 之间,游客船员比在 1.1∶1~1.4∶1之间。代表的邮轮公司主要有世邦邮轮、水晶邮轮、风之颂邮轮、海梦邮轮、丽晶七海邮轮、银海邮轮、海云邮轮等。奢华私密型邮轮的特点是它们的舱房造价极其昂贵,并能为游客提供如私人游艇般的私密空间,可进行私人定制化服务。由于奢华私密型邮轮通常吨位都不是太大,因此它们可以到访一些小港口,并在隐匿处抛锚,可以让游客充分地开展海上运动、潜水、沙滩登陆等体验项目。奢华私密型邮轮餐饮食材极其新鲜,基本每一顿都是大餐,而且通常提供免费的酒精类饮料和软饮料,并且还有每天24小时的免费供餐。

四、按照邮轮综合因素划分

国际邮轮协会(CLIA)根据邮轮的综合因素进行划分,将现代邮轮划分为奢华型、高级型、现代型、经济型和专业型5种类型。

(一)奢华型邮轮

虽然海洋邮轮通常都会用"奢华"一词来形容,但是真正的奢华型邮轮仍然在品牌定位、设施设备以及服务质量等方面具有绝对的优势。目前,银海邮轮、世鹏邮轮、水晶邮轮、丽晶七海邮轮、赫伯罗特邮轮等品牌仍然被公认为真正奢华邮轮品牌的代表。

在船舶吨位上,奢华型邮轮通常吨位不大,容纳的游客数量相对较少。

在内部设施上,奢华型邮轮设备十分豪华,设施十分完善,其住宿空间以及公共空间都经过精心设计,配备贴身管家服务的尊享套房占有绝对高的比例。意大利银海邮轮旗下的银影号、银风号等邮轮均为全套房型邮轮。

在用餐选择上,奢华型邮轮让游客拥有世界一流的美食与美酒,丽晶七海邮轮在其最新船只上配备了开放式厨房。

在活动安排上,奢华型邮轮更加强调其格调与氛围,水晶邮轮为游客打造语言教学、音乐类、摄影类课程,世鹏邮轮扩展其船只上的水疗中心和健身中心。

在航线设计上,奢华型邮轮的航线多样化且富有情调,让游客获得深入而又独特的体验。

在服务质量上,奢华型邮轮提供殷勤服务,专注于对游客的个性化呵护,一些奢华邮轮品牌以"六星级"服务来标榜其高端的服务品质。

在价格水平上,奢华型邮轮一直以来坚持维护其昂贵的票价,但同时也为游客缔造"一价全包式"的便利,水疗按摩池、雪茄吧、美食等皆包含在船票之内,一些邮轮还为游客免费提供皮划艇、浮潜装备、登山杆和手杖等。

"空间比率"与"游客员工比"这两个指标常常用来对奢华型邮轮进行评定。

空间比率等于邮轮的注册总吨位除以载客数量,用以表示邮轮上人均拥有的自由伸展空间。空间比率越高,游客越能感受到邮轮的宽敞。一般而言,邮轮空间比率越高,其航线产品的日平均价格也就越高。常见邮轮的空间比率数值一般在20~40,奢华型邮轮的空间比率可以高达60~70,游客感知到的个人空间非常宽敞舒适。

游客员工比等于邮轮的载客数量除以员工数量。现代海上邮轮常以较低的游客员工比闻名于世,区别于其他邮轮3∶1或是2∶1的游客员工比,奢华型邮轮的游客员工比几乎可以达到1∶1。

(二)高级型邮轮

高级型邮轮提供卓越的设施、精致的美食、高端的服务与完美的行程,包含很多带有阳台的客舱,通过多种多样的娱乐活动对各年龄段的顾客群形成多样化的吸引。高级型邮轮的空间比率以及游客员工比略次于奢华型邮轮,但高于业界平均水准。冠达邮轮、精钻会邮轮旗下船只均为高级型邮轮的典范,但又各具自身特色。冠达邮轮为游客提供尊享的英国皇家贵族式服务。游客有很多机会在正式晚宴上盛装打扮。精钻会邮轮则在目的地上更加用心。游客不仅可以在船上享受异彩纷呈的活动,还可以在目的地港口停留更长时间,以沉浸于当地的文化与生活之中。高级型邮轮的产品定价较高,但低于奢华型邮轮。游客搭乘高级型邮轮,在获得优越感的同时,也必然会感觉物超所值。

（三）现代型邮轮

现代型邮轮是邮轮旅游市场上的主流,为游客提供多样化、大众化的邮轮旅游产品。从邮轮大小上来看,现代型邮轮从几万吨、十几万吨到二十几万吨不等。住宿体验多种多样,内舱房、海景房、套房应有尽有。餐饮选择多种多样,既有免费餐饮选择,又有收费特色餐厅。娱乐活动多种多样,剧院、免税商店、青少年活动中心应有尽有。健身项目多种多样,轮滑、溜冰、冲浪、攀岩、高尔夫、篮球等均可以在现代型邮轮上找到。邮轮航线多种多样,但并不求新求异,符合大众市场的普遍需求。现代型邮轮总体气氛相对比较轻松,皇家加勒比游轮、歌诗达邮轮等均为现代型邮轮的代表。值得注意的是,这种划分并不是绝对的,很多现代型邮轮品牌也会向提供高端型邮轮旅游产品而努力。

（四）经济型邮轮

在邮轮旅游市场中,还有一些运营时间较长或者经过翻新的船只,这类邮轮通常被归类为经济型邮轮。在邮轮发展的历史上,有很多著名的邮轮运营时间将近半个世纪,但目前邮轮市场上投放的船只大多船龄较小,船龄高于20年的邮轮不及邮轮总量的四分之一,而且载客数量较少,邮轮船队正呈现年轻化的扩张趋势。经济型邮轮运营时间较长,设计比较经典老旧,虽然在船体大小以及设施设备上略逊于其他邮轮,但同样为游客提供多样的航线、丰富的船上活动以及细心周到的服务,且邮轮航次价格低廉,比较适合缺乏邮轮旅游经历,追求较高性价比的初次邮轮旅游者。在我国邮轮旅游产业发展初期,本土邮轮公司购置国外邮轮,经翻新改造后在中国母港开设航线,多半属于经济型邮轮之列。

（五）专业型邮轮

专业型邮轮在文化诠释、科学考察和轻度探险等方面独具特色,比较适合有经验的邮轮旅游者。起源于挪威的海达路德邮轮于2003年开辟南极航线、2007年开辟北极航线,由破冰船级邮轮承运。专业破冰船船体结构坚固,纵向短,横向宽,钢板厚于一般船舶,遇冰层时将翘起的船头部分"爬"上冰面,靠船头部分的重量把冰压碎;或者先倒退一段距离,然后开足马力冲上冰层,把船下的冰层压碎,如此反复,就开出了新的航道。海达路德破冰船级邮轮虽有别于专业破冰船,但同样适应极地恶劣的航行环境,载客人数较少,配备专业登陆艇和探险队,为游客提供稀有的南极登陆机会;虽没有商业性的娱乐设施,舱房也略显狭小,却拥有资料丰富的极地图书馆,亦有极地科学家为游客提供各种各样的极地知识讲解和答疑。

【拓展阅读】

探险+邮轮

去南极看企鹅,去北极看大白熊,来一次说走就走的旅行,一切看起来遥不可及的梦想现在却因为"她"变得越来越容易实现。这就是我们今天要讲的探险邮轮。

探险邮轮始于 1966 年,当时 Lars Eric Lindblad 开始把旅行者带到迄今为止只有科学家和探险家到访的地区,形成了最早探险邮轮的雏形。此后,小众的探险邮轮业务一直不温不火。近些年来,随着游客的旅游体验的升级,探险游这块市场被挖掘,越来越多的公司开始从事探险邮轮的业务——那么探险邮轮和普通邮轮有什么区别呢?

1.目的不同

大型邮轮的目的是让旅客更多地享受在船上的生活,为此邮轮不仅仅只在人们"衣食住行"上下功夫,而且配置了更多更豪华的娱乐设施,使旅客游和乐结合在一起。如设计了大型的滑水道、跳伞、过山车等娱乐设施。而探险邮轮则更多的是专注船外的世界,去哪儿很重要。

目前常见的探险邮轮的目的地如下:

南极、北极、阿拉斯加、加拉帕格斯、亚马逊、智利峡湾、金佰利-西澳、大堡礁、俄罗斯远东、夏威夷、墨西哥加利福尼亚湾、哥斯达黎加-巴拿马、科罗拉多河、印尼雨林等。

在众多的探险目的地中,南北极的探险占了 50%的份额,其中又以南极居多。

2.探险邮轮没有想象中的那么大

为什么呢?"探险"的目的是让乘客亲近自然。对于大型邮轮,船型大,吃水深,乘客多等因素,不仅限制了航行的区域,同时也会影响乘客的体验。因此,合适的乘客数量、灵活的船型同时又不失舒适度才是探险邮轮具备的特点。

国际南极旅行运营商联合会(IAATO)将经营南极旅行的船只分为 4 类:

①YA——载客在 12 人或以内的游艇,允许安排南极登陆,登陆点灵活。

②C1——载客 13 人到 200 人的小型探险船,允许南极登陆,登陆点较多。

③C2——载客 201 人至 500 人的中型探险船,允许登陆,但登陆点较少。

④CR——500 人以上的邮轮,不允许安排南极登陆,只能拍照。

根据南极条约的限制,任何一个南极登陆地点,每批次的人数必须控制在 100 人以内。如果邮轮载客超过 100 人,就得轮换登陆。为了方便快速登陆,需要考虑乘客登陆前后的一些设施,比如专用更衣室、清洁室等。

3.是否需要破冰

相信很多前往南极的探险游客非常关心自己所乘坐的船只是否具有破冰功能。其实前往南极的探险船主要集中在每年11月至次年的3月,而且旅游式的探险只会造访南极半岛的小部分区域。所以在是否破冰上大可不必担心。但通常探险船在设计建造过程中会考虑一定的抗冰等级。如我国首制探险邮轮的抗冰等级为1A。

抗冰等级划分为:1A SUPER、1A、1B、1C、1D。

1A SUPER:要求该级别的船舶能在布满浮冰(浮冰最大厚度为1米,密集碎冰厚度不少于0.1米)的河道上以不少于5节的速度前行。

1A:要求该级别的船舶能在布满浮冰(浮冰最大厚度为1米,没有密集碎冰)的河道上以不少于5节的速度前行。

1B:要求该级别的船舶能在布满浮冰(浮冰最大厚度为0.8米,没有密集碎冰)的河道上以不少于5节的速度前行。

1C:要求该级别的船舶能在布满浮冰(浮冰最大厚度为0.6米,没有密集碎冰)的河道上以不少于5节的速度前行。

1D:没有具体的技术表现参数,但要求船只有加固船身,能在浮冰密度不大/冰层厚度小的海域靠自身的推进器前行。

当然,如果想体验乘坐破冰船,那北极探险则是不二之选。

4.船上人员配备

与大型邮轮不同的是,每艘探险邮轮除了常规的船员配置外,还配备了科考专家、探险队员、讲解人员、摄影师以及专业的影像、仪器设施,从而有助于提高探险体验。

5.更为宽阔的视野

既然称之为邮轮,阳台、落地窗、视野极好的露天甲板是必不可少的,可以帮助乘客观察沿途风景、野生动物等。很多探险邮轮设置有贯穿的露天甲板从而使乘客获得很好的视野享受。

6.足够燃料油及食品存储空间

当深入极地探险时,显然没有随时可以供给的港口。因此足够的燃料及食品的储备对探险邮轮是非常必要的,此外船上产生的废料垃圾、黑灰水的处理也需满足航行期间的存储要求。

夸克探险于2020年下水的探险邮轮,载客能力200位,可在没有补给的情况下持续航行40天。

7.防污染要求

极地地区是环境敏感性水域,一旦造成污染泄漏,环境和生态恢复困难。在南极区域,按MARPOL的附则Ⅴ第6.1条进行的排放应尽可能远离海冰密集度超过1/10的区域,任何情况下离最近固定冰不得少于12海里。食品废弃物不应排放到冰上。

压载水和水生物处理系统除了考虑常规的压载水公约外,还应考虑《南极条约区域压载水置换系统》。

8.设计建造

探险邮轮在乘坐舒适度上不亚于大型邮轮,甚至要高于邮轮,但有别于邮轮的是,极地探险邮轮的空间更为紧凑,同时考虑极地的各种规范要求,如加热保温、抗冰防寒、污染源控制等要求,因此探险邮轮的部分设计、建造相对于大型邮轮更加复杂。

船舶推进发电系统除了要满足在极地的环境下安全地运转外,同时还要考虑大气排放等苛刻的环保要求。

"Roald Amundsen"号被认为是第一艘具有混合动力推进功能的邮轮,拥有辅助电力推进系统,并且还配备了废热回收系统,以最大限度地提高能源效率并降低燃油消耗,同时进一步降低燃油的消耗并减少氮氧化合物、二氧化硫及二氧化碳的排放。

下一代探险船将为满足新极地规范的严格环境标准而设计,这些船舶将更为环保、豪华。许多船只除了标准的皮划艇外,还增加了各种的水上设施,包括冲浪、水下滑板车、潜水艇和遥控潜水器等。

探险邮轮的热度不减,预计到2022年,将新增33艘探险邮轮,船的总数量将达到94艘。床位的市场供给量将较2018年增长67%。

人类对探险的渴望从来就没有终止过,对舒适度的追求也不会停歇。而探险邮轮正好抓住了这两个特点,故而持续的增长就会合理地存在。当然目前动辄单人单次十几万元人民币的消费也让很多人打消了念头。或许在不久的将来,探险游可以成为你说走就走的旅行的选择之一。毕竟世界那么大,总得去看看。

资料来源:搜狐网,2020-02-03.

【阅读思考】

2019年9月6日,招商工业海门基地建造的中国第一艘极地探险邮轮命名交付,标志着中国企业逐步掌握邮轮的设计、建造以及配套管理,在这一领域实现零的突破。结合以上探险邮轮的资料,谈谈你对"邮轮中国建造"的看法。

【知识链接】

What Are the Different Types of Cruise Ships?

There are many types of cruise ships available for any traveler. The ships vary depending on their passenger capacity and destination. Large, small, and mega cruise ships are attainable for intimate to extravagant cruise experiences. Ocean or river cruises are also available. Other types of cruises are for specific niches, such as remote destinations or ultimate luxury. There is a cruise ship experience available for everyone.

Mainstream cruise liners, also called large cruise ships, are the most popular and common type of cruise lines. These ships can hold 850 to 3,000 passengers. They are commonly referred to as floating resorts because of the various amenities and services. Most of them offer restaurants, arcades, and shopping. Casinos, libraries, and spas are also fairly standard features of mainstream cruises.

Mega ships include any ship that holds more than 3,000 passengers. Some of them can accommodate as many as 5,000 people. These are the largest and most technologically advanced ships in the world. Mega cruise liners provide all the standard amenities of mainstream cruises as well as some added features. These features vary with each ship. Some examples of added features are ice-skating rinks and museums.

Small ships provide a more intimate experience for travelers. The smaller ships are usually motor or sail powered. Again here the difference in the classification largely depends on the passenger capacity. The small ships usually hold no more than a few hundred people. They generally offer fewer amenities but are also less crowded. Often, these ships offer a niche service, such as conventions, singles cruises, or hard-to-reach destinations.

Ocean cruise liners include any size ship specifically designed for ocean travel. These ships do tend to be on the larger end of the scale. They are built to be sturdy enough to provide a relaxing and enjoyable experience for passengers, even in rough ocean conditions. They are also built for long-distance cruises, such as world cruises.

River cruise ships, as their name suggests, are cruises that travel along rivers and other inland waterways. These ships are always smaller than ocean cruises. Designs vary from high-tech, exciting vessels to relaxing paddleboat ships. Some of the most popular rivers to take a cruise on are the Amazon, Siene, and the Mississippi.

Luxury cruise liners are high-end vessels. They are designed for maximum comfort and entertainment. Luxury cruises cater to passengers who can afford to spend more on higher quality comforts, longer voyages, and more exotic destinations than more standard cruise lines.

Adventure cruise ships are available for adventurous travelers. These cruises are set apart by their access to remote destinations. They are generally small and sail-powered, which allows them access to the hard-to-reach destinations.They also tend to provide high-quality comforts and an intimate atmosphere.

Expedition cruise liners are similar to adventure ships, except that they access slightly more isolated destinations.They visit ecological and biosphere reserves, as well as other remote regions of the world, such as the Antarctic or the Arctic.These ships are frequently taken to research remote places of the world.Inflatable motor boats and sometimes helicopters are on the ships to access the shore.They tend to be less luxurious than the standard cruises, but they do provide basic comforts and services.

资料来源：Marisa O'Connor.WiseTour,2022-08-09.

第四节　邮轮的设计

一、现代邮轮的构造

(一)现代邮轮的基本功能

现代邮轮的构造是以其功能需求来进行具体设置的,因此,要了解其构造,首先要从功能划分说起。邮轮主要有旅游交通运输功能,游览、休闲、度假功能,前台功能以及后台功能。

1.旅游交通运输功能

邮轮具有把游客从一个地点带到另一个地点的,或在目的地间往返,以完成娱乐观光和休闲度假的旅游过程的旅游交通运输功能。该功能由邮轮的驾驶部、轮机部、甲板部完成。

2.游览、休闲、度假功能

邮轮为游客提供满足其旅游观光、休闲度假等需求的服务,包括旅游活动的组织、产品线路的设计、景点导游讲解,提供游客休闲娱乐的场所和康乐健身设施,包括阳光甲板、康乐中心、舞厅、理容中心、娱乐场所等。

3.前台功能

邮轮必须为游客提供集散出入和作为邮轮信息中心的前厅,包括总台、行李服务、商务中心等,供游客住宿的客舱及服务,供游客餐饮娱乐的餐厅(含厨房)、多功能厅等。

4.后台功能

为保证邮轮安全正常运行,保证游客休闲、度假及旅行生活的舒适,邮轮后台部门还要提供动力、水电及冷暖气等。主要包括配电房、司炉房、冷暖机房、浆洗房、泵水房等。因此,邮轮既具有水上运输的功能,同时又集合了旅游酒店、旅行社等旅游企业为游客提供旅游组织、食、住、观光、游览、娱乐、购物等旅游服务的功能。

（二）现代邮轮设计的特点

1.＂漂浮在海上的旅游目的地＂

一艘大型邮轮好比一个＂漂浮在海上的旅游目的地＂。为了满足游客的需求，它需要向游客提供住宿、餐饮、娱乐、购物、健身、会议、美容等多种服务，因此邮轮在设计时，应充分考虑游客的休闲度假功能，为游客提供一应俱全的各类娱乐设施，让游客充分地感受到这种海上的、充实的休闲娱乐方式，让游客觉得上岸观光仅作为一种调节剂，邮轮本身就是旅游目的地。

2.＂移动的微型城镇＂

作为一个漂浮在海上的可移动的旅游目的地，大型邮轮不仅需要提供满足游客需求的各项休闲娱乐设施，邮轮还需要配备各类市政设施，包括电力系统、给排水系统、垃圾及污水处理系统、移动通信系统、有线电视系统等，以满足游客和船员的最基本生活需求。

3.高技术的集合体

一艘大型邮轮拥有相当高的技术含量，甚至比飞机还高，如卫星导航系统、环保系统、海水淡化系统、电子控制系统，这些都代表着当今世界科技的前沿技术。

4.投资巨大

建造一艘邮轮，其成本从每标准下格床位 15 万美元到 35 万美元，平均约为 19 万美元。一艘载客量 2000 人的邮轮，其建造价格约为 3 亿至 5 亿美元，投资额十分巨大。

二、现代邮轮的空间设置

现代邮轮的设计与建造通常需考虑如何在合理利用空间的基础上更好地完善游客活动设施。不仅在外观和功能上为游客所接受，而且应符合其品牌价值和各项安全要求，在有限的船舶空间里，既能搭载更多的游客，又能使游客获得更高的舒适度和满意度。

邮轮的空间结构可以分为 3 种类型：客舱空间（Stateroom Space）、公共空间（Public Space）、非公用（船上员工）空间（Private Space）。

（一）客舱空间

游客搭载邮轮旅游，通常会将邮轮上的客舱与陆地上的酒店客房进行比较，希望邮轮上的客舱也可以与陆地上的酒店客房一样宽敞舒适、风格典雅。因此，邮轮客舱在进行设计时，必然充分考虑空间的合理利用、内部的装饰装潢以及设施的便利完善。

1.布局（Layout）

众所周知，邮轮上的空间有限。邮轮公司要在有限的客用空间里安排下客舱、餐厅以及越来越多的娱乐活动设施，合理布局显得尤为重要。客舱的位置往往会影响到游客居住的舒适度。由于船体结构的限制，一些客舱的景观视野会受到影响，还有一些客舱邻近电梯或者其他容易产生噪声的设施，邮轮公司还要考虑尽可能地将噪声最小化。大部分邮轮公司压缩客舱的空间，以腾出更多的区域用于安排娱乐项目，因此客舱成为酒店客房的压缩版，必须要通过精心设计来达到空间利用效率的最大化。

2.设施（Facilities）

即便有些邮轮客舱面积较小，但舱房内的设施却较为完善，游客所需各类物品一应俱全,客舱布置符合人体工程学的要求。从游客的角度来讲,需要有睡眠、小憩、更衣、休闲以及洗漱的场所;从客舱服务人员的角度来讲,客舱设施要便于日常清洁、整理和对客服务。

3.装饰(Decoration)

邮轮客舱的装饰标准与邮轮品牌有关,包括配色的方案、艺术品的摆放、灯光的调节、床上用品的质地、地毯的工艺、地板的光泽等都要充分考虑,通过恰当的布置和选用来达到客舱整体的和谐效果。早期的邮轮航行时间较长,多半是为满足富商贵客的需求而设计,因此对于客舱的空间采用较为宽敞的设计,并以许多高级艺术品为装饰,目的在于凸显与众不同的贵气。近几年,邮轮旅游日益普及,客舱的设计趋向简单,装潢材料多运用合成物或大量的复制艺术品,逐渐摆脱过于高贵而给人难以亲近的印象。

邮轮客房通常极为小巧,是"微缩的饭店客房"。当今美国的一般饭店客房面积为$350\sim450ft^2$($32.5\sim41.8\ m^2$),而一些邮轮客舱只有$100ft^2$(约$9.3\ m^2$),只有部分超过$250ft^2$(约$23.2\ m^2$)。长江三峡邮轮一般客房的标准是$8\sim16\ m^2$(不包括卫生间)。大多数客房面积为$10\sim12\ m^2$。一般邮轮的舱房有内舱房、海景房、阳台房、阳台套房、豪华套房等。

内舱房即邮轮内侧客舱。邮轮由于建筑结构的限制,并不是所有客舱均可以看到大海。内舱房在邮轮上占有很大的比重,舱房内没有窗户,门朝走廊,自然光不足,但是会经常运用镜子、柔和的淡色墙壁、明亮的灯光,甚至假窗帘来使空间显得更加开阔些,调节客舱的舒适度,房间类似商务酒店的标准间,一般有隐藏式的上铺,配有空调、通风设备和卫生间。也有些邮轮公司会为内舱房装饰假窗帘来使空间显得更加开阔,或者在走廊一面开窗。许多游客选择内舱房是因为内舱房的价格较为便宜,而且他们认为舱房仅仅是睡觉的地方。还有一些游客选择内舱房的原因是避免早上的阳光干扰。内舱房也会根据邮轮的不同而不同,如皇家加勒比游轮内舱房还分为普通内舱房和皇家大道内舱房,皇家大道内舱房有窗户可以看到邮轮中央的皇家大道。

海(江)景房在船舷两侧,有能看见海(江)的窗户,房间类似商务酒店的标准间,一般有隐藏式的上铺。由于面向大海采光较好,海景房会让人感觉视野更开阔,所以更受游客的青睐。旧式邮轮多是舷窗为主,具有较强的水密性和抗压性。随着造船技术的发展和游客需求的变化,海景房的设计也呈现多样化,出现了窗户海景房、落地窗海景房以及阳台海景房等。当今时代,游客对豪华邮轮的期望值很高,提供带有阳台的更具特色的客舱更能使一些追求高水平的游客满意。

阳台房在船舷两侧有阳台,房间在标准上类似星级酒店的标准间,一般放置一张大床,如果有孩子随行,也可以给孩子加床。有些大的邮轮还有朝向步行街的阳台房。随着科技的发展,现代邮轮还开发了模拟阳台房,房间的窗户展示海景,并配有一定的海浪声,以满足游客的需求。

邮轮上的套房宽敞豪华、价格昂贵,一般设有起居室、卧室和浴室,部分套房还配有海上观景阳台、私人酒吧、钢琴等。套房通常位于邮轮上层甲板,其面积比标准间大很多,可供两人以上住宿,深受家庭游客的青睐。不久的将来,公寓式邮轮也将投入使用,每间公寓式客舱设有多个卧室、客厅以及厨房,从而满足游客更多的需求。套房会根据豪华程度和功能再进行区分,如家庭豪华套房、水疗豪华套房、行政豪华套房等。不同的邮轮豪华套房的特点也不同。

(二)非公用空间

非公用空间一般位于客房甲板之下,其中包括邮轮员工用房、员工餐厅、员工娱乐场所和驾驶室(邮轮控制室)、邮轮厨房和邮轮机舱等空间。

邮轮的非公共空间主要是船员的工作区域和生活空间,但事实上,一些船员的工作和生活区域也并未完全分离,比如邮轮上一些部门管理者的住宿客舱也有可能同时是其办公室,在这里并不做严格的区分。为了保障邮轮的安全性和船员生活的私密性,邮轮上的非公共空间一般不向邮轮上的游客开放。但也有一些邮轮为使游客有更为深刻的旅游体验,常常会为游客安排一些非公共空间的参观活动项目。

1.邮轮驾驶舱(Bridge)

邮轮驾驶舱是船长指挥邮轮安全航行的司令台。邮轮上的驾驶舱位于船舶的前端,具有宽阔的视野,通过前方宽大的玻璃窗、伸出船两翼的观察台以及透明材质的小范围地面区域可以看到船的前部、后部以及下部的海水情况,作为邮轮在海上安全航行的首要部位以及命令中枢,驾驶舱具有先进的导航系统以及舒适的操控设计,配备有航行、通导以及其他辅助设备,比如舵轮、雷达、罗经、测深仪、气象传真机、全球定位系统、船舶数据记录仪、电子海图等。在邮轮航行或停泊的过程中,任何人未经船长或值班驾驶员许可不可随意进出船长驾驶舱,但也有部分邮轮会在非重要的航行时段安排少量游客进入驾驶舱参观的活动项目。

2.邮轮轮机舱(Engine Room)

轮机舱是装载船舶动力装置以及附属设备的舱室,是船舶的动力中心。轮机舱是关键性设备运行的处所,邮轮轮机舱等机械设备区域(Mechanical Areas)也都明令"游客止步"。与机舱工作无关的人员不得随意进入邮轮的轮机舱,因工作需要应经轮机长同意并在轮机部工作人员的陪同下进入。轮机部的工作人员进入机舱也要通报值班轮机员,并记录起止时间、地点以及工作安排。邮轮轮机舱是装载邮轮动力装置,如柴油机、燃气轮机以及附属设备的舱室。

3.厨房(Galley)

厨房是邮轮非公共空间的一部分,其布局类似于岸上常规的厨房。邮轮上厨房的构建就是为了有效地满足食品生产的特殊需求,即安全、高效、持续地制作大批量、高水准的食物。船上储藏间能满足冷藏、冷冻和干货区的需要。配合邮轮上各类餐厅数量庞大的用餐需求,邮轮上会有很多厨房。在较大型的邮轮上,除了1~2个规模较大的主厨房之外,一些特色餐厅也会有各自独立的小型厨房。部分邮轮会安排游客进行限时的厨房之旅,让游客真实考察邮轮厨房食品供应的安全卫生状况。另有一些邮轮会安排游客进行烹饪课程的学习。

4.员工活动区(Crew Areas)

在一般搭载3 500名游客的超大型邮轮上,按照游客与员工3∶1的比例计算,船员数量也会达到1 000人以上。对于这一庞大的工作群体,邮轮上设有空间充足、设施齐备的船员生活区域。除游客活动区域外,员工活动区域的设施设备也齐全完备,邮轮上有专门的员工宿舍(Crew Cabins)、员工餐厅(Crew Dining Room)以及员工娱乐活动室(Recreational Facilities)。普通员工住宿舱室一般安排2~4人入住,配备有齐全的高低床、衣柜、写字台、电视、电话、卫生间等。员工餐厅提供自助式餐食,并有水果、饮料供应。邮轮上还有相应的员工活动室、员工健身房、员工洗衣房等,提供更具人性化的员工关怀。未经允许,游客不可以进入员工生活区。

（三）公用空间共用区域

由于游客在邮轮上停留的时间较长,因此邮轮必须能提供充足的食物、足够的活动空间以及娱乐设备,以满足不同层次人群的娱乐喜好。航行期间还需适时安排一些特别活动,让游客充分享受一个充满欢乐气氛的海上之旅。公共活动空间与娱乐设施的安排是一个重要项目。只有配备充足的餐饮服务和新奇娱乐设施且能满足游客多种需求的邮轮,才会是公认的豪华邮轮。公用空间共用区域主要包括以下部分。

1.前台接待区（Front Office）

和陆地上的酒店类似,邮轮设有前台接待处(事务长室、问讯处)。陆地上的酒店前台通常设在酒店大堂,是负责酒店产品销售、对客服务接待以及业务调度的综合性服务部门。与酒店大堂的作用相同,邮轮前台在酒店服务中具有全面性、综合性和协调性的特征,是酒店的神经中枢。邮轮前台接待处的规模比酒店前台略小,但同样承担着游客接待、咨询与协调服务,是邮轮对客服务尤其是客舱服务的中枢机构。邮轮前台旁边通常设有旅游问讯处,游客可以咨询港口观光活动的相关事宜,也可以进行预订。

2.餐厅及其他就餐区域（Dining Area）

美食是邮轮的一大卖点。餐厅是客人用早、午、晚餐的场所,较大的邮轮的典型特征就是拥有若干个主餐厅,甚至是每层都有可供选择的特色餐厅,多为全天候开放。此外大型邮轮还有非正式的、自助类餐厅以及比萨饼店或特色主题餐厅,客人可以在室内就餐,天气好时还可以在室外(该区域被称作丽都甲板或露天餐厅)进行。

3.演出大厅（多功能厅、剧院）（Theater）

邮轮上设有演出大厅,根据邮轮的规模大小不同。演出大厅通常用来进行游客聚会、文艺演出或举办其他专项活动,每晚都有不同的安排,是邮轮之旅中最具有吸引力的场所。白天在演出大厅可能进行邮轮旅游指南讲座、港口讲座、游戏、放映电影或举办其他专项活动,晚上在演出大厅可举行各种表演(书法、武术、时装秀等娱乐节目),播放流行的电影新片,一些邮轮还会安排手工制作、化装舞会、厨艺表演等节目。大多数邮轮通常还设有另外的娱乐区、酒吧以及舞厅。

4.运动甲板（健身俱乐部）（Sport Deck）

大部分邮轮为客人提供锻炼的场地,邮轮上的运动甲板是为游客提供的锻炼场地,配有增氧健身区、慢跑跑道、网球场和其他运动方面的设施。健身俱乐部通常与一个SPA水疗区相连,那里提供按摩、桑拿、芳香疗法、旋涡浴以及美容美发等服务。

5.泳池甲板（Pool Deck）

大多数邮轮都设有一个或多个游泳池,一般位于顶层甲板,有的还设有供儿童嬉戏的浅水区。还有一些泳池会有玻璃天窗全部遮盖,随气温不同随时开启。

6.礼品商店(Gift Shop)

邮轮上的商店深受游客欢迎,游客在此可以挑选一些自己喜欢的东西,享受购物的乐趣,留下旅游的纪念品。邮轮在国际海域航行,一般不用付税。邮轮商店的种类包括珠宝店、男女时装店、化妆品店、奢侈品店、纪念品店以及一些普通商店等。为了营造旅游气氛,有的邮轮还会设立一些由各色礼品构成的微型观光商业街,供游客消遣。

7.医务室(Clinic)

海事法规定,乘客人数超过100人的任何船只都要配备内科医生,并常常由护士做助手,并配备相应的医疗设施。通常远洋邮轮还设有电影院、照片陈列室。

除此之外,公共空间还有很多其他公共设施,诸如婴儿玩耍区、上网区、特色酒吧、自动洗衣店、图书馆、小型教堂、攀岩壁等。有些在中国运营的邮轮上还有中国特色的麻将房、纸牌房等。

三、现代邮轮的设计要求

邮轮是以旅游为目的的高端客船。邮轮通过船上配备的各类生活娱乐设施,为乘客提供文化、体育、餐饮、购物、住宿、观光等旅游休闲服务。邮轮设计的重点是实现三大目标,即豪华型客船的安全设计、乘客休闲体验的功能设计和乘客健康安全的保障设计。已于2017年1月1日生效的《邮轮规范》(China Classification Society,CCS)精准把握这3个目标,设置了邮轮附加标志——Cruise,重点明确了邮轮设计的安全要求;设置了休闲体验设计指数附加标志——CEDI(Cruising Experience Design Index),休闲体验设计指数(CEDI)是在设计和建造阶段确定的邮轮休闲体验能力的一个指数,明确了包括乘客空间、舒适度和乘客休闲设施3个方面的要求,每一部分分别制定了不同等级的具体要求;设置了健康安保设计指数附加标志——SEDI(Sanitation Ensurance Design Index),明确了保障乘客健康和安全的不同等级要求。

在空间设计方面,乘客空间的大小体现了乘客对船上资源的拥有程度,包括乘客人均吨位、乘客人均居住面积、乘客船员比3个参数,其布置固化了结构和消防设计,是前期设计阶段非常重要的参数。乘客空间的合理配置是邮轮的又一个技术要点。在船东确定好邮轮的吨位和乘客人数后,根据期望达到的休闲体验设计指数来确定乘客空间,合理布置客房和公共场所,进一步配置休闲设施,再根据舒适度的设计预期合理设计各系统。研究发现,乘客人均吨位、乘客船员比这两个参数不仅与邮轮的豪华程度有关,而且与吨位的关系也非常密切,而乘客人均居住面积和船舶吨位几乎没有什么关系,只与邮轮的豪华程度有关。

在舱室减振降噪方面,舒适度是决定每个乘坐邮轮游玩的乘客体验感的又一重要因素,设置了噪音、振动和室内气候3个方面。振动与噪音是邮轮舒适程度的一个基本方面,也是邮轮设计中的关键点。《邮轮规范》对满足不同CEDI等级指数、不同乘客处所允许的最大振动量级、最大噪音量级和空气声隔声指数都进行了规定。在设计阶段,对振动噪音进行预报,但最终以实船测量结果为准。

研究发现,对于邮轮上绝大多数客舱而言,其噪音很大程度上取决于舱室的空调及空调系统。因此,空调及空调系统设计成了邮轮舱室噪音的主要因素。

在室内气候方面,室内气候,包括温度、湿度、空气流速、新风量等,又是影响邮轮舒适度的另一个重要方面。设计阶段需要重点关注,其对船上布置、空间和机组容量的配置起决定性作用。《邮轮规范》对满足不同 CEDI 指数的、不同乘客处所在不同室外环境下的室内温度和相对湿度进行了规定,同时限制了最大空气流速和最小新风量。这对空调系统的设计带来了巨大的麻烦:一是邮轮内部处所多、种类杂、功能复杂(有居住处所、休闲娱乐处所、餐饮购物处所、保健医疗处所以及大空间中庭等),各处所对空调要求的差别非常大,造成室内环境计算量巨大;二是为了使邮轮某一个空间在同一时间满足温度、湿度、风速、换气量、噪音的要求,设计难度相当大,因为这几个参数之间不完全同步,有些甚至是互相矛盾的;三是和陆上酒店相比,邮轮上的舱壁结构导热能力强,不利于保温,而且邮轮并不是固定在同一个地方的陆用建筑,而是航行在世界不同港口之间的,在设计时通常考虑全球航行时,外部气象条件的变化;四是邮轮空船质量和重心位置的控制要求高,加上布置空间和海上安全法规的诸多限制,使系统布置非常困难。

在乘客休闲设施方面,乘客休闲设施包括了邮轮上吃喝玩乐的方方面面。每一艘邮轮的设计都体现各自的文化、风格和特色,邮轮上配备的休闲设备应与此相配套。邮轮的质量很难控制,主要体现在酒店部分的质量很难掌控。合理配置休闲设施非常重要,这对空船质量和建造成本的控制非常关键。大家都知道,建造一个游泳池的质量和成本,与建造一个羽毛球场的质量和成本相比,两者有着明显的差异。《邮轮规范》对满足不同 CEDI 指数的邮轮的休闲设施进行了规定。这种规定分成了两类,第一类是必选项,第二类是可选项,以方便邮轮设计能满足不同文化和风格的需要。

【知识链接】

我国首艘国产大型邮轮建造转入坞内连续搭载!

2020 年 11 月 10 日,在第三届中国国际进口博览会举办期间,备受世人关注的中国首制大型邮轮在中国船舶集团旗下上海外高桥造船有限公司迎来坞内连续搭载总装里程碑节点,标志着中国首制大型邮轮实现了从详细设计、生产设计到实船总装搭载的里程碑跨越,也标志着中国船舶工业向摘取"皇冠上最后一颗明珠",又迈出了坚实的一大步。

国之重器,使命承擎。中国大型邮轮工程是中国船舶集团贯彻习近平总书记重要指示精神、落实国家战略、满足人民美好生活需要的重大举措,其不仅是国家重点项目,也是中国船舶集团科技创新、转型升级、推动高质量发展的一号工程。

2018 年 11 月 6 日,中国船舶集团与美国嘉年华集团、意大利芬坎蒂尼集团在首届中国国际进口博览会上正式签订 2+4 艘 13.5 万总吨 Vista 级大型邮轮建造合同,并举行了中国船舶集团大型邮轮项目工程正式启动仪式。这是我国首次签订真正意义上的大型邮轮建造合同,开启了中国船舶工业建造大型邮轮的新时代。

2019 年 10 月 18 日,中国首制大型邮轮在外高桥造船正式开工点火,进行钢板切割,全面进入实质性建造阶段。

中国首制大型邮轮为 Vista 级，入级英国劳氏船级社（LR）和中国船级社（CCS），船东为中船嘉年华邮轮有限公司。其船体总长 323.6 米，型宽 37.2 米，最大吃水 8.55 米，最大航速 22.6 海里/小时，最多可容纳乘客 5 246 人，拥有客房 2 125 间；采用吊舱式电力推进系统，将配备 2 台 16.8 兆瓦、3 台 9.6 兆瓦、总功率 62.4 兆瓦的主柴油发电机以及 2 台 16.8 兆瓦吊舱推进器；拥有高达 16 层的庞大上层建筑生活娱乐区域，设有大型演艺中心、大型餐厅、特色餐馆、各色酒吧、咖啡馆、购物广场、艺术走廊、儿童中心、SPA、水上乐园等丰富多彩的休闲娱乐设施，豪华程度超过五星级酒店，被誉为移动的"海上现代化城市"。

为了确保按期成功交付这座美丽的"海上现代化城市"，中国船舶集团严密组织筹划、严谨协调施策，举全集团之力，迎难而上，砥砺前行，全力推进这项国际化的巨系统工程。

今天，作为中国首制大型邮轮的主体建造单位，外高桥造船在中国船舶集团的领导下，经受住了新冠疫情的洗礼和考验，克服了物资采购、薄板车间流水线建设滞后，以及国外船东、供应商无法按时到位等一系列困难，一步一个脚印，如期实现了坞内连续搭载总装的里程碑节点。

攻坚克难，勇担使命。在中国船舶集团邮轮现场办公室的总体协调指挥下，外高桥造船全神贯注聚焦邮轮工程项目管理和生产组织机构设置及运行、安全质量体系构建及执行、设计工艺路线调整及工法研究、采购商务谈判及物资储备、配套设施改造及生产保障、分段总组赶工建造及后续计划安排等重点工作，并取得了一个个重要突破，为如期实现坞内连续搭载总装的里程碑节点打下了厚实的基础。

匠心酝酿，行远自迩。作为中国船舶工业设计建造难度最高的船型之一，大型邮轮是我国目前唯一没有攻克的高技术、高附加值船舶产品，是名副其实的巨系统工程。整船的零部件，相当于 919 大飞机的 5 倍、"复兴"号高铁的 13 倍；全船总电缆布置长度达到 4 200 千米，相当于上海至拉萨的距离；整船总工时相当于好望角型散货船的 20 倍。

巨大的物量背后是错综复杂的现场管理和施工次序。外高桥造船首次大规模地采用了"模型下现场"，在网页端和移动端可以直接查看和旋转每个分段、总段的三维安装模型，从而直观了解到管系、舾装件和设备的排布方式，确定施工次序，更加合理、高效地安排各专业进行交叉作业，确保安全施工和建造质量。

在运营管理方面，外高桥造船以数字化、网络化、智能化为导向，不断探索以信息化管理模式促进项目管理水平提升的新路径。经过两年多的酝酿摸索，在大型邮轮转段前，外高桥造船重磅发布了具有自主知识产权的"SWS TIME"新一代一体化移动平台，其覆盖设计、建造、管理等各环节。数据智慧化、云接全流程，为邮轮开展连续坞内搭载提供了便捷高效的信息化管理方式。

出于对重量控制的要求，大型邮轮大多使用 8 毫米以下的薄板分段，薄板分段约占全船分段总量的 80%。为了提高薄板生产效率，控制建造质量，外高桥造船专门设立了薄板中心。为了避免薄板在加工过程中出现变形，创新采用了激光切割、机器人焊接等一批国内造船行业首次运用的新装备和新技术。同时，薄板中心实现 5G 网络全覆盖，以 MES（制造执行系统）为核心，借助工业物联网技术实现智能管理，为邮轮薄板建造提供了智能动力。

中国首制大型邮轮项目转入坞内连续搭载新阶段，是中国造船人在摘取"皇冠上最后一颗明珠"征程中迈出的重要一步。根据计划，邮轮将于 2023 年上半年出坞，2023 年年内完工交付。

外高桥造船相关负责人表示,中国首制大型邮轮的各项挑战才刚刚开始,前行的道路上依然风险重重。项目团队将根据中国船舶集团领导和专家组的指示和意见,持续优化风险防控措施,根据项目进展不断创新管理模式,通过信息化和区域化管控手段,全力应对连续搭载过程中可能出现的各类风险,迎难而上,不负众望,奋力推进中国首制大型邮轮项目建造,安全优质按时完工交付,为"十四五"中国船舶工业高质量发展增光添彩。

资料来源:国家国防科技工业局,2020-11-10.

【课后思考题】

1."游轮"与"邮轮"有着什么样的区别和联系?

2.为什么邮轮被称为"无目的地的目的地"和"海上流动度假村"?

3.简述邮轮的分类标准,结合资料列举具有代表性的邮轮船只。

4.选择一艘邮轮,在官网上找到自己喜欢的房型,根据官网资料和数据画出船舱透视图。

【推荐阅读】

[1]骆行有.邮轮船型特征及船型参数分析[J].船舶工程,2021,43(51):188-193,222.

[2]刘臣,郭歆.极地探险邮轮市场分析与船型发展趋势[J].船舶工程,2021,43(7):14-23.

[3]郑刚强,王相君,罗蕾.基于中国文化底蕴的邮轮造型设计风格探索[J].中国舰船研究,2020,15(5):57-62.

[4]潘长学,吴昊龙.当代大型邮轮绿色设计体系构成分析[J].包装工程,2021,42(12):223-227.

[5]郑刚强,乔柏钧,刘明德.融契之美:高端船舶设计艺术中蕴含的美学精神[J].艺术设计研究,2017(2):89-93.

[6]王常涛,党杰.船舶概论与识图[M].北京:国防工业出版社,2015.

第二章　邮轮港口

邮轮港口是海运和陆运的交接点,是邮轮航线中供邮轮停靠、补给以及游客上岸观光游览的重要节点。游客搭乘邮轮旅游,会着重选择登船港口以及整个航程过程中停靠的目的地港口。邮轮公司在全球众多的港口城市中,会选择自然环境优美、人文底蕴深厚、经济条件优越的港口城市作为总部基地和邮轮靠泊地。随着世界邮轮业的发展,越来越多的国家和地区不断地建设港口和码头以接待邮轮,而邮轮港口的建设同时也对当地经济发展做出了积极而有益的贡献。

【学习目标】

理解:邮轮母港的定义与发展条件

熟悉:世界著名邮轮母港及中国主要邮轮港口

掌握:邮轮母港对区域发展的贡献

【开篇导读】

未来,上海将建成中国首个国际邮轮旅游度假区

2021年10月22日,以"潮起三江、聚力三游"为主题的"2021吴淞口论坛"在上海吴淞口国际邮轮港T1航站楼户外空间举行。论坛上,上海市文旅局与宝山区签订《赋能长江门户 助力宝山转型战略合作框架协议》。此次合作共建目标是立足宝山"北转型"发展要求和"科创宝山"战略定位,充分发挥万里长江口、百年吴淞口的资源优势,以亚洲最大的国际邮轮旅游目的地为核心,推动邮轮发展制度创新,成为全国旅游业深化改革的新高地;推动国际合作平台,打造区域对外开放新高地;推动邮轮港口联动发展,成为沿江沿海发展新高地;推动邮轮全产业链发展,成为上海高质量发展的新高地,充分实现邮轮旅游四个"新高地"战略目标。塑造宝山转型发展新形象,将宝山建设成为与上海世界著名旅游城市和国际航运中心相适应、具有全球资源配置能力的国际邮轮旅游目的地,共建共享科创之城、人文之城、生态之城、幸福之城。

上海宝山区委书记指出,宝山是一座因水而生、因港而兴的滨江之城。经过十余年的持续发展,宝山滨江以水为魂,以绿为基,以"邮"为本,建成了涵盖"邮轮大港、大江大河、生态

湿地、百年军事、"门户文化"特征于一体的国际著名旅游城市重要窗口,特别是吴淞口邮轮港稳居亚洲第一、全球第四,成功打造了中国邮轮旅游发展示范区。

论坛上,上海国际邮轮旅游度假区规划方案发布。"十四五"期间,宝山将发挥"万里长江口、百年吴淞口"的资源优势,立足通江达海、三江交汇的区位优势,整合周边资源联动发展,加强城市规划和设计,科学优化功能和布局,加快实施一批重点项目,打造以邮轮、游船、游艇等"三游"业态为特点,以"三游假日"为主题,设施完善、配套齐全的国家级滨水旅游度假区,成为上海国际消费中心城市独特的水上消费集聚区。

据悉,上海国际邮轮旅游度假区规划总面积约 12.48 平方千米,待开发区 2.98 平方千米,涉及岸线 13.5 千米。规划形成"四港一心、两带三园、五大组团"功能布局,即国际邮轮码头、近海沿江游轮码头、"一江一河"观光码头、帆船游艇码头四个码头;一个邮轮旅游中心区;北部长江口休闲观光带、南部吴淞口文化体验带两带联动;长江口文化公园、炮台湾湿地公园、百年军港博览园三个主题旅游园区;吴淞记忆服务组团、塘后老街服务组团、时尚长滩服务组团、科创宝钢服务组团、半岛 1919 服务组团五大特色服务组团。

建成后的度假区将集聚邮轮、游船、游艇(帆船)以及水上运动等以水上消费供给为主业的市场主体,打造水上产品首发基地,加快建设水上消费地标商圈,提供丰富多彩的水上消费模式选择,形成水上消费新业态,其中包括长江口水上运动体验中心、邮轮文化体验中心、中国海军爱国主义教育基地、阅江汇奥特莱斯购物中心、长三角水上产品首发基地、长江口水上科技应用集聚区等。

经过十余年的持续投入,以吴淞口国际邮轮港为核心的宝山滨江区域,建成了以"邮轮大港、大江大河、生态湿地、百年军事、门户文化"为特征的国际著名旅游城市重要窗口,具备打造以"三游假日"为主题的国家级滨水旅游度假区。未来,宝山将进一步融入国家及上海发展战略,充分挖掘滨江岸线区域在"三游"产业发展上的巨大空间和潜力,助力提升世界著名旅游城市和全球著名体育城市的影响力、吸引力,建设近悦远来的国际"文化会客厅"和"旅游首选地"。

资料来源:上海宝山官方微信.

阅读思考:邮轮港口建设将对区域经济带来哪些影响?

第一节　邮轮港口的分类与基本条件

一、港口与码头

(一)港口

港口是指位于海洋、江河、湖泊沿岸,具有一定设备和条件,为舰船停泊、避风、维修、补给和转换客货运输方式的场所。

最原始的港口是天然港口,有天然掩护的海湾、水湾、河口等场所供船舶停泊。随着商业和航运业的发展,天然港口已不能满足经济发展的需要,须兴建具有码头、防波堤和装卸机具设备的人工港口,这是港口建设的开端。19世纪初,出现了以蒸汽机为动力的船舶,船舶的吨位、尺度和吃水日益增大,现代港口建设开始发展起来。

一般而言,港口可以分为基本港(Base Port)与非基本港(Non-Base Port)两种类型。其中,基本港是指班轮公司的船舶定期挂靠的港口,大多数为位于中心的较大口岸,港口设备条件比较好,货载多而稳定。反之皆为非基本港。

(二)码头

码头是指供船舶停靠并装卸货物和上下旅客的建筑物,广义还包括与之配套的仓库、堆场、道路、铁路和其他设施。

传统意义上的码头,通常是一条由岸边伸往水中的长堤,也可能只是一排由岸上伸入水中的楼梯。人类利用码头,作为渡轮泊岸上落乘客及货物之用,其次还可能是吸引游人以及约会集合的地标。

按照码头的用途,可以分为客运码头、货运码头、集装箱码头等多种类型。

邮轮码头是客运码头的一种,可供大型邮轮停泊以及游客、行李、货物装载,多数会附有完善的配套设施。因为,邮轮码头通常是跨境运输,所以,设有海关、出入境柜位以及卫生检疫办事处、行李处理区、票务处、旅游车停泊区以及上落客区等。由于邮轮体积和排水量大,邮轮码头需要建在水深港阔的地方。

从码头结构上讲,邮轮码头与通常的货运码头并无不同。事实上,有一些港口的邮轮也临时停靠货运码头,利用邮轮自带的栈桥作为游客上下船通道。大多数邮轮码头没有指定由何公司使用。在欧洲一些港口城市,邮轮码头与货运码头在同一港区并存的现象非常普遍,这既可以方便邮轮在泊位紧张时候挂靠货运码头,也可以实现客货在同一港区的和谐发展,还可以让游客感受货运港区的非凡魅力。但近些年来,随着邮轮游客增多和码头货运装卸业务的繁忙,邮轮公司逐渐将客运码头和货运码头分开管理,这主要是基于快速通关、安检、游客上下船、岸上旅游组织等要求而考虑实施的。

二、邮轮港口的分类

为指导港口合理布局,推进码头设施有序建设,2015年4月,我国交通运输部出台《全国沿海邮轮港口布局规划方案》,借鉴国际邮轮运输发展经验,结合我国邮轮运输市场发展特点和趋势,将我国邮轮港口划分为邮轮访问港、邮轮始发港和邮轮母港三种类型。

1.邮轮访问港

邮轮访问港是指以挂靠航线为主的邮轮港口。它应具备邮轮停泊、游客和船员上下船等基本功能。邮轮访问港一般分布在旅游资源丰富的城市或岛屿。

2.邮轮始发港

邮轮始发港是指以始发航线为主,兼顾挂靠航线的邮轮港口。除访问港基本功能外,邮轮始发港应具备邮轮补给、垃圾污水处理、游客通关、行李托送、旅游服务、船员服务等功能。邮轮始发港多分布在腹地人口稠密、经济发展水平较高、旅游资源丰富、交通便捷的港口城市。

3.邮轮母港

邮轮母港是指邮轮游客规模更大、服务功能较为完备和城市邮轮相关产业集聚度较高的始发港。它是邮轮公司的运营基地,除具备始发港基本功能外,还应具备邮轮维修保养、邮轮公司运营管理等功能。邮轮母港是市场发展到一定阶段的产物,通常由邮轮公司根据市场需求、城市依托条件和企业经营战略来确定。

三、邮轮港口的基本条件

邮轮港口是发展邮轮旅游、提升邮轮经济贡献的重要基础设施。在邮轮港口的吸引力方面,地理区位、气候环境、城市经济发展、区域旅游资源、基础设施配套等都起着一定的作用,对于有效提升游客服务质量有着重要的影响,会直接影响邮轮是否选择靠泊或作为母港。邮轮港口吸引力是提升邮轮经济效应的重要基础。吸引更多的邮轮靠泊,不仅可以提升港口的经济收入,带来更多的游客消费,还可以有效地推进邮轮产业链的完善发展。在对邮轮母港选择的影响因素方面,港口接待能力、交通便捷性、城市基础设施、市场规模、旅游发达程度等都是重要的影响因素。

1.港口接待能力

邮轮接待能力的提升是有效提升邮轮港口吸引力、满足市场需求日益增长、推进邮轮产业链延伸的重要路径。随着世界邮轮建造大型化的趋势日渐明显,大型邮轮对母港邮轮的接待能力提出更高的要求。邮轮接待能力主要包括港口的码头前沿水深条件、客运大楼接待能力、航道宽度及深度、码头泊位的大小等方面。

2.交通便捷性

便捷的对外交通是形成邮轮母港的重要基础。邮轮的载客量较大,需要短时间内实现集散的功能,需要具备完善的道路及公共交通工具等体系,这对于有效提升游客体验也具有良好的作用。

3.城市基础设施

邮轮母港一般分布于经济较为发达的城市,需要具备完善的基础设施,拥有邮轮企业总部、邮轮船供分拨中心以及相应的商业配套设施、金融保险企业供给能力,从而吸引更多的国内外邮轮相关企业集聚。

4.市场规模

具有世界影响力的邮轮母港必须具备良好的客源基础,这也是形成邮轮母港最为重要的基础条件之一。邮轮母港会吸引更多的国际邮轮公司集聚,投放更多的国际邮轮,实现邮轮市场规模的持续扩大。

5.旅游发达程度

在旅游业的发展中,旅游业对区域经济发展的贡献逐渐凸显,政府对旅游的投入加大,旅游基础设施得到了进一步的完善。旅游业的发展使人们对旅游的认知逐渐提高,使得更多的人参与到旅游中,进而推动旅游政策逐步健全,旅游环境得到明显的改善,旅游目的地的建设逐步完善。

第二节　邮轮母港的建设

一、邮轮母港对区域发展的贡献

邮轮母港是推动区域经济转型升级的新动力,经济贡献主要包含港口靠泊、邮轮船供、邮轮维修保养及相关配套商业服务等带来的收益。邮轮的直接经济贡献主要是邮轮公司的税收、向邮轮提供货物和邮轮港口服务、食品和饮料供应、燃料和设备供应以及行政支持服务。

(一)邮轮靠泊收入

邮轮母港吸引大量的邮轮在此运营,收入包括邮轮靠泊所需要缴纳的港口靠泊费、游客服务费及相关费用。

(二)邮轮公司采购

邮轮公司会购买各种各样的货物,以支持其邮轮业务,包括港口内的食物和饮料、酒店用品、燃料和设施。邮轮公司还支付各种服务费,以支持其全球邮轮业务,包括旅行社佣金、广告和推广支出以及其他业务的服务费。

(三)带动本地就业

邮轮产业是劳动密集型经济,集聚大量的邮轮公司及相关产业公司总部或地区总部,并能有效地促进酒店住宿、餐饮等相关产业的发展,有效地提高城市人口就业率。

(四)提升城市名片效应

邮轮产业是促进区域经济发展的新兴经济,邮轮经济的发展有力地促进邮轮旅游城市名片效应的提升,有效提升城市的对外知名度,吸引更多的产业集聚。

二、邮轮港口的经营模式

邮轮港口经营模式是指邮轮港口根据自身的经营宗旨,为实现其所确认的战略定位而采取的方式和方法的总和。它是邮轮港口(企业)对市场作出反应的一种范式,这种范式在特定的环境下是有效的。其主要包括发展模式、管理模式、推广模式、盈利模式、服务模式和营销模式等重要模块(图2-1)。

图 2-1　邮轮港口经营模式构成要素示意图

当前邮轮港口经营模式的特点如下：

（一）根据实际情况选择适合自身的发展模式

当前国际上较为常见的邮轮港口发展模式有"出海口型""市中心型""交通枢纽型"和"资源链接型"等类型。每种邮轮港口发展模式都有相应的前提条件和各自的优劣势，选择适合自身发展的邮轮港口模式显得尤为重要。例如，新加坡根据自身的特殊地理区位条件选择了发展"交通枢纽型"邮轮港，通过引进现代化的管理理念和先进的设施设备，将新加坡邮轮港口建设成为世界知名邮轮港。

（二）勇于突破，积极考虑地主型邮轮港的管理模式

当前，国际各大邮轮港口对其管理模式的选择不尽相同：西班牙巴塞罗那 D 号邮轮港选择了"私人服务型"的管理模式；香港启德邮轮码头则采取了"地主型"的邮轮港管理模式。各种模式各有长短，然而根据国内的实际情况和不同邮轮港口管理模式的特征，"地主型"邮轮港管理模式较为符合国内实际，它也是当前国际社会较为流行的一种模式。

（三）全方位、主动式和多样化的市场营销及宣传推广

营销和推广对企业来说至关重要，对于新兴的邮轮港口行业来说更是如此。美国迈阿密邮轮码头全方位、主动式的营销和推广活动增加了迈阿密邮轮码头的市场知名度和活力；新加坡邮轮中心行业联盟式的战略推广模式取得明显效果；香港启德邮轮码头积极主动、组合式的邮轮港口宣传推广模式也可圈可点。

（四）完善邮轮港口配套，提升邮轮港口综合服务能力和水平

邮轮港口的发展注定是一个系统工程，这就要求它要有综合配套的支撑，而不仅仅是承担一个普通客运港口的职能。从迈阿密邮轮码头、新加坡邮轮中心和西班牙巴塞罗那邮轮港的发展实践中不难发现，一个成功的邮轮港口一定是一个配套设施完备，并且能够提供现代化服务的"综合服务体"。

（五）注重邮轮港口设施建设的功能性、休闲娱乐性和景观化设计

西班牙巴塞罗那 D 号邮轮港的娱乐化和景观化设计给人留下了难忘的印象。而国内邮轮港口的建设与国外相比有一个较为突出的差异，即国内更加注重邮轮港口的外观造型而忽略其功能实用性。这除了与我国的经济体制、规划理念等因素相关以外，还与我国邮轮港口经营管理缺乏实践经验有关。

（六）优化邮轮港口服务理念，加强港口人员服务意识和理念

邮轮港口的生命背景在于邮轮旅游发展的大环境，邮轮港口与邮轮旅游二者之间相辅相成，有着"唇亡齿寒"的利害关系。这就要求邮轮港口人员要站在一个更加全面、宏观和理性的角度来看待邮轮港口在邮轮旅游产业链中的重要性，以更加饱满的热情和更加人性化的态度参与到邮轮港口的日常运营和管理服务中。

（七）采用现代化的设施设备，积极引进人才，提高邮轮港口运作效率

邮轮港口运作效率的高低更是会直接影响到整个邮轮旅游过程中游客的满意度，甚至是邮轮公司对停靠港口的选择。无论是迈阿密邮轮码头先进的管理操作系统，还是新加坡

邮轮中心和巴塞罗那 D 号邮轮港惊人的管理运作效率,成熟的邮轮港口总是将规范化的流程和便捷性看得非常重要。对于刚刚起步的国内邮轮港口运营商来说,在邮轮港口的实际运营管理过程中应当积极引进现代化的设施设备和高端人才,从软件和硬件两方面着手来保证邮轮港口的通畅性。

三、国际邮轮母港建设的成功经验

(一)亚洲:新加坡与中国香港邮轮母港的功能与服务

1.新加坡——政府战略与市场力量结合,促进港口服务功能完善

新加坡政府是当地邮轮战略的制定者、优惠政策出台者和执行者,以及高效廉洁环境的监督者。新加坡政府重点投资兴建了新加坡国际邮轮港,极大地调动了邮轮发展的动力,提升了邮轮港口的接待能力和服务效率。

2.中国香港——政府招标新码头运营商,配合提升母港功能

香港启德邮轮码头是在原启德机场旧址上新修建的邮轮码头,由特区政府出资设计和建造。启德邮轮码头有两个靠岸泊位,没有净空限制,可以停泊总吨位达 22 万吨、世界上最大的邮轮。为了形成强大的交通支撑,地铁线在新码头预留了站点,还配套了穿梭巴士。政府将码头租给营运商,收取租金,但保留土地和码头业权。

(二)北美:美国与加拿大邮轮母港的功能与服务

1.美国——消费驱动自由发展,完善港口配套设施

现代邮轮旅游兴起于美国,主要是 20 世纪六七十年代美国国内旅游消费需求的持续高涨,并由此刺激企业进行邮轮港口建设,完善邮轮港口配套,提升邮轮服务,反过来又加速和促进了邮轮消费市场发展,成为邮轮经济发展的典范。其中迈阿密的邮轮相关配套服务从包含生产、检疫和零件修理在内的船工服务,到集商务、餐饮、物流、票务、信息发布等于一体的接待服务,为邮轮游客和邮轮公司提供了一套完整的服务。

2.加拿大——以人为本,提升游客接待功能

加拿大的邮轮港口到市中心、观光景点和主要购物区等繁华地带的距离比较近,便于游客在较短的时间内到达目的地,处处体现着"以人为本、方便游客"的选址理念。邮轮港口的候船厅区域内除常规的安全检查设施外,通常看不到出入境设施、海关的检查通道,也没有类似我国"三检"机构的检查通道。

(三)欧洲:西班牙与意大利邮轮母港的功能与服务

1.巴塞罗那——精简节约,满足邮轮游客接待基本功能

欧洲最重要的邮轮母港——巴塞罗那,并没有通过邮轮码头发展新商业区。巴塞罗那歌诗达邮轮码头的候船厅商业设施和辅助设施比较精致、紧凑。候船厅与码头前沿紧密联系,突出的是码头在组织游客上下船方面的功能。

2.意大利——积极创新,拓展邮轮产业新功能

意大利的萨沃纳港作为专业接待和服务邮轮的港口,既可以满足邮轮在港口集散游客、

加载燃油、补充各类物资和提供邮轮养护及维修服务的需求等,还可以围绕港口实现邮轮产业在这一区域的集聚。萨沃纳港目前是意大利最大的游艇制造基地,同时也是意大利歌诗达邮轮公司最主要的物资供给地。

（四）大洋洲:澳大利亚与新西兰邮轮母港的功能与服务

1.澳大利亚——发挥区域优势,拓展邮轮商务功能

澳大利亚悉尼港的环形码头是渡船和游船的离岸中心地,人们可以选择各种档次和航程的渡船、游船来欣赏悉尼这一世界最大自然海港的美丽景色。当然这里也成为最繁华的游客集散中心。这里有完善的停泊设施及潜在的扩展条件,有较好的轮船维护基地。

2.新西兰——重视环保,形成港口文化生态功能

奥克兰港是新西兰最大的港口,创建于 1985 年。奥克兰港的码头集中在市区海边,紧挨着繁华的商业中心。奥克兰港十分重视环境保护,由于港口紧邻市区,为了降低噪音,专门从欧洲进口了降低噪音的码头机械设备。为了谋求更大的发展,奥克兰港正在与邻近的陶朗阿港进行合作,因为该港的水深条件优于奥克兰港。

（五）加勒比海:古巴与牙买加邮轮母港的功能与服务

1.古巴——重视旅游,打造免税购物天堂

古巴气候宜人,年平均温度23℃左右,拥有许多世界上顶级的沙滩以及其他丰富的海洋旅游资源。古巴港口设有汽艇、拖船,提供淡水、医疗服务和食品补给。该地区环境优美,且十分重视旅游业,同时也是世界著名的免税区,是购物的天堂。

2.牙买加——因地制宜,突出港口实用功能

牙买加港口条件十分适宜于邮轮的停靠。它紧靠大西洋,与太平洋由巴拿马运河相连,背靠经济发达的北美地区,拥有坚实的市场基础。其港口水工部分所需的投资规模并不大;岸上候船厅与邮轮的衔接大多通过登船桥来进行,不需投入大量的专业化设备;整个码头建设突出实用性,以满足需求、方便游客为主。

四、邮轮港口竞争力评价

（一）邮轮港口竞争力评价方法

国际邮轮港口是邮轮产业链条上的重要环节,港口竞争力的提升能够为新兴的邮轮产业的快速发展提供有力支持,并进而促进港口沿线区域经济发展。1999 年联合国贸易与发展会议（UNCTAD）提出了第四代港口的概念,认为现代港口应具有功能多元化的特征。为此,对国际邮轮港口竞争力进行评价既要考虑港口建设发展的诸多方面,又要考虑吸引国际邮轮和国际游客的多种因素,需要评价的指标多而复杂、模糊性强。综观港口竞争力研究文献,学者们一般多采用满意度指数法、因子分析法、熵权—TOPSIS 法、模糊层次综合评价法或云模型评价法等开展研究。

（二）邮轮港口竞争力评价指标体系

邮轮港口竞争力是一个综合概念,要准确、全面地构建国际邮轮港口竞争力指标评价体系,需要从不同角度遴选出能够代表国际邮轮港口各组成部分的典型指标。国际邮轮港口

外部条件、内部条件和旅游条件成为了评价邮轮港口竞争力的主要指标,而自然条件、区位条件、腹地经济规模、邮轮泊位数、国际邮轮停靠量、乘客规模、港口服务水平、景观资源、城市知名度和旅游要素综合性成为了邮轮港口竞争力评价的主要影响因素,并形成了国际邮轮港口竞争力评价指标体系,该指标体系包括目标层、指标层和影响因素层。

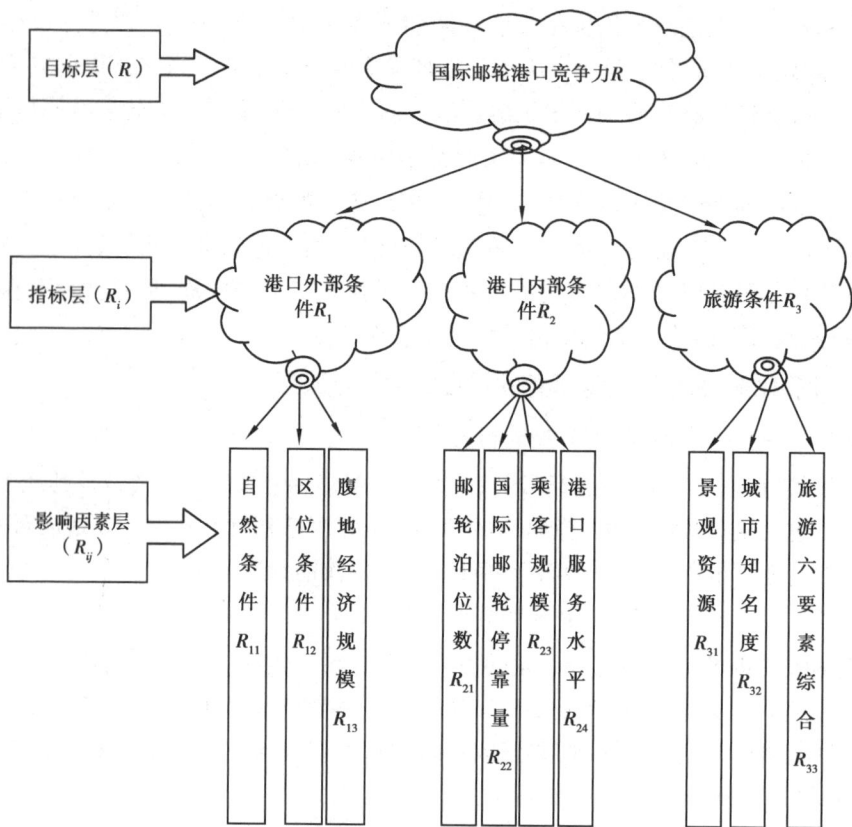

图 2-2　国际邮轮港口竞争力评价指标体系

第三节　世界著名邮轮港口

一、迈阿密邮轮港

迈阿密的邮轮旅游产业开始于 20 世纪 60 年代末,现在每年到迈阿密乘坐邮轮旅游的人数已占全球总数的 1/3 左右。迈阿密邮轮港是世界上最大的邮轮码头,这里是多家巨型邮轮公司的始发港,皇家加勒比、美国嘉年华、挪威邮轮等公司旗下的数十艘巨无霸超级邮轮从这里出发,常年在风景如画的加勒比海和墨西哥湾等地往返航行,每年游客超过 500 万人次。

迈阿密是美国佛罗里达州东南部著名的海滨旅游城市,是美国第四大都市圈的核心城市,是一个独具特色的民族大熔炉。这里约一半的居民为西班牙裔,受拉丁美洲族群和加勒比海岛国的影响,当地居民多使用西班牙语和海地土语,与中南美洲以及加勒比地区在文化习俗上关系密切,拉丁风情浓郁,又被称为"美洲的首都"。迈阿密一直享有"世界邮轮之都"的美誉,是美国国内首屈一指的海港城市,邮轮港位于道奇岛西侧,泊位岸线长度达 2.7 千米,主要码头设施沿连港大桥平行分布,北部有 6 个泊位,南部有 1 个(皇家加勒比游轮有限公司专泊位)。20 艘左右邮轮以其作为母港,邮轮年靠泊周转量位居世界第一。

图 2-3 迈阿密国际邮轮港

迈阿密邮轮港实际为一个岛屿,占地面积为 260 万平方米,拥有 2 000 米长的海岸线。美国嘉年华邮轮集团、皇家加勒比游轮有限公司、诺唯真游轮控股公司等均在迈阿密设立总部或者分支机构。自 20 世纪 90 年代起,迈阿密与邮轮公司合作建设新码头,设施十分贴近邮轮人流与物流的个性化需求。迈阿密邮轮港从邮轮本身及游客各项消费上,平均每年可获得达 80 亿美元的经济收益,同时创造了 34.5 万人的就业机会。迈阿密邮轮港有着独到的成功经验。

(一)旅游资源

迈阿密属亚热带气候,为美国本土冬季最温暖的城市之一。迈阿密国际机场是世界上最繁忙的机场之一,是美国东南部重要的国际集散地,每年航空旅客超过 3 500 万人次。这里的海滩浴场长达 20 余千米,市区内外公园密布,交通和服务设施十分完善,是世界著名的旅游胜地。

邮轮旅客可以选择去各种各样的目的地游玩,包括巴哈马、墨西哥、加勒比、南美、欧洲、远东和世界各地的其他港口。充满乐趣、丰富多彩的行程更是 4~14 天不等,甚至可以延长时间。

经验丰富的游客往往能充分利用登上邮轮前及下船后的活动安排,特意增加几天行程来游遍整个大迈阿密地区,其中包括佛罗里达大沼泽地、丛林岛、迈阿密儿童博物馆和迈阿密水族馆,而时尚的南海滩以及世界闻名的装饰艺术区更是每位游客都不可错过的景点。

迈阿密设计保护联盟提供自助语音导览、导游或骑自行车游览等服务,可以让旅客更好地观赏 800 多个最令人赞叹的装饰艺术建筑。迈阿密南部的海滩向来是全世界游客趋之若鹜的胜地。在这座令人眼花缭乱的亚热带城市里,从美食到音乐,以及随处可见的反映时代特色的艺术装饰性地标,处处都展现着迈阿密的激情和魅力。

迈阿密正在日渐成为一个名副其实的美食之都。这个城市现在拥有 6 000 多家餐厅,从休闲的露天咖啡馆到供应佛罗里达式菜肴的餐厅,能满足日益复杂的当地居民和游客们的各种饮食需求。喜欢购物的游客在迈阿密也可以有多种选择,其中包括贝赛德市场旁边的购物一条街,以及以奢华品牌店闻名的巴伯港商店街和梅里克公园村。林肯路和珊瑚阁区的"奇迹一英里"更是遍布着各式精品商店。

邮轮游客可以前往维兹卡雅博物馆及花园或迈阿密其他优秀的博物馆感受迈阿密的历史和文化氛围,其中包括迈阿密艺术博物馆、华夫索尼亚-佛罗里达国际大学博物馆和巴斯艺术博物馆等。

邮轮游客还可以参加在迈阿密举行的丰富多彩的节日活动。其中包括令人瞩目的装饰艺术周末、椰林艺术节、迈阿密国际游艇展、南海滩美酒美食节、展示迈阿密拉丁风情的"迈阿密狂欢节",以及将迈阿密椰林地区装扮成拿骚湾街的"迈阿密/巴哈马古贝斯马节"。每年 8 月和 9 月,100 多家顶级餐厅参加的名为"迈阿密香辣餐厅评选月"的活动,会为顾客提供本店三道招牌菜式,让顾客体验顶级餐厅的美食。

(二)服务设施

迈阿密的两座邮轮客运枢纽站拥有世界上最先进的管理设施系统,能够同时为 8 400 名游客的出行提供服务;拥有许多相关设施,如舒适的休息大厅、多个商务会议大厅、全封闭并加装中央空调的游客上船通道,以及完善的订票系统、安全系统、登轮查验系统和行李管理操作系统等;拥有能够容纳 733 辆汽车的车库。先进的信息化服务能够高效率指挥码头内部的交通,为游客出行提供近乎完美的服务。

此外,迈阿密邮轮母港处处体现"游客至上"的服务理念。一是服务范围无微不至,如私人汽车看管、汽车出租、搬运车预约、公共汽车查询、自动银行和问询处等均有提供。二是服务力求便捷。邮轮游客只需买票、验票、候船、登船,行李则由码头的行李处理设备送到各自的座位。同样,行李处理系统也会在邮轮游客回到目的港以后将其行李送到指定的位置,甚至可以直接转到飞机上或酒店里。三是服务形式多种多样。迈阿密邮轮母港拥有天然的海边浴场,舒适宜人,距邮轮出入口仅 10 分钟路程。迈阿密邮轮客运枢纽站的业务流程设置相当规范,商店、游客、行李和船舶均为独立管理,并将第三层楼设计成与船体位于同一高度,便于游客上下船。迈阿密邮轮码头位于市中心海滩的黄金地段,距机场仅有 15 分钟车程,离市中心最近的大型购物、宾馆、餐饮区仅有几分钟车程。

除此之外,这座多元化的城市为到此出游的邮轮游客创造了许多的便利和优惠,其中包括最先进的客运码头和合理的长期停车收费制度等。

迈阿密之所以被公认为国际旅游胜地绝非一蹴而就,而是经过几代人苦心经营创造的。

二、巴塞罗那邮轮港

巴塞罗那港口位于欧洲南部和地中海的西岸,地理位置优越。巴塞罗那是世界著名的旅游城市,酒店众多,服务精良,机场有国际航班接泊,港口有专门为邮轮而设的相关设施。这些因素都促使该市成为邮轮公司的理想基地。目前,巴塞罗那邮轮码头是世界邮轮游客和邮轮公司最青睐的目的港口之一。根据皇家国际邮轮杂志的统计资料,巴塞罗那港口是欧洲第一大邮轮目的地港口,世界排名第四。

"欧洲之花"巴塞罗那位于西班牙东北部地中海沿岸,这里气候宜人、风光优美、古迹遍布,素有"伊比利亚半岛的明珠"之称,是西班牙著名的旅游胜地。它是西班牙的文化古城,还有"地中海曼哈顿"之称。全市面积91平方千米,市区人口约160万,若连同外围地区则为400万,仅次于首都马德里,也是世界上人口最稠密的城市之一。巴塞罗那是一座历史文化名城,安徒生到那里访问时,曾称巴塞罗那为"西班牙的巴黎"。巴塞罗那同时也是工商业发达,文化艺术繁荣发展的城市,西班牙现代艺术巨匠如毕加索、米罗、达利等人都诞生于此。巴塞罗那更因成功举办1992年第25届夏季奥林匹克运动会闻名全球。

巴塞罗那是世界著名的港口城市和旅游城市。海滨气候宜人,风和日丽,形成一连串景色秀丽的海湾。这里的阳光、沙滩、浪漫的西班牙风情和迷人的地中海风光每年都吸引着数以万计的世界各地游客。巴塞罗那邮轮码头的中央耸立着加乌马一世缆车塔,这座高塔是连接巴塞罗那塔和位于蒙杰伊克高地的缆车站的中转站。在塔上一边可以看到浩瀚的地中海、码头上停泊的邮轮和集装箱,另一边可以看到巴塞罗那城市的主要街道。巴塞罗那邮轮港口的特点如下。

（一）自然条件

巴塞罗那是地中海出入大西洋的咽喉,附近旅游资源十分丰富。巴塞罗那港是西班牙,也是地中海沿岸最大的港口,设有6个客运码头,可以容纳9艘邮轮同时停靠,是很多豪华邮轮欧洲线路的重要一站,其宾馆、餐饮、交通的便利均在地中海各城市中领先,客流量长年不断。巴塞罗那港设备完善,每年接待大量的游客。这些邮轮码头地处市中心,游客乘坐公交车或出租车进出都十分方便。

巴塞罗那邮轮码头宽阔整洁,大路两旁到处是棕榈树、草坪绿地、现代风格的路灯和雕塑装饰。这里聚集了港口区最吸引游客和当地人的集商业、娱乐、餐饮于一身的三大建筑—马雷马格大楼、丽密大楼、IMAX电影馆等。在西班牙码头上还有皇家海上俱乐部和航海俱乐部,可以看到上百艘游艇停泊在港中的壮观景象。最具标志性的当属一座名为"海上的兰布拉大街"的新建木制吊桥,桥身呈波浪起伏的"S"状,桥上立着一段段顶部带曲线的栏杆,远观好像一条条鱼穿游于海中,设计十分巧妙。这座桥被誉为"海上的兰布拉大街",自然显示出它在海港区的重要作用。"海上的兰布拉大街"连接着老港的木材码头和西班牙码头。木材码头是老港最先被改造的区域之一,目前已成为一条铺设着方石,并栽种着棕榈树的美丽大道,在道路的旁边建有一排排现代风格的餐厅和酒吧。

巴塞罗那整个城市依山傍海、地势雄伟,气候舒适宜人,市区内哥特式、文艺复兴式、巴洛克式建筑和现代化楼群相互辉映。在和平之门广场到加泰罗尼亚广场之间,以大教堂为中心,有无数值得参观的建筑物。

（二）设施的实用性和便捷性

巴塞罗那港口规划完善,与市区近在咫尺。城市寸土如金,然而政府却没有盲目出卖土地开发建设,还曾阻挡了来自世界各地的房地产开发商及形形色色的投资者。巴塞罗那把黄金土地让给了自然,让大自然清纯的气息涌进城市。一片片草坪、一排排树木、一座座花园使古城焕发着生机。巴塞罗那邮轮码头注重邮轮码头设施的实用性和便捷性。近年,巴塞罗那港口正在进行大规模扩建,以保证每5 000米都有邮轮配套设施的集中区域。同时为了配合港口经济的发展,巴塞罗那还投入巨资发展内陆交通。目前我国沿海各港口城市试图通过兴建邮轮码头以发展新的商业区,在邮轮码头的规模和豪华程度上拼命下功夫。而邮轮母港巴塞罗那却没有通过邮轮码头的发展形成新的商业区,这一点是值得我国借鉴的。

图 2-4 巴塞罗那国际邮轮码头地图

三、新加坡邮轮港

新加坡是亚洲邮轮产业发展最快、邮轮市场发展最成熟的国家,近15年来邮轮客流量年平均增长60%,被世界邮轮组织誉为"全球最有效率的邮轮码头经营者"。新加坡由于地域小,所以交通特别便利,其购物、餐饮、宾馆业均居亚洲前列,旅游收益已成为国家主要的收益之一。邮轮产业带来的人流和消费对本土人口不多的新加坡的GDP增长效益十分可观。

新加坡是东南亚的一个岛国,也是一个城市国家,位于马来半岛的南端,毗邻马六甲海峡南口,其南面有新加坡海峡与印度尼西亚相隔,北面有柔佛海峡与马来西亚相隔,并以长堤相连于新马两岸之间。新加坡是亚洲最重要的金融、服务和航运中心之一。新加坡在城市保洁方面效果显著,亦有"花园城市"之美称。

新加坡是全球最大的海洋转口运输中心之一,拥有完整的港口及海事服务、全球范围的海港网络以及全面的物流服务方案,也是亚太地区的邮轮中心。迄今至少有 250 家轮船公司,将新加坡与全世界 123 个国家和地区的 600 多个港口相连接。每天都有船只从新加坡港开往全世界各个主要港口。由于常年的出色工作,新加坡港务集团被公认为全球首屈一指的综合性海港与物流服务公司,是"亚洲最佳集装箱码头经营者"大奖的常年获得者,先后 13 次获得亚洲货运业奖(AFIA)殊荣,新加坡港也先后 14 次被评为"亚洲最佳海港"。

图 2-5　新加坡国际邮轮港

新加坡港是新加坡通往世界的交通枢纽,东北至马尼拉 1 340 海里,至中国香港 1 440 海里,至中国上海 2 186 海里,至日本横滨 2 888 海里。它是亚太地区最大的转口港,也是世界最大的集装箱港口之一。该港扼太平洋及印度洋之间的航运要道,战略地位十分重要。它自 13 世纪开始便是国际贸易港口,目前已发展成为国际著名的转口港。新加坡港成为世界著名邮轮母港的成功经验如下:

在众多的母港城市中,通过建造国际标准的邮轮码头,吸引更多的邮轮到港,大力发展邮轮产业经济并取得显著成绩,从而成为世界级邮轮母港,新加坡可谓是一个成功的范例。

20 世纪 80 年代初,新加坡只是欧美邮轮的停靠港,政府通过修建邮轮码头,不断发展靠港经济。1989 年,新加坡旅游局成立了邮轮发展署。1991 年年末,新加坡耗资 5 000 万新加坡元新建邮轮码头,1994 年开始着力发展邮轮产业。1998 年政府投资 2 300 万新加坡元重建码头,建成可以同时停泊 8 艘邮轮的深水码头。20 世纪 90 年代以后,新加坡的国际邮轮和游客数量以平均每年 60% 以上的速度增长。20 世纪末,新加坡成为能够靠泊 6 艘国际邮轮的母港,每年到港的邮轮游客超过 100 万人次,旅游业收益成为国家财政收入的主要来源。目前,新加坡港每年接待游客超过 150 万人。新加坡旅游局(STB)从 2009 年 10 月起在南港池地区建设"新加坡国际邮轮码头"(SICT),位于现在使用的新加坡邮轮中心(SCC)的东侧,这是该国欲成为东南亚邮轮枢纽的国家项目的一部分。

2016 年亚洲邮轮市场规模为 310 万人次,2017 年达到 424 万人次,同比增长 36.7%。随着亚洲经济的不断发展,邮轮旅游行业在亚洲将会有很大的发展空间。目前新加坡十分看好这一行业的发展,力争将新加坡建成亚洲地区的邮轮中心之一。邮轮体积载客量的增加以及亚洲邮轮产业不断增长的发展潜力,都使得新加坡下决心投资第二个邮轮码头—位于马里纳南岸的新加坡国际邮轮中心。该码头的建设不仅仅增加了新加坡的靠泊能力,更催化了该城区的发展建设,为邮轮港口效率和邮轮服务标准设立了新的基准。

第四节　中国邮轮港口的发展

一、中国邮轮港口概况

近十多年中国邮轮产业高速发展,国内兴起邮轮港口建造热潮,大陆海岸线上一共有20个城市已建成或规划建设邮轮码头。其中天津、上海、青岛、舟山、深圳、广州、三亚和厦门是邮轮专用码头,大连、烟台、连云港、海口、温州、防城港和北海则是客货兼用的码头。此外,福州平潭、台州、秦皇岛和南京等均有新增邮轮码头建造计划。

目前,中国已经形成了华东、华北、华南三大邮轮圈:一是以上海为核心的长三角华东邮轮圈;二是以天津为核心的渤海湾华北邮轮圈;三是以广州、深圳、厦门为核心的华南邮轮圈。同时已形成了全国以上海为主,北以天津为主,南以广州、深圳和厦门为主的"一主两翼"的邮轮城市发展格局。

表 2-1　我国主要港口邮轮接待能力统计表

港口城市	港口名称	泊位数	泊位长度	泊位水深	可停靠邮轮吨位数	启用日期	最多同靠船数
大连	大连港国际邮轮中心	1	419 米	−9.9 米	15 万吨级	2017 年年底	1
天津	天津国际邮轮母港	4	312.5 米	−11.5 米	22.35 万总吨	2010 年 6 月 26 日	4
			312.5 米	−11.5 米	22.35 万总吨	2010 年 6 月 26 日	
			234 米	−11.5 米	22.35 万总吨	2014 年 6 月 28 日	
			253 米	−11.5 米	22.35 万总吨	2014 年 6 月 28 日	
烟台	烟台港	3	180 米	−10 米	7 万吨	—	—
			300 米	−17 米	15 万吨	—	—
			270 米	−14 米	10 万吨	—	—
青岛	青岛国际邮轮母港	4	490 米	−13.5 米	22.53 万吨	2015 年 5 月	2
			146 米	−7.9 米	2.9 万吨	2015 年 5 月	
			150 米	−7.9 米	2.9 万吨	2015 年 5 月	
			94 米	−7.10 米	2.9 万吨	2015 年 5 月	

续表

港口城市	港口名称	泊位数	泊位长度	泊位水深	可停靠邮轮吨位数	启用日期	最多同靠船数
上海	上海国际客运中心码头	3	294 米	−9 至 10 米	7 万吨	2008 年	3
			294 米	−9 至 10 米	7 万吨	2011 年 10 月 15 日	
			294 米	−9 至 10 米	7 万吨	2011 年 10 月 15 日	
	吴淞口国际邮轮港	4	420 米	−11 米	15 万吨	2018 年 7 月 11 日	4
			354 米	−11 米	22.5 万吨	2018 年 7 月 11 日	
			380 米	−11 米	22.5 万吨	—	
			446 米	−11 米	15 万吨		
舟山	舟山国际邮轮港	1	356 米	−12 米	15 万吨	2014 年 10 月	1
温州	状元岙	1	341 米	−8.35 米	10 万吨	2017 年 12 月	1
厦门	厦门国际邮轮中心	4	419 米	−10.0 米	15 万吨	2019 年 4 月 10 日	4
			324 米	−9.0 米	8 万吨	2018 年 10 月 23 日	
			346 米	−0.0 米	8 万吨	2018 年 10 月 23 日	
			241 米	−5.2 米	3000 吨滚装	2018 年 10 月 23 日	
广州	广州南沙国际邮轮母港	2	325 米	−10 米	10 万吨	2019 年 11 月 17 日	2
			445 米	−11.8 米	22.5 万吨	2019 年 11 月 17 日	
深圳	太子湾邮轮母港	2	400 米	−10.7 米	22 万吨	2016 年 11 月 12 日	2
			354 米	−10 米	10 万吨级	2016 年 11 月 12 日	
北海	北海邮轮码头	2	354 米	−9 米	5 万吨(结构为10 万吨)	2018 年中	2
			249 米	−7.5 米	2 万吨	—	
海口	秀英港	2	225 米	−10.2 米	1.25 万总吨	1991 年	2
			295 米	−13.3 米	4.5 万净吨	2009 年	
三亚	三亚凤凰岛国际邮轮港	3	370 米	−10.6 米	8 万吨	2006 年 11 月 9 日	4
			432 米	−11.6 米	15 万吨	2015 年 8 月 8 日	
			398 米	−11.6 米	15 万吨	2017 年 5 月 2 日	

续表

港口城市	港口名称	泊位数	泊位长度	泊位水深	可停靠邮轮吨位数	启用日期	最多同靠船数
香港	启德邮轮码头	2	455 米	−13 米	22 万吨	2013 年 6 月 12 日	3
			395 米	−13 米	22 万吨	2016 年 2 月 1 日	
	海码头	2	381 米	−11 米	10 万吨	1966 年 3 月 22 日	2
			320 米	−10 米	8 万吨	1966 年 3 月 22 日	
基隆	基隆港	2	558.3 米	−9 至 10 米	14 万吨	—	—
			554.5 米	−11 米	22.5 万吨	—	—
台中	台中港	3	360 米	−11 米	7 万吨	—	—
			283 米	−9 米	4 万吨	—	—
			480 米	−14 米	16 万吨	—	—
高雄	高雄港	2	442 米	−10.5 米	16 万吨	—	—
			726 米	−10.5 米	22.5 万吨	—	—
花莲	花莲港	1	543 米	−14 米	22.5 万吨	—	—

资料来源:2019 中国邮轮发展报告.

三大邮轮旅游圈中,华东地区接待总人次市场占有率最高,拥有全国 46% 左右的市场,而近年来表现最为突出的是华南,从港口接待邮轮航次来看,2019 年华南地区已超过华东地区跃居全国第一。上海无论从接待邮轮航次还是接待游客总人次来看,目前在全国范围内位居第一,也成了亚洲第一大邮轮母港。在全球范围来看,纯粹按邮轮游客始发量来看,上海 2019 年位列全球第四,但从游客总量来看,即按始发和到港游客总量计算,上海位列全球第八位。

表 2-2　2019 年我国主要邮轮港接待情况及市场占有率

三大邮轮旅游圈		接待邮轮航次		接待总人次(人次)	
区域	港口	邮轮航次	市场占有率(%)	接待人次	市场占有率(%)
华北	天津	121	14.92	725 533	17.42
	大连	39	4.81	88 507	2.13
	青岛	51	6.29	176 287	4.23
	小计	211	26.02	990 327	23.78

续表

三大邮轮旅游圈		接待邮轮航次		接待总人次（人次）	
华东	上海	258	31.82	1 893 446	45.47
	温州	7	0.86	29 604	0.71
	舟山	5	0.61	16 048	0.39
	小计	270	33.29	1 939 098	46.57
华南	厦门	136	16.77	413 717	9.93
	广州	93	11.47	441 924	10.61
	深圳	97	11.96	373 098	8.96
	三亚	4	0.49	6 435	0.15
	小计	330	40.69	1 235 174	29.65
总计		1 010	100	4 164 599	100

资料来源：中国邮轮发展报告和 CCYIA 历年统计.

表 2-3　2018—2019 年全球主要邮轮港邮轮游客接待情况

2019 年排名	2018 年排名	港口/地	区域	始发（人数）	到达（人数）	过境（人数）	合计
1	1	迈阿密	加勒比	2 920 000	2 920 000	43 000	5 883 000
2	2	科祖梅尔	加勒比	4 000	4 000	3 964 000	3 972 000
3	3	卡拉维拉尔	加勒比	1 848 000	1 848 000	217 000	3 913 000
4	4	埃弗格雷斯港	加勒比	1 785 000	1 785 000	4 200	3 574 200
5	5	拿骚	加勒比	—	—	3 020 000	3 020 000
6	6	巴塞罗那	地中海	716 000	712 000	1 409 000	2 837 000
7	7	奇维塔韦基亚	地中海	537 000	538 000	1 386 000	2 461 000
8	8	上海	亚太	1 121 440	1 121 440	17 575	2 260 455

数据来源：G.P.WILD（International）Limited，2019.

二、中国邮轮港口的发展

（一）上海

上海是中国内地发展邮轮产业最快的地区，是对邮轮产业最为敏感、潜力最大的城市，也是我国第一个获批的中国邮轮旅游发展实验区。2003 年，上海首次提出邮轮母港发展规划,在全国起到示范作用。2006年7月,歌诗达邮轮携"爱兰歌娜号"(Allegra)来到上海,开展中国第一次母港运营,开启了中国邮轮全新时代。自2012年上海吴淞口国际邮轮港开港后,上海又迎来邮轮旅游浪潮,2018年有403艘次豪华邮轮停靠上海,全年接待游客273万人次。上海正在成为世界豪华邮轮环球游中的重要枢纽港。

目前,在中国的邮轮公司对于邮轮港口存在着两大"心病":一是港口及其各项服务规费较高。目前中国是世界上邮轮港口收费最高的国家之一。二是港口的服务及通关流程尚需提升。总之,近年来我国港口等硬件设施建设成效显著,但是航运服务、金融保险、信息服务等相关配套服务的软环境建设相对比较缓慢。

1.上海吴淞口国际邮轮港

上海吴淞口国际邮轮港于2008年12月20日开工建设,于2010年4月27日成功试靠11.6万吨"钻石公主号",2011年10月正式开港试运营。一期岸线长达774米,建有2个大型邮轮泊位,同时可靠泊1艘10万吨级邮轮和1艘20万吨级邮轮。

为适应上海邮轮产业的高速发展,上海吴淞口国际邮轮港于2015年6月18日正式开工建设后续工程项目。2016年11月,后续工程新航站楼项目正式开工,在原有一期的基础上向上游延伸380米,向下游延伸446米,新建2个大型邮轮泊位。建成后码头总长度达1 600米,共可布置2个22.5万吨级和2个15万吨级总计4个大型邮轮泊位,建筑面积为7.9万平方米,达到"四船同靠"的接待能力。年总接待能力将从60.8万人次提升至357.8万人次。2018年7月13日,两个新航站楼正式投入使用,实现"三船同靠",当日游客量突破2万人次,创历史新高。

上海吴淞口国际邮轮港在2011—2017年共接待邮轮1 627艘次,占2006—2017年"母港时代"全国总量的28%,接待出入境游客量达到913.8万人次,占2006—2017年"母港时代"全国总量的50.3%。2017年,上海吴淞口国际邮轮港接待邮轮466艘次,占全国的39.4%,接待出入境游客量为291.5万人次,同比增长4%,占全国的58.8%;其中接待母港邮轮458艘次,与2016年相同,接待出入境母港邮轮游客288.38万人次,同比增长3.1%。

2017年,吴淞口国际邮轮港有母港邮轮12艘,16万吨以上的2艘,13万吨以上的共4层(如表2-1所示)。在星级上,平均值为4.4星级。在邮轮载客量方面,上海依然是中国邮轮市场大船的聚集地,标准载客量最大的为"海洋量子号",达到4 180人,载客量最大的"喜悦号"达到4 992人,最大载客量在3 500人以上的有5艘邮轮。邮轮船龄平均值为12.2年,处于良好水平,其中皇家加勒比游轮"海洋鼠子号"、公主邮轮"盛世公主号"、诺唯真游轮"喜悦号"船龄均在5年之内。其中船龄最大的为原天海邮轮"新世纪号",首航时间为1995年,船龄达到23年。丽星邮轮"处女星号"、歌诗达邮轮"大西洋号"船龄也分别达到19年、18年。

图 2-6　上海吴淞口国际邮轮港

2.上海港国际客运中心

上海港国际客运中心位于黄浦江中心地带,与万国建筑博览群的外滩毗邻,与陆家嘴高端建筑群隔江相望,于1999年开展前期工作,2000年6月取得项目建议书批复,2001年2月列入上海市重大工程,2004年1月举行奠基仪式。该中心处于繁华的都市核心区,拥有得天独厚的地理位置和优越的滨江景观资源。该中心拥有岸线全长近1 200米,其中码头岸线882米,现有3个邮轮泊位和15个游艇泊位,可同时停泊3艘7万吨级的豪华邮轮,水深9~13米。除了为邮轮提供停靠服务外,其还提供商业活动场地,建有尚9・一滴水特色餐厅、上港全洲超市、上港邮食荟等商业配套设施。上海港国际客运中心于2011年通过英国劳氏船级社质量体系认证,成为世界首个获得劳氏认证的邮轮码头。2017年上海港国际客运中心共接待邮轮46艘次,同比增长24%,接待出入境游客达到6.23万人次,同比增长31%。其中2017年接待母港邮轮23度次,接待母港邮轮游客量为2.82万人次,接待访问港邮轮23艘次,接待访问港游客量为3.41万人次。

(二)天津

天津有首都北京的"海上门户"之称,也是亚欧大陆桥的东端起点。天津东疆国际邮轮母港于2010年6月26日开港,面积为70万平方米,拥有2个大型国际邮轮泊位及配套客运大厦。二期主体部分于2014年年初竣工,位于一期码头东侧,新建泊位2个,码头岸线总长442米,最大可停靠22万吨级邮轮。目前该港口已拥有4个邮轮泊位,可同时停靠5万吨级邮轮4艘,或5万~15万吨级大型邮轮3艘,码头岸线长1 112米。天津港国际邮轮母港地处京津城市带和环渤海经济圈交汇点,是我国连通新欧亚大陆桥经济走廊和中蒙俄经济走廊的重要起点,具体位于天津港东疆港区南端,与东疆保税港区毗邻,是我国北方最大的邮轮母港,背靠北京、天津两大核心市场,拥有华北、西北两大地区市场,高铁、机场、公路等交通十分发达。天津国际邮轮母港是中国唯一坐落于自由贸易试验区内的邮轮母港。

2008—2019年的10多年间,天津共接待邮轮923艘次,接待出入境邮轮游客435.52万人次。其中2008—2019年接待母港邮轮艘次728艘次,接待母港出入境游客量390.38万人次,接待访问港邮轮共 195 艘次,接待访问港出入境游客量 45.14 万人次,如表 2-4 所示。

表 2-4 2008—2019 年天津邮轮港接待状况

年份	母港邮轮/艘次	访问港邮轮/艘次	母港游客量/万人次	访问港游客量/万人次
2008	5	12	0.9	2.6
2009	7	19	1.9	3.9
2010	18	22	5.2	4.8
2011	5	26	1.7	5.5
2012	19	16	7.6	4.4
2013	55	15	21.2	3.8
2014	42	13	18.7	3.7
2015	86	10	41.2	1.9
2016	128	14	68	3.5
2017	160	14	90.9	3.2
2018	99	17	64.44	3.94
2019	104	17	68.64	3.90
合计	728	195	390.38	45.14

资料来源:中国邮轮发展报告和 CCYIA 历年统计.

图 2-7 天津国际邮轮港

（三）广州

广州港国际邮轮母港于 2016 年 1 月 3 日正式投入运营,将原货运码头改造后增加了客运功能,以满足邮轮靠泊条件。邮轮码头靠泊作业泊位为广州港南沙港区三期码头 14 号泊位,泊位长 376 米,港口前沿航道水深为 −15.5 米左右,可满足 15 万吨级国际邮轮靠泊。邮轮港建有 4 000 平方米游客联检大厅,邮轮游客通关(峰值)速度达到 1 500 ~ 1 600 人次/小时,游客上下船通过大巴车摆渡,并且码头到市区设有 7 条专线接驳大巴。

另外,广州港国际邮轮母港位于广东自贸试验区南沙新区片区的南沙湾区块,于虎门大桥下游 640 ~ 1 410 米范围内,南沙邮轮码头综合体总投资 170 亿元。项目岸线总长 770 米,建设规模为 1 个 10 万总吨邮轮泊位、1 个 22.5 万总吨邮轮泊位和建筑面积 3.5 万平方米的航站楼,年设计通过能力 75 万人次。南沙国际邮轮母港于 2019 年 11 月建成投入使用,目前已成为广州与粤港澳大湾区连通世界的重要纽带和打造国际航运中心的重要组成部分。

广州黄埔港也将邮轮经济纳入港口转型改造规划。2017 年 11 月,广州开发区黄埔临港经济区管委会、广州港集团客运服务有限公司、太湖国际邮轮有限公司就黄埔港国际邮轮项目签署开展黄埔港国际邮轮航线合作意向书。

2017 年广州港国际邮轮母港的母港邮轮主要为歌诗达邮轮"维多利亚号"、丽星邮轮"处女星号"。2016 年 11 月 13 日,首个亚洲本土豪华邮轮品牌星梦邮轮在广州南沙为旗下首艘邮轮"云顶梦号"举行首航,第二艘邮轮"世界梦号"于 2017 年 11 月在广州南沙正式首航。旅游目的地主要是日本宫古岛、日本八重山列岛、越南胡志明市、越南下龙湾、越南芽庄、越南岘港、中国香港、菲律宾长滩岛、菲律宾马尼拉等,是国内东南亚航线最多的邮轮港口,开通的航线全年通航,季节性不明显。

图 2-8　广州南沙国际邮轮港

（四）深圳

深圳太子湾邮轮母港项目于 2013 年年底启动。该项目位于蛇口一突堤,是蛇口工业区充分利用现有的海域、岸线和土地资源条件,强化港口功能,建立水上客运中心,发展国际邮轮母港,提升深圳现代化、国际化滨海城市形象,完善城市功能的重要项目。其建成后将形成客运枢纽、历史文化博览、文化艺术表演、会议展览、宾馆、酒店配套、商务办公、商务公寓、餐饮、商业、娱乐配套以及欢乐岛海上活动、庆典等为一体的现代化海滨休闲、游览及商务活动的综合国际社区。深圳太子湾邮轮母港项目是太子湾片区综合开发的首个项目,邮轮码头将建设 2 个邮轮泊位,一个是 22 万吨泊位,可停泊世界上最大的邮轮;一个是 5 万吨泊位,按 12 万吨标准设计。项目还将建设一个航站楼,主要为游客通关服务,并配以办公、商业功能。2015 年 1 月 27 日,招商局蛇口工业区有限公司与美国嘉年华邮轮集团签署合作备忘录,双方携手开发深圳太子湾邮轮母港,打造中国本土邮轮品牌。深圳太子湾邮轮母港地处深圳市南山区南海大道最南处。深圳太子湾邮轮母港为华南地区唯一的集"海、陆、空、铁"于一体的现代化国际邮轮母港。各种交通条件十分便捷,与香港、澳门同处粤港澳大湾区,30 千米半径范围内拥有香港机场、深圳机场两大国际机场,其中深圳宝安国际机场是中国第四大航空港,为世界百强机场之一,2 小时交通圈覆盖 6 420 万人口。深圳市经济较为发达,2017 年名义国内生产总值(GDP)达到 2.2 万亿元人民币,增长 12.87%,增速在四大"一线城市"中位居首位。2017 年全年,深圳太子湾邮轮母港接待邮轮 108 艘次,同比增长679%,接待出入境邮轮游客 18.85 万人次,其中母港邮轮 108 艘次,在中国所有国际邮轮港口中位居第四位。

图 2-9　深圳蛇口太子湾国际邮轮港

2020 年,招商蛇口与维京游轮公司共同出资设立招商伊顿号邮轮,并将该船注册为中国籍,使其成为中国首艘五星红旗豪华游轮。"伊敦"号是招商局购买的第一艘巨轮,是中国近代民族航运业的第一艘商船。2021 年,后疫情时代,招商伊顿号邮轮以深圳为母港,开启深圳至厦门往返的邮轮航线,也成为中国第一条巡游中国沿海城市及岛屿航线的邮轮。

（五）厦门

厦门国际邮轮中心于 2008 年 6 月 28 日正式投入使用,是国内较早投入运营的综合型国际客运港站。2016 年起,国际邮轮母港建设被列入厦门市重大专项项目之一。2016 年 9 月,厦门国际邮轮母港码头泊位升级改造正式启动,改造工程位于东渡港区,在 2018 年年底整个泊位改造完成。改造后,岸线总长度为 1 419 米,改造建设 4 个泊位,其中 0#—2#泊位为邮轮泊位,3#泊位为 2 万吨级滚装轮泊位。0#—2#邮轮泊位建成后,可满足 1 艘 15 万吨级邮轮和 2 艘 8 万吨级邮轮"三轮同靠",同时 0#泊位码头结构可满足世界最大的 22 万吨邮轮靠泊要求。新建标志性建筑物——全新航站楼,按照高峰每小时 6 000 人客流规模设计,包括游客候船、通关、联检及办公面积约 5 万平方米,专为邮轮服务,年吞吐量可达 80 万人次,航站楼完工后,客货滚装游客 25 万人次/年,车辆 3.5 万车次/年。

2019 年 9 月,中国旅游集团和中国远洋海运集团共同出资设立的"星旅远洋邮轮"品牌将运营总部设在厦门,旗下首艘邮轮"鼓浪屿"号将以厦门作为首发母港开启东南亚、东北亚邮轮航线。2019 年厦门接待邮轮 136 艘次,接待出入境游客量达到 41.37 万人次,位列中国母港邮轮游客量第 4 位。

（六）青岛

青岛邮轮母港位于青岛港老港区 6 号码头,2015 年 5 月 29 日正式开港,由青岛港集团投资建设,在码头前沿配套建设国际标准的邮轮母港客运中心,总建筑面积 6 万平方米,最高通关能力可达 3 000~4 000 人次/小时,年接待能力达 150 万人次,其主要功能为联检大厅,同时配套免税商店等商业服务功能。总投资约 10 亿元人民币,建有 3 个邮轮泊位,岸线总长度 1 000 多米。其中,新建超大型邮轮泊位长 490 米,纵深 95 米,吃水-13.5 米,可全天候停靠目前世界最大的 22.7 万吨级的邮轮。2 个原有泊位长度约 476 米,吃水-8.0 米,可同时停靠 2 艘中小型邮轮。

青岛是国内改革开放后最早接待国际邮轮的城市,1979 年即开始接待国际到港邮轮,当年瑞典的"林德布雷德号"邮轮五次抵达青岛港。1987 年是青岛港接待邮轮最多的一年,共有 19 航次到港邮轮,接待游客 6 345 人次。2017 年青岛邮轮母港接待母港邮轮 31 艘次,接待母港出入境游客量为 3 万人次,接待访问港邮轮 3 艘次,接待访问港出入境游客量 0.33 万人次。

（七）三亚

三亚具有与世界邮轮之都美国佛罗里达州的迈阿密类似的气候条件和旅游资源条件。凤凰岛位置优越,通关快捷,从三亚出港口不足 1 小时便可进入国际主航道,北上可至中国香港、中国台湾、日本,南达南海、东南亚及印度洋,是远航南海及印度洋的必经之路。三亚凤凰岛国际邮轮港于 2006 年正式建成通航,是中国第一个 8 万吨级邮轮码头,年接待游客 60 万人次,联检大厅可一次性接待游客 3 000 人次。三亚凤凰岛国际邮轮港项目一期用地面积 547.8 亩,总建筑面积 480 321 平方米。一期工程规划有七大项目,包括国际邮轮母港、七星级酒店、国际养生度假公寓、国际游艇会、热带风情商业街、商务度假别墅、主题公园。2015 年 8 月 21 日,中国交通建设集团有限公司与中国港中旅集团公司在三亚签署协议成立合资公司,并与三亚市政府签署合作协议,三方宣布将联手进军中国邮轮产业,围绕三亚凤凰岛邮轮母港投资近千亿元人民币,打造中国邮轮产业的民族品牌。

三亚是环球邮轮航线东南亚段的重要中转站和补给点,也是我国走向深海、开发大洋资源的桥头堡。三亚市海岸线长 259 千米,管辖海域面积约 3 500 平方米,−10 米水深的浅海面积约 191 平方米。三亚市位于海南岛最南端,具备建设南海资源开发保障基地的先天优势条件。2017 年,三亚国际邮轮港共接待邮轮 12 艘次,接待出入境游客量达到 4 万人次。

图 2-10　三亚凤凰岛国际邮轮港

【课后思考】

1.邮轮旅游访问港、始发港和母港有什么区别?

2.邮轮港口需要具备哪些基本条件?

3.邮轮母港对区域发展具有哪些积极贡献?

4.迈阿密为什么会成为世界邮轮之都?

【推荐阅读】

[1]吴慧,王道平,张茜,等.基于云模型的国际邮轮港口竞争力评价与比较研究[J].中国软科学,2012(2):166-174.

[2] 刘翠莲,庄海林,张群淑.基于熵权-云模型的环渤海邮轮港口竞争力评价[J].重庆交通大学学报(自然科学版),2021,40(7):8-15.

[3]孙晓东,侯雅婷.邮轮母港游客满意度测评与提升研究——基于上海的实证分析[J].地理科学,2017,37(5):756-765.

[4]孙晓东,倪荣鑫.国际邮轮港口岸上产品配备与资源配置——基于产品类型的实证分析[J].旅游学刊,2018,33(7):63-78.

[5]聂莉,董观志.基于熵权-TOPSIS法的港口城市邮轮旅游竞争力分析[J].旅游论坛,2010,3(6):789-794.

第三章　邮轮旅游概述

邮轮旅游是一种新型的旅游方式,始于 18 世纪末的欧洲贵族邮轮度假,而国内自 2006 年意大利歌诗达邮轮"爱兰歌娜"号迈入国门,邮轮旅游才越来越为国人所熟知。随着社会经济的发展,在政府推动支持和市场驱动下,中国邮轮旅游已进入大力发展阶段,2017 年中国邮轮旅客出入境已达 495 万人次。

> **【学习目标】**
>
> 　理解:邮轮旅游的定义,邮轮旅游业的定义
>
> 　熟悉:邮轮旅游及邮轮旅游礼仪
>
> 　掌握:邮轮旅游的特点,邮轮旅游业的贡献,邮轮产业链及其构成

【开篇导读】

歌诗达邮轮"爱兰歌娜"号

2006 年 7 月歌诗达邮轮携打造一新的"爱兰歌娜"号(Allegra)来到中国,整船排水量达 28 500 吨,乘客空间比率(PSR)达到 30,活动空间大,感觉宽敞而舒适。"爱兰歌娜"号上乘客和服务人员的数量比例约为 2∶1,来自不同国家的 400 多位工作人员为乘客提供高标准的服务。"爱兰歌娜"号上还配备有讲中文的服务人员,中国游客在享受国际化服务的同时,还会有宾至如归的感觉,完全没有语言障碍。迄今为止,"爱兰歌娜"号已得到了中国消费者的认可与喜爱,消费者满意度高于 98%。在设计轻快、现代,被称为"水晶之船"的"爱兰歌娜"号上,高潮迭起的歌舞表演日日不同,充满异域风情,丰富多彩的娱乐活动让游客应接不暇,更有多种休闲运动设施,让每一名游客都能得到充分的放松,享受每一个完美的海上度假。

"爱兰歌娜"号邮轮上共有 399 间客房,其中 3 间套房,10 间带有大露台,3 个餐厅(其中阿马尔菲餐厅需要提前预订),6 个酒吧,3 个游泳池以及 3 个极可意按摩浴池,户外慢跑道,健身中心设有健身房、水疗室、桑拿浴室,赌场和迪斯科,网吧和图书馆,购物中心,思高儿童游乐室,儿童游泳池,剧院拥有 255 个座。

资料来源:万维国旅邮轮网站.

阅读思考:歌诗达邮轮"爱兰歌娜"号的介绍使你对邮轮旅游有了怎样的认识?

第一节　旅游概述

一、旅游的定义

由于人们所处的历史时期不同,各时期社会经济发展水平不一,对旅游认知的角度与方法等存在差异,从而对旅游定义的内涵和外延有着不同的理解。目前,对旅游的定义,不同学者有不同的见解,最为普遍的定义主要有以下三种。

(一)"艾斯特"定义

"旅游是非定居者的旅行和暂时逗留而引起的现象和关系的总和。这些人不会导致长期定居,并且不牵涉任何赚钱的活动。"这一定义最初由瑞士学者汉泽克尔(Hunziker)和克拉普夫(Krapf)于 1942 年在他们合著的《普通旅游学纲要》一书中提出,后来到 20 世纪 70 年代被"旅游科学专家国际联合会"(Association Internationale d'Experts Scientifiques du Tourisme 或 International Association of Scientific Experts in Tourism,简称 AIEST)采用为该组织对旅游的标准定义,所以这一定义常常被人们简称为"艾斯特"(AIEST)定义。

"艾斯特"定义阐明了旅游的如下本质:

1.流动性

旅游产生于人们的外出运动和在不同地方或目的地的逗留活动。所以从严格意义来讲,在家里或在附近的休闲活动就不能算旅游,如郊区野炊。

2.相依性

相依性指的是"旅"与"游"的相互依赖性。两个因素缺一个都不是现代意义的旅游。有"旅"无"游"是出差,有"游"无"旅"是娱乐、休闲。

3.异地性

旅行和逗留发生在游客常居环境或定居、工作之外的地方。因此,旅游活动所带来的表现和结果与在居住地定居和工作的活动截然不同。旅游活动表现出自由、休闲、新奇,在乎过程中的体验,少有责任感。

4.暂时性

前往旅游目的地的活动是临时的、短暂的,最终是要回到原住地去的。

5.非定居性和非就业性

旅游不是为了在访问地定居和就业。这个定义将旅游活动与人类其他社会活动区别开来,属于理论性的定义。该定义中关于"不牵涉任何赚钱的活动"的表述,实际上反映的是旅游活动的非就业性。

"艾斯特"定义从消遣性旅游的研究角度,较好地把握了旅游的本质属性,因而在世界各地的学术界都有很大的影响。这个定义的不足之处在于最后部分的叙述不能很好地说明近年蓬勃发展的商务旅游。

(二)联合国关于旅游的定义

"旅游科学专家国际联合会"认为:旅游是指到一个国家或地区访问,停留超过24小时的短期旅客,其旅游目的属于下列两项之一:①悠逸,包括娱乐、度假、保健、研究、宗教或体育运动;②业务、出差、会议等。这个定义强调了旅游活动的暂时性、异地性和消遣性,同时也强调了公务旅游、商务旅游和探亲访友等。但这里提到的"停留超过24小时",虽主要是出于方便统计和技术性需要,却把短途的一日游排除在外了。

(三)世界旅游组织关于旅游的定义

1995年世界旅游组织和联合国统计委员会针对旅游统计问题,在技术上对旅游给出了一个界定。旅游是"人们为了休闲、商务和其他目的,离开他们惯常的环境,到某些地方去以及在那些地方停留不超过一年的活动"。世界旅游组织关于旅游的定义较全面地概括了旅游的内涵,把商务明确地界定在旅游的范畴内,并确定这种在外地的暂时停留以"不超过一年"为标准,同时指出"访问的主要目的不应是通过所从事的活动从访问地获取报酬"。

与"艾斯特"定义不同,这个定义明确说明旅游目的包括商务活动。将不够确切的"不从事任何赚钱活动"的提法舍去,以"访问的主要目的不应是通过所从事的活动从访问地获取报酬"来作为区分旅游者和非旅游者的标准。虽然商务旅游者也会从本次旅行所从事的商务活动取得报酬,但这些报酬是所在企业支付的,而不是从访问地获得的,这与劳工与移民等非旅游者从访问地获取报酬有明显区别。

(四)国内外学者的定义

1927年,德国的蒙根·罗德对旅游的定义:旅游是那些暂时离开自己的住地,为了满足生活和文化的需要,或各种各样的愿望,而作为经济和文化商品的消费者逗留在异地的人的交往。这个定义强调的是,旅游是一种社会交往活动。

1974年,英国的伯卡特和梅特列克对旅游的定义:旅游发生于人们前往和逗留在各种旅游地的活动,是人们离开他平时居住和工作的地方,短期暂时前往一个旅游目的地运动和逗留在该地的各种活动。这个定义强调了旅游的本质特征:异地性和暂时性。

1979年,美国通用大西洋有限公司的马丁·普雷博士在中国讲学时,对旅游的定义为:旅游是为了消遣而进行旅行,在某一个国家逗留的时间至少超过24小时。这个定义强调的是:各个国家在进行国际旅游者统计时的统计标准之一——逗留的时间。

1980年,美国密执安大学的伯特·麦金托什和夏西肯特·格波特对旅游的定义:旅游可以定义为在吸引和接待旅游及其访问者的过程中,由于游客、旅游企业、东道政府及东道地区的居民的相互作用而产生的一切现象和关系的总和。这个定义强调的是:旅游引发的各种现象和关系,即旅游的综合性。

我国经济学家于光远1985年对旅游的定义为:旅游是现代社会中居民的一种短期性的特殊生活方式,这种生活方式的特点是异地性、业余性和享受性。这个定义强调的是:旅游是一种生活方式,并且指出了旅游的一些主要特点,即异地性、业余性、享受性。

上述各种关于旅游的定义从不同角度出发,强调了旅游作为一种社会现象的某些基本特征,每一种阐述都有其优点和不足之处。但不管怎么表述,旅游的定义应包括以下几个方面:①旅游活动的异地性;②旅游活动的暂时性;③旅游活动的非就业性;④旅游活动的综合性。

尽管准确地定义旅游有很多困难,但许多旅游组织和学术界制定了各自的实用定义,这些定义有一定的局限性,但仍然非常实用。

(五)现代旅游的定义

现代旅游的主体与古代旅游相比发生了变化,人民大众成为旅游活动的主要参与者,旅游活动的本质和内涵也发生了重大变化。现代旅游的根本内驱力是匮缺补偿和自我实现,旅游的需要是对愉悦的追求。现代旅游已成为人们生活常态的组成部分,随着人们旅游经历的丰富和消费心态的日益成熟,人们更加重视自己的亲身经历。旅游形态也呈现出由较低层次的"观光旅游"向更为高级的消费模式"体验旅游"逐步过渡的趋势。体验旅游强调游客自身的积极参与和自身体验,使游客真正感受到旅游中的乐趣。体验旅游的最大特征是注重游客的体验效能,本质是以人为本,终极目标是让游客感到快乐、亲切,实现自我价值。因此,现代旅游可以这样表述:旅游是人们离开常住地到异地、异国去体验当地的社会文化、生活和历史而引起的一切现象和关系的总和,并在一定条件下引发人类的社会经济活动。

【知识链接】

体验式旅游

体验式旅游是指为游客提供参与性和亲历性活动,使游客从中感悟快乐。20世纪80年代中后期,在中国一度兴起的城里人到农村"住农房、吃农饭、干农活"就是体验式旅游的雏形。人们开展旅游活动大多是为了扩展个人视野,感受不同的生活体验或者获取个人生活范围以外的信息。传统的观光式旅游,仅仅依赖一些自然资源或者历史遗产为游客提供一种游览的满足感;而后兴起的探险式旅游则更多的是追求感官或者感受的刺激,例如漂流、攀山等,但也有体验式旅游的雏形;另外,度假式旅游着重是提供一种休闲的氛围让游客轻松愉快享受假期。对比于这几种,体验式旅游更着重的是给游客带来一种异于其本身生活的体验,比如为城市人提供乡村生活的体验,为游客带来不同地域或者是不同年代生活的体验。

体验式旅游具有以下特点:

①注重个性化。体验旅游与传统旅游不同,它追求旅游产品的个性化,力图以独一无二、针对性强的旅游产品,让游客感受这种特性,满足求新、求异的心理。如自驾车旅游、暑期国外夏令营等。

②强调参与性。通过旅游者的参与和互动活动,旅游者能更深层次地感受旅游消费的每一个细节,体会旅游产品的内涵和魅力,获得更直观和深刻的旅游体验。如参与主题公园的庆典游园活动,参与滑草滑雪活动,小学生参与红军小指挥员的红色爱国主义教育活动等。

③注重过程,而不是结果。与传统观光旅游相比,体验旅游注重的是游客对旅游产品的感受、体验、享受的过程,而不是一味追求"到此一游"的旅游结果,从某种程度上更强调心理感知和理解。如现今流行的许多传统手工艺制作、乡村绿色瓜果采摘活动以及寻求惊险刺激的旅游活动等追求的就是这样一个心理体验的过程。

资料来源:体验式旅游,MBA 智库百科.

二、旅游的基本属性

(一)旅游的经济属性

旅游的产生和发展是和社会生产力的发展水平相联系的,它是社会经济发展到一定阶段的产物。生产力的水平决定了旅游各时代的动机、目的、方式、规模、水平、特征。原始人类的迁徙,是一种无奈、被迫、危险的保存生命的活动。奴隶社会到封建时代几千年,社会生产方式经过了几次大的分工,交易、往来、沟通成为必需。还有极少数皇族、贵族、僧侣等特权阶层开始享受真正的旅游。但是,这一时期交通不发达,受交通条件的限制,旅游活动的范围十分有限,内容单一,是人们自觉而非自然的行为。所以,社会、经济的发展水平,决定着旅游的规模、时间、方式、范围。

随着社会生产力的发展,劳动条件的改善,人们生活水平的提高,旅游越来越成为广大人民群众物质生活和精神生活的基本组成部分。参加旅游的人数逐年大幅度增加,规模越来越大,消费水平越来越高。

(二)旅游的文化属性

1.旅游者是依赖于一定社会文化背景而产生的

旅游从本质上来讲是一种文化活动,有利于人们获取知识,开拓文化视野,取得成就。人类在基本生存需求满足之后,随着收入的增长,必然追求更高的物质享受和精神享受。正如先秦思想家墨子所讲的"食必常饱,然后求美;衣必常暖,然后求丽;居必常安,然后求乐"。

旅游者自身的文化素养越高,越能产生旅游需求。同时,旅游地的社会文化环境也会对旅游者的出游动机和旅游活动产生巨大的影响。比如,外国旅游者来中国,除了欣赏我国秀美的山川名胜、灿烂的历史文化和品尝中国的美味佳肴外,更希望能够了解中国的社会经济文化发展状况,了解中华民族的生产、生活、信仰、娱乐等方面的习俗。

2.旅游资源是一定社会文化环境的化身

文化作为人类劳动和智慧创造的结晶,贯穿于人类发展和演化的整个过程,从而构成了世界丰富多彩的文化类型及其内涵。中国的万里长城和埃及的金字塔,不在于它们的建筑本身有多么宏伟和神秘,而主要在于它们所体现的人类的科技水平和审美观念。旅游资源按基本成因和属性,可分为自然资源和人文资源两大类。人文旅游资源,无论是实物形态的文物古迹还是无形的民族风情、社会风尚均属于文化的范畴。由各种自然环境、自然要素、自然物质和自然现象构成的自然景观,只有经过人为的开发利用,才能由潜在旅游资源变为现实的旅游资源。即使是自然美,也必须通过鉴赏来反映和传播,而鉴赏是一种文化活动,因此,自然旅游资源同样也具有文化性。

(三)旅游的消费属性

在现代旅游活动中,旅游者要实现各项旅游活动、享受旅游产品和服务,必须向旅游企业支付一定的货币,旅游者与旅游企业之间是一种经济交换关系。随着社会的不断进步,人们对物质需要和精神需要的层次不断提高,旅游成为现代人物质、文化生活的必需。从旅游活动的过程来看,现代旅游者大多是追求休闲和娱乐的美好目的而去参加旅游活动的,旅游者为了实现旅游目的,必然在旅游活动中进行必要的消费,而旅游消费是一种文化含量很高的精神消费,是人们在满足了对基本生活必需品需要后产生的高层次、高档次的享受型消费。

(四)旅游的休闲属性

休闲和劳动是人类生活不可缺少的对应的两个方面,旅游的休闲属性主要表现在以下3个方面:①旅游的目的是借助各种客体给人以愉悦性的活动达到审美体验,在旅游的全过程中,旅游者自然放松、随意率真,不用为工作操劳、生活烦心,整个过程中表现出与休闲行为一致的特点。②旅游的时间是游客可自由支配的自由时间,而非劳动时间。人们在自由时间内的活动都具有休闲性质,旅游是积极的休闲活动。③旅游是生活的休闲阶段,旅游者在目的地停留期间内,除了吃喝拉撒睡这些满足基本生理需要的活动之外,所有其他活动如观光、游览、与人交往、看电视、听广播和音乐、阅读书报、观看节目等,几乎都是休闲行为。

三、旅游的特点

旅游作为一种社会性的消费形式和活动方式,同一般消费或社会活动相比较,既有相同之处,又有自身的个性特征,并随着社会的发展而不断演变。那么,当今社会的旅游具有什么特点呢?

(一)大众性

旅游的大众性共有3个方面的含义:一是指旅游者构成的大众化,二是指旅游地域的广泛性,三是旅游内容和形式的多样性。

20 世纪以来,由于社会生产力水平的提高,普通大众的物质生活水平也逐步提高。工人、农民、退休人员甚至家庭主妇成为旅游队伍的重要组成部分,旅游活动已经成为广大民众积极参与的群众性活动。

随着交通的发展和科技的进步,现代旅游不仅遍及地球的各个角落,而且深入社会的各个领域和方方面面,旅游地域范围非常广阔。

现代旅游的深入发展,旅游的种类、方式、内容也更加多样化、多元化、普及化,能够满足更加广泛的普通大众的旅游需求。旅游接待设施的建设也出现多种档次的趋势,既提供高级享受的豪华设施,也提供一般旅游者享用的普通设施,价格也出现豪华、标准、经济等不同的档次,拉开了消费的差距,使旅游活动得以更加广泛地普及。

（二）综合性

1.旅游消费的综合性

旅游消费涉及"吃、住、行、游、娱、购"多方面。旅游活动已经不仅仅是观光的内容,观光甚至不是主要的目的,像修学旅游和保健旅游。一次完整的旅游经历包含了这次旅游活动的特殊经历中的新奇内容和旅途中所需要的日常生活的内容,不仅包括旅游者的活动,还涉及旅游活动客观上带来的一切现象和关系。

2.旅游产业的综合性

现代旅游业的发展需要相关行业的支持与配合。像旅馆业、饮食业、商业、交通运输业、建筑业、文教、卫生、公安等行业和部门,都是现代旅游业发展与形成的重要组成部分。旅游业对相关行业、部门的广泛联系性和依赖性,使旅游业成了一个难以独立存在的、综合性的产业。

（三）季节性

现代旅游活动的开展不仅在空间分布上具有地理集中性的特点,在时间分布上也往往呈现出不均衡的特点。这种在时间分布上的不均衡特点称为旅游活动的季节性。

对于一个旅游目的地来说,旅游季节性的形成既有该地自身方面的原因,也有客源地方面的原因。就旅游目的地自身方面的原因而言,该地的气候条件对来访旅游季节性的形成具有重大的影响。例如,某地由于拥有质量上乘的高尔夫球场,每年夏秋时节都会吸引大批的旅游者来访。随着寒冷冬季的到来,其高尔夫球场的吸引力也随之消失。

就客源地方面的原因主要有两个:一个因素是人们的出游目的,另一个因素则是人们带薪假期的放假时间。

第二节　邮轮旅游概述

一、邮轮旅游的定义

邮轮旅游诞生于北美洲,自 20 世纪 80 年代起,邮轮旅游一直是全球旅游市场中增长最快、最具潜力的板块,被誉为"漂浮在海上的黄金产业"。但邮轮旅游的概念相对来说,仍是

一个比较新的概念,学者、业界至今尚未有广泛认同的意见,目前主要有以下几种观点:

Cartwright 和 Baird(1999)从游客动机的角度对比了 20 世纪远洋客运和现代邮轮旅游的区别,即前者主要是为了由地抵达地,海上的休闲活动只是为消遣无聊的旅途,后者的乘客的主要目的是享受假期的休闲旅行。

Wild P.和 Dearing(2000)认为邮轮旅游是一种以大型豪华游船为载体,以船上活动和岸上休闲旅游为主要内容的高端旅游活动。从旅游产业链角度来看,邮轮抵达之前、抵达、停靠、离开邮轮码头所引发的一系列产品与服务的交易,即通常所指的邮轮旅游业,是一种介于运输业、观光与休闲业、旅行业之间的边缘产业。

Donald L.(2001)认为邮轮旅游是为满足人们物质精神需求在传统远洋客轮基础上发展起来的一种多功能、复合型旅游活动。

Bulter(2003)认为现代邮轮旅游的要义是邮轮本身已经成为移动的目的地,提供食宿和娱乐等接待功能,而非传统的客运工具。

程爵浩(2004)认为邮轮旅游是在传统远洋客轮的基础上逐渐发展起来的,以海上大型旅游客船为旅游工具和主要目的地,以沿线港口为陆上目的地和中转地的一种旅游方式。

张言庆(2010)认为邮轮旅游是一种以大型豪华游船为载体,以海上巡游为主要形式,以船上活动和岸上休闲为主要内容的高端旅游活动。

刘卓鑫(2020)认为邮轮旅游是以邮轮为交通载具,包含旅馆住宿、餐饮供应以及休闲娱乐场所等多种功能,以船上活动和岸上休闲旅游为主要内容的旅游活动。

结合学者研究,大都认为邮轮旅游的概念有两个基本要点:一是邮轮旅游是旅游的一种新形态,邮轮游客的动机主要是为了休闲和旅行,而不是为了赚钱去经商或工作,通过邮轮将其送到另一个目的地旅游;二是邮轮本身也是旅游目的地,它集交通、娱乐休闲、餐饮、住宿、养生等多种功能于一体。

本书从两个不同角度定义邮轮旅游:一是从邮轮旅游业角度来定义,即以邮轮为运作平台,以邮轮母港为依托,以航线和节点为运行支撑,以提供海陆结合式的休闲旅游产品和高品质的船上服务为其主要收益的一种高端旅游活动。二是从旅游者的角度定义,即旅游者不以营利为目的,纯粹为了享乐,以邮轮作为交通运载工具、旅馆住宿、餐饮供应以及休闲娱乐场所等多种功能的工具,结合岸上旅游目的地的观光游览活动而进行的旅游新形式。

二、邮轮旅游的特点

邮轮旅游以定期航行的海洋邮轮为移动的休闲娱乐场所,利用邮轮上提供的各种设施和服务所做的度假旅游,而海洋只是作为观光场所(如观赏港口风光、海上日出、海洋动物和海鸟等);每当邮轮巡航停靠各地港湾码头,旅客可以选择登岸进行观光旅游,如观赏风景、欣赏遗产景观、享受阳光海岸沙滩、休闲购物等旅游活动。

与传统的旅游相比,邮轮旅游以邮轮为基地和交通工具,游客不用每到一地都重新确定住所、处理行李以及换乘各种交通工具,免去很多烦恼。因此,很多人将邮轮旅游称作是"带着旅馆去旅行",突出了邮轮旅游的舒适与便捷优势。因此,邮轮旅游特点可以概括为以下几点:

（一）邮轮旅游是一种多目的地型的度假

首先,邮轮本身是旅游目的地,它已经由当初纯粹的交通运输工具发展成为一个汇集了旅馆、餐厅、娱乐休闲和养生场所等功能于一体的浓缩版旅游目的地。皇家加勒比国际游轮公司于 2019 年 6 月在天津隆重推出了斥巨资打造的超量子系列第一艘邮轮"海洋光谱号",其在皇家邮轮原有客房的基础上增加了复式套房,金卡、银卡套房,还增添了完美家庭套房,可供祖孙三代 11 人私密性居住和观影、游戏等娱乐活动;同时,免费餐厅和消费餐厅共计 18 家,酒吧多达 11 家,还有咖啡馆、茶吧、冰淇淋站等其他用餐场所;而娱乐休闲方面更是叹为观止,不仅在 270°景观厅和皇家大剧院全新设计和制作了三场娱乐大秀,更增设了明星时刻卡拉 OK 包房、海上多功能运动馆、互动娱乐 AR 墙及 AR 地板,为宾客打造虚拟与真实的高科技超强互动体验。

其次,邮轮旅游至少巡航停靠各地的港湾一处以上甚至环航地球一周,根据航线的长短通常会包含若干个陆上港口城市,岸上停靠港也是其主要目的地。

（二）邮轮旅游是一种性价比高、自由度大的旅游

相比传统旅游,邮轮旅游不用舟车劳顿,不用频繁地更换酒店,不用统一时间集合、用餐、赶路,最大限度地增加了游客的实际旅游休息时间。它集吃、住、行、游、购、娱于一体,一张船卡解决邮轮上的所有消费。有人将邮轮和类似等级的陆地旅游进行过价格对比,它的花费只占陆地旅游的 50%左右。

（三）邮轮旅游是一种安全度高的旅游

泰坦尼克号海难令世界震惊,同时也引起了政府、企业及相关者对邮轮安全的进一步考虑。1913 年在伦敦举行了第一届国际海上生命安全会议,要求加强安全及救护措施。此后,邮轮的安全性能不断提高,现代豪华邮轮在精确导航、海上避碰、海上救生以及减免晕船等硬件设施的要求上,都有了严格的国际化规范标准。

三、邮轮旅游概述

（一）语言

在亚太地区的邮轮是个国际化的社区,作为一名中国游客首先遇到的往往是语言障碍。邮轮上语言沟通可能不太成问题,但在北美和欧洲地区的邮轮上这个问题可能就会更加突出,因为邮轮上的各种标志和人们用的交际语言大多是英语。为此,如果参加欧美地区的邮轮旅游,英语不好或一窍不通的游客就必须做好应对语言不通的准备,如准备一些中英文对照的小纸条,在需要的时候以备急用,避免在邮轮上寸步难行。

（二）签证

游客在出发或选择线路前一定要咨询旅行社关于签证的问题。通常中国公民护照需要每个目的地的签证,如果途经几个国家,便要到这些国家使馆进行签证(如果是欧洲申根签证的国家,只签其一即可),这是一件费时间的事情。因此,游客要根据行程提早安排,以免因为签证耽误假期,具体可咨询代理邮轮票务的旅行社。

（三）货币

邮轮上统一使用消费卡,并以美元汇率结算。消费卡与消费者的国际信用卡连在一起,

登船时邮轮公司会要求消费者签一份委托书,以实现消费卡与国际信用卡的联动。需要提醒的是,如果游客需要上岸消费,则最好在船上兑换当地的小额货币,回来后还可以将没用完的货币再兑换回来。

(四)价格

不同季节价格不同,淡季自然比旺季便宜;人多比人少便宜,这也是再正常不过的道理。还有,不同舱位之间的价格差距也很大。所以要想知道具体价格,还是选好航线、时间,确定舱位和出行人数后再具体咨询。

(五)随身物品

随身物品中放在第一位的肯定是带有效签证的护照(如果要路过中国香港和中国澳门,则还要有港澳通行证和有效签注)。几套舒适轻便的衣服、软底鞋或沙滩鞋都要带上。通常来说夏天乘邮轮的概率更大,所以泳衣、太阳镜、大草帽、防晒霜一样都不能少。还要记得带上一件在游泳时能够随时脱、穿的衣服。如果需要,还要带上一套较正式的服装,因为高级别的邮轮通常都会举办船长晚宴。另外还需要保留好邮轮登船卡,上面显示着你所搭乘的邮轮名称、邮轮出发日期、英文姓名、用膳餐厅名称、用膳梯次、餐桌号码、船舱号码及旅客记账代号等,这张邮轮登船卡是游客的识别证,在登船、下船和就餐等时候都会用到。

(六)船上和船下的游览

邮轮上的享乐项目很多,从各国美食到各种运动等都会让游客不亦乐乎。邮轮的岸上游览项目的自助性都很强,如果游客对它们相当熟悉,那在规定时间之内就可以尽情去玩了。但如果到了陌生的地方,游客也不用太担心,邮轮会为游客提供相应的服务,比如从邮轮到景点的交通、游览指导等。邮轮为旅客设计的一日游的收费通常不高,还能保证岸上旅程的顺利和安全,但是下船游览的时候,遵守时间最重要。

(七)随行儿童

大部分的邮轮公司都欢迎儿童的光临,虽然婴儿和怀孕妇女有诸多限制和不便。几乎每艘大型邮轮上都有小朋友的乐园,有穿着各式卡通服装的服务人员,他们都经过专门培训,不用担心孩子在这里无人照顾。乐园里有各种游乐设施,如我们熟悉的"翻斗乐",服务人员还会带着小朋友做手工、学习科普知识等。

(八)特殊年龄段要求

几乎所有邮轮公司对游客的年龄都有些特殊要求。如:有的邮轮公司要求每个舱位里至少有1位游客年满18岁或18岁以上;有的要求舱房内的所有游客必须年满18岁或18岁以上,如果有小于18岁的游客,则舱房内的其他游客必须年满21岁或21岁以上;有的要求每个舱房内至少有1位游客年满21岁或21岁以上;有的要求每个舱房内的所有游客都必须年满21岁或21岁以上,如果有小于21岁的游客,则其他游客必须年满25岁或25岁以上。对自己要购买的邮轮旅游产品的公司的这些不同要求,游客一定要弄清楚。

(九)含有酒精饮料的消费

有的邮轮公司允许年满18岁的游客消费任何他们自己选择的含有酒精的饮料,有的邮轮公司则规定喝酒的最低年龄限制是21岁。但如果邮轮是从欧洲或南美洲国家出发,在这些国家喝酒的合法年龄一般都低于21岁,那么带有年龄在18~20岁的儿女的父母可能要签署一份条约,允许孩子喝酒。

（十）其他要求

其他要求跟邮轮所到达的国家有关。一些国家在办签证的时候就要求注射疫苗等,游客在上船前要仔细留意这些问题,避免上船后有麻烦。

四、邮轮旅游的礼仪惯例

在邮轮上,雇用多元文化背景的服务人员已成为一种惯例,邮轮上的游客也来自世界各个角落。人们大多温和、友善、从容、优雅,大家其乐融融,显得彬彬有礼、举止高贵,显示出一种独特的邮轮礼仪、邮轮气质。

（一）登轮离船礼仪

1.登轮

对国际邮轮而言,登轮等于出境,游客必须按所在国的相关规定认真办理出境手续。登轮时就如同有数百到数千位游客,同时在同一个酒店或航空柜办理登记（Check-in）手续一样,游客必须事先准备好所有的相关文件、报表、票、信用卡等,行李也要挂好船方提供的不同颜色的吊牌,以便登船有序顺畅。

2.付款

邮轮上任何消费,除在赌场游乐外一律以船卡或舱卡（Cruise Card）记账,常规是不以现金交易的,要等到航程结束前一晚或当天清晨才能结算总账。因此,游客应于登轮时一律以信用卡登录为全程消费方式,最后只需查看账单无误即可,而且这样可以避免排长队等候最后结账之苦。

3.船图

登轮手续完成并入房安顿后,游客宜立即利用船方提供的"船舶甲板配置图"（Deck Plan）,自行按图索骥以熟悉环境。

4.演习

船箱于每航次起航同时,依规定必须进行救生演习,游客一律亲自参加,以便记住个人救生艇编号以及紧急集合点（Muster Station）。

5.行李

行李于上船当天搬进客舱后,即无须搬上搬下。直到离船的前一晚,切记取出次日准备穿着的一套备用衣物,并悬挂船方提供的不同颜色的吊牌,再于规定时间将行李摆放至舱房门外,以便深夜船员搬运作业。

6.离船

如登船一样,国际邮轮的离船等同入境,游客必须按所在国的相关规定认真办理入境手续。船员每一航次结束,数百到数千位游客将依不同行李吊牌颜色,听候船方广播指示离船。此刻,预定离船游客均被安排于各公共场所安顿等候,尚未被广播通知离船之前,绝对不可于各出入通道、梯口徘徊逗留,以免影响离船作业的顺畅。

（二）一般礼仪

1.微笑

船内与人同搭电梯或出入与人擦身而过时,切记保持微笑并打招呼,以展现应有的礼仪风范。

2.排队

上下船舶、参加活动、进出夜总会或餐厅,尤其是在自助餐台轮流取食时,应耐心排队等候。

3.同桌

邮轮餐厅座次的安排通常会以混合编组方式,将熟悉与不熟悉的游客随机同桌,以增加游客结交各国新友的机会。如遇态度粗鲁或不投缘游客同桌时,也可要求换桌。

4.拍照

船上附设"照相馆"(Photo Gallery)摄影师,其在游客登轮或欢迎晚宴时,都会帮游客拍照、冲洗并陈列于照相馆内,供游客自由选购,并不勉强购买。因此,游客应大方接受拍照,这也是一种基本礼貌。

5.观剧

观赏夜总会表演时,因邮轮无预先订位,不宜帮人占位。如遇岸上游程太过劳累,游客千万不要坐在前排,因为哈欠连连会影响演艺人员的情绪。由于版权问题,夜总会严禁摄像或拍照。

6.宿舍

船上如有标示"Crew Quarter"(船员宿舍)或"Crew Only"(船员专区)的场所,游客勿擅入以免打扰乘组人员作息。

7.访客

邮轮严格禁止闲杂人等无故登轮,即使是船员游客的至亲好友,通常亦在禁止之列。

8.电话

船上皆备有卫星通信,收费比较昂贵。个人电话在靠岸、近海或内海航行时,进行国际漫游通话一般无碍。

9.小费

除非部分邮轮公司规定小费收费标准并直接入账,或干脆规定不收小费,不然付小费是对服务人员工作的肯定与犒赏。小费是大多数殷勤服务的乘组船员的薪资来源。通常每一航次结束前一天,游客即会收到船方发给的小费信封,一般惯例是按8~10美元/天,依客房服务生3美元/天、餐厅领班1~2美元/天、餐桌服务生3美元/天、餐桌助理服务生1~2美元/天等比率分配。

（三）住宿舱房礼仪

1.财物

严守"财不露白"的最高原则,除船上消费一律于登轮时以信用卡登录为全程消费方式外,其余时段应将个人的证照、贵重财物锁入客舱内个人保险箱中,确保安全。

2.卫生

一般邮轮设置的卫生设备通常采用与客运飞机相同规格的强力抽吸式消毒卫生系统,千万不可将卫生纸以外的异物投入马桶,以免造成阻塞与修护的困扰。

3.洗衣

船上客舱甲板大都附设自助洗衣机、烘干机及设备,供游客付费或免费使用。如自行于房内洗衣,切记只能将湿衣挂于浴室内的吊衣绳上,千万不可四处披挂于床铺、桌椅甚至可能引发火警危险的床头柜灯罩上。

4.善邻

请勿高声喧哗,以免影响邻居安宁。相对地,如果遇有吵闹不宁之恶邻,亦可通知船方要求换房。

(四)晚宴穿着礼仪

邮轮游客于每晚享用晚宴时,船方都会提前提醒游客应如何穿着以符合礼仪惯例规定,一般称之为服装穿着标准(Dress Code)。旅途中适宜大方的衣饰穿着表现,除使游客不至于在国际社交场合失礼之外,亦可增加邮轮旅游漫漫航程中的旅途乐趣。较为常见的晚宴穿着礼仪有如下3种。

1.正式服装(Formal)

传统上男性须穿着燕尾服参与宴会,但如今已不再如此讲究。目前仅要求男士穿着深色西装外套,配以浅色衬衫、蝴蝶结或深色领带。女士则以穿着连身一件式西式晚礼服或中式长旗袍为宜。至于鞋子,男士以黑色或深咖啡色皮鞋,女士以穿着高跟鞋为准。

2.半正式服装(semi-Formal)

邮轮公司为顾及游客的方便,目前已较少要求正式穿着,半正式服装的规定反而较为常见。一般仅要求男士穿着西装、西裤、衬衫,打(或不打)领带,女士则以穿着过膝裙配上西装外套的套装为宜。至于鞋子,则男性以穿着黑色或深咖啡色皮鞋,女性以短跟鞋为准。

3.轻便服装(Casual)

穿着尽量轻松,西装、套装全免。建议男士穿着运动服饰、休闲裤,女士穿着休闲裤装即可。至于鞋子,除了拖鞋不宜外,休闲鞋甚至于球鞋都不失礼数。

特别提醒:无论何时进入晚宴餐厅,男士、女士均不宜穿着拖鞋,亦不宜穿着无领 T 恤衫或牛仔装进场。

(五)其他穿着礼仪

1.游泳

前往游泳池游泳或喷射按摩池泡汤时,须先回客舱房间内换穿泳装,在前往泳池的途中应披件外衣,以免有失礼数。回房前,则应于泳池畔的更衣室换装完毕,绝不可全身湿淋淋地四处走动。

2.舞会

参加船上所举办的鸡尾酒会或舞会活动时,除迪斯科舞会可以穿着便装,其余场合仍宜以半正式服装出席为佳。

3.看戏

观赏夜总会表演时,因邮轮大都有分批、分别用餐或观剧的规定,故穿着礼仪完全比照晚宴服装规定即可。例如,若当晚规定穿着轻便服装赴宴,则以便装进入夜总会观赏表演即可。

4.其他

无论何时何处,均不宜穿着睡衣、拖鞋、热裤甚至打赤膊出入公共场所。

第三节　邮轮旅游业概述

一、邮轮旅游业的定义

邮轮旅游业是一个复合型产业,是由旅游业、交通运输业和观光与休闲业交叉而形成的集合体,指的是以大型豪华海上邮轮为载体,通过远近洋与环球航行的方式,以海上观光旅游为主要诉求,为乘客提供旅游观光、餐饮住宿、娱乐、探险等服务的海上观光与休闲产业(图3-1)。从旅游产业链角度来看,邮轮旅游业是邮轮从港口出发到抵达目的地港口期间,为游客提供食、住、行、游、娱、购等一系列产品与服务交易的产业集合。

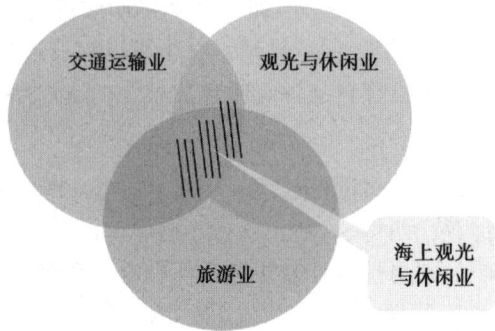

交通运输业　　观光与休闲业

海上观光
与休闲业

旅游业

图 3-1　邮轮旅游业属性示意图

二、邮轮旅游业的特点

(一)经济要素的集聚性

邮轮旅游产业的集聚性主要表现在两方面:一是为邮轮及邮轮游客服务的各类机构和相关产业(如商业、宾馆、餐饮、陆空交通、金融、中介代理),一般集聚在港口附近及周边地区,以便能够快捷方便地为邮轮及游客服务,较为发达的城市因此形成了繁华的商务中心区。二是优良的邮轮母港可以吸引更多的邮轮集聚,而多艘邮轮的集聚可极大地拉动当地的经济,其聚集效应相当明显,如迈阿密港、大沼泽地港和卡纳维拉尔港,三港的邮轮游客总人数超过了全球的40%,使得该地区成长为全球邮轮中心。

(二)政治要素的复杂性

邮轮的船籍、运营公司注册地以及停靠港口所属国等都有可能不同,例如:"钻石公主"

号邮轮,该船是由三菱重工在日本长崎建造,船籍国是百慕大(英国海外领地),运营公司是美国嘉年华集团公主邮轮公司,母港是日本横滨。如果邮轮一旦发生突发事件,将可能诱发棘手的国际化问题。2020年新冠疫情期间,"钻石公主"号邮轮事件一度引发国际热议。从法律角度看,邮轮经营者所在国应当有首要义务收留这艘船舶,其次是船籍国。如果船开不回母港,从个人权利保护角度,邮轮上游客的国籍国都有义务让船靠岸、救治。作为口岸国家本身是有权拒绝邮轮入境、停靠的。2020年新冠肺炎期间,"钻石公主"号在停靠日本横滨港后,日本政府要求全员在船上隔离,禁止下船。最终隔离了14天的"钻石公主"号,因有高达621位乘客被感染新冠病毒而饱受诟病。实际上,在疫情爆发的情况下,邮轮有权拒绝前往受新冠疫情影响的港口。而鉴于船舶上可能有新冠疫情,港口也有权拒绝疑似有疫情的船舶靠岸。停靠后,港口所在国有权根据事态发展,安排何时排查、如何排查。邮轮因疑似疫情而被多个港口拒绝停靠的问题,涉及非常复杂的国际法和国内法问题。因此,邮轮复杂的政治要素,使得邮轮处理类似危机的难度非常大。

（三）文化要素的多元性

邮轮文化要素的多元性主要体现在两个方面:一是从邮轮的环境文化来看,邮轮装饰体现出的风格以及各种风格间的差异,增加了邮轮之旅的神秘色彩。各国文化在邮轮上竞相辉映,显示出邮轮文化的相对开放性。一些欧美邮轮除了展示皇室风范之外,还注重构造现代歌剧院的建筑格调。邮轮上经常安排的歌剧演出表明邮轮本身也是高雅艺术的殿堂。总体来说,邮轮多元的设计装修风格不但能够体现出邮轮消费的价值,同时也能提升邮轮本身的品位,吸引更多的游客置身其中去体验邮轮生活。二是从邮轮的人文环境来看,邮轮上无论是乘客还是邮轮海乘人员都来自于世界各地,各国文化在邮轮上相互交流,充分显示出邮轮文化的多元性和开放性。

（四）旅游服务的全球性

尽管当今的经济正朝着全球一体化的方向发展,但真正具有跨区域特点的产业并不多,而邮轮旅游业一开始就定位为跨区域性产业,其产生之初就以连接七大洲的整个海洋作为经营舞台。邮轮航线的生命力在于其跨国和跨洋性,如环球邮轮可以到达世界上任何一座大型码头。对邮轮旅游业而言,国界的概念并无实质性意义,因为邮轮在停靠码头外的绝大部分时间都是在公海中航行,各国的法律对邮轮只有暂时性意义,没有长效性的约束。邮轮上的船员与游客往往来自于全球几十个国家和地区,他们说不同的语言,使用不同的货币,很难说邮轮旅游业会为某国所专有。实际上,如果企图使邮轮旅游业为一国所独有,也不会有任何生命力。

（五）邮轮服务的连接性

邮轮服务的连接性主要体现在两个方面:一是邮轮服务将邮轮游客输出地、邮轮游客旅游消费地和邮轮中转地三者连接起来。以上每一部分都各自有自己的网络,同时又能有机地相连,组成一个互动的系统。其连接主要通过各大邮轮公司、邮轮旅游代理、各级政府以及港口企业等完成。二是邮轮停靠港口成为邮轮旅游业的重要网络节点。尽管有时邮轮本身就是旅游目的地,但上岸观光既可以提高旅游附加值,也可以调节游客的海上生活,同时还可给邮轮添加补给。因此,邮轮停靠的港口构成了邮轮旅游业中重要的网络节点。

三、邮轮旅游业的贡献

(一)邮轮旅游业经济的贡献

实践证明,邮轮旅游业的发展,对所在城市和地区提高创汇能力、扩大市场消费、增加就业机会、展示国际都市形象等方面都具有重要作用。从世界各相关城市包括各港口的统计分析发现,邮轮旅游业构成的经济价值链已成为社会经济的基础。

通过分析邮轮旅游产业经济价值链,可以看出邮轮给港口城市和地区带来的经济效益是不言而喻的。据统计,从经济收益的角度来说,邮轮母港的收益往往可以达到一般停靠港的5~10倍。就无形资产而言,其影响将更大。近年来,世界邮轮经济发展迅猛,年均增长速度在7%~8%。邮轮产业因而被称为"漂浮在黄金水道上的黄金产业"。

基于《CLIA The Global Economic Contribution of Cruise Tourism 2013—2018》中全球邮轮市场经济分析,全球邮轮经济带动比例(邮轮经济带动比例=邮轮游客直接消费/全球邮轮经济总体产出)约为1:8,并随着邮轮市场规模经济发展,全球邮轮经济带动比例由2013年的1:8.78逐步下降为2018年的1:7.55;其中2018年全球邮轮乘客和船员的岸上旅游1.46亿人次,在全球目的地和客源地市场的直接消费支出为680亿美元(邮轮乘客的直接消费支出为198.8亿美元),并基于此产生了1 501亿美元的全球邮轮总体经济影响(直接、间接和诱发三类经济影响),其全球邮轮经济带动比例为7.55。

综合分析直接、间接和诱发经济贡献,2018年全球邮轮旅游业产生了约1 501亿美元的商品和服务总产值,同比增长了12%;创造了1 177 000个全职工作,这部分就业岗位的员工共获得了502亿美元的收入,分别同比增长6.2%和10%。2018年邮轮产业对全球经济的贡献如表3-1所示。

表3-1　2018年邮轮产业对全球经济的贡献

类别	贡献价值
游客和邮轮员工岸上观光人数(亿人次)	1.46
直接消费总计(亿美元)	680
全球邮轮总体经济影响(亿美元)	1 501
间接和诱发经济贡献产出值(亿美元)	820.15
间接和诱发经济收入值(亿美元)	280.62
劳动岗位贡献(个)	1 177 000

资料来源:CLIA,2019.

1.邮轮旅游业对当地经济的直接贡献

邮轮旅游业对当地经济的直接贡献是指邮轮旅游业对当地经济的初始或第一轮影响。在这类贡献中,邮轮旅游业的产值将直接进入当地经济的总产值,在数值上等于接受邮轮消费的其他产业的收益。对政府财政收入的直接贡献包括税金、关税、各种许可费以及游客直接支付的其他税款(如机场建设费、国际游客通过费等)。对社会的贡献大致分为两部分:一部分是船舶本身的消费,如邮轮建造维修费用、日常经营费用、油料添加费用、码头泊位使用费、进出港引航费用、船上消费品采购费用、淡水添加费用等;另一部分是游客及船员的消费,包括饮食(餐馆、酒吧、快餐店)、区域内交通(公共汽车、出租车、轮渡)、观光游览、娱乐(剧院、迪斯科舞厅)、景点参观(博物馆、主题公园、动物园)、购物等。从一组国外发布的调查数据中可以看出,无论是邮轮本身还是船上人员的消费量都是惊人的。通常邮轮公司每年要购买价值超过 6 亿美元的食品和饮料。一艘大型邮轮一周的航行大约要消耗掉 5 000 箱葡萄酒和香槟。在一艘设备齐全的大型邮轮上,体育馆和健身疗养中心每年的消费大约为 50 万美元。在正常情况下,一艘大型邮轮需携带价值达 300 万美元的零部件。

2.邮轮旅游业的间接贡献

邮轮旅游业的间接贡献是指邮轮产业通过其相关产业对当地经济的贡献,即对该地区产生第二轮消费之后的经济影响。它具体表现在两方面:一是获取邮轮、游客消费的公司和机构还会接受其他各类供应商和第三产业的服务;二是这些相关产业为了满足邮轮旅游业的要求还需要雇用一定数量的人员,从而产生更多的就业岗位。这些间接影响不断地向上和向下传递。因此,邮轮港口城市几乎经济领域里的每一个行业都会不同程度地受到邮轮、游客最初消费的影响。

(二)邮轮旅游业对社会文化的贡献

1.促进国际关系的改善

(1)发展邮轮旅游产业便于加强民间了解

旅游作为民间外交的一种方式,是不同国家或地区、不同民族、不同宗教信仰、不同年龄和性别、不同阶层和职业的人们之间面对面的交往,具有广泛性和直接性。游客中大多数是平民百姓或是以非官方身份出现的人,与政府间往来纯属官方人士不同,其交往不受官方外交礼仪、规格登记的严格限制,也没有官方交往中的诸多顾忌,具有群众性和随意性。旅游交往,可以采取听讲演、看影视、实地考察、参加会议等各种各样的形式,可接触旅游从业者、目的地国家或地区的居民、其他旅游群体或个体,可了解异地他乡的山川地貌、风土人情、生产方式、生活习俗、建设成就、文物古迹、民族传统、道德法律以及其他希望和可能了解到的东西,具有灵活性和机动性。邮轮被誉为"小联合国",船员和乘客涉及世界多国,更为多元文化的交流提供了最佳的平台。

(2)发展邮轮旅游业可以促进民间外交的发展

国家之间正式建交可能滞后,其民间的往来和交流却可以先行一步。这种民间的往来和交流可能是国际社会政府间外交的先导和前提。在这一方面,旅游作为民间外交的一种方式是功不可没的,通过发展国际旅游产业,开展以跨国旅游业为表现形式的民间交往和交流,可以加强民间的了解和认识,消除因不了解而产生的偏见和误会。随着旅游活动的频繁和相互了解的加深,彼此之间势必产生情感和友谊。在这种基础上,缓和紧张局势、改善国家关系,也就成了顺理成章、水到渠成的事。

（3）发展国际旅游产业能够增进友好交往

通过旅游，人们可以愉悦身心、焕发精神、陶冶情操、增长知识，满足身心、猎奇、求知、求健、求美等欲望和目的，因而是相互之间友好往来最理想的沟通方式。发展国际旅游产业对旅游客源国和接待国的友好交往是个有力的促进，使两者都增加了解别人、宣传自己的机会。目前，国际游客大多来自经济发达的国家，他们与接待国人民直接交往，切身感受异国他乡的魅力，会认识到即使是发展中国家或地区也有很多值得学习和了解的东西；而后者通过热情周到的服务和真诚待人的美德，给客人留下了美好而难忘的印象，有效地宣传了自己。这不仅可增进双方的友谊，而且能提高本国或本地在国际事务中的作用和地位。

（4）发展国际旅游产业能够维护世界和平

发展国际旅游产业有利于加强国际了解，改善国际关系，增进友好交往，这已被实践反复证明；发展旅游业能减少或消除偏见和仇恨，缩小可能产生的矛盾和差距，使人类整体意识和世界大同观念日益加深，使反对战争、维护世界和平成为人心所向、大势所趋。

2.推动文化的发展

（1）推进文化交流，推动文明发展

旅游有利于不同文化的交流，尤其是对旅游目的地一方的对外文化交流能起到促进作用。在旅游越来越大众化的今天，不同地区文化交流必然会推动人类文明的发展。当然，旅游与人类文明是相互促进、连带发展的，旅游业的繁荣可以说也是近百年来现代文明发展的结果。发展旅游业，来自比较发达的国家或地区的游客可以给不够发达的国家或地区带来比较先进的管理经验、科学技术和文化知识。与此同时，比较发达的国家或地区的游客也可以在不够发达的国家或地区学到长于自己的传统文化和伦理知识。当然，前者地区游客的先进思想和道德观念也能给后者地区社会意识注入新的生机和活力。因此，国际旅游像一台播种机，把物质文明和精神文明的种子撒向世界各地，使之生根发芽、开花并结出丰硕的果实。通过发展旅游业，国人也可以更多地了解本国历史和文化，目睹祖国各地的自然名胜和建设成就，这些都会激发和提升人们的民族自尊心和自豪感，从而进一步增强爱国主义精神，增强民族的凝聚力。由此，我国提出了"旅游促进社会的发展与繁荣"的方针，一些旅游城市也提出了"以旅游业为龙头带动全行业大发展"的口号。可见，旅游是随着现代文明的发展推动现代文明建设的社会活动。

（2）开阔视野，提高人们的生活质量

旅游是一种生活方式。人们走出家门，在开阔视野的同时，也提升了人们的生活质量。在现代社会中名人们比过去任何时候都更为关注生活态度、生活质量之类的话题。美国经济学家丹尼尔·贝尔说过："现代人满足的源泉和社会理想行为的标准不再是工作劳动本身，而是他们的生活方式。"现代人有权选择适宜的生活，由于旅游能满足人们的某种需要，对这些需要的满足必将影响人们的生活方式，因此有很多人选择了旅游。世界旅游组织在1980年颁布的《马尼拉宣言》中指出："国内和国际旅游及娱乐活动，如今已是各现代社会中国内与国际生活的组成部分。"20世纪60年代以来，随着大众旅游的出现，旅游已成为大众休闲的一种良好方式，它体现了一种生活态度，也是对人的社会地位、声望和生命价值的肯定。随着我国经济水平的提高与休闲时间的增加,旅游休闲消费逐渐兴起,同时也得到了政府的认可和鼓励,成为整个社会所接受的新观念。旅游在我国广大地区正在形成一种大众的生活状态。

(3)促进民族文化的保护和发展

旅游是弘扬民族文化、建设富有民族特色的精神文明的有效途径。旅游景观中积淀着丰富的民族文化:大量的文物古迹直接展示出特定的历史文化;各种古建筑的结构形式、建造工艺、图案雕饰等都反映着具有民族特色的文化内涵;有关景物的诗文和神话传说等旅游文化承载着民族的性格、心理、精神和伦理道德等。随着旅游业的发展,游客对不同地区文化中的风俗习惯、民间艺术和历史遗迹有着浓厚的兴趣,因此旅游经营与管理者便对一切既具有文化价值又具有旅游价值的事物进行拯救、恢复和开发;传统的民间艺术如音乐、舞蹈、戏曲等又重新得到重视和发掘;长期濒临毁灭的历史建筑重新得到保护和修缮等。拯救文化遗产的工作还得到了联合国教科文组织的支持。正是这些拯救活动给当地原有的居民的民族文化遗产提供了一定的生存空间,并且随着旅游的发展而得到新生,而且成为其他旅游接待国或地区所没有的独特的文化资源。当地文化不仅受到游客的欢迎,而且使当地人民对自己的文化增添了新的自豪感。

四、邮轮产业链界定及构成

从国际经验来看,邮轮旅游的发展能够自然形成一条相互依托的产业链。与其他行业不同的是邮轮产业不是一个单一产业,而是由多种产业组成的产业群。这个产业群以邮轮旅游业为核心,集邮轮设计、船舶制造、邮轮码头建设、交通运输、港口服务、商业购物、金融保险等一系列相关产业所组成,邮轮产业链一般可划分为产业上游、产业中游、产业下游 3 个部分,即上游的邮轮设计建造、中游的邮轮经营管理和相关支撑产业、下游的邮轮港口运营。这种环节主导的邮轮产业链模式主要以邮轮船舶为主体,将邮轮船舶设计建造作为产业链的起始端,体现了邮轮旅游载体来源;将邮轮公司经营管理和相关支撑产业作为中间环节,体现了邮轮旅游的核心环节;将邮轮港口接待和服务作为下游,体现邮轮旅游活动具有节点特征。

图 3-2 环节主导的邮轮产业链模式

邮轮产业链的链族式模式,不仅包括邮轮、邮轮运营及旅游活动各环节主体,还包括了依托邮轮设计建造、经营管理、票务销售、游客消费等环节所形成的服务链。一方面,邮轮公司对于新船的需求主要依托造船厂建造,而造船厂建造邮轮所需的钢材、主机辅机、配套设施、装潢、机构件等大量物资通常又由其供应商提供。另一方面,邮轮经营管理的目的是为满足游客的休闲需求,也就是与游客的消费行为相连接,游客进行邮轮旅游通常是经过旅行社购买邮轮旅游产品。在邮轮制造环节,邮轮公司委托造船厂建造邮轮会涉及船舶设计和装备的工程技术服务支持,邮轮建造需要大量资金投入,就需要金融服务;有的邮轮公司从其他邮轮公司租赁邮轮,也会有金融服务的需求。邮轮交付使用还有售后技术支持和维护保养等服务。在邮轮经营环节,需要有人才及相关培训、港口服务、船供服务来维持邮轮正常运营。为了将邮轮船票及旅游产品销售给游客,还需要信息网络、广告宣传、品牌管理等方面的服务支持。在游客消费环节,由于邮轮游客通常会进行餐饮、娱乐、购物、上岸游览等活动,相应地需要导游服务、物流交通服务、金融保险服务以及其他专业服务等提供服务支持。

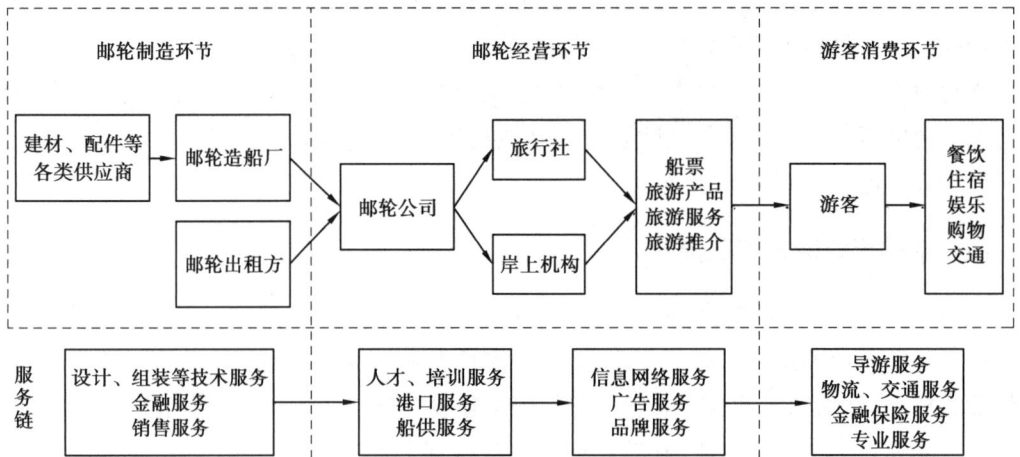

图 3-3　链族式主导的邮轮产业链

从供给方面来看,国际邮轮产业链基本包括以下 4 个部分。

（一）邮轮设计与建造

邮轮设计与建造环节位于邮轮产业链的最前端,它是邮轮旅游业发展的基础,从广义上讲也属于邮轮旅游业当中的旅游装备制造业,在产业分类当中属于第二产业制造业范畴。邮轮设计建造是一个复杂工程,邮轮设计一般由造船厂根据客户要求以及船舶规范进行设计,或委托相关船舶设计专业机构进行设计。邮轮主体建设需要大量的特殊造船钢材,需与世界著名的钢铁企业紧密合作。整条邮轮内部装饰工作量很大,装饰材料的选择既要满足船东的要求,更要满足船舶规范对防火阻燃的要求。邮轮犹如海上移动的城堡,电力系统建设很复杂,航行系统对信息技术服务要求严格,船上照明设施复杂多样,在满足船舶规范的前提下需相关供应商提供能满足邮轮需要的产品。邮轮作为大型船舶,对动力系统和控制系统的可靠性要求非常高,通常邮轮的动力系统需向世界著名的船用发动机制造商采购。因此,邮轮的设计建造涉及船舶设计、钢铁行业、造船厂、船用家具、舱内装潢、信息技术、电力技术、照明设施、动力系统等行业。

随着世界邮轮市场规模的不断扩大,邮轮成为全球船舶行业唯一供不应求的船型。豪

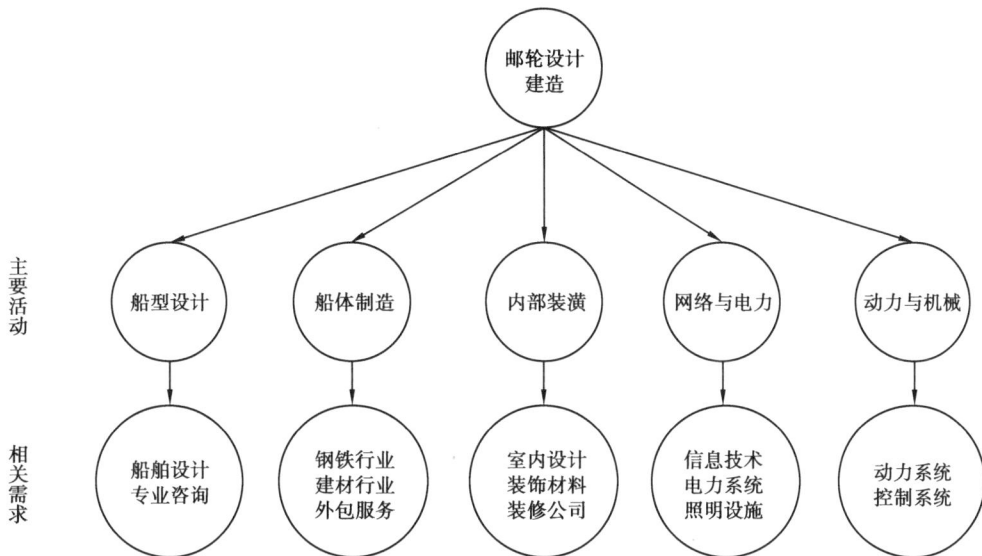

图 3-4　邮轮设计建造涉及的主要行业

华邮轮的设计建造一直是造船界顶尖级的高附加值类船舶,被誉为造船工业中的"三大明珠"之一,其对艺术的独特理解、设计的繁杂、技术的先进以及装饰的奢华,使得其设计建造难度极大。目前全球 90% 以上的邮轮制造业集中于欧洲。

【知识链接】

世界知名邮轮造船企业

邮轮建造商	建造的代表性邮轮
意大利芬坎特里造船厂 （Fincantieri shipyard）	"阿姆斯特丹"号（M.S.Amsterdam） "嘉年华魔幻"号（Carnival Magic）
德国迈尔造船厂 （Meyer Werft）	"精致剪影"号（Celebrity Silhouette） "迪斯尼梦幻"号（Disney dream）
STX 欧洲芬兰图尔库船厂 （Turku shipyard）	"海洋绿洲"号（Oasis of the Seas） "海洋魅力"号（Allure of the Seas）
法国圣纳泽尔阿尔斯通造船厂 （French Alstom Chantiers de l' Atlantique shipyard）	"玛丽王后 2"号（RMS Queen Mary 2）
日本三菱重工 （Mitsubishi）	"钻石公主"号（Diamond Princess） "蓝宝石公主"号（Sapphire Princess）

2015 年 10 月 21 日,在中国国家主席习近平和英国首相卡梅伦见证下,中国央企中国船舶工业集团,中投公司和世界最大邮轮公司嘉年华集团签署了价值约 255 亿人民币的合资合作协议,三方将在中国香港成立一家由中方控股的国际邮轮合资公司,该公司成立后将耗资 250 亿元在中船集团下属的外高桥造船厂订造超级豪华邮轮,并负责邮轮的运营与管理。2017 年 2 月 22 日,中国船舶工业集团公司与美国嘉年华集团、意大利芬坎蒂尼集团签署我国首艘国产大型邮轮建造备忘录协议(MOA)。协议备忘录的签约仪式在北京人民大会堂举行,中国国家主席习近平和意大利总统塞尔焦·马塔雷拉出席了本次签约仪式。中船集团、嘉年华集团和意大利芬坎蒂尼集团的管理层分别代表在华合资邮轮公司和造船合资企业签署了协议。根据协议,中船集团联合嘉年华集团等组建的邮轮船东运营合资公司将向中船集团与芬坎蒂尼合资组建的邮轮建造公司订购首批 2~4 艘 Vista 级大型豪华邮轮,专为中国市场提供服务,第一艘新船预计于 2023 年交付。2019 年 10 月 18 日这艘大型邮轮正式在上海外高桥造船有限公司开工,总吨位约 13.55 万吨,总长 323.6 米,型宽 37.2 米,最多可容纳乘客 5 246 人,拥有客房 2 125 间。2023 年 6 月 6 日中国首制大邮轮完成坞内起浮顺利出坞,意味着我国首艘国产大型邮轮结构完整,主要核心设备和管路基本安装完毕,并且各项指标符合要求,已具备航行能力。这也是中国造船工业向前迈进的一个重要里程碑,标志着我国成为全球第五个有能力建造大型邮轮的国家,标志着中国向摘取造船业皇冠上的最后一颗明珠又迈出坚实的一步。

全力推进大型邮轮设计建造是提升中国制造在全球影响力的标志性工程,对我国建设海洋强国、制造强国、科技强国将产生重大而又深远的影响。

【拓展阅读】

摘下邮轮这颗明珠 中国造船业指日可待

大型邮轮是造船工业"皇冠上最耀眼的明珠",是我国目前唯一尚未攻克的高技术船舶,是船舶世界真正高大上的产品。目前,世界上能造出邮轮的国家并不多,即使是日韩造船强国也无能为力。邮轮极尽豪华与完美,是高度集成化、系统化、信息化的"海上移动度假村",其制造浓缩了现代工业与文化艺术的结晶,融合了高端制造业和高端服务业,体现了一个国家的综合科技水平和综合工业能力。

正是无比高端奢侈,更凸显其制造之难。无论是设计理念、建造工艺,还是文化审美、运营管理,邮轮的苛刻程度都是常规主流船不能望其项背的,不仅要求性能高效、先进、安全,配套完备美观,而且需满足国际公约法规、船级社规范、挂旗／港口国法规、邮轮行规／标准、世界卫生组织规范等大量法规规范,涉及行业之多令人无法想象。

实现邮轮制造本土化,既是落实《中国制造 2025》的具体行动,也是中国造船业孜孜追求的梦想。经过不懈的努力和准备,中船集团终于与美国嘉年华、意大利芬坎蒂尼签订了大型邮轮建造合同,正式开启了中国大型邮轮建造时代。

这是中国造船业攀向巅峰的一个重要里程碑!虽然这个征程会充满千难万险,但阻挡不了中国朝着邮轮制造业奋勇前进的健步。我们坚信,中国造船一定能摘下这颗"最闪耀明珠",中国造豪华邮轮遨游蓝色大海那天不会太久!

资料来源:广东造船,2018,37(6).

（二）邮轮经营管理相关产业

邮轮经营管理的主要活动有酒店管理、餐饮服务、市场营销、物资采购、娱乐活动、能源需求、安全保障等。其中,酒店管理涉及行业主要有卫浴设施、洗护用品、床上用品等供应行业;餐饮服务主要涉及餐具、厨具、调料等供应商;市场营销活动与旅行社、广告宣传、网络媒体等行业息息相关;物资采购通常包括食品食材、酒水饮料、生活用品等进免税店货物;娱乐活动主要有游乐设施、音乐戏剧、演艺等方面,对专业团体和舞台演员有较大需求;能源需求涉及提供燃油、电力(港口岸电)以及相关维护保养设施的行业;邮轮的安全保障涉及安保、消防、逃生设施供应行业,以及医疗卫生行业等。

一般来说,一艘邮轮载有相当于 6 架波音 747 飞机的游客,且主要目标是旅游消费,这对于提升一个城市的消费量和消费水平作用巨大。随着邮轮旅游的发展,为邮轮服务的各项产业,如餐饮、酒店、港口、旅游景点乃至农业,都面临较大的市场机遇。邮轮到港的城市也将随之成为国际消费群体的集散地。

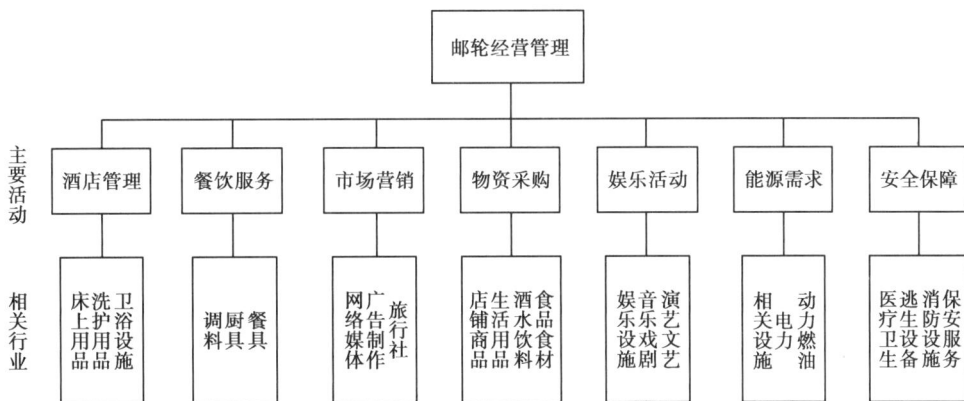

图 3-5　邮轮经营管理涉及的相关行业

（三）邮轮港口经营相关产业

邮轮港口经营主要活动有基础设施建设、商贸服务、游览服务、接驳服务、食宿服务等。其中,邮轮码头基础设施建设相关行业涉及建筑材料加工制造、工程建设、投融资等;与商贸服务相关的行业有纪念品和特产的生产制造供应商;与港口游览服务相关的有岸上观光旅游、旅行社等行业;邮轮港的接驳服务涉及交通运输行业和物流服务行业;食宿服务的相关行业是港口酒店和餐饮行业。

（四）其他相关支撑性产业

在邮轮产业链中有一些容易被忽视的产业,但对邮轮产业发展或邮轮旅游活动提供了重要支撑。如游客使用刷卡消费会涉及金融服务行业,购买保险会涉及保险行业;对邮轮从业人员或相关服务人员进行培训或再教育,与教育培训行业相关;有些邮轮与船舶代理商合

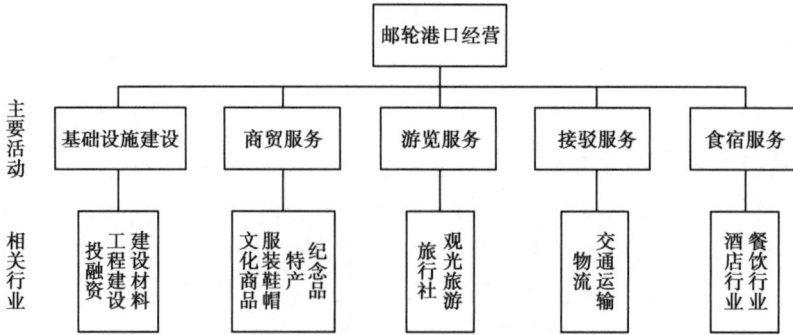

图 3-6　邮轮港口经营涉及的相关产业

作,代理邮轮公司在港口办理相关手续及其他工作,这就涉及船舶代理行业;邮轮公司一般在母港城市设有专门机构办公,这些机构需要租赁办公室场所和住宿场所,这项活动涉及地产或房屋租赁业;同时,邮轮旅游活动的开展离不开政府相关部门的服务,如边检部门,海关、海事部门、交通管理部门等的服务支持。

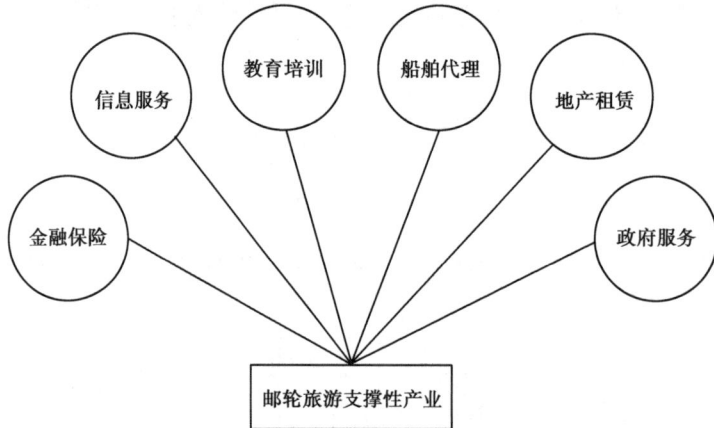

图 3-7　邮轮旅游相关支撑性产业

【课后思考题】

1.什么是邮轮旅游?

2.邮轮旅游与传统旅游有什么区别?

3.邮轮旅游业对经济、社会、文化有什么贡献?

4.邮轮产业链由哪些产业所构成?

【推荐阅读】

[1]陈咏梅,张梦娜.我国邮轮旅游市场推广策略[J].北华大学学报(社会科学版),2019,20(6):95-99.

[2]中国邮轮游2.0时代[J].中国远洋海运,2019(9):34-41.

[3]徐虹,杨红艳,韩林娟.中外邮轮旅游研究回顾与展望——基于研究对象演变的分析

［J］.旅游科学,2019,33(2):1-18.

　　［4］皮晖,常新利.邮轮旅游概论［M］.武汉:华中科技大学出版社,2019.

　　［5］孙晓东,冯学钢.中国邮轮旅游产业:研究现状与展望［J］.旅游学刊,2012(2):101-112.

　　［6］中国邮轮产业断链:制造业仍是空白 管理滞后［EB/OL］.搜狐网,2015-07-06.

　　［7］2019 年中国邮轮旅游行业发展现状和市场前景分析行业政策持续利好［EB/OL］.前瞻产业研究院,2019-10-28.

　　［8］刘卓鑫.基于 SWOT 分析的海南邮轮旅游市场研究［J］.中国水运,2020(5):18-20.

　　［9］叶欣梁.打造上海邮轮经济全产业链战略思路［J］.科技发展,2020.(8):20-32.

第四章 邮轮旅游产品

邮轮旅游作为我国旅游市场当中的一个新生事物,近年来发展迅猛,邮轮旅游产品这一概念也被越来越多地提及。游客购买邮轮旅游产品,可以享受邮轮上的各种设施和服务,欣赏浩瀚的大海,品味沿途港口的自然风光和人文风情,体验邮轮旅游所带来的休闲与放松。但部分中国游客仍把邮轮当作海上交通工具,把岸上观光作为邮轮旅行的主要目的,对邮轮旅游产品的理解和认知比较有限。

【学习目标】
　　理解:邮轮旅游产品的定义和内涵
　　熟悉:邮轮旅游的过程
　　掌握:邮轮旅游产品的分类、特征及构成

【开篇导读】

全国首个妈祖文化主题邮轮航次在厦门母港启航

2018年10月20日,厦门国际邮轮母港再迎"双轮同靠"——歌诗达邮轮"大西洋"号、公主邮轮"钻石公主"号同靠厦门,协奏"走出去""引进来"的华丽篇章。其中,"大西洋"号为厦门国际邮轮母港带来全国首个妈祖文化主题邮轮航次,中国文化再以邮轮为载体"走出去",推动民心相融,同时将"钻石公主"号邮轮的外籍游客"引进来",走进"女王皇冠的宝石"鼓浪屿,领略鹭岛风光。

坚持"走出去":首个妈祖文化主题邮轮航次启航

继2018年3月全国首个以邮轮为载体的文旅融合实践"海丝路·闽南情"航次在厦成功启航后,"港航旅"再次携手,让妈祖文化主题邮轮航次成为厦门国际邮轮母港"邮轮+文化"的又一力作。当日,来自全国各地、海峡两岸的信众2 600多人集中于厦门母港,与湄洲妈祖金身共乘邮轮,前往马尼拉开展为期6天5晚的妈祖文化交流活动。

在为期6天的妈祖文化主题活动中,莆田湄洲妈祖祖庙董事会将与世界各地宫庙代表、菲律宾当地的相关妈祖宫庙机构和华人社团一道,共同开展十音八乐民俗演奏、《祥瑞湄洲》文艺演出等系列文化交流活动。厦门国际邮轮母港相关负责人表示,让妈祖"乘邮轮下南洋",延续厦门国际邮轮母港"邮轮+文化"发展思路,发挥了邮轮旅游在"一带一路"经济、文化交流中的积极作用。

积极"引进来":"邮轮+"新产品推动厦门全域旅游

在以邮轮为载体,努力"走出去"的同时,厦门国际邮轮母港也致力于深入创新"邮轮+目的地"模式,将全球游客"引进来"。

当日,"邮轮+"旅游产品"邮你鼓浪行"在厦门国际邮轮中心售票大厅首次面向广大邮轮旅客开放售票。该产品让邮轮旅客得以利用登轮前碎片化时间,搭乘具有闽南文化特色的港内豪华游船,一边欣赏闽南文艺,一边欣赏鹭岛风光,同时还能登上世界文化遗产鼓浪屿,在专业讲解员的带领下体验鼓浪屿风情。

厦门国际邮轮母港集团相关负责人表示,"邮你鼓浪行"通过文旅融合的方式,意在完善提升厦门国际邮轮母港的整体服务提供能力,提高邮轮旅客体验满意度。通过深化"邮轮+"内涵,带动全域旅游发展,从而实现邮轮产业对厦门全域旅游千亿产业链的持续助力。

2018 年以来,厦门母港致力于邮轮产业的高质量发展。在"量"上,厦门国际邮轮母港以国际化的服务水准、亚洲一流的硬件水平创下佳绩。据统计,2018 年前三季度,厦门国际邮轮母港年旅客吞吐量超 21.87 万人次,同比增长 90.8%,创下历史新高。而在"质"上,首访厦门港的歌诗达"大西洋"号将以厦门为母港展开长达 3 个月、共 14 个航次的秋冬运营季,以多样化的航线产品推动邮轮产业的"质"的飞跃。

资料来源:东南网,2018-10-20.

阅读思考:厦门创新的"邮轮+"旅游产品给你什么样的启示?

第一节　邮轮旅游产品的定义及内涵

一、邮轮旅游产品的定义

邮轮旅游产品是以邮轮为载体来满足人们日益增长的美好生活需要的旅游活动,是集吃、住、行、游、购、娱为一体的复合型、多功能海洋休闲旅游产品。邮轮旅游航次是邮轮旅游产品的最终表现形式。游客在购买邮轮旅游产品时,是以邮轮旅游航次作为购买对象。邮轮旅游航次应包括:邮轮名称、邮轮航行时间和邮轮航行线路三大要素。游客最终购买的邮轮旅游产品将以邮轮旅游航次和舱房类型予以体现。

关于邮轮旅游产品,需要注意以下几个方面。

①邮轮旅游产品的供给以"邮轮"这一特定的旅游资源和旅游设施为载体。没有邮轮,邮轮旅游产品也就无从谈起,邮轮公司经营也就无法实现。邮轮既是交通工具,又是旅游目的地,还是重要的旅游吸引物。

②邮轮旅游产品是有形产品和无形产品的总和。邮轮公司为游客提供餐饮、住宿、娱乐等多种服务,满足游客在邮轮旅游全过程中食、住、行、娱、购的需要。游客参与邮轮旅游,除了可以消费基本有形产品,还可以获得美好的心理体验,领略浩瀚大海的魅力。

③邮轮旅游产品是一种高端休闲度假产品。邮轮旅游是一种全新的旅游度假概念。相较于传统的旅游产品,邮轮旅游提供一种类似但甚于旅游度假地的休闲体验。

二、邮轮旅游产品的内涵

邮轮旅游作为旅游业旅游形式的新形态,其本身就是一种旅游目的地和交通工具的复合体,兼具旅游产品和交通运输产品的双重特征。而邮轮旅游主要以邮轮航线为主体,包含各项邮轮旅游活动,其中邮轮旅游活动又主要以船上的休闲娱乐为主,岸上游是其靠岸时开展的一些旅游活动。

(一)邮轮航线

邮轮航线是邮轮旅游的行程路线,决定着游客可以选择的邮轮、可以达到的港口以及旅游的时间。在邮轮旅游发达的地域分布着密集的邮轮航线。邮轮航线是游客选择邮轮旅游产品的重要影响因素,不同的邮轮航线使得游客体验不同的风景,到达不同的旅游目的地。

邮轮航线的规划需要从客观条件与主观条件两个方面进行考量:客观方面因素主要是从邮轮港口、邮轮公司、地理空间、旅游目的地、航行条件、邮轮航期等众多的方面进行综合考量;主观方面主要是邮轮游客对航线的主观认识与实际需求。客观因素包括邮轮港口对不同邮轮的接待能力、游客通关方面的服务效率、航线上邮轮港口资源的丰富性、港口的服务设施完备性、港口所在城市的经济发展水平及交通便捷性等,邮轮公司的目标市场、运营成本、邮轮停靠港口所需的费用、市场策略等,始发地与目的地之间的空间距离,旅游目的地的旅游资源丰富性及吸引力,邮轮航行的气候条件、水位条件等,以及邮轮航行的时间限制;主观因素包括游客对旅游目的地的偏好,船上时间与岸上游览购物时间的分配喜好,游客对于邮轮旅游出行所愿意支付的费用。

(二)船上产品

邮轮本身作为海上旅游目的地可以为游客提供完善的服务,包括住宿、餐饮、休闲娱乐等,在具体操作层面,各邮轮公司要根据市场定位,调整特色和经营重点。在对接国际邮轮服务标准的前提下,根据不同区域游客的生活习惯、消费特征,在体现邮轮旅游特色的基础上,推出符合当地游客消费习惯的船上产品系列。在产品设计方面,挖掘不同地域的文化内涵,推出更多文化主题活动;在娱乐活动方面,根据不同区域游客的喜好开展具有特色的船上休闲娱乐活动,提升游客的活动参与度;在餐饮方面,主要以西餐为主,但如在亚洲邮轮市场,则可以推出更多中西餐饮组合和具有亚洲各地特色的美食餐饮。

邮轮上的娱乐活动多种多样,主要是具有高度国际化的休闲娱乐活动。我国邮轮游客感兴趣的是具有中西方文化地域特色的各类歌舞秀表演、有组织可参与的活动以及具有东方文化特色的文化演出等。在近海邮轮节目设计中,可以增加国人喜闻乐见的节目,多增加歌舞类表演,还有相声、喜剧表演、演唱会、竞技活动、佛教文化交流与传播、武术表演、养生讲座等热门活动,使得文化与船上活动有机结合。

在房间设置方面要体现中国文化元素和市场的需求。从我国目前的邮轮旅游市场特征来看,邮轮旅游同行 2~6 个人占据市场需求的绝大部分,同行游客数是偶数可以较好地得到满足,同行游客数为奇数就较难得到满足,而国人一般不习惯与陌生人同住一个房间。如中国本土邮轮房间设计要根据市场需求设计更多的满足同行奇数游客量的房间。房间设计要改变传统国际航线邮轮客房千篇一律的格调,设计各具风格的舱房,如中国古代房间设计风格、新中国成立初期房间风格,让邮轮游客可以体验历史文化,也要有符合青年格调的主题房、电影房。床位设计不仅要有现代酒店式风格的普通大床,也要有满足青年格调的圆床等。

企业客户是本土邮轮旅游发展的中高端目标市场,要积极根据企业客户的需求进行规划设计。企业客户对自身员工的拓展活动、会议活动、商务接待活动等都具有较高的需求,要完善邮轮的会议接待的基础设施及服务功能。

（三）岸上旅游产品

与邮轮本身提供的船上产品相对应的,是与其具有互补效应的岸上旅游产品。岸上休闲观光是本土邮轮旅游产品的重要组成部分,也会影响到邮轮游客在整个旅程的整体体验感知。在邮轮旅游中,邮轮每到一个停靠港,游客可以选择是否下船。国内邮轮观光产品与国际邮轮旅游的区别在于可以给予游客更多的自由度,游客可以驾乘自己的车或进行目的地租车实现自主化旅行。岸上产品设计要将陆上丰富的旅游资源与不同游客的差异化旅游需求充分对接,推出更具特色化的旅游景点、旅游线路,同时在目的地为游客提供更为周到的服务。

在岸上休闲观光产品规划设计方面,自然性景观与人文性景观均对游客有较强的吸引力,要积极规划开发岸上景观资源,凸显自然景观的风光魅力与人文性景观的文化魅力。我国的沿海港口城市经济较为发达,文化资源丰富,海洋文化较为发达,拥有大量的具有地域特色的旅游景点,要对具有不同特色的旅游景点进行有效整合对接,推进滨海旅游产品丰富性的提升。在目的地的旅游方面,旅游的文化属性逐渐凸显,要推进岸上文化旅游,将文化旅游作为岸上旅游一个重要的方面,提升本土邮轮旅游的文化属性。本土邮轮旅游城市若拥有一定数量的文化遗产或者非物质文化,开展邮轮文化主题游将对游客有很强的吸引力。购物消费在推进旅游经济发展中发挥着重要的作用,可以有效提升邮轮旅游对区域商业经济发展的贡献度。在我国的旅游发展中,旅游购物消费占据游客出游费用的比例较大,尤其从现有我国邮轮旅游的发展中可以看出,游客对于购物的积极性较高。在本土邮轮旅游的发展中,要积极推进岸上商业购物场所与环境的建设,推进邮轮港口附近商业环境的完善,为本土邮轮游客提供品类丰富的陆上购物消费环境。

【拓展阅读】

邮轮产品的定制化成为培育中国邮轮客源市场的重要突破点

2011年邮轮公司、旅行社、邮轮港口结合邮轮游客的需求打造了不同形式的主题邮轮产品。如舟山港开通了以"千岛情、宝岛缘"为主题的对台直航航线,北京青年旅行社通过包船开展"端午节邮轮日韩行"的主题活动,上海港国际邮轮旅行社开出两个航次开展"儿女争气,父母免费,高考成绩说了算"活动等。这表明邮轮主题化、定制化为邮轮市场的繁荣发展奠定了一定的基础。

据统计,2016年天海邮轮共运营了80个航次,其中约有20个航次推出了单次主题活动,42个航次安排了全年主题活动,主题航次占比接近60%,被誉为行业内主题活动航次最多的邮轮公司。主题邮轮航次逐渐受到重视,说明行业正在从增量到提质的转变,这对于提升游客的邮轮旅行体验,孕育中国自己的邮轮文化将起到积极的推进作用。

天海邮轮主题邮轮活动不完全统计表

活动类型	活动主题	活动内容
邮轮+音乐	天海好声音挑"赞"赛	2016年吸引了近6 000人报名,超过200万观众和网友评论点赞;2017年3月3日正式启动,历时9个月,覆盖55个航次,总决赛于2017年12月举行,前三名分享10万元现金大奖
	天海演唱会	邀请郑钧、许巍、中国好声音学员等实力歌手登船献艺
邮轮+文化	天海夜谭	全球首个"海上百家讲坛",活动贯穿2017年全年,围绕着从生活到时尚,从曲艺到美妆,从品酒到养生等游客们普遍关注的话题,邀请行业专家登船助阵,用说学逗唱等多样形式,在邮轮上公开授课
邮轮+美食	G20国宴宴遇天海	2016年国庆期间,把广受瞩目的"G20餐桌"搬上了邮轮,在新世纪号上推出了"G20系列菜品",让所有游客在船长晚宴上免费体验了"国宴的味道"
邮轮+明星	登船明星	多位一线影视明星
	特色活动	"环球小姐主题航次""世界小姐主题航次"
邮轮+影视	取景、拍摄	电视剧《漂洋过海来看你》、电视节目《世界多美丽》《首席旅行官》等
邮轮+影视	邮轮剧	国内首部邮轮主题连续剧《面朝大海春暖花开》在天海"新世纪号"实景拍摄
邮轮+快乐	感恩父母	2016年3月,天海之间,全身心陪伴-感恩父母之旅
	关爱孩子	2016年8月,宝贝你最大-佐世保亲子之旅
	舞动青春	2016年6月,毕业季主题航次

第二节　邮轮旅游产品的类型

根据不同的分类方法邮轮旅游产品将分为不同的类型。

一、以旅游目的划分

根据不同的旅游目的,邮轮旅游产品可划分为:邮轮观光型旅游产品、邮轮休闲度假型旅游产品、邮轮文化型旅游产品、邮轮会议型旅游产品、邮轮探险型旅游产品等类型。

1.邮轮观光型旅游产品

邮轮观光型旅游产品是以满足旅游者乘坐邮轮观赏海洋、江河、湖泊及其沿途自然风光、城乡风光、民族风情、名胜古迹、建设成就等为主的旅游产品。该类产品非常注重邮轮沿途停靠港口的旅游,也是目前我国邮轮旅游市场当中最主流的产品。

2.邮轮休闲度假型旅游产品

邮轮休闲度假型旅游产品是指旅游者利用假期乘坐邮轮休闲和娱乐消遣的旅游产品。由于邮轮本身就具有各种休闲娱乐设施,且乘坐舒适、悠闲,完全能满足旅游者休闲度假的需求,因此市场上邮轮休闲度假型旅游产品较为多见。世界范围内,拥有阳光、沙滩、海风,终年气候温暖、水域不冻、沿岸拥有丰富多彩的自然风光和文化资源,可供登岸参观的旅游地便成为理想的邮轮活动区域。

3.邮轮文化型旅游产品

邮轮文化旅游产品是指满足旅游者了解邮轮航行区域及其腹地文化需求的邮轮旅游产品。该类旅游产品要求蕴含较为深厚和丰富的文化内容,其所吸引的对象一般具有较高的文化修养。目前,邮轮文化型旅游产品常常与邮轮观光型旅游产品融合,在观光型旅游产品的基础上,注入更为丰富的文化内涵,提升邮轮观光型旅游产品的品质和内涵。

4.邮轮会议型旅游产品

邮轮会议型旅游产品是指人们利用邮轮举行各种会议而购买邮轮旅游产品和服务的综合消费。这种产品形式主要针对公司、企业等相关组织,是一种比较新型的旅游产品。

5.邮轮探险型旅游产品

邮轮探险型旅游产品是指利用邮轮将游客带到只有科考人员、专家才能抵达的目的地,以满足人们对大自然探索和冒险的需求。一般该类产品需配备专业探险队,由专业人员负责规划、带领旅游者开展各项探险活动。

二、以航行线路划分

由于邮轮航行线路通常分为往返航线和单程航线两种类型,为此邮轮旅游产品也可分为往返航线邮轮旅游产品和单程航线邮轮旅游产品两种类型。

1.往返航线邮轮旅游产品

往返航线邮轮旅游产品通常是指邮轮出发港和到达港在同一个港口的邮轮旅游产品。这种类型的邮轮旅游产品是最为常见的,既有经停一两个港口的直线式往返航线产品,也有经停多个港口的环状式往返航线产品。往返航线产品方便了港口城市及其附近旅游者从家到集散港口的交通便利性,且在很多情况下经济适用。

2.单程航线邮轮旅游产品

单程航线邮轮旅游产品通常是指邮轮在一个港口出发,在另外一个港口结束航程的邮轮旅游产品。这种类型的邮轮旅游产品通常不走回头路,在同样的时间内,单程航线产品停靠的港口会略多些,游客可以领略不同停靠港的风光,行程会更为丰富。但同时游客也需要搭乘航空、铁路等交通方式往返,一些邮轮公司也会采取包价的方式为游客提供相应的交通服务,为游客提供便利。邮轮通常在更换母港或更换运营区域时会设计此类产品。

三、以始发港口划分

在我国,通常依据邮轮母港是否为中国港口,将邮轮旅游产品划分为母港邮轮旅游产品和长线邮轮旅游产品两种类型。

1.母港邮轮旅游产品

母港邮轮旅游产品通常是指从中国境内港口始发的邮轮旅游产品。

2.长线邮轮旅游产品

长线邮轮旅游产品通常是指游客需前往本国之外的港口登船,开启一段邮轮旅游行程的产品。与母港邮轮产品相比,长线邮轮旅游产品具有如下3个显著特点。

（1）目的地远程化

游客通常须前往远离本地或本国的港口登船,这其中不仅会涉及洲际段、国际段和内陆段的大交通(航空、铁路等),还涉及前往邮轮起始港国家的签证以及邮轮停靠港口所在国的签证或入境许可。

（2）产品构成综合化

在登船前或者下船后,邮轮公司或旅行社通常会增添适当的登船地国家和地区的陆地旅游项目,以不负千里迢迢的路途,使游客能更多地体验异国异地的风情,而这正是长线邮轮旅游产品的特色——"一次远行,海陆空全体验"。

（3）服务高标准化

与母港邮轮相比长线邮轮旅游产品中,领队的作用更为突出,需要承担起团队游客组织活动、讲解翻译、答疑解难等工作,因此服务的标准会更高。

第三节　邮轮旅游产品的构成

邮轮旅游产品的构成可以从理论层面和实际经营两个层面进行分析。

一、理论层面分析

与其他旅游产品一样,一项完整的邮轮旅游产品由基本产品、期望产品、延伸产品和潜在产品四个层次所构成。

1.基本产品

基本产品是游客购买邮轮旅游产品时所获得的基本利益,是开展邮轮旅游的先决条件和吸引游客选择邮轮的重要因素,是能够满足游客需要的实实在在的产品。邮轮旅游产品既包括邮轮所提供的客舱住宿、餐厅美食以及各种休闲娱乐活动项目,还包括邮轮旅游过程中所欣赏到的自然风光和人文景观。

2.期望产品

期望产品是游客在购买邮轮旅游产品时必然产生的种种期望,诸如舒适度、安全感、受人尊重以及良好的服务等。游客在参加邮轮旅游过程中,除了消耗有形物质产品外,主要是对邮轮所提供的各种服务的消费。邮轮在满足游客参观、游览、住宿、用餐等基本产品的同时,还应满足游客的主观愿望,诸如便利、愉悦与放松等期望。

3.延伸产品

延伸产品是指邮轮基本产品与期望产品的延伸和进一步完善。这些产品往往不属于必须提供的产品项目,但能够使之与其他邮轮产品区别开来,从而在激烈的市场竞争中获得优势。在为游客提供基本产品并使之期望得到满足的同时,可以进行邮轮旅游产品的创新,例如邮轮主题航次的开展等。

4.潜在产品

潜在产品是指现有邮轮旅游产品可能的演变趋势和前景,通常超越消费者的购买期望和预期。潜在产品还可以是为满足个别消费者的特殊需要而提供的特殊性和临时性的服务。

邮轮旅游产品的 4 个层次各具特点、相互独立又紧密连接。在这 4 个层次上,确保基本产品和期望产品的质量,是使客人满意的前提条件,延伸产品和潜在产品是邮轮旅游产品灵活性的具体表现,同时也是基本产品在现有价值之外的附加价值。这 4 个层次的全部意义在于提供一个具有质量保证、具有一定灵活性和竞争优势的邮轮旅游产品。

二、实际经营层面分析

在邮轮旅游市场当中,邮轮旅游产品是以"邮轮旅游航次+舱房类型"作为具体的表现形式,并且以"航次+舱房"为单位在市场上进行售卖的。而任意一个邮轮旅游航次,都应包含航行船只、航行时间、航行线路以及航行服务四大构成要素。舱房类型主要包括内舱房、海景房、阳台房和套房四大类型。同一航次上,不同舱房类型的邮轮旅游产品价格相差甚远。

1.航行船只

搭乘不同的邮轮,旅游者的航次体验亦不相同。航行船只是邮轮旅游产品的必备要素,可以说没有邮轮就不可能有邮轮旅游。而邮轮设施是旅游者完成邮轮旅游活动所必需的物质条件。旅游者对邮轮设施的感知,取决于邮轮的吨位大小、空间布局、设施设备以及装饰装潢。

2.航行时间

旅游者在考量某一邮轮旅游产品时,关注的第二个要点是航行时间。航行时间包括两层含义,即邮轮始发的具体日期和邮轮的航行时长。一些旅游者青睐时间较短的行程,也有一些旅游者喜好航行时间较长的邮轮旅游产品。在所有受欢迎的邮轮旅游产品当中,大部分航行时间为 5 至 12 天,其中以 7 天最为普遍。

3.航行线路

虽然"邮轮即是旅游目的地",但邮轮旅游产品亦不能忽略了航线要素。邮轮航线是邮轮从母港出发到结束行程靠岸过程中所航行的线路,通常会受到季节、水域以及港口目的地旅游吸引物等因素的影响。邮轮航线对于邮轮旅游产品能否吸引客源也会产生很大的影响。任何一个邮轮旅游航次都要做好航线的规划,以此来满足旅游者对邮轮旅游产品的不同期待。

4.航行服务

航行服务是指在邮轮旅游全过程中为旅游者提供的服务内容、方式、态度、速度与效率等。不同邮轮公司的邮轮旅游产品其服务项目和服务内容不尽相同,同一艘邮轮,不同航次的服务也有可能不同,就算是同一艘邮轮,同一个航次,由于所购买的舱房类型不同,所体验到的服务也有可能不同。

第四节　邮轮旅游产品的特征

邮轮旅游产品与传统的旅游产品相比较,具有以下特征。

一、载体特殊性

与其他旅游产品不同的是邮轮旅游产品借助的载体是航行的邮轮,没有邮轮就没有邮轮旅游,邮轮旅游必须以邮轮为载体才能实现。

二、服务整体性

邮轮涵盖了旅游吃、住、行、游、购、娱六大要素中的所有要素。它可以将游客从一个港口,带到另一个港口,实现行的需求;也能为客人提供舒适的客房供客人休息,满足客人住的需求;还能为客人提供丰富的美食,满足客人吃的需求。邮轮免税店为客人准备了琳琅满目的商品,能充分满足客人购物的需求;邮轮上丰富的休闲娱乐设施和各式各样的娱乐活动,能满足不同年龄段的客人的娱乐需求;邮轮航行于浩瀚的大海,途经的每一处风景,经历的每一个日出、日落都能带给客人愉悦的心情,邮轮靠岸后,客人还可以上岸饱览当地的美景,品尝当地的美食,了解当地的民俗文化,完美地实现游的需求。

三、休闲娱乐性

邮轮是当下最受欢迎的轻松度假方式之一,一般都有非常丰富的娱乐活动,包含影剧院、KTV、酒吧、免税店、泳池、餐厅、健身房、阅览室等。邮轮的舒适性较高,不仅免除了陆上的舟车劳顿,还能享受无限娱乐设施和美食供应。现在越来越多的新邮轮都配备了很多惊险刺激的休闲娱乐设施,例如:冲浪等,无疑成为青年一代的重要卖点。

四、文化体验性

邮轮具有高度的文化体验性。邮轮旅游是高度国际化、全球化的新兴旅游产品,不同区域的邮轮反映出不同区域的文化特征,可以有效地促进不同区域文化的传播。

歌诗达邮轮始于1860年的意大利,传承浪漫的意式风情。"赛琳娜号"邮轮被誉为"海上古罗马之城",像一座漂浮在海上的梦幻宫殿,全船采用独特的古罗马装修风格,以富丽恢弘的内饰设计和精致细节完美还原古罗马神话传说,为游客们打造出充满欧式浪漫氛围和深厚文化渊源的"海上古罗马之城"。置身这座漂浮于海上的梦幻宫殿,邮轮的每一处都如同对古罗马文明及欧式艺术的礼赞。歌诗达邮轮"幸运号"被誉为"海上博物馆",在这里可以在米开朗琪罗1965餐厅与大卫相遇,在拉斐尔1965餐厅倾听解读《圣母》的故事,了解意大利邮轮辉煌的航海史,观赏原厂铸造的船模以及巨幅马赛克壁画。每层甲板都以往日和今日著名的港口城市命名,而所有名字中标注了年份的公共场所,都是为了纪念当年首航的明星邮轮。哥伦布 1954 自助餐厅则将美食与邮轮历史完美融合在一起。

五、外交属性

邮轮被誉为"小联合国",具有高度的国际性和文化融合性,为促进文化外交提供了重要平台。而旅游本身也具有外交的属性,它从外交边缘走向外交前沿,成为国家外交不可或缺的重要组成部分,成为塑造和传播国家形象,增进国际认同的重要途径,成为践行合作共赢的外交理念的重要方面。旅游外交已成为发出中国声音、讲好中国故事、加强与世界联系的重要平台和中国对外交往合作的重要内容。当今,在世界舞台上中国游客不断展现中国风采,向世界持续传递中国声音,为世界带去中国微笑。旅游是各国人民之间最直接、最真实的交流,是传播文明、交流文化、增进友谊、增强人民亲近感最好的方式。旅游外交作为国家外交的重要组成部分,更有弹性、更加灵活、更加根植于民众。充分发挥邮轮旅游产品的外交属性,尤其是各国互为母港的邮轮旅游产品。

2017 年 6 月,美国嘉年华邮轮集团旗下公主邮轮首艘专为中国市场量身定制的邮轮"盛世公主号"途经希腊、约旦、阿拉伯联合酋长国、印度、斯里兰卡、新加坡等国重要港口,并选择古代海上丝绸之路的重要港口,在经过 37 天的"海上丝绸之旅"航行后,26 日抵达中国厦门,结束其"沿海上丝路,讲中国故事"文化交流活动,有力地促进旅游外交的发展。

2018 年 3 月 22 日,歌诗达邮轮"新浪漫号"从厦门国际邮轮母港起航,并启动"海丝路闽南情——中国厦门文化旅游汇"。它作为我国首个以邮轮为载体的"一带一路"文化艺术交流推广活动,以进港演出为主要形式,在马尼拉、文莱、沙巴等地进行文化艺术交流推广。

第五节　邮轮旅游产品的价格

邮轮旅游产品的价格通常反映了邮轮旅游产品的质量,往往也决定着邮轮旅游产品能否被市场接收。一般而言,邮轮旅游产品的价格以航次为单位进行报价。从供给者的角度来讲,邮轮旅游产品价格的高低取决于邮轮航次成本、邮轮航次税费以及邮轮航次利润三部分。从购买者的角度来讲,邮轮旅游产品的价格通常包含船票费、港务费、燃油费、服务费、岸上观光费、护照签证费、保险费、领队费、往返港口的交通费以及船上部分项目收费等。

一、船票费

船票费是游客对于某一邮轮旅游航次的基本费用支出,一般包含邮轮上的住宿费、指定餐厅膳食费用、指定船上设施和娱乐活动费用。游客购买邮轮船票后可以享受邮轮旅游过程中的免费的餐饮以及娱乐体验,但是并非所有的邮轮服务项目都包含在船票之内。另外,不同的舱房类型,会导致船票价格差别甚远。

二、港务费

港务费是邮轮进出港口和在港口停泊期间,因为使用港口水域、航道和停泊地点而向港口缴纳的费用。港务费通常按照船舶的总吨位或净吨位,进出港合并征收一次。游客在购买邮轮船票时一并支付港务费。邮轮航次中停靠的港口以及港口数量不同,游客支付的港务费也将不同。

三、燃油费

燃油费是成品油消费税产生的附加费,主要为促进节能减排、环境保护而设立,且实行公平负担。一些邮轮公司单独收取燃油费;另有一些邮轮公司的燃油费包含在船票价格之内,如果燃油费用上调,邮轮船票价格也会相应上调。以意大利歌诗达邮轮公司为例,如果燃油费增加幅度在10%以内,邮轮船票不会增加;如果燃油费增长幅度在10%以上,将以3%为基准开始进行成比例增加。

四、服务费

按照国际惯例,在邮轮上消费需要支付一定数额的服务费,或者也称为小费。服务费是在服务行业中顾客感谢服务人员的一种报酬方式,是一种约定俗成的文化现象。一些邮轮公司采取预付的方式,游客在支付船票费时一并支付小费;另外一些邮轮公司会在游客在船期间收取服务费。

五、岸上观光费

邮轮公司会在游客搭乘邮轮旅行途中安排岸上观光项目,有些已经包含在船票费用之中,有些已经在游客上船之前支付船票费用之时以包价的费用一并收取,但也有一些邮轮航次的岸上观光项目需要额外付费。或者游客不参加邮轮公司安排的免费岸上观光项目,也可以额外付费再选择新的线路。

六、护照签证费

邮轮旅游是一项出境旅游项目,需要办理护照以及目的地国家的签证。护照是一个国家的公民出入本国国境和到国外旅行或居留时,由本国发给的一种证明该公民国籍和身份的合法证件。签证是一个国家的主权机关在本国或外国公民所持有的护照或其他旅行证件上的签注、盖印,以表示允许其出入本国国境或者经过国境的手续,也可以表述为一个国家的出入境管理机构对外国公民表示批准入境所签发的一种文件。游客参加邮轮旅游,需自行承担办理护照及签证的费用。若游客以团队游形式购买邮轮旅游产品,通常将由组团旅行社代为办理相关签证,并收取一定的签证费用。

七、领队费

邮轮旅游代理商作为邮轮公司重要的产品分销合作伙伴,对于邮轮旅游航次产品的销售通常会采取团队的形式进行。尤其是在中国邮轮旅游市场中,为了保障游客有更加便捷的邮轮旅程,邮轮旅游代理商对于参团的邮轮游客会安排领队全程进行服务,游客在此情况下需要支付少额的领队费用。

八、保险费

游客参加邮轮旅游,可以支付少量合理的费用购买保险,以应对旅途中意外伤害、财务损失等突发事件。邮轮公司和邮轮旅游代理商在游客购买邮轮船票时,会给予游客购买邮轮旅游意外保险的建议,也有一些邮轮旅游代理商会将此项保险费用含在邮轮船票报价之内一并收取。

九、往返港口交通费

游客从居住城市前往港口城市登船,或者从港口城市下船之后返回居住城市,期间会产生相应的交通费用。一些邮轮公司会推出包价邮轮旅游产品以方便游客。前端包价邮轮旅游产品包含游客从家到登船港口的交通费用以及旅游费用。后端包价邮轮旅游产品包括抵达最终邮轮港口后游客所需要的旅游及返程交通费用。全包价邮轮旅游产品涵盖游客登船之前和登船之后所有的交通及旅游费用。

十、船上部分项目收费

邮轮上有部分服务项目是不包含在船票当中的,例如收费餐厅的用餐费、网络使用费、购物、医疗、美容等私人消费费用。游客上船后,可以根据自己的喜好,自由、自愿地选择性消费。而这部分消费,恰好是邮轮公司利润的主要来源。

第六节　邮轮旅游全过程

邮轮公司的业务核心是为旅游者提供邮轮旅游产品以获取经济效益,而邮轮旅游产品又以邮轮旅游航次作为具体的表现形态。为了进一步认知邮轮旅游产品,可以从邮轮航次预订、邮轮港口登船以及邮轮航行途中体验来考察邮轮旅游航次消费全过程。

一、邮轮旅游产品预订

(一)邮轮旅游产品的选择

基于邮轮旅游产品的构成要素,游客在选择邮轮旅游航次时也会从航行时间、航行线路、航行船只、舱房类型等方面进行考虑。

首先,确定航行时间。从邮轮公司的角度来讲,一般会根据自身船队状况、当年市场状况以及对未来市场的研判来提前拟订下一年的航次计划并且对外发布。从游客的角度来讲,可以充分考虑自己的闲暇时间和经济承受能力来提前进行旅游计划的拟订。部分游客可能会提前半年至一年计划自己的邮轮假期,而更多的游客则会在航次开始之前3个月至半年确定邮轮旅行计划,明确可能出行的时间。

其次,确定航行线路。除了确定航行时间之外,制订邮轮旅行计划时还必须要考虑航行线路。虽然邮轮即是目的地,但是很多游客对于邮轮靠泊的港口目的地也非常关注。选择航行线路时,要考虑航行线路的长短,初次参加邮轮旅游者建议选择较短的航线,经验丰富的邮轮旅游者可以选择较长的航线。此外,还要考虑靠港目的地入境手续办理的便捷性,以免在航次预订之后因为出入境证件问题而造成预订取消。

再次,选择航行船只。虽然市场上运营的邮轮多种多样,奢华档次各有不同,但对于旅游者来讲,最适合的邮轮才是最好的邮轮。各大邮轮品牌在经营时有不同的市场定位,面向的顾客群体也有所不同,比如美国皇家加勒比游轮公司旗下船只大而梦幻,充满了科技感,意大利歌诗达邮轮公司旗下船只充满了意大利式的浪漫艺术气息,而世界首个卡通主题邮轮迪斯尼邮轮则非常适合带小孩儿的游客。游客需要充分了解不同航行船只的经营特色及其差异性,以便在旅途中获得最佳的邮轮旅游度假体验。

最后,选择舱房。同一航次上,不同类型的舱房,价格可能相差甚远。从游客的角度来讲,需要充分考虑自己的经济承受能力来选择不同类型的舱房。通常内舱房的价格最便宜,性价比最高,而阳台房由于视野开阔,并且能够呼吸到新鲜的空气,因此也颇受消费者喜爱。内舱房和阳台房这两种类型的舱房在邮轮旅游市场当中是最受欢迎的。

另外,对于初次购买或有意向购买邮轮旅游产品的游客来说,当他们初步确定邮轮旅游航次之后,会着重关注邮轮航次提供的活动与服务。为了让游客更加直观地了解现代邮轮的构造与布局,明确邮轮上客舱类型以及其他设施的具体位置,邮轮公司会向游客提供邮轮的甲板分布图或者船舱透视图。一些邮轮公司还会采用更加先进的技术,向游客展示邮轮的360度全景图,让游客虚拟进行趣味盎然、鲜活体验的邮轮之旅,从而达成购买意向。

（二）证件办理

如前所述,邮轮旅游是出境旅游,需要办理护照、签证等相关证件。游客根据预定航次去往目的地国家的不同,自行办理护照和签证,或者委托旅行社等机构代办。

1.护照与签证

中国的护照分为外交护照、公务护照和普通护照,普通护照又分为因公普通护照和因私普通护照。因私普通护照发给定居、探亲、访友、自费留学、就业、旅游和其他因私人事务出国和定居国外的中国公民。普通护照由中华人民共和国公安部负责签发。公民因私出国,由本人向户籍所在地的县级以上地方人民政府公安机关出入境管理机构申请普通护照。

护照是持有者的国籍和身份证明,签证则是主权国家准许外国公民或者本国公民出入境或者经过国境的许可证明。签证一般都签注在护照上,有的还颁发另纸签证。签证一般来说必须与护照同时使用方有效力。签证具有有效期,是指从签证签发之日起到以后的一段时间内准许持有者入境的时间期限,超过这一期限,该签证就是无效签证。一般国家发给3个月有效的入境签证,也有的国家发给1个月有效的入境签证。

随着国际关系和各国旅游事业的不断发展,为了便利各国公民之间的友好往来,许多国家的签证制度越来越趋于简化。免签是从一个国家或者地区到另外一个国家或地区不需要申请签证,有互免签证和单方面免签证两种方式。落地签是不用在出发前申请目的地国签证,而是到该国口岸后再当场办理签证。

2.港澳台通行证

港澳通行证全称中华人民共和国往来港澳通行证,是由中华人民共和国公安部出入境管理局签发给中国内地居民因私往来香港或澳门地区旅游、探亲、从事商务、培训、就业、留学等非公务活动的旅行证件。港澳通行证需要与签注一并使用,签注分为探亲签注、商务签注、团队旅游签注、个人旅游签注、其他签注和逗留签注。持证人需要在往来港澳通行证和签注有效期内,按照规定的次数和停留时限往来香港或者澳门,港澳通行证有效期为10年。

台湾通行证全称大陆居民往来台湾通行证,是中华人民共和国公安部发给大陆居民前往台湾地区的通行证件。台湾通行证有效期为10年。

（三）船票合同

航次预订过程中的重要环节是船票合同的签订。游客充分了解航次情况之后,可以支付预付款或者全款以确保舱位,并且签订相应的船票合同。一般而言,客船船票是旅客运输合同成立的凭证,旅客和承运人买卖船票后合同即成立。船票载有多项基本内容,包括承运人名称、船名、航次、启运港、到达港、舱室等级、票价、乘船日期、开船时间和上船地点等。游客预定邮轮航次之后,邮轮公司与游客签署邮轮船票合同,标示具体的服务条款。采取旅行社包销模式进行销售的邮轮航次,邮轮船票费用与岸上游费用、签证费用、领队费用等以包价的形式收取,旅行社与游客还会签署出境旅游合同,并且向游客提供出团通知书告知相应的出游事项。

二、邮轮港口登船

游客在邮轮航线的始发港登船,需要提前抵达港口,进行一系列登船手续的办理。一般而言,港口登船过程依次为候船、通关和廊桥登船。

（一）候船

如果登船港口和居住地不在同一城市,需要提前预订好前往登船港口城市的机票或者火车票,在邮轮离港出发前提前抵达。部分游客会在登船港口做短暂停留,在港口城市观光游览,也要提前做好行程的规划和住宿安排。如果登船港口和居住地在同一城市,也需要在邮轮出发当天提前抵达港口。一般情况下,邮轮公司会在开船之前4~5小时为游客办理登船手续。候船时需要完成的事项有行李托运、安全检查和舱位确认等。

1.行李托运

游客抵达港口之后,可以先行办理行李托运。邮轮公司会在邮轮港口设置行李托运集中区,相关工作人员在行李托运集中区协助游客进行行李托运。托运行李之时,工作人员首先核对游客的身份信息以及预订舱位信息,然后在需要办理托运的行李之上系好专用的行李标签,统一安排运送。行李在经过X光机安检、海关及检验检疫的查验要求之后,会借助码头装卸设备运输到邮轮之上,再由邮轮上的乘务人员根据行李标签上的舱房信息送至每间客舱或者每间客舱门口。

游客如果在开航之后两个小时没有取到行李,可以前往邮轮前台进行咨询和查找。一些行李在运送过程中,出现行李标签脱落而无法送达游客之时,一般会被送至邮轮前台等候认领。游客在托运行李之时,还需要将贵重物品、出行文件、常用药物等随身携带。如果不需要托运行李,则可以直接进行安全检查进入候船大厅。

2.安全检查

游客进入候船大厅之时,需要在入口处接受安全检查。安全检查是保障邮轮运输和游客生命财产安全的重要措施,主要任务是禁止游客携带危险品或者在行李、包裹中夹带危险品进入候船大厅和登船。在我国,危险品种类及品名以国家交通运输部发布的《危险品货物运输规则》《危险货物品名表》以及国务院、公安部有关枪支、管制刀具管理规定为准,主要指容易引起爆炸、燃烧、腐蚀、毒害或者有放射性的物品和枪支、管制刀具等可能危害公共安全的物品。安全检查的方式主要包括仪器查验和人工开包检查两种类型。

3.舱位确认

游客进入候船大厅,需要携带护照、船票合同等相关文件在所乘邮轮的办票柜台进行舱位确认,领取邮轮登船卡(Sea Pass)。登船卡既是游客上下船的身份卡,又是邮轮上客舱房门的钥匙卡,还可以是邮轮上消费的记账卡,卡面上一般会有游客姓名、邮轮名称、邮轮出发日期等内容。游客将个人的登船卡与信用卡关联之后,登船卡即可作为消费卡使用。领取完登船卡之后,游客即可在候船大厅等候上船。

随着信息技术的发展以及相关政策法规的完善,邮轮公司也会采取一些先进的手段来简化此项流程。以美国皇家加勒比游轮公司为例,在中国母港运营的海洋量子号(Quantum of the Seas)邮轮可以实现"在线值船",这也将会是未来邮轮船票发展的重要趋势。

(二)通关

邮轮旅游是出境旅游,需要依次完成出入境检验检疫、海关检查、边防检查等各项手续。按照相关规定,邮轮公司需要在全体游客完成登船之后,在起航前60分钟提交起航清单,完成清关手续,故而游客需要在邮轮起航前90分钟左右完成通关手续并登上邮轮。

1.检验检疫

出入境检验检疫主要是对出入境的货物、人员、交通工具、集装箱、行李邮包等进行检查,以保障人员、动植物安全卫生和商品的质量。

游客乘坐邮轮旅行出入境时,需要配合检验检疫部门做好健康申报和禁止携带物品申报。游客有发热等情况时需要主动口头向检疫官员申报,接受检验检疫;当国内外发生重大传染病疫情时,需要如实填写相关的检疫申明卡;不携带国家禁止携带、邮寄出境的动植物及其产品。

2.海关检查

海关检查是对出入境的货物、邮递物品、行李物品、货币、金银、证券和运输工具等进行监督检查和征收关税的一项国家行政管理活动。海关检查是为了维护国家主权和利益、保护本国经济发展、查禁走私和违章案件、防止沾染病毒菌的物品入境而采取的检查措施。

根据《中华人民共和国海关法》和《中华人民共和国海关对出入境旅客行李物品监管办法》的规定,进出境旅客的行李物品必须通过设有海关的地点进出境,主动接受海关监管并按规定向海关申报。海关设立申报通道和无申报通道,进出境旅客根据海关现场公告规定选走相应通道。

3.边防检查

边防检查是为了保护国家主权和安全而对出入国境的人员等进行的检查,主要包括护照检查、证件检查、签证检查、出入境登记卡检查、行李物品检查、交通运输工具检查等。

对于搭乘邮轮出游的游客来讲,需要准备好有效出境入境证件、前往国签证、登船凭证等相关证件及材料,并在接受边防检查时主动出示。出境检查通道除一般通道外,还包括特别通道、自助查验通道等。符合自助通关条件的,可以使用自助通道。上海、天津等邮轮口岸为了便利游客,均启用了边检自助查验通道,游客只需要刷护照按指纹就可以通关,大大缩短了上船之前排队等候的时间,提升了通关速度和效率。

（三）登船

游客办理完一系列通关手续之后,可以按照联检大厅标志信息的指引前往廊桥登船。

在游客登船的过程中,船方工作人员会对游客表示欢迎,同时收取游客的护照进行统一保管,以便向不同港口机构出示。同时,船方工作人员还会对游客逐一进行登船卡信息照拍摄,游客在相应设备刷登船卡登船,正式开始海上观光之旅。

三、邮轮航行途中

游客完成登船过程进入邮轮,一般会来到船的中庭位置。根据这一公共区域标识牌的楼层提示,游客可自行找到在邮轮假期中所入住的客舱。在邮轮开船之前,游客需要完成安全演习;在航行途中,游客可享受惬意的海上慢生活;在港口观光,可以欣赏到异地的美景;在离船时,也能获得船方工作人员的有序协助。

（一）安全演习

邮轮在每一个航次启航之前,均会进行紧急救生演习,每一位登船游客必须参加。船方通过反复广播和紧急报警信号召集游客,游客需要按照邮轮登船卡上标示的紧急集合地点编号前往紧急集合地点。此时船上的一切服务设施将会停用,邮轮工作人员向游客演示在紧急事件发生后救生衣的穿戴办法以及安全要领等。一些邮轮还会通过集中播放安全视频的方式为游客介绍更加详细的安全知识。

（二）海上巡游

邮轮在海上巡游期间,游客可以充分享受悠闲的海上假期。邮轮会为游客提供活动日报,比如歌诗达邮轮上的《TODAY》、皇家加勒比游轮上的《航程指南》等。在活动日报上,会详细告知游客每日天气情况、场所位置、活动安排、注意事项等。游客仔细阅读活动日报,可以合理安排好每天丰富多彩的邮轮活动,同时知悉邮轮上的各项安全规定,尽情享受海上的美好时光。活动日报由客舱乘务员提前放置在每间客舱,在邮轮前台可以免费取阅。

（三）岸上观光

岸上观光是邮轮假期的重要组成部分,绝大多数邮轮会在航次中停靠一个或多个港口。除具有不良出境记录或者受国家相关规定限制的人群不得下船参加岸上观光之外,邮轮游客皆可以参加停靠港岸上观光活动。

1. 岸上观光活动内容

邮轮在港口目的地靠泊,游客可以参加丰富多彩的岸上观光活动。常见的岸上观光活动有观光、购物、文化活动、体育活动、亲水活动、探险活动等。

①观光类活动。在停靠港游览旅游景点,观赏自然和人文风光等。

②购物类活动。在停靠港购买特色商品或者免税商品等。

③文化类活动。在停靠港观看精彩演出、参加节庆活动等。

④体育类活动。在停靠港进行滨海体育休闲运动或者举办赛事等。

⑤亲水类活动。在停靠港进行海边亲水娱乐体验等。

⑥探险类活动。在停靠港体验旷野历险,感受神秘丛林、星空帐篷或者冰雪之旅等。

2.岸上观光活动方式

邮轮在港口目的地靠泊,并非所有游客必须下岸观光。游客可以选择继续留在船上活动,可以选择参加旅行社组织的岸上观光游玩,可以选择参加邮轮公司组织的岸上观光活动,还可以进行岸上自由行活动。

①留在船上自由活动。一些游客更愿意享受邮轮上的惬意生活,故而可以不参加岸上观光活动,继续留在船上。另有一些年龄较长或者年龄较小的游客也会选择留在船上。

②参加邮轮公司组织的岸上活动。游客登船之后可以预定邮轮上提供的经典岸上游线路,在邮轮公司的组织下参加岸上观光活动。

③参加旅行社组织的岸上活动。在旅行社提供包价邮轮旅游产品的情况下,岸上观光活动的组织由旅行社来进行。

④岸上自由行活动。这是游客自行选择岸上活动项目的一种方式。

游客在岸上观光之时,可能会购买很多当地的特色商品。但是为了游客和船员的健康与安全,游客购买的酒类、刀具类等不允许在邮轮上携带,而是在结束岸上观光行程登船时交由船方保管,船方在整个航程结束之后归还游客。下岸观光要留有充分的时间回船,以免误船事件的发生。

【知识链接】

邮轮岸上观光自由行

自由行与团体旅游相比,是一种更加随意的自助旅游方式。游客可以根据时间、兴趣和经济情况自由选择希望游览的景点,具有很大的自由度。

2016年4月19日,携程旅游网与日本福冈港湾局共同举行"携程邮轮自由行"发布会,在国内首创"邮轮自由行"出行方式,游客乘坐邮轮出行从船上到岸上都可以畅享自由旅程。

海上巡游和岸上观光是邮轮旅游不可或缺的重要组成部分,目的地观光被很多游客所看重。邮轮旅游在中国市场兴起之后,岸上观光基本都是以团队的形式开展,容易造成游览行程单一、购物店人满为患等情况,与邮轮旅游休闲、放松的氛围并不吻合。携程旅游网以日本福冈为试点,为游客提供岸上观光自由行的解决方案,安排穿梭巴士由码头送客人至繁华的市中心,贴心提供导游图册以及商家联合折扣卡等,并且备有紧急联络信息,游客在指定时间、地点搭乘车辆回船即可。这种岸上观光自由行的方式,可以使游客有更加充足的活动时间和空间,完全根据个人偏好安排好各自的岸上时间。

(四)办理离船

邮轮旅游行程结束,游客可以根据船上广播或者船上活动日报的通知在离船前一天取回船方代为保管的护照,同时办理好相应离船手续,收拾好个人行李物品为离船做好准备。

行李物品如果需要托运,可在行李牌上写清楚姓名、客舱号码、电话号码,并将行李牌在行李箱上系牢。离船前一晚,游客可将行李放置于客舱走廊,船方工作人员连夜进行行李物品的分类整理,邮轮靠港之后会及时借助码头装卸设备优先进行行李的装卸作业,并将行李送至港口联检大楼的行李领取处等候游客提取。

　　邮轮上游客众多,为了保障离船有序,游客需要在邮轮靠港之后分批次进行离船。船方工作人员通知游客离船时间,游客前往指定的离船等候区,按照先后顺序在工作人员的引领下前往离船通道。在离船等候期间,可以提前完成报关登记表等检查文件。有其他既定行程或者需要搭乘航班的游客可以申请优先离船。

　　游客离船后进入联检大厅,经过检验检疫、边防检查等通关手续,在行李领取处提取行李,再进入海关检查区域进行申报并接受海关对行李物品的检查,之后便可以出联检大厅离港,邮轮行程结束。

【课后思考题】

　　1.什么是邮轮旅游产品?

　　2.根据不同的分类方法邮轮旅游产品将分为哪些不同的类型?

　　3.从实际经营层面邮轮旅游产品由哪些部分构成?

　　4.邮轮旅游产品有哪些特征?

　　5.邮轮旅游产品价格包括哪些部分?

【推荐阅读】

　　[1]张琳.养老服务与老年人邮轮旅游融合发展策略[J].市场周刊,2022,35(1):75-77.

　　[2]刘艳.邮轮运营管理[M].北京:化学工业出版社,2018:55-62.

　　[3]"上海国际邮轮旅游人才培训基地"教材编委会.国际邮轮产品运营和服务规范[M].北京:中国旅游出版社,2017.

　　[4]李珊英.基于网络文本的邮轮旅游吸引力提升研究[J].旅游纵览,2021(22):35-37,41.

　　[5]李瑞雪,张言庆.测度、预测和解释邮轮旅游产品的偏好——基于脑电(EEG)数据分析[J].青岛职业技术学院学报,2021,34(2):72-77.

第五章　邮轮旅游市场

　　2019—2020年,在新冠疫情前,尽管世界经济运行风险和不确定性显著上升,但全球邮轮旅游市场规模保持稳健增长,国际邮轮协会(CLIA)对邮轮旅游市场的发展前景持乐观态度,认为国际邮轮市场具有良好的发展前景和市场潜力,预测2020年全球邮轮市场游客将达到3 200万人次规模,2025年预计达到3 760万人次。北美地区依然是全球最大邮轮市场;加勒比海地区邮轮游客量将继续保持邮轮目的地世界第一。亚洲已成为全球经济增长最快的地区,为邮轮经济发展提供了更加坚实的基础和发展潜力,并且未来具备较大的增长空间,正在成为全球邮轮市场最具发展潜力的重要板块。随着新冠疫情的全球蔓延,全球邮轮行业经历百年未遇危机,邮轮市场受到重创,亚太、北美、欧洲等三大邮轮市场先后停摆,邮轮业是受到公共卫生危机影响最大的行业之一,加速了世界邮轮格局的变化。中国是全球最大的邮轮新兴市场和全球第二大邮轮客源国,虽然受到新冠疫情的影响,全球邮轮界依然普遍看好疫情后的中国前景、中国机遇和中国发展潜力。

> 【学习目标】
> 　　理解:世界邮轮市场的发展阶段;中国邮轮旅游的发展历程
> 　　熟悉:世界邮轮市场未来趋势;中国邮轮旅游发展面临的挑战
> 　　掌握:世界邮轮发展的特征;中国邮轮旅游发展趋势

【开篇导读】

CLIA:2020年邮轮客运量将达3 200万人次,呈现6大趋势

　　据国际邮轮协会(CLIA)预测,2020年全球远洋邮轮的客运量将增加至3 200万人次,而该数据在2019年是3 000万人次,在2018年是2 820万人次,平均增幅在6%~7%。

　　CLIA在2020年展望报告中表示:"为了满足不断增长的需求,全球邮轮公司计划在来年推出19艘全新邮轮,到2020年底,全球预计将有278艘邮轮开展远洋航线的运营。"

　　此外,CLIA还表示,2020年全球邮轮行业将迎来六大趋势:

　　1.环保及可持续发展

　　开发和使用新技术,选择更清洁燃料是邮轮行业的一项首要任务,全球邮轮公司将继续

在减少环境污染方面进行大量投资。CLIA 最新报告显示,整个行业在创新实践方面取得了重大进展,而且还将继续探索提高效率的新方法,包括:

- 液化天然气(LNG)——未来有 44% 的新造邮轮将依赖 LNG 燃料作为主要动力;
- 废气净化系统(ECGS)——目前全球有 68% 的邮轮使用 EGCS 系统,未来有 75% 的非液化天然气新船将使用 EGCS 系统;
- 升级废水处理系统——全球 100% 的新邮轮将提升废水处理系统标准;
- 岸电系统——全球 88% 的新造邮轮将配置岸电系统;
- 其他环保创新——电池推进系统、升级环保回收系统、减少塑料产品使用、节能照明系统、太阳能动力系统、燃料电池系统等。

2.旅游目的地管理

随着邮轮行业需求的不断增长,邮轮公司将加强与旅游目的地的合作。邮轮行业将与当地社区合作,探索新的有创意的方法来管理游客流量,并制定和实施更高要求的旅游服务标准,包括:

- 加强与旅游目的地政府的伙伴合作关系;
- 错峰抵港及离港,提升邮轮码头作业效率;
- 提供更多游览项目和目的地;
- 强化使用目的地码头岸电设施;
- 优化邮轮乘客在当地支出项目。

3.宿船或上岸

邮轮行业的相关调查显示,越来越多的邮轮游客选择在邮轮港口及附近逗留。事实上,65% 的邮轮乘客愿意在出发港或到达港的城市里多待几天。

4.控制一次性塑料使用

邮轮旅行者将会把可持续发展的观念带到远洋邮轮上面。研究发现,全球有超过 80% 的邮轮乘客在旅行时回收利用塑料(82%),减少使用一次性塑料(80%),因此有 70% 的远洋邮轮宣布禁止提供塑料吸管。

5.积极的探险态度

近年来,各个年龄段对于出海巡游和探索未知目的地的态度更加积极。与两年前相比,超过 66% 的 X 一代和 71% 的千禧一代对邮轮旅游持有更积极的态度。

6.单身邮轮行

由于全球范围的结婚率在下降,因此单身成年人的数量在不断增长。为此,邮轮公司通过提供单人舱、单人活动、单人休息室、取消单人差价等方式,来应对邮轮乘客在人口结构方面的变化。

7.短线产品多

邮轮旅行的航线天数一直根据市场在调整,由于许多旅行者都在寻找较短的邮轮航线,因此,各大邮轮公司均推出了 3~5 天的短途邮轮服务,当然也减少了旅游目的地的数量。

短航线产品在中国市场司空见惯,纵观十年来的中国邮轮发展历程,可以发现从中国母港出发的邮轮产品基本上都是 3~5 晚的产品。专家认为,这主要受制于多种因素。

（1）中国人的假期普遍较短；

（2）地缘格局决定了日本游为主力航线；

（3）周边码头接待大型邮轮的能力受限；

（4）家庭出行拖家带口，长途旅行成本过高；

（5）切舱模式导致邮轮公司要迎合旅行社需求。

因此，长航线如果在中国要成为主流，一方面来自于中国人的总体收入水平进一步提升，这可能还需要 10 年的时间。另一方面，需要东方文化具有足够的吸引力，需要中国登离船更加方便，吸引更多外国人来华乘坐邮轮。

资料来源：德信国际，2019-12-22.

阅读思考：你从国际邮轮协会 CLIA 发布的 2020 年邮轮业发展前景报告中得到了哪些邮轮产业政策的制定依据？

第一节　世界邮轮旅游市场

一、世界邮轮旅游市场的发展阶段

世界邮轮旅游业的发展，大致经历 4 个阶段，每一阶段的发展取决于不同的邮轮航线、目标市场以及经营区域的具体状况。

（一）过渡萌芽期

20 世纪 60 年代末至 70 年代初是邮轮产业的萌芽阶段。这一阶段，人们对邮轮旅游知之甚少。20 世纪 60 年代初期往返美欧大陆之间的跨大西洋客运班轮每年的客运量超过 100 万，70 年代初便急剧下降到每年 25 万左右。原来的客运班轮经营商迫于经营压力，不得不寻找新的经营方式。20 世纪 70 年代是邮轮经营的痛苦转型时期，班轮公司正尝试由服务提供商的角色向提供邮轮设施及服务转变。但客运班轮本身并不一定适合开展新型的邮轮旅游休闲服务，其过渡还面临很多的障碍，如没有空调、不舒适的三等舱以及甲板上下缺乏公共空间等。

（二）诞生引进期

20 世纪 70 年代至 80 年代是真正意义上邮轮产业的诞生阶段，邮轮旅游产品所包含的内容也具备了今天的雏形。1966 年秋天，经营总部设在美国迈阿密的挪威加勒比邮轮公司（Norwegian Caribbean Line，后改名为 Norwegian Cruise Line，NCL）的首艘完全以休闲旅游为服务功能的向日号（Sunward）邮轮正式投入运营，标志着现代邮轮产业的诞生。NCL 公司创始人克罗斯特（Kloster）的成功经营理念很快被邮轮业界接受，许多经营者陆续进入邮轮市场。

在这一阶段，人们对邮轮有了一定的了解。当时邮轮目标市场以本国游客为主，航线观光也是以本国观光地为基本港，人们对邮轮的认识还局限在其豪华的外观、内部设施以及高昂的旅游费用方面。这一时期，挪威（Norwegian）邮轮、皇家加勒比（Royal Caribbean）游轮、嘉年华（Carnival）以及半岛东方（P&O）邮轮等公司相继组建各自的邮轮船队，开始涉足邮轮旅游。20 世纪 70 年代早期,邮轮巡游已不再仅仅具有航运的概念,而发展成为休闲产业的一个有机组成部分。

20 世纪 60 年代晚期出现了将空中飞行和海上航行合二为一的"飞机+邮轮"的旅行模式。这一模式进一步推动了邮轮旅游产业的发展。由于团体包机服务可以将机票价格降低到合理的水平,飞机和邮轮的结合极大地吸引了不喜欢海上长途旅行的年轻群体。

（三）成长开拓期

20 世纪 80 年代至 90 年代中期是邮轮产业的成长开拓期。这一阶段也是嘉年华邮轮公司快速发展壮大的时期。嘉年华公司主要以引进二手改装船的方式进入加勒比海市场的角逐,一方面采用强劲的"乐在阳光下"(fun in the sun)广告攻势,另一方面结合具有强大竞争力的价格策略,成功地开辟了青年消费市场。

这一时期,也是目前世界上规模最大的三大邮轮公司,即嘉年华邮轮、皇家加勒比游轮和丽星(Star)邮轮,在邮轮旅游行业奠定基础的重要时期。三大邮轮巨头均在欧美主流消费市场建立了各自的邮轮网络。与此同时,邮轮市场开始高度细分,提供的服务也不断丰富,市场得到拓展,人们对邮轮的需要逐渐增加。

20 世纪 80 年代是现代邮轮研发创新阶段,许多超豪华邮轮建成下水。

20 世纪 90 年代,是现代邮轮产业规模化发展阶段,邮轮产品日趋多样,游乐和休闲功能更加齐全,总注册吨位超过 10 万吨的巨型邮轮陆续投入使用。邮轮市场日渐成熟,世界邮轮旅游业快速扩张,到后期,世界邮轮游客年均达 800 万人次。

（四）繁荣成熟期

20 世纪 90 年代中晚期至今是邮轮公司的繁荣成熟期。1993 年,一向处于全球邮轮市场边缘的亚太区域也有了变化——马来西亚丽星邮轮集团成立。最初,丽星邮轮仅在新加坡和马来西亚提供邮轮旅游服务,不久之后的业务便扩展到整个亚太地区。2000 年之后丽星邮轮收购 NCL 和东方(Orient)邮轮品牌,正式进入欧美市场。

世界主要的邮轮公司都是以欧美市场为基础发展壮大起来的。随着世界邮轮产业的发展以及人们对邮轮旅游认识的逐渐深入,邮轮旅游在北美和欧洲逐渐成熟,由昔日只有上流社会享受的特定旅游时尚产品演变为中产阶级的大众休闲旅游活动(Mass Cruise)。

20 世纪 80 年代到 90 年代,北美和欧洲的邮轮市场形成了系统而稳定的市场结构,整个邮轮市场进入成熟期,呈现出较为繁荣的局面。

20 世纪以来,是现代邮轮业全面提升阶段。由于邮轮经济具有规模大、增长稳定、聚集性强的显著特点,邮轮旅游逐步成为沿海港口城市产业转型升级和城市功能提升的特色产业,成为推动海洋经济发展的新动能。据国际邮轮协会(CLIA)统计数据,2018 年全球邮轮游客量达到 2 850 万人次,同比增长 7%,高于国际邮轮协会(CLIA)最初预测的 2 820 万人次,增长速度超出预期。北美地区邮轮游客量达到 1 420 万人次,同比增长 9%,是全球最大的邮轮市场。其中,沿岸国最多的海域加勒比海地区凭借优良的港口资源、丰富的旅游资源、良好的气候等优势条件,一直是全球最为热门的邮轮旅游目的地,集聚着众多的邮轮品牌、丰富的邮轮航线和来源广泛的游客,2018 年该区域邮轮游客量达到 1 130 万人次,同比增长 6%,继续保持邮轮目的地世界第一的绝对优势地位;阿拉斯加邮轮旅客数量超过 100 万人次,同比增长 13%。亚洲地区邮轮旅客量增长了 5%,达到 420 万人次。地中海地区邮轮旅客量增长了 8%,超过 400 万人次。

二、世界邮轮旅游市场发展的特征

（一）全球邮轮旅游业持续快速增长

近年来，全球邮轮市场规模稳步增长，邮轮业界对邮轮市场的发展前景充满信心，2019年全球邮轮游客数量达到3 000万人次（图5-1）。据国际邮轮协会（CLIA）预测，按照正常发展，2025年将达到3 760万人次，具有良好发展前景和市场潜力，但市场规模增长将受到新冠疫情的影响。

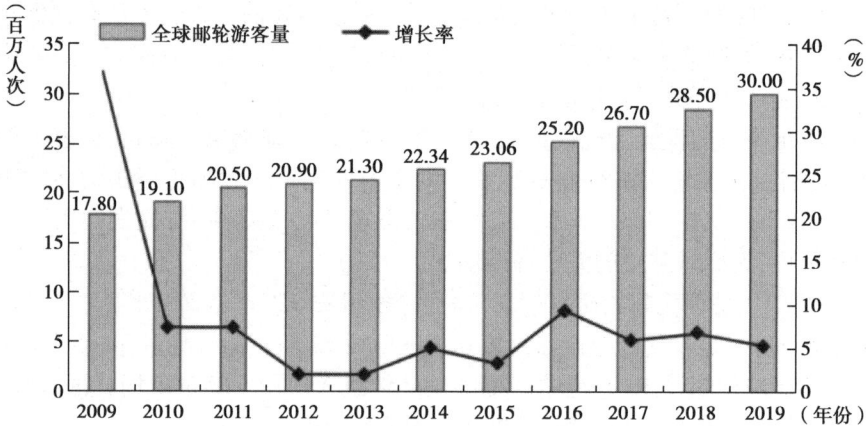

图 5-1　2009—2019 年全年邮轮游客量及增长率

资料来源：Cruise Lines International Association.

在新冠疫情之前，全球邮轮市场主要集聚在加勒比海、亚太地区、地中海、北欧及西欧、澳大利亚、阿拉斯加等区域（见图5-2），这六大区域占据85%的份额。加勒比海依然是全球邮轮市场最集聚的区域，游客量占据全球近40%的市场份额，2018年达到38.4%。亚太地区经济发展水平不断提升，为邮轮旅游在亚太地区的发展提供了很好的客源基础，具备较大的增长空间，游客量占据全球邮轮市场的份额从2013年的8%增长到2018年的15.1%，成为全球仅次于加勒比海的第二大邮轮市场。

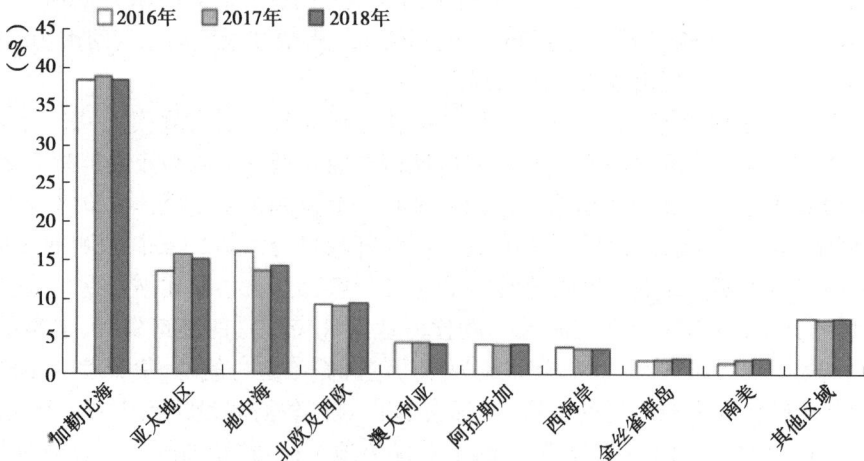

图 5-2　全球邮轮游客市场分布情况

资料来源：Cruise Lines International Association.

（二）全球邮轮运营船队规模显著扩大

当前,嘉年华集团、皇家加勒比游轮集团、诺唯真游轮集团、地中海邮轮集团、云顶邮轮集团是全球前五大邮轮运营集团。在世界邮轮市场格局方面,邮轮企业巨头掌控市场主导权,船队规模实力位居世界邮轮界前三的巨型邮轮企业占据世界邮轮市场份额的80%以上,船队规模宏大,除地中海邮轮集团以外均是采取多品牌战略,运营邮轮品牌多样,针对各个区域市场投放不同层次的邮轮品牌。2018年,全球在运营邮轮342艘,下铺客位量共计56.9万个,其中全球最大邮轮运营商嘉年华集团客位总量最大,市场占比达到43%,皇家加勒比游轮集团占比27%,诺唯真游轮集团占比达到9%,地中海邮轮集团占比达到8%,但随着地中海邮轮集团新船的不断兴建,地中海邮轮集团将有望成为全球第三大邮轮运营商,其国际影响力和地位将显著增强。2019年全球范围内新增24艘新船,增加4.24万个床位,总价值约为96亿美元,这是邮轮业史上新船交付量最多的一年。

随着全球邮轮市场的不断扩大,邮轮运营船队规模将进一步增加。预计到2027年,全球最大邮轮运营商嘉年华集团将拥有122艘邮轮,邮轮床位数达到31.94万个;皇家加勒比游轮集团将拥有60艘邮轮,床位总数将达到16.84万个;MSC地中海邮轮集团邮轮数量将达到24艘,床位数将达到8.96万个,成为全球第三大邮轮运营商;诺唯真游轮集团将拥有32艘邮轮,床位总数达到7.29万个;云顶邮轮集团邮轮总数将达到15艘,床位数将达到2.67万个。

（三）全球邮轮旅游产品创新持续增强

推动邮轮旅游产品创新,是提升市场吸引力的重要基础,是提升品牌价值的重要抓手。皇家加勒比游轮集团在2020—2021年推出7艘在2018年经十亿美元Royal Amplified现代化项目改造完成的邮轮,为各年龄段的游客带来各类新奇刺激的冒险旅程。集团基于对中国华北市场的深入洞悉,与德云社合作,联合打造"欢乐海洋笑的盛宴"系列主题航次,将现代化的邮轮设施与中国传统相声文化融合,从中国本土化的视角为游客提供别具匠心的多元化娱乐体验。皇家加勒比游轮集团还通过富有活力的产品及活动为多元家庭客群提供耳目一新的度假体验,与某早教品牌全方位跨界合作,打造海上童趣世界,与其联合推出了主题房间与主题航线,通过沉浸式的形象视觉效果与儿童互动体验为亲子家庭增添旅途趣味,通过使儿童成长与家庭度假完美结合,将中国的家庭亲子出行提升到新的高度。在将可可岛打造为全球领先的私属岛屿目的地后,皇家加勒比游轮集团最新私属岛屿目的地项目"莱莱帕岛完美假日"将落地有"南太平洋璀璨明珠"之称的瓦努阿图,将莱莱帕岛打造成为世界上首个实现碳中和的绿色私属游轮目的地。

诺唯真游轮集团将在私人岛屿大马镫岛推出全新海滨度假胜地,占地面积270英亩,拥有私人海滩,设有38幢海滨别墅、水疗中心、酒吧及餐厅。

在2021年超长环球航行计划中,大洋邮轮于2021年1月9日从迈阿密始发,在180天航期内跨越三大洋六大洲,涵盖44个国家和地区,中途停靠100个停靠港目的地,探访120余个联合国教科文组织世界遗产,总航程达到3.9万余海里。

公主邮轮推出全新的戏剧体验式影音秀《5-SKIES》,通过虚拟游戏世界、宏大壮观的数字特效、扣人心弦的杂技表演、构思精妙的舞台布景以及当代音乐,打造出炫目的视觉盛宴。

公主邮轮与 SES Network 进一步扩展网络连接合作,率先接入 SES 的革新型网络系统,将勋章假期体验推广至公主邮轮整个船队,利用中地球轨道和地球同步轨道混合的卫星网络,为邮轮实现全球覆盖的高性能连接。

MSC 地中海邮轮集团与太阳马戏团合作,在"传奇"级邮轮上的太阳马戏团海上驻场表演剧目都是非语言性的,以消除地理障碍、年龄差异,让每位观众都可参与其中,开创太阳马戏团海上表演的先河。该集团与某国际母婴用品专家展开跨界合作,将其系列优选产品带上全新的旗舰邮轮"荣耀号",打造 180 间 MSC 地中海荣耀号"宝宝房"。

(四)全球邮轮企业运营盈利能力显著提升

近年来,随着世界邮轮旅游市场的持续向好,全球五大邮轮运营集团盈利能力持续向好(见图 5-3)。2019 年嘉年华集团营业收入为 208.25 亿美元,同比上涨 10.3%,净利润为 29.9 亿美元,受燃料价格上升及汇率波动的影响,同比下跌 5.1%,净利润率为 14.4%。2019 年皇家加勒比游轮集团营业收入为 109.5 亿美元,同比增长 15.4%,净利润为 19.1 亿美元,同比增长 4.9%,净利润率为 17.4%。2019 年诺唯真游轮集团实现营业收入 64.6 亿美元,同比增长 6.6%,净利润 9.3 亿美元,同比下跌 2.1%,净利润率为 14.4%。2019 年地中海邮轮集团净利润为 4.05 亿欧元,运营收入为 32 亿欧元。息税折旧摊销前利润为 8.58 亿欧元,较上年增长 15.6%。

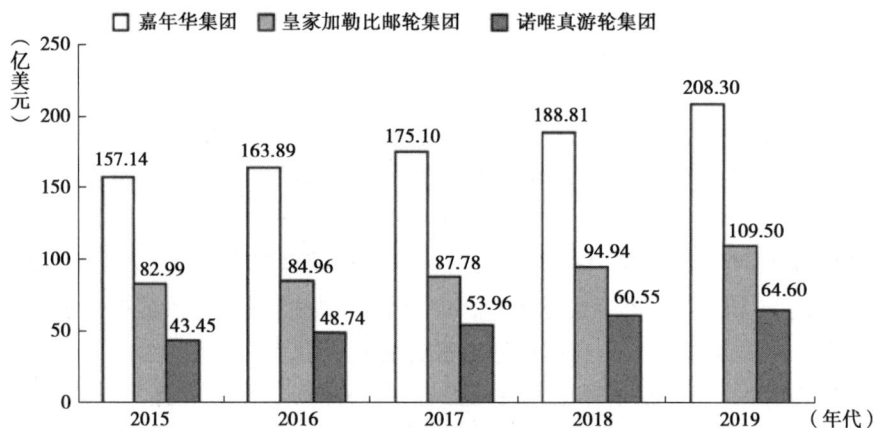

图 5-3　三大邮轮运营商总收入情况

资料来源:邮轮公司 2019 年财报.

(五)全球邮轮建造市场需求旺盛

近年来,全球邮轮建造市场保持供不应求的局面,并且这种局面在未来十年仍将持续。地中海航运集团与芬坎蒂尼船厂完成四艘高奢邮轮合同的最终签署,订单总价值超过 20 亿欧元,每艘的总吨位约为 6.4 万吨,拥有 481 间客舱,首艘高端奢华邮轮将于 2023 年春季完成交付,到 2026 年,其余三艘将会逐年投入使用。

2020 年 6 月,地中海在法国大西洋船厂法国圣纳泽尔船坞为"欧罗巴号"(World Europa)举行硬币仪式,这是地中海邮轮第一艘液化天然气动力邮轮,也是法国建造的第一艘液化天然气动力邮轮,运用固体氧化物燃料电池技术,应用以液化天然气为动力的燃料电池,总登记吨位 20.5 万吨,于 2022 年下水。2020 年 1 月 20 日,地中海邮轮与法国大西洋船厂宣布签署了建造第三艘和第四艘"世界级"液化天然气动力邮轮的正式协议,这两艘邮轮分别将于 2025 年和 2027 年完成交付,到 2027 年地中海邮轮将迎来 13 艘新型邮轮。

歌诗达邮轮集团投资超过 60 亿欧元积极开展船队扩张计划,预计在 2023 年前新增 7 艘新船,其中 5 艘为液化天然气驱动船只。公主邮轮"寻梦公主号"总吨位达 14.37 万吨,载客量为 3 660 人,正在意大利蒙法尔科内芬坎蒂尼船厂建造,于 2021 年 11 月投入运营。公主邮轮在意大利芬坎蒂尼集团建造两艘 17.5 万吨、载客量为 4 300 人的新一代液化天然气驱动邮轮,分别将于 2023 年和 2025 年交付,其将成为意大利有史以来建造的最大船舶。精致邮轮在法国大西洋船厂下单订造了第五艘边缘级(Edge)邮轮,这艘新船长 327 米、宽 39 米、总吨位达 14.06 万吨,预计将于 2024 年秋季交付,第三和第四艘边缘级(Edge)邮轮计划分别于 2021 年和 2022 年交付。皇家加勒比游轮集团于 2020—2027 年推出 19 艘新船,涉及旗下皇家加勒比国际游轮、精致邮轮、银海邮轮、途易邮轮等多个品牌,新船将带来 55 000 个床位,合计造价约 137.5 亿美元。

维京游轮第七艘邮轮"维京金星号"(Viking Venus)于 2021 年初在地中海和北欧地区开启首航。维珍邮轮第二艘"Valiant Lady"号于 2021 年 5 月下水,第三艘在 2022 年下水。2019 年 11 月,芬坎蒂尼船厂在荷兰马格拉港(威尼斯)为荷美邮轮"Ryndam"号举行龙骨铺设仪式,总吨位为 9.98 万吨,拥有 1 340 间舱房,于 2021 年交付。希腊天鹅公司(Swan Hellenic)重返邮轮业务,公司总部设在塞浦路斯,运营部门设在摩纳哥,由芬兰赫尔辛基造船厂建造的首艘邮轮于 2021 年 11 月交付并布局于南极洲,第二艘于 2022 年 4 月下水。

(六)全球邮轮建造厂盈利能力显著增强

目前,全球邮轮建造企业主要分布在欧洲的意大利、德国、芬兰、法国。欧洲邮轮修造技术水平处于世界绝对优势地位,具备成熟完整的邮轮修造供应链,为造船企业创造巨额的利润收益。德国迈尔船厂收购芬兰图库船厂后,世界邮轮建造领域形成"三足鼎立",分别为芬坎蒂尼集团、法国大西洋船厂、德国迈尔集团。它们是世界豪华邮轮的主要供应商,掌握了豪华邮轮建造的核心技术,拥有丰富的建造经验。若意大利芬坎蒂尼集团成功收购法国大西洋船厂,邮轮建造市场将被意大利和德国造船企业控制,全球邮轮建造市场垄断格局将进一步强化。

2019 年芬坎蒂尼集团接单量总计达到 28 艘,价值 86.92 亿欧元,其中新增邮轮订单为 13 艘,主要来自大洋邮轮、丽晶七海邮轮、维京游轮、地中海邮轮、公主邮轮、庞洛邮轮等六家邮轮公司,总价值约 60 亿欧元。截至 2019 年 12 月 31 日,芬坎蒂尼集团待交付的订单总金额约为 327 亿欧元,到 2027 年共有 98 艘新船等待交付,金额为 286 亿欧元,其他待交付的订单金额为 41 亿欧元。当前,德国迈尔船厂手持订单包括 9 艘豪华邮轮,其中有 7 艘为 LNG 动力邮轮,交付时间已经安排到 2023 年底。德国迈尔船厂耗资约 4 000 万欧元建设了一个现代化的物流中心,于 2021 年初完工。该中心的建成将提升物料运输效率并减少对外部储存设施的利用。

(七)全球邮轮翻修市场发展潜力巨大

根据国际邮轮运营惯例,每艘邮轮平均每 3 年进行一次坞修,周期平均 14 天,每艘大型邮轮的翻修改造成本为 1 000 万~5 000 万美元,主要是内装工程翻修。全球邮轮翻修业务主要集中在迈阿密、德国、巴哈马以及新加坡等地区。诺唯真投入5 000万美元对"喜悦号"进行全面翻新。嘉年华邮轮耗资2亿美元对船龄近20年的"凯旋号"邮轮进行为期2个月的更新改造，全面提升设施先进性，并改名为"日出号"，于2019年4月完成改造。皇家加勒比游轮集团斥资近1亿美元对"海洋航行者号"进行升级装修，2019年10月底在新加坡下水投入运营。邮轮升级后为游客带来很多全新设施与升级设施。地中海邮轮投资1.4亿美元对"华丽号"进行加长改装。2019年10月30日，歌诗达邮轮斥资5 500万美元翻新"新里维埃拉号"，改造后其将加入爱达邮轮船队。"大西洋号"邮轮在长崎港内的三菱重工业长崎造船厂维修。

2020年4月3日，星旅远洋邮轮"鼓浪屿号"前往舟山港维修，4月24日改造全面完成，改造后邮轮上的免税店跨越6~7层甲板，面积由原来的250平方米扩容至650平方米；升级剧院音响、舞台设备以增强演绎效果；健身房铺设专用减震地板，合理布局训练室，使用体育运动高级地垫，升级13楼跑道，为游客提供晨练体验；全面更新10楼阳台房的阳台地板；完成对12楼水花吧的吧台、椅子、扶手等的打磨油漆升级。另外，特别增设了优先登离船、贵宾私人导购、专属管家、免费Wi-Fi、独立私密的用餐区等套房客人定制专属礼遇。蓝梦邮轮"蓝梦之星号"于2020年6月1日抵达舟山中远海运重工进行改造升级工程，这是舟山中远海运重工承接的第7艘次豪华邮轮修理项目，主要涉及主机辅机检修保养、全船油漆及公共区域升级改造等。

三、亚洲邮轮旅游市场发展形势分析

（一）亚洲邮轮旅游市场规模稳健增长

根据国际邮轮协会（CLIA）数据，2018年亚洲邮轮市场规模达到434万人次（见图5-4）。中国大陆地区邮轮客源占亚洲市场的比重从上年的59.3%下降为55.8%，但依然占据亚洲邮轮客源市场的半壁江山。中国台湾以9.3%的份额依然保持亚洲第二大邮轮客源市场的位置，中国香港邮轮市场份额有显著提升，从2016年的3.8%增长到2018年的5.9%，印度市场份额由4.4%增长到5.2%，也有较大涨幅的增长（见图5-5）。

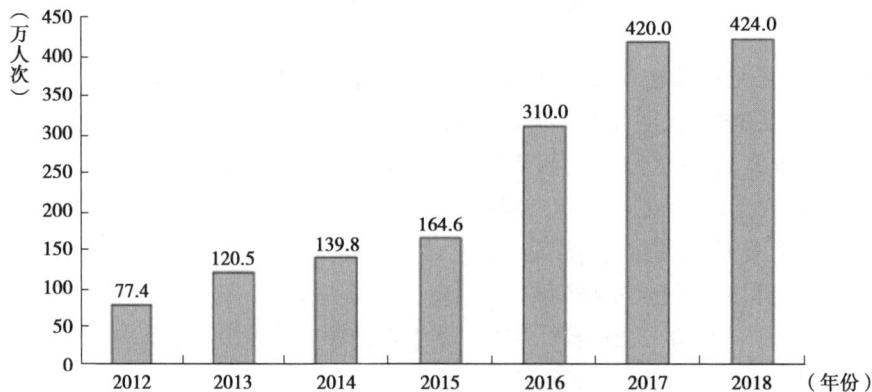

图5-4　亚洲邮轮市场客源量变化

资料来源：Cruise Lines International Association.

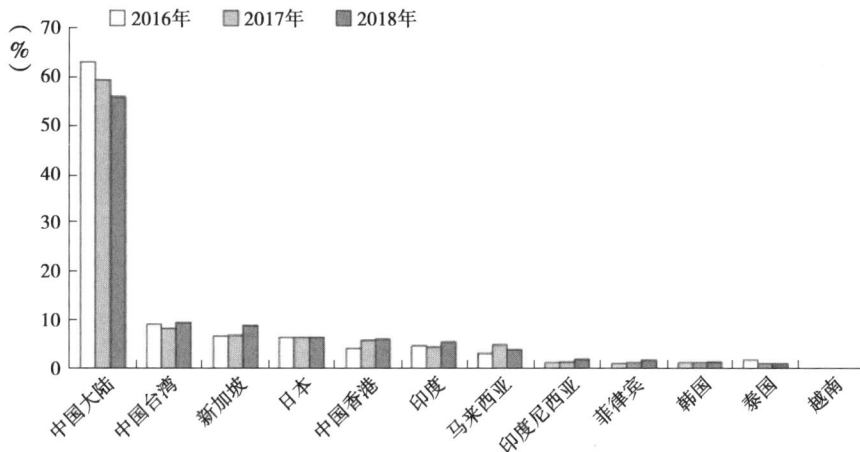

图 5-5　亚洲邮轮市场各区域份额占比情况变化

资料来源：Asian Cruise Industry Ocean Source Market Report（2018）.

　　邮轮及地中海邮轮等更多新船在亚洲邮轮市场布局，亚洲邮轮市场规模将进一步增长。这与亚洲良好的经济基础有着直接的关系，在全球区域化的大背景下，尽管亚洲经济发展压力依然较大，但亚洲经济体获得了依靠内生动力增长、实现发展模式转型的契机，也获得了把更多资金、技术投放到亚洲区域的机会。随着亚洲命运共同体意识的进一步加强，以及亚洲经济体的进一步融合，未来亚洲经济形势将在自立的基础上稳步前行，并依托巨大消费市场和基础设施建设市场，有望在全球率先走出经济增长低谷，实现安全环境大幅根本改善。

　　（二）亚洲邮轮游客年轻化趋势明显

　　亚洲邮轮市场游客平均年龄为 45.4 岁，与 2017 年的 45.6 岁基本一致。近年来亚洲邮轮市场游客平均年龄并未发生明显变化，50 岁以上占比 50% 左右，是客源市场最为重要的组成部分，这也与国际邮轮市场游客年龄特征基本相符。2018 年，亚洲邮轮游客平均年龄为 45.4 岁，19 岁及以下游客占比为 13%，20~29 岁占比 9%，30~39 岁占比 16%，40~49 岁占比为 14%，50~59 岁占比 17%，60~69 岁占比 21%，70 岁及以上占比 10%（见图 5-6）。印度邮轮游客年龄处于较低水平，平均年龄为 37 岁；印度尼西亚邮轮游客平均年龄为 39 岁；而日本邮轮游客年龄较大，平均年龄为 57 岁。

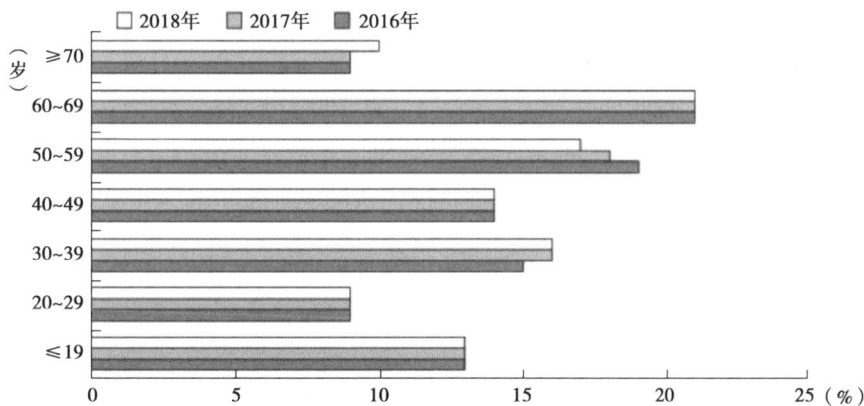

图 5-6　亚洲邮轮市场平均游客年龄段变化

资料来源：Asian Cruise Industry Ocean Source Market Report（2018）.

（三）亚洲邮轮市场运力品牌逐步增加

根据国际邮轮协会数据统计,2018 年亚洲邮轮市场运力为 68 艘邮轮,邮轮品牌达到 35 个;巨型邮轮数量达到 5 艘,大型邮轮达到 14 艘,中型邮轮数量最大,为 28 艘,小型邮轮数量达到 17 艘,探险型邮轮为 4 艘。在亚洲运营的邮轮公司为大洋洲邮轮、丽晶七海邮轮、赫伯罗特航运公司、荷美邮轮、爱达邮轮、精钻邮轮、世邦邮轮、猎户座探险邮轮、银海邮轮、水晶邮轮、精致邮轮、风之星邮轮、银海邮轮探险、庞洛邮轮、公主邮轮、皇家加勒比游轮、歌诗达邮轮、丽星邮轮等。

（四）短途航线依然是邮轮产品主力

短航线依然是亚洲邮轮市场的主要特征,2018 年,62%的游客选择 4~6 晚的航线产品,出行平均时间为 4.9 天,是全球邮轮市场航程最短的区域市场(图 5-7)。2017 年 4~6 晚短航线依然是主力航线,占到总量的 66%,而 2016 年为 64%,同比增长 2 个百分点,3 晚及以下的产品占比 26%,2016 年占比为 27%,下降 1 个百分点,因此 6 晚及以下的产品依然占有绝对比例,总占比达到 92%。虽然不少邮轮公司尝试开发 7 天 6 晚甚至更长的航线,但 6 晚及以下的航线依然是最重要的组成部分,7 晚的产品仅占 4%,比 2016 年下降 2 个百分点,8 晚以上的产品占比仅为 15%。

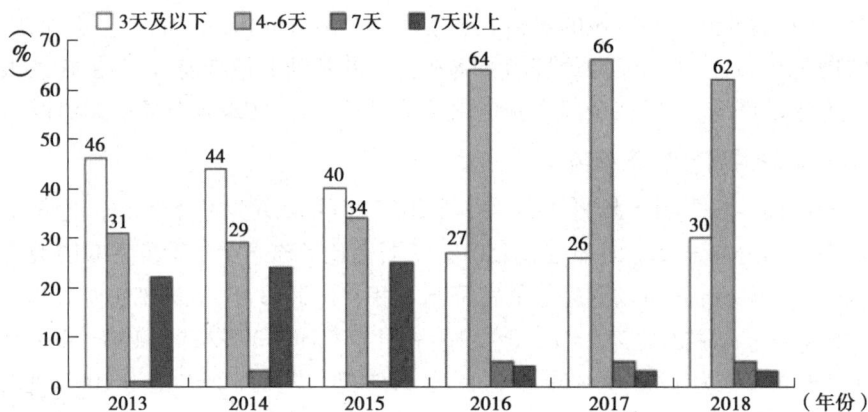

图 5-7 2013—2018 年亚洲邮轮市场产品变化

资料来源:Cruise Lines International Association.

四、世界邮轮旅游市场未来趋势

（一）世界邮轮旅游市场增长速度快,前景广阔

邮轮旅游所提供的独特与综合选择使其魅力依旧,未来仍将是一个年轻而具吸引力的国际化产业。现代邮轮业主要以大型游船为依托,跨国旅游为核心业务,属旅游市场高端产品。近 50 年来,国际邮轮产业保持 6%~8%的高速发展,其速度显著快于旅游业 4%的整体发展速度。随着人们对物质与精神的追求提升,以及对邮轮旅游休闲文化的理解加深,2009—2018 年全球邮轮旅游人数持续增长,根据国际邮轮协会(CLIA)数据统计,2018 年全球邮轮市场游客量再创新高,达到 2 850 万人次,同比增长 6.7%。

（二）邮轮游客年轻化趋势明显

近年来,世界邮轮乘客的平均年龄为 45～49 岁,40～49 岁的邮轮乘客占总乘客量的 36%,是世界邮轮客源市场的重要组成部分。在今后相当长的一个时期,这个客源市场将持续增长,仍保持市场主力军的地位。根据 2017 Seatrade 亚太邮轮大会发布的中国邮轮产业发展报告显示,国际邮轮旅游市场年轻化趋势明显。年轻一代包括"千禧一代"和"X 代"（"婴儿潮"的下一代）,更加热衷邮轮旅行,对邮轮旅行的评价高于以陆地为基础的旅行、全包式度假、观光、民宿旅游、露营。由于豪华邮轮和新型邮轮的出现,邮轮公司推出丰富多彩的娱乐活动与方便快捷的服务措施,吸引了越来越多的年轻人加入邮轮旅游的行列中来。特别是主题化的巡游,比如蜜月游和探险游等需求旺盛。

（三）全球邮轮旅游市场寡头垄断格局将继续

嘉年华集团、皇家加勒比集团及云顶香港邮轮集团,掌控了邮轮市场 80% 左右的份额,呈现出明显的寡头垄断特征。邮轮市场具有高度竞争的特点,三大邮轮集团高度掌控全球市场的程度将有增无减。组建邮轮公司的前期投资巨大,邮轮造价高昂,资产专用性强,运营成本相当高,贸然进入市场,极有可能面临进退维谷的境地。可以说,邮轮市场的进入门槛非常高,邮轮公司一旦进入,竞争将异常激烈。但随着消费者需求的增长,小型邮轮公司可以开辟新的细分市场,其利润空间将更为灵活,仍拥有良好的成长前景。

（四）全球邮轮市场区域多元化特征逐步明显

世界邮轮航线分布比较集中,全球邮轮旅游活动的主要区域为加勒比海地区、欧洲/地中海区域、亚洲/南太平洋、阿拉斯加、墨西哥西海岸等,其中加勒比海地区和欧洲/地中海区域是最为密集的邮轮旅游活动区,邮轮到访量占全世界的一半以上。现代化邮轮旅游起源于经济发达、水域条件良好、海洋文化较为成熟的北美地区,北美地区的邮轮旅游已有五十多年的发展历程,市场培育了大量的邮轮公司,使得北美地区成为全球邮轮旅游最为发达和最具活力的市场区域,也使得北美地区成为全球邮轮旅游发展的样板区。美国邮轮市场一直引领着世界邮轮旅游市场的发展,是世界邮轮产业的中心,这一现状将在一定时期内继续保持。全球邮轮市场的集中度较高,全球 90% 左右的邮轮游客来自美国、德国、英国、澳大利亚、意大利、加拿大、中国、法国、西班牙、挪威等 10 个国家。由于亚太地区拥有发展邮轮产业的基本环境、海域广阔、旅游资源丰富、文化多元性明显等特点,邮轮旅游市场向亚太地区转移。随着亚太地区邮轮市场规模的逐步扩大、市场渗透率的提升,以及新兴邮轮市场的逐步崛起,邮轮市场的区域多元化特征逐步明显。

（五）邮轮巨型化和邮轮旅游产品的多样化

规模经济将继续推动世界邮轮走向大型化,同时也在向舒适、豪华方向发展。大多数新投入运营的邮轮,造价昂贵,拥有先进的导航设备和强大的推进力,其豪华程度足以与五星级酒店相媲美,并且针对不同背景游客开始提供针对性服务,逐渐吸引大批旅游爱好者。邮轮船舶总数的不断增加、船舶规格的不断丰富、运载能力的不断提高、邮轮航线的不断开辟、接待设施的不断改善、服务方式的不断创新、消费价格的不断下降、娱乐体验的不断新奇,将促进邮轮消费的日益大众化和多样化。

【拓展阅读】

新冠疫情后:全球邮轮经济面临新趋势

1.全球邮轮卫生防控体系进一步完善

受新冠疫情的影响,全球邮轮及港口的卫生防疫体系进一步完善,游客及船员的防疫意识、安全意识大幅提高,邮轮的安全性、防疫能力也面临更高的要求。美国疾病控制与预防中心(CDC)的报告显示,平均每年有10艘停靠美国港口的邮轮会爆发由各类病源引起的传染性疾病。云顶邮轮集团推出全新的新冠疫情邮轮防控细则,覆盖船上的持续消杀清洁措施,以及邮轮复航后进行的行前筛查、客房区域、公共区域、食物卫生、休闲娱乐活动、船员防护等方面的防控措施,树立了邮轮行业应对疫情新标准,其中部分措施将成为未来邮轮运营的常态化操作,以推动邮轮旅游安全性的进一步提升。同时,推动全球邮轮港口硬件设施改造,优化旅客进出港流程,提升港口测温、隔离等防疫设施标准,并强化对港口工作人员的防疫知识培训。邮轮公司将实行更加严格的游客登轮限制,建立船上更完善的温度和医疗检测体系以及对游客和船员的健康监控体系,进一步完善游客、船员登轮信息可追溯管控机制,实行更加严格的船上消毒频次要求。

皇家加勒比游轮与诺唯真游轮合作共同成立高级别专家组,指导和提升邮轮健康标准,应对全球范围内疫情带来的挑战。地中海邮轮组建"蓝丝带"专家组,为健康安全规程的制定和规划提供指导。云顶集团"探索梦号"率先开启"邮轮跳岛游"航线,完善邮轮上健康、卫生和操作规程,按照欧盟标准进行了彻底的深度清洁,与挪威劳氏(DNV-GL)船级社合作,成为全球第一艘获海洋工业感染预防(CIP-M)认证的邮轮。歌诗达邮轮宣布获得了意大利船级社(RINA)颁发的"生物安全证书",成为首家获得该认证的邮轮公司。8月16日,"鸿图号"在热那亚开始为期7天的西地中海航行,挂靠罗马、那不勒斯、巴勒莫和瓦莱塔等港口,执行严格的健康和安全协议,最大入住率为70%,并预留10%的房间作为隔离舱室。途易邮轮"迈希夫6号"于9月13日开启希腊克里特岛的航线,执行严格的防疫措施,游客上岸参观时要遵守各国的疫情防控规定。庞洛邮轮重磅推出"安心悦邮"防疫措施和"无忧预定"政策,增加值船时的净化和消毒措施,升级登船安检,彻底检查所有将要上船的人员与物资,严格行程防疫,航行中,每日跟踪、监测船上人员健康状况,清洁消杀所有设施。

意大利政府批准自8月15日起意大利的邮轮可以恢复运营并拟定了一份安全名单,名单列示的欧洲国家游客不需要进行隔离,可以在意大利港口上下船。为实施必需的最低限度的措施,执行一般安全和安保标准,推动欧洲邮轮市场复苏,欧洲海事安全局(EMSA)和欧洲疾病预防与控制中心(ECDC)联合编写《新冠疫情下欧盟逐步和安全恢复邮轮运营指南》,并由国际海事组织(IMO)于2020年8月发布,主要适用于悬挂欧盟/欧洲经济区旗帜从事国际航行的船舶以及停靠在欧盟/欧洲经济区的船舶。指南主要包含3个方面:一是邮轮公司制订相应管理计划;二是各邮轮靠泊的国家制订新冠疫情防控下的管理计划,以及必须实施的最低限度的措施;三是邮轮公司及港口在邮轮航行前需要完成的事项,确保航线沿线港口安全,建立新冠疫情防控程序,邮轮公司和邮轮港口的计划应由第三方专业机构进行核查。8 月 4 日,印度政府允许邮轮从 10 月 1 日起复航。8 月 14 日,印度政府宣布将实施为期一年的邮轮税费优惠政策,降低 60%~70% 的港口费用。经过此次疫情,国际邮轮经济在高速发展中将全面转型并走向全球合作,邮轮旅游产业的发展将更加注重整体性与国际协调性,在突发事件处理过程中进一步加强国际合作,共同应对邮轮突发性公共卫生事件,以降低其对邮轮经济造成的负面影响。同时,推动邮轮卫生公共标准的完善,进一步确保游客与船员身体健康及食品、用水、环境安全。

2. 全球邮轮旅游市场发展长期趋势依然向好

全球邮轮业界普遍认为,疫情影响只是阶段性的。虽然新冠疫情导致全球邮轮市场暂时停摆,但依然没有改变全球邮轮市场长期向好的趋势。近年来,全球邮轮市场增长率呈波动式变化,市场规模保持 6%~8% 的增速,世界邮轮旅游市场游客量稳健增长。国际邮轮协会(CLIA)对邮轮旅游市场的发展前景持乐观态度,预测 2025 年全球邮轮市场规模将达到 3 760 万人,有良好的发展前景和市场潜力。根据《世界旅游经济趋势报告(2020)》,2019 年全球旅游人次(包括国内旅游人次和入境旅游人次)为 123.10 亿人次,同比增长 4.6%;全球旅游收入(包括国内旅游收入和入境旅游收入)为 5.8 万亿美元,相当于全球 GDP 的 6.7%。2011~2019 年,全球旅游总收入占全球 GDP 的比重基本稳定在 6.5%~7%。2019 年全球入境旅游人次达到 13.71 亿人次,同比增长 3.4%;全球入境旅游收入达到 1.7 万亿美元,增速为 1.1%。全球国内旅游人次达 109.4 亿人次,增速达到 4.7%。2016~2019 年,全球旅游总人次保持相对平稳增长态势,平均增速为 3.95%。

全球旅游业受新冠疫情的影响较大。但邮轮旅游消费市场依然具有较大需求,根据预订网站 CRUISECOMPETE 的数据,2021 年邮轮预订量有望较 2019 年增长 40%,其中 11% 的预订量来自 2020 年取消出游计划的游客。根据邮轮评论网站 CRUISECRITIC.COM 对 4 600 多名邮轮游客进行的在线调查,75% 的被调查者计划在疫情结束后恢复与以往相同的航次,甚至有部分人表示在疫情结束后将更加频繁地参与邮轮旅游。瑞士银行业巨头瑞银集团(UBS)的报告显示,有 76% 的邮轮游客选择改签而不是退款。

近年来,亚太地区国内旅游业对国民经济的带动作用领跑全球。2019 年,亚太地区国内旅游人次为 76.08 亿人次,同比增长 5.2%;国内旅游收入达到 1.6 万亿美元,增速达到 2.5%。2020 年亚太地区国内旅游人次将达到 79.89 亿人次,同比增长 5.0%,国内旅游收入将达到 1.7 万亿美元,增速达到 4.3%。亚太地区旅游收入占 GDP 的比重从 6.4% 增长到 7.0%,亚太地区旅游收入占 GDP 的比重在全球五个区域中排名第一。因此,虽然受到新冠疫情的严重影响,但邮轮旅游依然具有较大的需求,亚太地区成为全球第三大邮轮区域市场,发展潜力巨大,具备较大的增长空间。

【知识链接】

世界旅游经济趋势报告(2020);

世界旅游经济趋势报告(2019);

世界旅游经济趋势报告(2018)。

3. 人工智能科技在邮轮的应用将更加广泛

人工智能的快速发展,使更多人工智能技术在邮轮上得到更加广泛地应用。皇家加勒比同百度及途鸽合作推出的全新功能的共享 Wi-Fi 翻译机为游客提供"全球上网+跨语言沟通"的智能体验。地中海邮轮引入全球邮轮行业首个人工智能语音私人助理 ZOE。ZOE 是由地中海邮轮与哈曼国际和三星电子联合开发的语音问答人工智能设备,可提供包括中文在内的 7 种语言的智能化语音服务,能够回答与邮轮相关的超过 800 个问题,并能提供各类关于船上服务指南或建议以及协助预订等相关服务。ZOE 将率先应用于"荣耀号",并逐步推广至"鸿图号""华彩号"等新一代邮轮,为游客带来高度智能化的邮轮体验,进一步丰富"我的 MSC"智能邮轮计划的生态系统,实现与客舱电视的即时互动。未来的邮轮客舱将配备实时跟踪心率和面部表情的模块化生物信号传感器,实时控制基础设施、调节光线和温度以提升游客的舒适感。同时,智能化装饰材料将像活动的艺术品一样不断变化,创造一个在视觉上与游客的情绪相符的沉浸式环境。

星梦邮轮"环球梦号"融入时下先进的人工智能科技并创新邮轮设施,在客房设计中融入人工智能科技,包括蓝牙锁、智能系统等,游客可以通过智能手机、语音识别、触摸式控制面板实现灯光调节、温度控制等功能选择,客房内设有智能传感器,自动识别房内是否有人,实现节能环保,空调系统配备三个送风口以实现最佳气流输送。芬坎蒂尼集团为维珍邮轮建造的"绯红女巫号"开启了舱内"家庭自动化"应用,游客可通过智能手机上的应用程序控制室内空调、电视、灯光、窗帘等。因此,随着人工智能的快速发展,邮轮的智能化水平将得以大幅提升,以更好地满足游客高品质旅游的需求。

4.绿色动力邮轮建造规模将逐步扩大

随着全球对环境要求的提升,更多新技术和清洁能源将应用于邮轮业。国际邮轮协会(CLIA)发布的《2020 年邮轮业发展前景报告》显示,邮轮业在新节能技术发展上已投资 220 亿美元,并承诺到 2030 年将二氧化碳排放在 2008 年的基础上减少 40%。与标准船用燃料相比,液化天然气将能够减少 99% 的硫氧化物与颗粒物排放,减少 85% 的氮氧化物排放和 20% 的二氧化碳排放。国际邮轮协会(CLIA)数据显示,超过 80% 的邮轮乘客会在旅行中回收并减少使用一次性塑料,70% 的游客放弃使用一次性吸管。在邮轮环保方面,全球 68% 的邮轮已经使用废气净化系统以达到或超出空气净化标准,75% 的非 LNG 新船配有尾气处理设备,新建的邮轮中有 44% 的主要使用液化天然气燃料。全球邮轮船队中 30% 以上可以连接岸上电网,88% 的新建邮轮将配备岸电系统。

目前,全球仅有 16 个邮轮港口拥有岸电系统,主要包括挪威克里斯蒂安桑港、德国汉堡港、中国上海邮轮港和北美东西海岸的港口。地中海新建邮轮"海际线号"配备了先进的选择性催化还原系统(SCR)和新一代的废水处理系统(AWT),减少 90% 的氮氧化物排放,处理后的排放废水质量可接近自来水标准,并且还配备岸电设施,通过使用陆地电源向主要船载系统供电,从而减少船舶停靠码头时的废气排放。2019 年 12 月,歌诗达邮轮旗下由液化天然气(LNG)供电的新船"翡翠号"(Smeralda)在迈尔图库船厂完成交付。P&O 邮轮公司的第二艘豪华邮轮"爱奥娜号"(Iona)将配套低排放 LNG 推进系统。庞洛邮轮向意大利芬坎蒂尼船厂订购了两艘新一代豪华探险邮轮,总吨位约为 1.1 万吨,可容纳 230 名游客,计划于 2022 年交付。该邮轮将在环境保护和人员保护方面配备最先进的技术,并安装市场上应用最广泛的电池系统,使船舶在锚点、港口和环境敏感区域实现无烟运行。诺唯真游轮 LNG 动力"卡诺琳号"(Caroline)于 2020 年 5 月交付,其余 3 艘船将间隔 18 个月交付。

自 2020 年 1 月 1 日起,地中海邮轮成为全球首个开展碳中和海洋作业的邮轮企业,通过一系列碳补偿项目来抵消其船队在海上作业所直接产生的二氧化碳排放,这也是基于对二氧化碳排放进行监督管控的国际组织所设立的最高标准制定的,到 2024 年整船队的碳排放将比 2008 年降低 29%,2030 年实现降低 40%。"华彩号"配备行业先进科技,也是地中海邮轮船队中第二艘搭载选择性催化还原(SCR)系统和新一代先进的废水处理系统(AWTS)的邮轮,旨在减少对环境的影响,确保更清洁的废气排放,将减少 80% 的氮氧化物排放,进而转化为无害化合物氮气和水,并配备可减少 97% 硫氧化物的混合废气净化系统、压舱水处理系统、防机油污染系统、从机舱回收热量的智能供热装置等一系列前沿科技设备。液化天然气动力邮轮——地中海邮轮"欧罗巴号"总吨位为 20.5 万吨,最高载客量 6 761 人,将成为欧洲邮轮公司运营的最大的邮轮之一,于 2022 年交付。它是在法国建造的第一艘液化天然气动力邮轮,也是地中海邮轮船队中第一艘使用液化天然气的邮轮。它将采用先进的废物和水处理系统以及一系列先进的环保技术。地中海邮轮与大西洋船厂合作设计研发一种创新船型,抓住风能和其他先进技术为海上客运带来的新机遇。途易邮轮在意大利芬坎蒂尼集团订造 2 艘 16.1 万总吨 LNG 动力新一代邮轮,将分别于 2024 年和 2026 年交付。迪士尼邮轮订造 3 艘 13.5 万总吨 LNG 动力邮轮,配有 1 250 间标准客房,分别于 2021 年、2022 年和 2023 年交付。芬坎蒂尼集团为维珍邮轮建造的"绯红女巫号"通过采用前沿技术降低对生态环境的影响。该船配备约 1 兆瓦的能源生产系统,可利用柴油机余热进行能源的二次开发,除了安装脱硫塔系统外,新配备的催化转化器还能大幅降低氮氧化物排放,同时配备 LED 灯以减少能源消耗,此外配备的水动力设计可有效节省燃料。庞洛邮轮在芬坎蒂尼船厂建造的混合动力极地邮轮"夏柯特指挥官号"将于 2021 年交付,它是第一艘使用天然气(LNG)和电力混合动力系统的极地探险邮轮。

第二节　中国邮轮旅游市场

一、中国邮轮旅游的发展历程

21 世纪以来,邮轮旅游作为一种新兴的休闲度假旅游方式逐渐被国内游客认识和喜爱;同时由于欧美邮轮旅游市场的饱和,使得歌诗达、皇家加勒比等世界著名邮轮品牌纷纷瞄准了中国这个最具潜力的旅游市场,邮轮旅游在中国开始稳步发展。从 20 世纪 90 年代末期发展至今,中国的邮轮旅游经历了 3 个阶段。

（一）以访问港为主的起步期

20 世纪 90 年代末至 2006 年以前,是以国际邮轮到港接待为主的起步发展阶段。伴随着越来越多的国外游客乘坐邮轮来到内地,拉开了国内邮轮码头接待国际邮轮到港的序幕,如上海、天津港的到港接待;但是因国内游客对邮轮旅游的认识还非常有限,2001 年国内邮轮旅游的消费人数不足万人。2006 年,歌诗达邮轮公司的"爱兰歌娜"号以上海为母港进行初航,标志着中国跨出了邮轮旅游出入境并举的第一步。随后,借力 2008 年北京奥运会的影响,国际到港规模日益扩大,国内邮轮游客的规模也逐年增加,到了 2009 年国内邮轮游客出境达到了 38 万人次,中国邮轮旅游已逐步由入境接待为主过渡到出入境并进的发展期。

（二）邮轮母港航线快速发展期

自 2011 年起,中国的邮轮旅游已进入快速发展的阶段。度假、旅游也逐渐为国内游客所认可;同时中国积极融入世界产业体系,鼓励出境游市场的全面发展。世界各大公司也纷纷增加以上海等内地港口为母港的航线,2012 年 6 月,世界排名前十的豪华"海洋航行者"号就以上海为母港开始了它的亚洲航程。2012 年 9 月,"中国邮轮旅游发展实验区"在上海成立。到了 2012 年年底,我国首家拥有豪华邮轮的公司——海航旅业游艇管理有限公司在北京成立并推出内地首艘豪华邮轮"海娜"号,开启了邮轮旅游在中国发展的新篇章。

（三）邮轮经济的转型期

邮轮产业在中国已经进入第二个十年发展期,机遇与挑战并存。在改革开放再出发的时代背景下,中国邮轮经济进入了由"高速度增长"向"高质量、高品位发展"转变的关键时期。2019 年,中国邮轮市场规模呈波动性调整态势,邮轮市场供给量有所降低,但"质"的提升在继续,中国首艘国产大型邮轮建造工程正式启动,"海洋光谱号""威尼斯号""探索梦号"以及中资邮轮"鼓浪屿号"纷纷启航,长三角一体化上升为国家战略和粤港澳大湾区设立,为中国邮轮旅游发展提供了新的历史机遇及宝贵的时间窗口期。同时,国产大型邮轮实质性启动,本土邮轮船队逐步组建,邮轮配套产业集群逐步形成,邮轮港口接待能级持续提升,邮轮政策环境持续优化,标志着中国进入邮轮旅游向邮轮经济全产业链发展的关键之年。随着邮轮市场逐步达到一定规模,相关产业要素需求逐步显现,具备了向邮轮经济转型的基础。

2020 年本是中国邮轮旅游由"调整"向"稳健回升"的转变期,是中国邮轮旅游向高质量发展再迈进的新阶段,是中国邮轮经济全产业链全面发展的重要之年,也是高质量建设中国邮轮旅游发展示范区的开局之年。2020 年新冠疫情全球蔓延,中国邮轮市场最先受到冲击,2020 年 1 月 29 日起航次全部暂时取消。中国疫情防控措施得到全球高度认可,邮轮行业实现"零输入、零输出、零感染",得到了国际邮轮业界的广泛赞誉。中国成功防控新冠疫情不仅为全世界抗击疫情树立了标杆,也让全球邮轮界看到了邮轮业重振的希望,并对中国邮轮市场的发展前景充满信心。

二、中国邮轮旅游市场的发展现状

（一）中国邮轮市场规模增长进入战略调整期

随着部分国际邮轮公司进行全球战略布局调整,中国邮轮市场自 2017 年起首次出现增速放缓,2006—2011 年为萌芽阶段,年平均增长率为 36.74%;2012—2016 年为快速成长期,年平均增长率为 72.84%;2017 年增长率为 8%。中国邮轮旅游市场在经历了十多年的高速迅猛发展后,2018 年进入由"高速度增长"转向"高质量、高品位发展"的战略调整期,这也将有效地推动邮轮市场由追求数量增长向追求质量提升方向转变,更好地提升人们在旅游中的幸福感和体验度。

邮轮市场的增长是在我国良好的社会经济增长、旅游业繁荣和人们对美好生活的需要愈加强烈的基础上实现的。我国拥有良好的社会稳定发展环境,经济健康增长,供给侧结构性改革持续推进,人民安居乐业。近年来,我国旅游业发展十分迅速,三大旅游业态全面繁荣,在全球出境旅游中客源规模居首位,旅游目的地吸引力稳步提升,在入境旅游中位居全球第四,旅游业所带来的经济贡献显著提升,邮轮旅游作为较强产业集聚性和综合带动作用强的产业,所体现的经济贡献日益显现。

随着我国城乡居民收入水平稳步增长,消费结构持续加速升级,人民群众的健康水平得到大幅提升,带薪休假制度逐步得到落实,假日制度不断得到完善,人民群众休闲度假的需求快速增长,中国邮轮旅游的市场需求将持续增加。

（二）中国邮轮港口接待能级不断提升

邮轮港口是发展邮轮旅游、保障邮轮服务质量和提升邮轮经济贡献的重要基础设施。2018年9月,交通运输部、海关总署等国家十部门出台《关于促进我国邮轮经济发展的若干意见》,提出不断提升我国邮轮港口的服务能力,提升邮轮码头的接待能级,进一步提升邮轮港口的集疏运能力,完善港口服务功能,形成邮轮母港、始发港及访问港等不同层次的邮轮港口体系。在国际邮轮港口形态中,根据邮轮港口的设施条件、市场规模、邮轮经济规模等要素将港口分为访问港、始发港、母港等三种形式。邮轮母港是始发港的高级阶段形式,可形成明显的区域邮轮经济。根据国际邮轮港口发展经验,邮轮母港的经济效应远高于访问港,因而发展邮轮母港成为我国沿海港口城市的重要形式。

为推动经济转型发展,外国沿海城市纷纷兴建邮轮港口,并且以邮轮母港为发展定位和目标。根据《全国沿海邮轮港口布局规划方案》,2030年前,全国沿海形成以2～3个邮轮母港为引领、以始发港为主体、以访问港为补充的港口布局。邮轮港接待型邮轮能力显著提升。

（三）中国国产邮轮建造进入全面启动阶段

近年来,全球邮轮市场年平均新建12艘大型邮轮,全球主要邮轮建造公司及供应商均位于欧洲,承接全球邮轮建造90%以上的订单,但市场仍供不应求。大型邮轮被誉为造船工业"皇冠上最耀眼的明珠",是我国目前唯一尚未攻克的高技术船舶产品。我国是全球第一造船大国,推动国产邮轮本土建造是我国造船业转型升级、供给结构调整的新方向。设计建造大型邮轮代表着中国船舶工业的转型升级,与意大利芬坎蒂尼集团的国际合作是推进首制国产大型邮轮建造设计的机遇和优势。2019年10月18日,我国首艘国产大型邮轮正式开工点火钢板切割,全面进入实质性建造阶段,标志着中国船舶工业实现"零"突破,正式跨入大型邮轮建造新时代,代表着中国造船的最高水平。

（四）中国本土邮轮船队运营显著增强

组建本土邮轮船队,打造邮轮运营民族品牌是更好地掌握世界邮轮产业主导权的重要基础。2019年9月27日,星旅远洋邮轮"鼓浪屿号"正式从厦门开启首航。"鼓浪屿号"是中国旅游集团和中国远洋海运集团共同投资运营的中国民族邮轮品牌"星旅远洋"旗下首艘邮轮。2020年1月17日,"鼓浪屿号"从上海吴淞口国际邮轮港始发,开启"上海—舟山—冲绳—上海"的多母港运行航次,此航次作为国内多港挂靠的探索性航次,其成型后将成为常态化运行模式。

2020年1月11日,嘉年华集团正式将"大西洋号"交付中船嘉年华邮轮有限公司,其成为中船嘉年华公司旗下的第一艘邮轮。中船嘉年华邮轮有限公司向嘉年华集团旗下的歌诗达邮轮集团购买两艘现有邮轮 8.58 万总吨的"大西洋号"及其姊妹船"地中海号"。按照中船邮轮产业发展规划,到 2029 年,中船嘉年华邮轮有限公司旗下计划拥有 8~10 艘大型邮轮,有望成为中国最大的国际化运营的中资邮轮船东公司。福建中运集团控股的上海蓝梦国际邮轮股份有限公司已收购 2.5 万吨级"钻石辉煌号",并命名为"蓝梦之星号"。

2019 年 5 月,招商局邮轮制造有限公司与上海世天邮轮产业发展有限公司签订了 1+1+2 艘 3.7 万总吨豪华邮轮建造合同。豪华邮轮由世天邮轮与招商邮轮合作自主设计、自主建造并将由世天邮轮运营。首艘邮轮为六星级豪华邮轮,于 2022 年正式交付。整个邮轮设计充分融合了全球领先技术和中国传统文化,具有鲜明的"中国特色"。

上海世天邮轮将在三亚投资设立邮轮运营公司海南世天邮轮有限公司,并将首艘豪华邮轮命名为"三亚号",以三亚凤凰岛国际邮轮港为母港,运营从三亚到南海西沙的航线。

2020 年 9 月,云顶邮轮集团正式宣布入驻三亚中央商务区,在三亚成立合资公司,打造融合海南岛旅游资源的特色邮轮航线,逐步建立以海南为中心的 24 小时国内邮轮航线母港圈,推动三亚建设成为亚太地区重要的邮轮旅游消费中心。

(五)中国邮轮经济政策体系创新显著加强

经过十多年的发展,我国邮轮旅游已经实现了从小众旅游向大众旅游的转变、从跟随国际规则向积极主动的旅游国际合作和旅游外交转变,中国正成为影响国际邮轮旅游格局的重要力量。当前,中央和地方政府推出一系列的支持政策,建立了系统的政策体系,大力支持邮轮产业发展。随着相关邮轮经济政策的逐步落实,政策红利将进一步释放,必将推动中国邮轮经济的更好发展。应加强与各级主管部门的对接,推动邮轮经济相关政策法规集成创新,争当邮轮经济政策试验田,把政策红利转化为推动邮轮经济发展的强大动力,见表 5-1。

表 5-1　2019—2020 年全国各地出台的邮轮经济政策

出台时间	政策名称	发布单位	主要内容
2019 年 4 月	关于明确"国际邮轮优先"工作职责及操作流程的通知	上海海事局	明确邮轮通行"五优先",更好地保障邮轮准点和安全通行
2019 年 4 月	关于促进邮轮经济发展的实施方案	福建省发改委等十部门	加快邮轮港口基础设施建设、着力培育壮大邮轮市场、加强邮轮发展政策扶持
2019 年 5 月	加快广州国际邮轮产业发展若干措施的通知	广州市人民政府	加快国际邮轮母港建设,打造国际邮轮全球采购船供配送和修造中心,提升国际邮轮产业配套服务水平
2019 年 7 月	关于印发海南邮轮港口海上游航线试点实施方案的通知	海南省人民政府办公厅	在五星红旗邮轮投入运营前,中资邮轮运输经营人可以用其拥有或者光租的非五星红旗邮轮开展海上游航线试点

续表

出台时间	政策名称	发布单位	主要内容
2019 年 8 月	关于推广实施邮轮船票管理制度的通知	交通运输部等五部门	在全国范围推广实施邮轮船票管理制度,推广邮轮船票直销,实施凭证上船,实施乘客信息提前申报与共享,推广使用行李信息条
2019 年 8 月	关于进一步激发文化和旅游消费潜力的意见	国务院办公厅	支持邮轮游艇旅游、非物质文化遗产主题旅游等业态发展
2019 年 8 月	关于支持深圳建设中国特色社会主义先行示范区的意见	中共中央、国务院	有序推动国际邮轮港建设,进一步增加国际班轮航线,探索研究简化邮轮、游艇及旅客出入境手续
2019 年 12 月	关于促进海南邮轮经济发展的实施方案	海南省推进邮轮游艇产业发展领导小组办公室	积极探索海南邮轮政策制度创新开放,不断优化邮轮产业发展环境,扩展邮轮旅游消费发展空间,全面推动邮轮旅游消费提质升级,全力打造业态丰富、品牌集聚、特色鲜明的海南邮轮旅游消费胜地
2020 年 4 月	关于加快宝山邮轮经济发展的实施意见	上海市宝山区	打造具有全球影响力的邮轮企业集聚高地、打造具有全球竞争力的邮轮母港运营高地、打造具有辐射带动作用的邮轮产业集群高地等
2020 年 7 月	关于加快天津北方国际航运枢纽建设的意见	国家发展改革委、交通运输部	加快开展东疆邮轮物资配送业务,壮大邮轮物流产业规模。积极开辟邮轮始发航线,提升邮轮码头综合服务功能和优化口岸通关环境,提升旅客服务体验,形成完善的邮轮物资供应体系和邮轮旅游服务体系
2020 年 8 月	全面深化服务贸易创新发展试点总体方案	国务院	推动邮轮旅游经济发展,在具备条件的试点地区率先推进中国邮轮旅游发展试验区建设。在具备条件的试点地区,推进对外国旅游团乘坐邮轮从试点地区海港口岸入境实行 15 天免签政策

资料来源:各地政府官网.

三、中国邮轮旅游市场发展面临的挑战

　　中国邮轮产业发展迅速,增长潜力巨大,尤其是各级政府出台了许多促进邮轮旅游发展的政策。但在经历 10 多年的快速增长后,中国邮轮市场供需关系发生了一定变化,产生了短暂的市场波动,这符合普遍市场规律。在中国邮轮市场转型的时间窗口期,推动邮轮经济

高质量发展成为重要的发展方向。

（一）邮轮文化普及慢，中国邮轮市场亟待加强培育

邮轮自 2006 年引进中国以来，中国游客把乘邮轮比作是体验"平民消费、豪华享受"的绝佳方式。但是，国际邮轮公司的运营规则和惯例，与我国法律法规、国人旅游消费习惯之间存在一些差异。文化、理念的差异，是事关长远发展的大事情。邮轮文化的普及度不够，大量的游客依然十分看重岸上目的地旅游，过分看重邮轮产品的性价比，而非邮轮休闲度假的本质属性，将豪华邮轮仅仅作为一种较为廉价舒适的海洋交通工具。从中国旅游业的发展史看，游客旅游出行都将以自然风景形成的景观和人文历史形成的景观作为旅游目的地，尤其是以 A 级以上景区作为重要的旅游目的地。而邮轮来源于西方欧美国家，短时间使得中国游客在深层次里认知其为旅游目的地是较为困难的。2017 年，中国邮轮市场渗透率仅为 0.15%，即便是市场渗透率最高的上海也不到 1%，且复购率较低。

（二）市场供给结构有效调控不足，外籍邮轮趋利而动

中国邮轮旅游市场供给主要依赖外籍邮轮，缺乏本土邮轮船队，导致邮轮经济贡献外流，对本地经济拉动不足，必须通过系统性政策创新为本土邮轮发展松绑，为中国邮轮经济提供源源不断的动力。中国邮轮市场属于新兴市场，进出门槛都不高，目前外资品牌占据主导地位，自有品牌份额约为 10%。前几年，在中国市场利润预期较高、潜力巨大的情况下，嘉年华、皇家加勒比游轮、诺唯真游轮、地中海邮轮等国际邮轮集团旗下的邮轮品牌纷纷进入中国市场，但局限在国内几个邮轮港开展母港业务，航线相似、产品差异化不突出，加上"包船模式"导致价格恶性竞争，使得国际邮轮公司在中国市场的收益有所降低。在中国市场收益降低之后，部分邮轮公司的全球总部对中国市场的信心有所下降，进而调整了国际邮轮的全球布局，将在中国市场运营的邮轮投放到收益更高的区域。目前来看，中国市场对这种现象的调控力度不足，在对外资船队选择上缺乏主动权。

（三）税费成本明显高于国外，"中国籍"邮轮发展难

国内邮轮母港的收费标准主要包括政府规费和码头企业收费两部分。同等情况下，国内停靠综合收费比美国高出 3～5 倍、比欧洲高出 2～3 倍。邮轮运营成本过高还在于，即便邮轮的注册地在中国，在实际运营过程中，仍需缴纳部分税费，主要包含企业所得税、车船使用税、印花税等税费，占总费用的 30%。因此，海航所属的"海娜号"注册地为马耳他，已退出中国市场；渤海轮渡"中华泰山号"注册地在巴拿马；钻石邮轮"辉煌号"注册在巴哈马。

（四）邮轮市场分销渠道受政策限制，易造成低价竞争

国际邮轮公司主要是自有渠道+旅行社代销模式，旅行社代销比例在 60% 左右，邮轮公司自销在 30% 左右。国内主要是中间商的包船/切舱的集中销售模式，邮轮公司自销和旅行社代销的比例较低。目前中国参与邮轮分销的旅行社有 500 余家，销售渠道"窄而长"，滋生了很多"票务黄牛"，在邮轮船期临近时与邮轮公司、旅行社进行价格博弈，代理商或包船商迫于市场风险的压力，与其达成交易，而这部分客户未给旅行社带来任何收益，反而影响健康市场价格体系的形成。

近年来，邮轮公司直销模式正逐步兴起，但邮轮公司在探索直销模式的发展中，也遇到了一定问题。我国《旅游法》规定，旅行社经营出境游包价产品，必须具备出境游资质才可以

进行产品经营与销售。目前邮轮产品是作为出境旅游产品,销售方需要具备出境资质,邮轮公司无法在其官方平台销售由其他具备相应资质企业提供的邮轮旅游配套服务产品,不允许外商独资旅行社经营出境产品,这使得中国邮轮分销渠道数量较少,而邮轮不同于机票和火车,需要更多的分销渠道参与。

（五）"多港挂靠"政策尚未真正突破,影响联动效应

2009 年 10 月交通运输部发布公告,允许外籍邮轮开展"多点挂靠"业务,该政策的出台是为了有效解决我国多区域邮轮港口相互独立发展、互动性较低的问题,加强区域之间的合作发展,更加有利于游客的出游便利性和各区域邮轮市场的繁荣。但 2009 年至今,外籍邮轮开展多点挂靠业务十分少,其中当然有场自身的因素,但也有审批程序严格、流程较长的原因,并且明确提出不允许游客离船不归,这在一定程度上降低了政策效用,使得我国的近海旅游发展受到限制。"多点挂靠"政策的推行是为了更好地利用我国丰富的邮轮港口资源,在一定程度上解决我国各沿海区域港口缺乏合作、客源互动性较差的市场问题,加强邮轮游客市场的多方位合作,为游客参与邮轮旅游提供便捷,更好地促进邮轮市场的发展。外籍邮轮"多点挂靠"审批流程烦琐、审批时间较长,并要求游客禁止"离船不归",这都会限制"多点挂靠"政策的现实适用性。优化"多点挂靠"审批流程,为"多点挂靠"提供更为便利的条件,但更需要邮轮公司为"多点挂靠"提供更多优质的配套旅游产品。

四、中国邮轮旅游发展趋势

（一）中国邮轮市场规模呈现持续波动性增长

全球邮轮市场规模在 2019 年达到 3 000 万人次,2025 年有望达到 3 760 万人,具有良好的发展前景和潜力。在经历 2017 年、2018 年市场规模增速放缓后,2019 年中国邮轮市场发展形势依然不容乐观,但这也是旅游业发展较为正常的规模变化,从西方邮轮旅游市场的发展史来看,欧美邮轮市场也经历了从高速增长到平稳增长的转变。进入新时代,随着经济社会发展,人们的消费能力更高,对美好生活的向往更加强烈,对休闲旅游的需求也迈向高层次,邮轮旅游是人们出游旅行的重要选择之一。

（二）邮轮航线创新产品逐步增多

虽然韩国邮轮航线现在仍未开放,但是邮轮公司结合游客需求和市场情况,努力拓展新的邮轮航线。2019 年,皇家加勒比为中国市场带来了更高品质且具有差异化的邮轮产品,推出了 8 天以上的长航线,共 9 个航次。2020 年,皇家加勒比提供覆盖 27 个目的地港口的约130 个岸上观光精品游线路,全年部署的长航线数量较 2019 年提升 40%。无目的地邮轮航线就是邮轮从港口出发,开到附近的公海上,不停靠他国港口,然后返回原港口。目前无目的地邮轮航线没有先例,交通运输部和公安部等也没有出台具体的文件和细则,虽然海南已经有政策,但目前并未开展无目的地航线的实际操作。在《中国（海南）自由贸易试验区总体方案》《关于促进我国邮轮经济发展的若干意见》《关于促进本市邮轮经济深化发展的若干意见》等文件中均提出了推动无目的地航线或公海游的发展。在上海或海南试点实行无目的地邮轮航线,有利于推出邮轮短程旅游产品,满足周末邮轮游的需求,扩大邮轮旅游年轻消费群体。

（三）邮轮港免税商业业态逐步丰富

当前大部分邮轮港配备的是出境免税店，游客购买物品最多的是烟、酒，规定入境游客不能购买免税品，游客只能是买好东西带到船上。无法像机场的免税店那样买好东西，回国取货。2016年2月，财政部、商务部等五部门联合印发《口岸进境免税店管理暂行办法》，决定增设和恢复口岸进境免税店，进一步促进口岸进境免税店发展。2018年4月，文化和旅游部与财政部、商务部、海关总署、国家税务总局等部门对《口岸进境免税店管理暂行办法》进行研究补充，正式出台《关于印发口岸进境免税店管理暂行办法补充规定的通知》，进一步有效引导境外消费回流，加速升级旅游消费。针对邮轮游客消费需求旺盛的问题，在现有出境免税店基础上配套入境免税店，当前吴淞口国际邮轮港已经获批进境免税店资质，未来也将有更多的邮轮设立入境免税店。并且会参考海南离岛免税的模式，在邮轮港周边打造专邮轮游客服务的免税店，同时提高邮轮游客进境免税额度，提升邮轮港的吸引力。

（四）本土邮轮品牌支持力度逐步加大

目前邮轮购置所缴纳的税费较高，尤其是悬挂五星红旗的邮轮需缴纳近30%的税费，并且邮轮强制报废年限参照货轮为30年，并不适合邮轮。五星红旗邮轮船员国籍限制较大，中国籍船员需占比60%以上，不符合国际化需求。外籍邮轮无法运营内河及近海航线，可以作为培育本土品牌的优势。《关于促进我国邮轮经济发展的若干意见》明确提出，大力培育本土邮轮发展，先期鼓励中资方便旗邮轮发展，逐步推进五星红旗邮轮发展。研究综合推进政策措施，推进五星红旗邮轮船队发展。在上海市人民政府办公厅出台的《关于促进本市邮轮经济深化发展的若干意见》中明确提出，争取本土企业以购置、租赁、制造等方式组建本土邮轮船队给予低息贴息及相关税费优惠政策的支持，争取放宽本土邮轮品牌的船员国籍限制。2021年6月26日，中国首艘五星旗豪华游轮招商"伊顿号"举行了命名暨首航仪式，标志着中国邮轮产业跨进了新时代。

【拓展阅读】

邮轮属于大型聚集型旅游产品和人群聚集的海上载体，具有人员集中度高、数量大、来源广泛、流动性强、封闭性强等显著特点，医疗卫生条件有限，邮轮上船员来自不同国家，邮轮旅途将到境外不同港口，一旦出现疫情将造成巨大的损失和国际影响，对突发公共卫生事件的防控难度较大。新冠疫情全球蔓延，中国邮轮市场最先受到冲击。由于各大邮轮公司纷纷取消航次，2020年中国邮轮市场规模再次下滑，同时邮轮公司为保障游客权益，采取全额船票及港务费退款，或改期至2020年其他同等航次，短期内丧失收入来源。

这次疫情不仅对邮轮产业链的邮轮运营及旅游活动相关的各主体造成严重损失，还波及邮轮建造、经营管理、票务销售、相关专业服务等环节所形成的服务链。各大邮轮公司纷纷停航，我国邮轮港收益收入基本为零，国际邮轮公司在中国的战略布局也受到巨大的影响。

为应对疫情对邮轮旅游的影响，各方积极筹划加快邮轮经济的复苏。2020年3月，国家发展改革委等二十三部门出台的《关于促进消费扩容提质加快形成强大国内市场的实施意见》明确提出，"加快中国邮轮旅游发展示范区和实验区建设"。2020年3月，海南省人民政府出台《海南省旅游业疫后重振计划——振兴旅游业三十条行动措施(2020—2021年)》,提出大力发展邮轮游艇旅游,积极与邮轮企业合作,落实《海南邮轮港口海上游航线试点实施方案》,推动实施更加开放的免签入境政策,积极推动邮轮从海南入境15天免签政策落地。海南省推进邮轮游艇产业发展领导小组办公室印发《2020年海南省邮轮游艇产业工作要点》,提出制定出台更加开放的国际船舶登记管理制度、推动邮轮船供物流监管运营模式创新、有序推进邮轮码头基础设施建设、研究推进邮轮物料供应集散中心建设等。

2020年10月19日,MSC地中海邮轮旗下的MSC地中海华丽号重启航程。为保证安全复航,MSC地中海公司制定全面健康安全规程,得到相关国家和地区有关部门的批准。此前,作为全球第一艘复航的主流邮轮,旗舰级邮轮MSC地中海鸿图号已率先执行这一健康安全规程,并已在其保护下完成了9个7晚航次。

2020年10月,各大邮轮公司陆续发布了复航时间及航线。皇家加勒比游轮公司也发布了2021年中国母港全年部署计划,被誉为"超量子系"的"海洋光谱号"与开创中国市场"大船时代"的"海洋航行者号"游轮将部署上海、天津、香港三大母港,共计执行111条4至9晚行程,提供近500晚精彩游轮体验,多达近35种多样化行程组合,前往26个亚洲旅行胜地。

2020年12月8日,西沙邮轮航线复航启动仪式在海南省三亚市举行,中国邮轮在三亚凤凰岛国际邮轮港正式复航。运营西沙航线有2艘邮轮,分别是"南海之梦号"和"长乐公主号"。复航后,两船将交替发班,各自完成4天3晚的西沙行程,预计每月6至7个航次。

在新形势下,有学者提出以下促进中国邮轮经济发展的对策建议:

1.加快推动恢复游客邮轮出游的信心

"钻石公主号"邮轮新冠疫情事件引起了国际社会的广泛关注,与邮轮行业一直宣传的"邮轮是最为安全的海上旅游设施,邮轮行业是装备最完善、经验最丰富的行业之一"相悖,这在一定程度上对邮轮游客心理造成一定的阴影。同时不少媒体对"钻石公主号"冠以"恐怖邮轮""海上牢笼""邮轮噩梦"等,使得人们对邮轮的安全性会有一定程度的担忧,对邮轮旅游业的发展较为不利。疫情结束后一般会迎来行业回弹期,但邮轮由于自身特殊性,需要更长的时间来渡过此次难关,应加强邮轮安全的宣传,提升游客对邮轮安全的认知,降低游客对邮轮安全的担忧。在管理和监控乘客及船员健康状况方面,邮轮行业是装备最完善、经验最丰富的行业之一。通过各种官方渠道,联合其他的主流媒体对邮轮行业予以真实的传播和解读,消除社会各界对推进过程当中的一些误解,给邮轮公司和员工多一些理解和关爱,同时更多地宣传邮轮旅游这个产品的属性和特征,为未来行业的恢复做好准备。宣传各邮轮公司近期对中国市场的投入和新船部署计划,提振市场的信心。

2.进一步提升我国邮轮航线丰富程度

进一步丰富邮轮旅游市场供给,邮轮公司需要策划更加具有吸引力的航线和主题,通过优化供给刺激需求恢复。丰富的邮轮航线是增加需求的重要方向,我国受先天地理位置和相关政策的影响,邮轮航线一直较为单一。探索推动中资邮轮"多点挂靠"航线、无目的地游航线、海南环岛游航线、"上海—香港—广州"和"广州—香港—上海"等近海邮轮航线、南海邮轮航线以及"一带一路"长航线的发展,以更多的邮轮航线选择刺激邮轮市场需求。推进多母港邮轮产品创新,根据中日韩等国邮轮游客共同喜好进行设计,增强差异性。促进多母港出入境政策协调,简化多母港邮轮旅客出入境检查流程,实现信息和数据的协同共享。

3.加快推进中国本土邮轮产业体系构建

邮轮产业是先进制造业与现代服务业深度融合的综合性高端产业,我国邮轮产业起步晚,技术储备不足、经验十分欠缺、产业资源匮乏,特别是核心领域与关键环节,面临着欧美国家的技术封锁与规范壁垒,不得不寻求国际合作与外部支持。因此,当前我国邮轮产业发展受制于人,缺乏自主性、安全性。统筹国内邮轮设计建造、供应链、运营等领域的各类优势力量与要素资源,发挥地方政府、中央企业等各方积极性,组建统一专业化平台,打造中国邮轮产业发展的国家队和主力军,组建产业联盟打造中国邮轮产业的命运共同体。加强科研支持,推动构建自主可控的本土邮轮产业生态,突破关键核心技术,解决发展邮轮产业的"卡脖子"问题,完成工程示范,提升我国大型邮轮的自主核心研发制造、关重件供应与运营能力。针对"钻石公主号"等邮轮事件暴露出的设计缺陷,如空间布局、暖通空调系统等,完善邮轮专项科研创新支持体系,鼓励相关企业实现行业技术引领,推动我国邮轮产业实现弯道超车。

4.加强国际邮轮卫生风险防控体系建设

建立邮轮游客信息可追溯管控机制和邮轮卫生监管标准是完善邮轮卫生防疫制度的重要内容。邮轮不断地从一个国家驶向另一个国家,游客、船员频繁上下,这些健康信息需要向当地卫生防疫部门开放。完善游客和船员信息追溯系统。口岸部门利用大数据技术,要求邮轮公司和旅行社将邮轮游客及船员数据信息提前转交海关、港口和相关卫生健康部门,进一步完善游客船员登轮信息可追溯管控机制。依据《中华人民共和国国境卫生检疫法》及其实施细则、《中华人民共和国传染病防治法》《中华人民共和国食品安全法》《突发公共卫生事件应急条例》等,加强邮轮公共卫生突发事件联防联控工作机制建设,制定口岸突发公共卫生事件应急处置预案并依据情况启动预案,构建一套完整、科学、实用的国际邮轮传染病疫情风险评估方法及程序,对相关传染病突发事件进行风险分析与判断,以便于口岸卫生检疫人员根据风险判定结果采取相应措施,有效应对相关疫情,这对于疫情的防控具有重要的作用。

建立邮轮母港疫情防控综合体系,将母港邮轮公共卫生安全纳入地方公共卫生安全管理体系,在药品配置、人员培训、医废处置等方面提供支持。推动属地政府和港口联合第三方研究机构建立公共卫生防疫的管理标准和操作流程,由各邮轮公司配合第三方的医疗专家、检疫专家,一起构建科学、实用的国际邮轮针对三类传染病的风险评估方法及应急响应程序,建立区域或国家层面邮轮卫生防疫标准。

同时,加强邮轮旅游产品创新,激发邮轮旅游需求,新经济形势带来旅游消费和需求的新转变、产业融合成为主流发展趋势和科技赋能驱动邮轮产品新变革。在文旅融合和全域旅游引领下,深化供给侧改革,优化邮轮旅游供给体系,完善产业结构、产品结构,提升邮轮旅游能级和核心竞争力,打造体现国际风范、具有地域特色的世界著名旅游目的地,实现由供给不足向供需基本平衡转变。深化邮轮文旅融合发展,丰富邮轮旅游的内容,提升邮轮旅游的精神内涵,形成适应市场需要、层级丰富的邮轮旅游产品体系。

【拓展阅读】

国内首个邮轮无目的地海上游即将启用

2020年9月23日,国内首张邮轮港口海上游航线试点经营许可证在海南三亚颁发,获得许可的一家邮轮运营企业将在海南开展全新旅游项目——无目的地海上游。

获得全国首张邮轮港口海上游航线试点经营许可证的运营企业是由中国旅游集团和中国远洋海运集团共同组建的,该企业将启用"鼓浪屿"号邮轮开展无目的地海上游项目。

"鼓浪屿号"邮轮总吨位约7万吨,共有13层甲板900多间客房。国内游客凭身份证可登船享受吃、住、观看特色演出和购买免税品等休闲度假服务。

9月23日,海南省交通运输厅、三亚市政府、星旅远洋国际邮轮有限公司共同签署《2020—2021年度邮轮产业发展合作协议》,海南省交通运输厅向星旅远洋邮轮颁发首张邮轮港口海上游航线试点经营许可证。

根据合作协议,星旅远洋邮轮公司拟以旗下"鼓浪屿号"邮轮,长期运营以三亚凤凰岛国际邮轮港为母港的海上游和国际邮轮航线,开发邮轮维修、保养等相关配套产业,推进三亚国际邮轮母港建设,助力海南邮轮产业提质升级。

邮轮企业负责人:邮轮没有特定的地域要去,它就是在海上巡游的产品,邮轮自身就是一个目的地,它是在中国沿海旅游。

今后,海南将以三亚凤凰岛国际邮轮港为母港运营海上游、境外游等精品邮轮旅游航线,同时探索邮轮维修、保养和船供物资供应等配套产业发展。

海南省交通运输厅厅长:下一步吸引更多的甚至境外的游轮能够到海南来,境外的游客能够非常方便进入海南,使得海南的邮轮旅游能够成为国际旅游岛,成为国际旅游消费中心的亮丽名片。

据悉,此次推出的"鼓浪屿号"海南无目的地游航线产品是全国首创。标志着海南邮轮港口海上游航线试点政策颁布以来,全国第一家邮轮运输企业、第一艘邮轮正式获批在海南海口、三亚邮轮港口开展海上游航线试点业务。

所谓无目的地航线,是指邮轮并不靠岸,仅在海上巡游的航线。无目的地航线进一步丰富了邮轮旅游产品供给,可满足游客和居民海上看日出、潜水海钓、企业休闲商旅以及私人聚会等多样性的消费需求。

按照这一政策,在旅客登船证件管理和查验上,允许旅客凭有效身份证或出入境证件向边检部门申请登船手续。在旅行社报名参团的游客,也可由旅行社统一向边检部门申请游客登船手续。目前境内市场上运营的出境游邮轮航线均需要游客持护照登船。

资料来源:中国水运网,2020-09-27.

【阅读思考】

为什么海南省交通厅选择为"鼓浪屿号"邮轮颁发邮轮港口海上游航线试点经营许可证?

【知识链接】

《关于促进我国邮轮经济发展的若干意见》政策解读

近日,交通运输部、发展改革委、工业和信息化部、公安部、财政部、商务部、文化和旅游部、海关总署、税务总局、移民局等十部门联合制定印发了《关于促进我国邮轮经济发展的若干意见》(以下简称《意见》),现就相关政策解读如下:

1.出台背景

近些年来,随着我国经济社会发展和人民生活水平提升,邮轮运输旅游成为新型休闲消费方式,市场快速发展,自2006年市场起步以来我国邮轮旅客运输量年均增长40%以上,2017年达到243万人,拉动了消费及相关产业的发展,成为经济增长新亮点。邮轮经济产业链长、带动性强,对推进供给侧结构性改革、培育新动能、有效拉动内需、促进消费转型升级具有重要意义。相较国际成熟邮轮市场,我国邮轮市场发展尚处起步阶段,在邮轮设计建造、邮轮港口发展、旅游市场培育、旅客服务、物资供应等方面还有较大差距。

为深入贯彻落实习近平新时代中国特色社会主义思想和党的十九大精神,更好地满足人民日益增长的美好生活需要,推动我国邮轮产业链迈向全球价值链中高端,促进我国邮轮经济升级发展,交通运输部牵头,联合发展改革委等部门,坚持问题导向、目标导向,在深入评估调研、梳理分析的基础上,联合制定出台《意见》,提出了推进政策措施。

2.总体目标

《意见》提出,到2035年,我国邮轮市场成为全球最具活力市场之一,邮轮自主设计建造和邮轮船队发展取得显著突破,体系完善、效率显著的邮轮产业链基本形成,邮轮经济规模不断扩大,对城市转型、产业升级、经济发展和人民消费的支撑力和保障作用显著增强。同时,也提出了邮轮各相关主要产业发展目标:邮轮旅客年运输量达到1400万人次;具备大型邮轮设计建造能力,相关配套装备制造业全面发展;邮轮供应、物流配送、信息服务等服务功能齐全;本土邮轮船队具有一定规模;邮轮航线产品丰富,沿海邮轮市场基本形成;邮轮港口布局合理,设施功能完善,衔接顺畅,服务水平达到国际标准。

3.主要任务

为推进我国邮轮经济的发展,《意见》明确了九个方面主要任务。

一是积极培育邮轮市场。重点发展邮轮旅游市场、丰富邮轮旅游产品。入境游方面支持开辟多点挂靠航线,规范提升岸上旅游品质,鼓励衔接长江等内河及沿海邮轮市场;出境游方面鼓励培育发展东北亚、东南亚、洲际、极地及环球航线;深入研究公海游航线发展模式及配套制度,拓展旅游资源;多措并举,稳步推进五星红旗邮轮船队发展。

二是拓展提升港口服务能力。重点有序推进邮轮码头建设,优化完善集疏运系统,完善港口综合服务功能,推动形成2~3个邮轮母港为引领、邮轮始发港为主体、访问港为补充的邮轮港口布局。加强港城融合,拓展邮轮港口服务功能,积极打造生态友好的邮轮旅游发展试验区。

三是进一步优化口岸环境和功能。重点推动"单一窗口"建设,运用信息化手段,提升邮轮旅客及物资口岸通关服务能力和效率。逐步扩大外国旅游团乘坐邮轮入境15天免签政策实施范围,吸引境外游客乘坐邮轮入境旅游。

四是强化邮轮安全发展。重点推进安全体系建设,研究建立特别管理制度,加强进出港邮轮安全监管,加快搜救应急基础设施和装备建设,加强邮轮停靠口岸的公共卫生核心能力建设,完善邮轮运营安全、旅客群体性公共卫生和重大疫情等突发事件应急预案及工作机制。

五是着力推动邮轮绿色发展。重点落实绿色发展理念,推广使用技术先进、能耗低、安全环保的设施设备及清洁燃料。推进邮轮码头岸电供售电设施建设改造,鼓励邮轮靠港后优先使用岸电。加快邮轮码头船舶污染物接收设施建设,并做好与城市公共转运、处置设施的衔接。

六是加快推进邮轮建造及配套装备产业发展。重点突破豪华邮轮设计建造技术,鼓励合资合作方式,形成多元投入格局,加快实现首艘大型邮轮建造。鼓励通过"引进消化吸收再创新"和"自主创新"相结合的模式,推进邮轮设计建造逐步达到世界先进水平,完善和优化邮轮建造配套供应链体系。

七是着力提升邮轮供应配套能力。重点创新邮轮物资供应监管模式,充分利用出口退税政策,扩大我国食品等物资供应国际邮轮的数量规模,优化国际采购物资在我国口岸供船的检验检疫程序。支持上海等地建设邮轮物资供应全球采购综合保障中心。

八是提升邮轮运输旅游服务水平。重点完善邮轮运输旅游服务标准,提升旅客服务质量水平。研究建立邮轮船票制度,明晰邮轮运输合同各方权利义务和责任。支持扩大邮轮船票销售渠道,推动向多样化船票销售模式发展。鼓励企业构建邮轮综合信息网络,提升邮轮信息化智能化水平。

九是大力推动邮轮人才培养。重点完善邮轮人才培养体制机制,提高自主创新能力和教育水平,鼓励校企等多方合作共同培养专业化、国际化人才,加强邮轮设计建造、邮轮及港口经营管理等人才队伍建设。

为了确保上述各项任务政策措施的实施,《意见》要求各地交通运输、发改、工业和信息化、公安、财政、商务、文化和旅游、海关、税务、出入境等部门,从加强组织领导、形成合力、创新机制、完善政策措施,规范市场行为、做好事中事后监管3个方面切实做好保障落实。

资料来源:交通运输部网站,2018-09-27.

【课后思考题】

1.概括世界邮轮旅游市场发展的不同阶段及特征。

2.简述中国邮轮旅游市场的发展现状。

3.查阅相关资料,分析各大邮轮公司在新冠疫情过后,复航航线部署的特点。

【推荐阅读】

[1]汪泓.中国邮轮产业发展报告(2020)[M].北京:社会科学文献出版社,2020.

[2]孙晓东.邮轮产业与邮轮经济[M].上海:上海交通大学出版社,2014.

［3］孙晓东,林冰洁.中国邮轮产业有形之手:政策创新与产业演化［J］.旅游科学,2021,35(6):67-91.

［4］孙琳,叶欣梁."一带一路"倡议下跨境邮轮旅游合作路径——以广西-东盟邮轮旅游为例［J］.对外经贸实务,2019(8):84-88.

［5］陈宇赫,殷明."一带一路"倡议下中国邮轮产业的发展探讨［J］.对外经贸实务,2018(12):45-48.

［6］孙瑞红,叶欣梁,徐虹.中国邮轮市场的价格形成机制与"低价困境"研究［J］.旅游学刊,2016,31(11):107-116.

［7］孙晓东.中国邮轮旅游业:新常态与新趋势［J］.旅游学刊,2015,30(1):10-12.

［8］崔慧玲.中国邮轮旅游十年发展历程回顾及展望［J］.广西经济管理干部学院学报,2017,29(3):71-78.

第六章　邮轮旅游者

2019 年全球邮轮游客数量规模达到 3 000 万人次,据国际邮轮协会(CLIA)预测,按照正常发展,2025 年全球邮轮市场规模将达到 3 760 万人次,虽然受到新冠疫情影响,但全球邮轮业界普遍认为,这次疫情对邮轮行业的影响是阶段性的,全球邮轮旅游市场长期向好的发展趋势不变,依然具有良好的发展前景和市场潜力。邮轮旅游作为新生事物,是旅游市场特别是亚太旅游市场的生力军,对邮轮旅游者的界定及对其消费特征的把握,有助于邮轮旅游市场在亚太地区、中国市场的进一步发展。

> **【学习目标】**
>
> 　理解:邮轮旅游者产生的客观条件,购买邮轮旅游产品的常见影响因素
>
> 　熟悉:邮轮旅游者心理特征及需求动机
>
> 　掌握:邮轮旅游者的概念,邮轮旅游者的消费特征

【开篇导读】

新冠疫情下全球邮轮消费者行为分析

1.全球邮轮旅游市场游客行为调查

2020 年全球旅游面临的不确定性增加,全球旅游总人次达到 128.21 亿人次,增速为 4.2%;全球入境旅游总人次达到 14.23 亿人次,增速达到 3.8%。全球旅游总收入达到 6.02 万亿美元,相当于全球 GDP 的 6.8%;全球国内旅游收入达到 4.24 万亿美元,增速达到3.2%;入境旅游收入达到 1.78 万亿美元,增速达到 4.7%。但全球旅游业受新冠疫情的影响较大。然而邮轮旅游消费市场依然具有较大需求,根据预订网站 CRUISECOMPETE 的数据,2021 年邮轮预订量较 2019 年增长 40%,其中,11% 的预订量来自 2020 年取消出游计划的游客。根据邮轮评论网站 CRUISECRITIC COM 对 4 600 多名邮轮游客进行的在线调查,75% 的被调查者计划在疫情结束后恢复与以往相同的航次,甚至有部分人表示在疫情结束后将更加频繁地参与邮轮旅游。瑞士银行业巨头瑞银集团(UBS)的报告显示,有 76% 的邮轮游客选择改签而不是退款。

近年来,亚太地区国内旅游业对国民经济的带动作用领跑全球。2019 年,亚太地区国内

旅游人次为76.08亿人次,同比增长5.2%;国内旅游收入达到1.6万亿美元,增速达到2.5%。2020年亚太地区国内旅游人次达到79.89亿人次,同比增长5.0%,国内旅游收入达到1.7万亿美元,增速达到4.3%。亚太地区旅游收入占GDP的比重从6.4%增长到7.0%,亚太地区旅游收入占GDP的比重在全球五个区域中排名第一。因此,虽然受到新冠疫情的严重影响,但邮轮旅游依然具有较大的需求,亚太地区成为全球第三大邮轮区城市场,发展潜力巨大,具备较大的增长空间。

2.新冠疫情下邮轮旅游消费行为趋势

更加重视邮轮旅游产品安全。新冠疫情改变了人们的生活习惯,如勤洗手、人流密集场所佩戴口罩、注意运动提升免疫力、注重饮食健康等,这些习惯将延伸到旅游行为中。中国社会科学院旅游研究中心、腾讯文旅产业研究院发布的《新冠疫情下的旅游需求趋势研究报告》显示,调研发现,在人们对出游各项因素的看重比例方面,旅游者选择目的地时最看重卫生健康状况和社会安全秩序,并且对退费政策、应急措施和旅游保险等的关注程度显著提升。

增加游客选择邮轮出行的担忧。2003年,我国旅游业受"非典"疫情影响较大,国内出游的客流同比增速骤减至-0.9%,旅行社营业收入增速降低28%。中国旅游研究院、携程旅游大数据于2020年3月20日联合发布的《国人疫情后旅游意愿调查报告》显示,90%以上的被调查者选择国内游、城市周边、国内中短程游、国内长线游3项是主要选择,游客对邮轮旅游的顾虑较大。中国社会科学院旅游研究中心、腾讯文旅产业研究院发布的《新冠疫情下的旅游需求趋势研究报告》显示,在被调研者中今年有旅游计划的占比为72.4%,但受疫情影响,"原计划取消"的占比为28.3%,"原计划改期"的占比为16.7%,"变更原计划旅游目的地"的占比为9.1%。随着我国新冠疫情防控工作取得成效,人们对旅游的关注度稳步提升,9.4%的人在"疫情中做了新的旅游计划"。近3成旅游者预期疫情结束后3~6个月恢复旅游活动,近3成旅游者处于观望状态,也有21.3%的旅游者在3个月内重启旅游活动。问卷调查和舆情数据均表明,疫情后人们更倾向于在国庆等远离疫情的时间段出游。在影响出游的外部关键因素中,时间、预算和风险是影响未来一年旅游计划的关键因素。周边游出游次数最高,省外游消费较上年增长最多。不同旅游类型中,周边游预期出游次数依然是最高的(1.7次),而省外境内游的人均出游次数较上年增加最多(+0.3次)。

资料来源:中国邮轮产业发展报告(2020).

阅读思考:在新冠疫情下邮轮旅游消费者展现出了什么样的行为趋势?

第一节　邮轮旅游者概述

一、邮轮旅游者的定义

从经济学的角度来讲,旅游者就是旅游消费者,是指为了满足自身的需求而购买旅游产品、接受旅游服务的个人或者组织。旅游消费者是在旅游活动中购买旅游产品、享受旅游服务的消费者。邮轮旅游者是邮轮旅游研究的基本概念,对邮轮旅游者的定义进行研究不仅有着重要的理论意义,而且对于邮轮旅游实践指导具有十分重要的价值。随着国际邮轮旅游市场的快速发展,20世纪80年代以来,国外学者开始对邮轮旅游者的定义进行探究,获得了较为丰硕的研究成果。邮轮旅游者的定义,来源于旅游者的概念,并带有邮轮旅游的特征。对邮轮旅游者的定义进行阐述,需涉及邮轮旅游活动广度的划分以及邮轮旅游范围的划分。

对邮轮旅游者的定义,应把握如下特征:

以豪华邮轮作为旅游活动载体。与传统的旅游方式不同,邮轮旅游提供了包括餐饮、住宿、娱乐、休闲在内的一整套服务和设施,被称为"海上移动城堡""漂浮在海上的五星级酒店"。邮轮旅游者应当注重豪华游船的休闲娱乐功能,而非其交通运输功能。

以水上巡游作为主要活动形式。邮轮旅游以船上和船下作为分界点可分为岸上活动和海上活动,而邮轮旅游的岸上活动与一般的旅游活动无异,因此,水上巡游成为邮轮旅游明显的识别特征。邮轮旅游者的感官体验应主要来源于水上巡游时邮轮设施设备及服务,岸上观光仅作为邮轮旅游活动中的一种调节剂。

不以营利为目的的出游活动。邮轮旅游者出游的主要目的是休闲、娱乐、观光、度假等,而不是为了通过所从事的活动获取报酬。

具有移动性及异地性。结合旅游的本质特征,邮轮旅游者必须是离开常住地,到访豪华游船进行住宿、餐饮、观光、游览、娱乐、购物等综合性一站式旅游体验活动的人。

基于以上认知,我们可以将邮轮旅游者的定义归纳为:邮轮旅游者是指不以营利为主要目的,以大型豪华邮轮为载体,以水上巡游为主要形式,以船上活动和岸上休闲游览为出游主要内容的人。

二、邮轮旅游者的主要类型

(一)根据邮轮旅游者的人口统计学特征划分

1.按客源地划分

邮轮旅游者来自世界各地,根据世界邮轮客源市场传统划分方式,可将全球邮轮市场划分为北美、欧洲、亚太、大洋洲和世界其他区域客源市场。

2.按旅游目的地划分

按照出游目的划分,邮轮旅游者可以划分为观光旅游者、休闲度假旅游者、商务旅游者、科学探险旅游者等四大类型。

3.按组织形式划分

按照游客出游的组织形式,可以将邮轮旅游者划分为团队旅游者、自助旅游者两大类。目前,我国邮轮旅游以团队组织形式为主,自助旅游占比仍有待提升。

4.其他划分

按照游客的年龄、性别、受教育程度、收入水平、生活方式等对邮轮旅游者进行划分。

(二)根据邮轮旅游者出游选择行为特征划分

根据出游路线、出游目的、乘坐邮轮的舒适程度、出游的天数和费用等因素的不同,可以将消费者分为不同消费偏好类型。

1.根据出游路程的长短划分

根据选择邮轮游程的长短,可以将邮轮游客划分为短途游客、中途游客和长途游客。一般而言,短途游客指的是乘坐邮轮行程少于 7 天,旅程所经国家为一国国内或在某个大洲之内邻近的几个国家,如中国—日本—韩国等类似行程;中途游客的行程一般在 7~14 天,行程中更强调旅行品质的舒适度及沿途旅游目的选择;长途游客的行程一般大于 14 天,旅程一般为跨洋线路,一般选择该类行程的旅客以老年人为主。

2.根据出游的花费划分

根据出游的花费,可以将邮轮旅游者划分为度假型、豪华型、专项型等 3 个类型。一般来说,度假型游客重视所乘坐邮轮的休闲的氛围,乘坐邮轮的花费一般较低,对服务水平和靠港城市不是特别敏感;豪华型游客乘坐邮轮时对邮轮精致的装修设计和高标准的服务较为重视,偏好于充满人文气息和自然风光相对较为丰富的靠港城市;专项性游客乘坐邮轮时,更为注重邮轮的功能性,如喜欢邮轮娱乐的客人会更在意邮轮上娱乐项目的设计情况和整条邮轮娱乐氛围的打造。

三、邮轮旅游者产生的客观条件

(一)经济条件

邮轮旅游是一种经济支出活动,需要建立经济基础之上。从经济学角度出发,邮轮旅游活动的过程就是邮轮旅游者在吃、住、行、游、购、娱等各个环节上发生的各种经济关系的总和,在现代市场经济条件下,邮轮旅游者的产生需要受到一定经济条件的限制。根据国际邮轮经济发展规律,当一个国家或地区人均 GDP 达到 6 000 美元至 8 000 美元时,邮轮经济便具备了发展条件。以邮轮旅游经济发达的美国为例,根据美国统计局官方网站数据显示,20 世纪 60 年代初,美国的人均 GDP 接近 3 000 美元,美国人的出境旅游需求旺盛,而此时,邮轮旅游产业处于政府推动为主导,着力于建造停靠港、提供初步设施,属于邮轮旅游业起步阶段。这一阶段邮轮旅游者不多。20 世纪 70 年代中后期,美国人均 GDP 超过 8 000 美元,此时美国邮轮旅游逐渐被消费者所接受,年增长率达 8.1%,成为美国邮轮旅游业成长拓展期。20 世纪 90 年代初,美国的人均 GDP 超过了 23 000 美元,邮轮旅游年增长率稳定在 7.4%,美国邮轮旅游业也随之进入成熟期。

根据 2010 年世界银行对不同国家收入水平的分组标准,按人均国民总收入(GNI)计算,1 005 美元以下属于低收入国家;1 006~3 975 美元是中等偏下水平;3 976~12 275 元是中等偏上水平;12 276 美元以上为富裕国家。统计表明,2011 年开始我国 31 个省、自治区、直辖市中,有 25 个省份的人均 GDP 超过 4 000 美元,其中天津人均 GDP 为 86 496 元人民币,折合美元为 13 392 元;上海人均 GDP 为 82 560 元人民币,折合美元为 12 784 元;北京人均 GDP 为 80 354 元人民币,折合美元为 12 447 元;杭州的人均 GDP 也突破 8 万元人民币。这 4 个地方人均 GDP 已接近富裕国家水平。截至 2022 年全国 31 个省、自治区、直辖市人均 GDP 全部高于 6 000 美元,27 个省、自治区、直辖市人均 GDP 高于 8 000 美元,20 个省、自治区、直辖市人均 GDP 高于 10 000 美元。由此可见,中国已完全具备了发展邮轮产业的基本条件。

邮轮旅游者的个人可自由支配收入水平是邮轮旅游者产生和旅游需求得以实现的重要条件。可自由支配收入是指居民在一定时期内的全部收入,在扣除社会花费(个人所得税、健康和人寿保险老年退休的预支、失业补贴的预支等),和日常生活必需消费(衣、食、住、行等)以及预防意外开支的储蓄(突发事故所需费用)之后,剩下的收入部分。可自由支配的收入水平与一国的国民经济发展水平密切相关,它不仅决定了一个人是否有条件外出旅游,而且也决定了在旅游活动中的支付能力。

可自由支配收入水平可以通过恩格尔系数进行衡量。恩格尔系数(Engel's Coefficient)是食品支出总额占个人消费支出总额的比重,一个家庭收入越少,家庭收入中(或总支出中)用来购买食物的支出所占的比例就越大,随着家庭收入的增加,家庭收入中(或总支出中)用来购买食物的支出比例则会下降。推而广之,恩格尔系数越大,说明这个国家越贫困,家庭用于购买食物等生存资料的开支部分所占比重大于用于购买发展资料和享受资料的开支部分所占比重,个人可自由支配收入水平越低,外出旅游的人数也就越少;反之,恩格尔系数越小。说明这个国家人民的生活越富裕,个人可自由支配收入越高,形成的游客也就越多。

恩格尔系数 = 食物支出金额 ÷ 总支出金额

(二)可支配时间

人们的时间可以分为工作时间、生理上需要调剂的时间、家务和社会交往时间和闲暇时间4类,联合国《消遣宪章》中,将闲暇时间定义为:个人完成工作和满足生活要求之后,完全由其本身所支配的一段时间。

充足的可支配时间是邮轮旅游者产生的必要客观条件之一。国际邮轮旅游的平均时间是7.2天,目前国际上主导的邮轮产品是6~8天的行程,跨洋航线一般需要一个月左右的时间,最短的国际航线也需要2~3天的时间。大量学者通过研究总结出,邮轮旅游业发达的国家休假制度一般十分完善,如美国、日本等国家,每周工作时间一般是35小时,每周两个闲暇日,自1936年西方各国推行带薪休假制度以来,目前西方国家的带薪休假达到每年20天左右。完善的休假制度,使得邮轮旅游在发达国家市场得以快速发展。

(三)现代科学技术水平的提高

邮轮的前身是远洋客轮,主要实现跨洋运输功能,随着现代科学技术的发展,邮轮的规模越来越大,并逐渐配备了生活、休闲、娱乐与度假的各类设施,实现了大型客船功能、定位上的转变。现代邮轮目前已发展成为旅游吸引物,根据船型规模和豪华程度,国际邮轮协会(CLIA)将其划分为经济型、时尚型、尊贵型、豪华型、探索型与专门型等6类。此外,随着现代科学技术水平的发展,邮轮旅游的安全系数不断上升,邮轮娱乐项目的科技含量日益增加,也成为吸引邮轮旅游者的主要因素。

【拓展阅读】

"海洋光谱号"上海首航 皇家加勒比解读中国邮轮消费者偏好

在皇家加勒比"超量子"系列游轮"海洋光谱号"上,船底储藏室的食物经由电梯送往厨房,那里280多名厨师正在忙碌,一批批面包正从烤箱里被取出;洗衣房里的机器转动,为

2 137间客房、17个餐厅清洗床上用品、毛巾及餐巾桌布;4 000多名客人及1 500多位船上员工产生的包括食物残余在内的垃圾在回收站被分离、处理和压缩;从3层到15层,餐厅、免税店、剧场、音乐厅、酒吧、海上运动馆、甲板泳池灯光璀璨……在船靠岸之前,理直气壮地尽情娱乐才是正经事。

图6-1 "海洋光谱号"甲板泳池

如果不是舷窗外茫茫的天际线和水面被船体划开的波纹,人们恐怕一时难以分辨自己究竟身处豪华邮轮还是一家度假村酒店。1995年皇家加勒比曾在一次消费者调研中询问从未搭乘邮轮的人:你喜欢什么样的邮轮? 这些人的回答指向一个结论:从未搭乘过邮轮的潜在邮轮消费者,喜欢"最不像邮轮的邮轮"。

图6-2

"我们从那个时候开始造(当时)世界上最大的邮轮,海洋航行者系列,1999年下水。(船上)出现了皇家大道,出现了冰上秀,它就不像邮轮,之后所有的船都是以超越消费者想象的格调去造的,"皇家加勒比游轮亚洲区主席刘淄楠博士如此介绍皇家加勒比的"DNA"。

50年来邮轮始终是朝阳产业,但刘淄楠认为挖掘邮轮产业潜力的突破口在于找到那些还未搭乘过邮轮的人。据刘淄楠估计,迄今为止近99.5%的中国人从未坐过邮轮,而超过两亿的中产阶级人口,让中国有理由成为北美和欧洲之外,全球邮轮行业最重要的战略市场。

1."大船"扎堆 皇家"重剑"耍得开吗？

业内普遍认为,中国和亚洲邮轮经济在近两年进入了暂时的"调整期"。经历 10 年的迅速发展,国际邮轮公司在中国市场的不断加码造成国内邮轮市场供过于求、销售模式弊端重重。中国交通运输协会邮轮游艇分会(CCYIA)和中国港口协会邮轮游艇码头分会联合统计数据显示,2018 年我国接待邮轮数量和邮轮旅客量双双下滑。

图 6-3

皇家加勒比"超量子"系列游轮"海洋光谱号"于 2017 年 8 月启动建造,并宣布确定将在 2019 年完工下水,来华部署航线。"建造'海洋光谱号'的时候我们已经知道中国市场要进入调整期,但我们相信皇家加勒比能顺利突破调整期。我们同样对中国邮轮市场充满坚定的信心,"刘淄楠表示,"我们需要一个重磅武器加码中国邮轮市场。"

2019 年国内邮轮行业似有回暖迹象。6 月 3 日,经过为期 47 天的奥德赛环球之旅,"海洋光谱号"于凌晨抵达上海吴淞口国际邮轮港,正式开启中国母港首航。至此,皇家加勒比旗下"海洋光谱号"、歌诗达旗下"威尼斯号"、云顶集团"探索梦号"这三艘 2019 年来到中国的新船齐聚吴淞口国际邮轮港。公开信息显示,2020 年地中海全新一代未来"荣耀号"、2021 年云顶集团首艘"环球级"邮轮也将布局上海。

就吨位而言,"海洋光谱号"的确称得上"重磅"。"海洋光谱号"总吨位 16.8 万,与皇家加勒比旗下分别在 2015 年、2016 年来到中国的"海洋量子号""海洋赞礼号"吨位相近,是目前亚洲最大的邮轮,可容纳双人入住的 5 064 名客人和 1 551 名船员。

把中国邮轮业带入"大船时代"的是皇家加勒比于 2012 年进入中国的 13.8 万吨邮轮"海洋航行者号"。"不像邮轮的邮轮"逐渐改变国内消费者关于邮轮"乏味""无事可做""是老年人乘的"等固有印象,也打乱了行业常规以小船控制成本、保持利润的战略。

另一方面,有皇家加勒比"大船策略"珠玉在前,中国市场的"大船"之争正越来越好看。交通运输部也在 2015 年 4 月发布的《全国沿海邮轮港口布局规划方案》中指出,国际邮轮正呈现大型化发展趋势,并预计未来我国始发航线邮轮船型以 8 万~15 万吨级船型为主。

随着中国邮轮经济从"调整期"逐步复苏,国际邮轮公司争相以"大船""新船"抢占中国市场。前有歌诗达旗下 2019 年 5 月进入上海、总吨位 13.55 万吨的"威尼斯号",后有 2020 年即将到来、总吨位 17 万的地中海"荣耀号"、2021 年云顶集团 20 万吨"环球级"邮轮。面对"扎堆"而来的大船,曾以"大船策略"打开中国市场的皇家加勒比是否还能保持领先地位?

图 6-4　机器人酒吧

刘淄楠对此抱有信心："《神雕侠侣》里有个英雄叫杨过,杨过有一把重剑,这重剑很钝,但耍起来却是无敌的。皇家加勒比的'重剑'就是我们的大船。但光有剑不行,还要有剑术,也就是我们的分销模式。有了剑术还要有内功和外功,就是要把产品、利润和营销做好,这就要靠你的团队。"同时刘淄楠还强调,"大船策略"只是一个说法,"不是说船大就可以了。我们还在客房、餐饮、娱乐、科技等很多方面做文章,提供创新产品和品质服务"。

在政府、市场,以及邮轮运营商的多重努力下,中国邮轮行业正逐渐向以创新与品质为核心驱动力的发展阶段过渡。"海洋光谱号"是皇家加勒比践行对中国市场长期承诺的诚意之作,皇家加勒比能否借此进一步将邮轮旅行打造成为与单纯岸上游相比肩的度假方式,推动中国邮轮产业驶入下一个新蓝海,值得持续关注。

2.7~8 晚产品增加长航线或更受欢迎

岸上游目的地仍是中国游客是否再次乘坐邮轮的重要考虑因素之一,就 2020 年皇家加勒比从中国母港始发的航线规划来看,提供更丰富的目的地选择与岸上体验的长航线将占据更高的比例。

长航线指的是 6 晚及 6 晚以上的航线产品。据皇家加勒比游轮中国区副总经理贾靖介绍,2020 年皇家加勒比将部署从中国母港出发的航次 115 个,其中包括从上海母港出发的 62 个航次、从天津出发的 29 个航次和从香港出发的 24 个航次,其中长航线的运力份额为 35%,运力将较 2019 年增加近 40%。

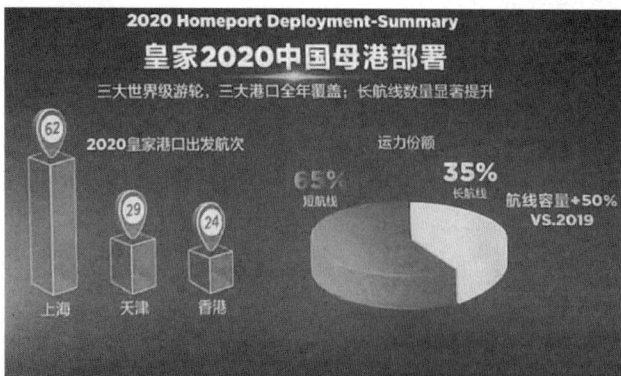

图 6-5

"以 2019 年每个月一条长航线的节奏、运营半年的经验来看,长航线还是非常受欢迎的。不管从哪个渠道上来讲,其受欢迎程度不输短线,越长的航线,目标客户的转化越容易。皇家同时在长航线的目的地体验上进行升级,开拓了金枪鱼的解体秀、茶道、和服等岸上观光主题产品。除了 3 晚、4 晚航线产品中的常规体验,长航线能让客人更深入地体会到目的地原汁原味的文化,"贾靖表示。

2019 年上半年,皇家加勒比从中国母港出发的唯一一个 8 晚航次在加长版"五一"小长假的助推下取得了"骄人的业绩"。

截至目前,除皇家加勒比外尚无其他邮轮公司发布 2020 年从中国母港出发的航线部署。但查询 2019 年航线可以发现,4~5 晚的航线产品仍是主流,皇家加勒比旗下"海洋量子号""海洋航行者号"与"海洋光谱号"提供的 6 晚及以上航次在数量上明显领先于其他进入中国母港运营的邮轮公司。

长航线对于游客意味着更高的价格和更长的旅行时间。国内上班族假期时间短、邮轮对国内消费者而言仍是相对新鲜的旅游产品,远未达到欧美市场的普及程度,都是不容忽视的客观因素。加码 7~8 晚的长航线是否能如皇家加勒比所愿,进一步提升其在中国市场的竞争力?

"我们刚进入中国市场时,提供的航线主要为 3~4 晚的短航线,复购率相对较低。但当我们逐渐将航行时间延长到 4~5 晚时,复购率与游客满意度都开始上升。近两年我们把更多精力放在了 7~8 晚的长航线上,长航线带来的不仅是复购率和游客满意度的大幅提升。国际游客比例也有了明显上升,长航线为我们吸引了来自全球和中国更多地区的游客,"皇家加勒比国际游轮中国区总裁 Bert Hernandez 在介绍皇家加勒比 2020 年战略规划时,这样解释长航线产品比例增加的战略考量。

"向长航线转型也是一个逐渐的过程,但长航线是我们战略里非常重要的一部分,"刘淄楠表示。在刘淄楠看来,分销渠道的改革也为皇家加勒比价码长航线增添了底气,多元化的销售渠道让皇家加勒比有足够的信心卖好长航线产品。刘淄楠透露,皇家加勒比直销产品的比例已达到 20%~35%,这使得皇家加勒比对产品有了更多的控制。

上海-神户-神户-大阪-东京-东京-上海　9天8晚　[海洋光谱号]

2020/07/25 (周六) 至 2020/08/02 (周日)

D1	D2	D3	D4	D4	D5	D6	•••
上海	巡航	神户	神户	大阪	东京	东京	巡航	更多

早 早订特惠　　暑假　　第1第2人立减　　长航线

图 6-6

2020 年东京奥运会将成为皇家加勒比长航线产品的卖点之一。"海洋光谱号"于 2020 年 7 月成为停靠东京新港的第一艘国际邮轮,值得一提的是,从停靠港口出发步行约 20 分钟便可抵达多个主要奥运场馆。

3.对中国消费者偏好的深度解读

作为开建时就已确定要部署中国的"超量子"系列大船,"海洋光谱号"承载着皇家加勒比"圈粉"更多中国消费者、巩固其在中国市场的品牌影响力的"野心"。刘淄楠多次强调中国团队在"海洋光谱号"设计过程中的参与,"'光谱号'是一条很知性的船,你要细细体会……结合'量子系列'颇受喜爱的标志性设施,'光谱号'在软、硬件设施上均实现了革新性突破。在设计细节方面,'海洋光谱号'反映了我们对亚洲消费者、中国消费者偏好的深度解读"。

图 6-7　南极球

中国气质与世界品质的结合,是"海洋光谱号"力图呈现的形象。"中国气质"的具体表达,从"海洋光谱号"餐饮和娱乐节目设计上可以有明显的感受。

在餐饮方面,"海洋光谱号"推出了火锅、川菜、日本铁板烧,"咖语茶道"咖啡厅等受中国和亚洲消费者欢迎的餐厅。"与此同时,我们坚持国际美食的选择和品种。如果游客上了邮轮,发现跟家门口购物中心的环境一样,这样的邮轮对中国消费者是没有吸引力的。所以我们的产品既保持了国际化的成分,同时可以满足消费者的多样需求。"

娱乐表演方面也考虑到了中国观众不同于西方观众的喜好。"我们注重要有很多舞蹈,不仅仅是唱……中国的客人需要新型特效的震撼,所以我们的节目有很强的特效"。"海洋光谱号"全新娱乐大秀《光谱奇侠》史无前例地加入了无人机表演;具有很强科技感的270度景观厅内上演的《丝绸之路》融入了歌唱、舞蹈、杂技、特效等各种元素。

图 6-8　《丝绸之路》演出现场

"海洋光谱号"以有别于中国观众熟悉的方式全新演绎了《丝绸之路》,讲述了从中国前往罗马做生意的使者受到了波斯人的阻挠,众神之王宙斯派了两只鹰,一只从东方,一只从西方,飞到世界的中心为丝绸之路上的商队指引方向。让人应接不暇的歌舞和杂技表演配合270度高清数码大屏幕与多个升降舞台,展现了丝绸之路上中国、波斯、印度和罗马等诸多国家的风情与色彩。就视听效果而言,这是一台极具吸引力和感染力的演出。

"请大家把观看演出看作走入一幅极具艺术感和象征意义的画卷,"皇家加勒比国际游轮全球娱乐副总裁 Nick Weir 在介绍《丝绸之路》时表示,"整台演出就是抱着让观众看三次、四次、五次,每次都能从中发现一些新细节的设想而创造的。"

"丝绸之路"是古代连接中西文明的重要交通纽带,从这一意象中也不难看到皇家加勒比在"海洋光谱号"上推出这场原创秀背后的深意。在"海洋光谱号"这艘集合了来自中国团队的智慧和市场洞察,以及美国团队的新船制造经验的邮轮上,东方色彩与西方元素的碰撞也具有了某种象征意义。

在邮轮设计和咨询领域业务广泛的芬兰造船和海洋工程公司 Foreship 于 2015 年曾预言,中国作为邮轮新的目的地,将成为未来邮轮船舶设计的重要因素,"船东为中国客户量身定做邮轮的新概念即将到来"。不可否认的是,邮轮产业在欧美地区的发展已有 150 年历程,而邮轮在中国起步才仅仅十几年。中国消费者和西方消费者在消费能力、消费偏好上的区别对于任何一家进入中国市场的邮轮公司都将是一种挑战。

新旅界(LvJieMedia)关注到,诺唯真游轮公司旗下的"中国风"邮轮"喜悦号"在 2019 年4 月刚刚离开中国市场,而歌诗达旗下首艘"为中国量身打造"的 Vista 级邮轮"威尼斯号"在2019 年 5 月开启上海母港运营。随着"海洋光谱号"从上海吴淞口国际邮轮港正式起航,在品牌影响力和销售模式改革加持下,皇家加勒比对中国消费者的解读能否让市场买单,将为国内邮轮行业下一阶段的转型发展带来重要启示。

"皇家加勒比一直在思考,怎么让消费者更喜欢我们的产品,让客人在离开邮轮的时候觉得这是一段难忘的旅程,觉得他还想一次次再来搭乘。在这个过程中你必须了解你的消费者,"刘淄楠坦言,"我们对消费者的认知还在一个不断加深的过程中。"

资料来源:新旅界,2019-06-17.

第二节　邮轮旅游者的购买动机及消费特征

随着邮轮消费者旅游需求的增加,国内外对邮轮企业及邮轮消费者行为的研究日渐增多,从最初集中的管理者领导行为、服务管理、市场细分、品牌塑造等方面扩展到邮轮消费者购买行为、购买特征、满意度、感知价值和目的地重游倾向等。其中,对邮轮消费者的研究主要是从人类学、社会学、心理学、行为学等角度出发进行研究的。邮轮旅游使旅游者及其亲朋之间借助邮轮去体验和享受人生,是休闲度假和观光旅游完美的结合,是尝新、闲适、自由的旅行,这不仅有益于身心健康,增长知识,拓展视野,而且还促进了亲朋之间的感情联系。

旅游者消费行为是指旅游者在旅游活动中的消费行为,包括以下几个方面:

旅游者为什么购买旅游产品(Why)?

购买什么样的旅游产品(What)?

怎样购买(How)?

在哪购买(Where)?

何时购买(When)?

由谁来购买(Who)?

本节所指邮轮消费者行为是指邮轮旅游者在邮轮旅游过程中的行为表现,包括购买动机、购买特征、现实邮轮旅游中的偏好行为等。目前,国内外众多学者对邮轮旅游消费行为进行了深入研究,相关代表性研究成果梳理如表6-1所示。

表6-1　邮轮旅游消费行为意向相关研究成果梳理

作者	研究内容
Field 等 (1985)	对1979夏季阿拉斯加邮轮旅游者的社会人口统计学特征进行分析,发现这些旅游者的基本特征是:年龄较大、受过良好教育、已经退休或从事专业技术工作、薪水高、以已婚夫妇占绝对优势,丧偶妇女也占有一定份额
Moscardo 等 (1996)	对比了邮轮旅游者与其他类型旅游者的消费行为,发现邮轮旅游者群体更加注重安全、偏好多目的地和国际旅行项目在内的包价旅游产品
Mancini (1999)	对邮轮游客进行邮轮旅游时的障碍因素研究,调查结果表明,无聊、旅游者老龄化、控制环境、在停靠港停留的时间很短、移动时间太长、安全性、晕船、信息不足等都属于阻碍邮轮旅游的因素
Dickinson Vladimir (2005)	邮轮旅游时主要障碍因素是大额支出、上流阶层的情趣、家庭中心节目、对密闭空间的恐惧心理和晕船
Daisy、Hanqin (2015)	不同人口背景群组的潜在邮轮乘客具有不同的出游动机与意向,其中"放松""家庭""享受"动机能够正向影响邮轮旅游意向
L.Vina 等 (2001)	邮轮游客选择邮轮旅游的关键因素是婚姻状况、收入、以前的邮轮度假体验、费用、旅游时间、探索新目的地以及是否提供预约或邮寄行李服务
Petrick、Park (2009)	他们对比了3类人群,现实邮轮游客年内参与过、现实非邮轮乘客曾经参与、年内未参与和非邮轮乘客从未参与过参加邮轮旅游的感知限制因素,研究结果表明:在限制参游因素方面,非邮轮游客比现实邮轮游客更加认为费用、时间和身体状况是重要制约因素
Andriotis 等 (2010)	邮轮游客的旅游动机主要为"探索"和"逃离",而产品服务以及旅游节奏是影响游客整体满意度的重要方面
Hung 和 Petrick (2010)	构建了一个包含多个维度(自身因素、人际因素、结构因素和未予考虑)的限游因素测度量表,其后的实证研究表明:非邮轮客更多地考虑自身因素(安全担忧、个人或亲属的健康问题、惧洋心理、特殊的饮食习惯、晕船等)和人际因素(没有游伴、与同船者的相处等),而现实邮轮游客则更多的考虑结构因素(如没有足够的闲暇时间、工作任务太重、家务负担太多等)

续表

作者	研究内容
Teye V (2011)	基于佛罗里达至加勒比海地区 10 天邮轮旅游行程中的游客为研究对象,发现游客对行程中的航线目的地的感知并不相同,经济越发达的目的地,游客花费的钱更多,游客的积极感知更高
Hung 和 Petrick (2011)	在关于消费者旅游动机的研究中表明,理想的、社会的、现实的、社会理想的和功能一致对邮轮旅游参与意向都有积极作用,而理想自我一致的作用最为突出。同样,旅游动机对邮轮乘客的参游决策倾向具有正向影响
Huun 等 (2015)	对美国邮轮旅行者进行了调查,研究邮轮旅行中 VIP 游客与其他乘客之间有关社会价值、品牌依恋和支付溢价方面的感知差异
Juan G (2018)	应用随机森林和 Lasso 回归方法,分析乌拉圭邮轮游客的消费特征,结果证明,左右邮轮游客消费的关键变量是邮轮航线和住宿条件
张言庆、马波、刘涛(2010)	通过对现有文献数据的分析,总结出国际邮轮旅游者人口统计特征方面的现状,平均年龄在 50 岁左右,以中老年为主,并表现出年轻化趋势;性别比例上保持一贯的持平状态;文化程度方面则半数以上拥有大学以上教育经历
杨乔蕾 (2013)	指出国人对邮轮旅游的风险感知源于客观与主观两方面,并针对中国消费者的感知邮轮风险(社会风险、心理风险、安全风险与资金风险)提出防范对策
高洪云、张言庆 等 (2016)	研究表明当前青岛市居民对邮轮旅游这一新兴旅游方式的认知程度较低,但表现出较为积极的消费意愿,指出价格因素仍是当前消费者进行邮轮消费的主要阻碍因素
张维亚 (2013)	研究发现邮轮旅游者参与邮轮旅游的动机、机会和支付能力对邮轮旅游者消费决策具有正向促进作用
郭柳晨、周依晨 (2013)	研究发现文化价值观对邮轮旅游感知风险存在显著正向影响,邮轮旅游产品与邮轮游客文化需求吻合时,其购买意愿较高
吴春艳 (2012)	研究了影响我国邮轮旅游者的购买决策的因素为心理因素、经济因素、文化因素、社会因素、营销刺激因素等五大因素
程钟慧,张强 (2016)	研究不同性别邮轮游客所偏好的船上休闲娱乐活动,结果发现男性游客偏好参与性强的活动,喜欢带有刺激冒险性的活动。相反,女性邮轮游客相对男性而言更倾向于观赏类活动,更关注邮轮船上活动所带来的享受性
邱羚,夏雪梅 (2017)	将中外邮轮游客的偏好进行对比发现,外国邮轮游客更加偏好西式邮轮,喜欢邮轮上的多样化的餐饮品类,此外,外国邮轮游客倾向于邮轮上配备较大的公共活动空间;相比较而言,中国邮轮游客对餐饮及公共空间的无明显偏好,而是倾向于邮轮上配备丰富多样化的休闲娱乐项目,并且邮轮船上有满足中国游客休闲娱乐需求的旅游产品,其中中国邮轮游客更加偏好免税店、赌场以及酒水饮料

可见,国内外对邮轮消费者出游动机、消费偏好以及游客人口统计学特征等行为意向研究已经取得了较为丰硕的成果。当前,随着欧美邮轮旅游市场的逐渐饱和,全球邮轮市场开

始向亚太地区东移,而以中国为核心的亚洲地区成为增长最快的新兴市场之一。与全球发达邮轮区域相比,中国邮轮市场渗透率非常低,邮轮文化还比较欠缺,产品认知水平不高,客源市场拓展持续性较弱,越来越难以支撑当前的邮轮供给水平,部分邮轮开始慢慢退出中国市场。分析邮轮旅游者的购买行为及消费特征,对有效衔接邮轮市场需求,特别是中国邮轮市场,提升顾客忠诚度,并有效吸引潜在游客参与邮轮旅游具有重要意义。

一、邮轮旅游者的购买动机

参与邮轮首先需要有一定的动机,这也是旅游者参加旅游的内在因素。不同的初始动机会直接影响旅游者的偏好,进而对旅游行为产生影响。一方面,邮轮旅游认知是影响邮轮旅游动机的重要因素,由于我国邮轮消费者对邮轮旅游认知存在一定的偏差,认为邮轮仍然是旅游的交通工具,在邮轮旅游中无法靠岸成为中国邮轮旅游者满意度不高的主要原因;另一方面,邮轮旅游动机属于心理反应的一种,会受到知识、欲望、习惯以及环境等多种因素影响。参加邮轮旅游的动机较为复杂,有的旅游者仅仅是因为好奇,有的旅游者是由于旅游代理的推荐。归纳起来,大致有如下几种:

(一)休闲度假的动机

邮轮旅游是一种省心省事的度假方式。人们在航行过程中只需一次搬运行李,免除了驾车到处找旅馆或饭店的烦恼,可以最大限度地减少游客需费操心的杂事,因而能够最大限度地享受假期。

邮轮旅游能够使人摆脱尘世的烦恼。邮轮旅游会使游客彻底远离城市的喧嚣与繁忙,取而代之的是海阔天空、令人舒适的自然景观。

(二)探索新奇的动机

人们对未知的事物总会抱有好奇心,愿意尝试去探索。虽然现代社会信息手段高速发展,人们足不出户就能了解各国的自然风景和人文风情,但这不但不能满足人们对世界探索的需求,反而进一步激发了人们想要身临其境、亲身经历的欲望。相对于传统旅游方式而言,邮轮旅游的覆盖面更广,不仅是在邮轮上有许多新奇的项目可以体验,邮轮旅程沿线更有许多异质风光和异质人文可以亲身经历。邮轮旅游活动让游客可以在世界各地寻求不同的经历和体验,领略异域各类独特的风光、人文风情。

同时,邮轮旅游能够比普通旅游行程到达更为广阔的区域,且很多旅游景地的最佳游览方式只能靠乘坐邮轮来实现,如阿拉斯加、加勒比海、地中海、印度尼西亚以及挪威海峡等地。

(三)享受高自由度、高品质生活的动机

邮轮旅游能够给予游客最充分的活动自由。大多数邮轮旅游都会为游客预先安排种类繁多的活动,游客在拥有广泛选择的同时还有充分的自由。与普通旅行中疲于跟随旅行社的行程安排而极少有自由活动时间的情况相比,邮轮游客可以毫无约束地在船上自由安排活动内容。同时,在邮轮上,可以远离工作和生活中的琐事打扰,全身心地与家人、朋友度过美好、惬意的休闲时光。

（四）追求快乐的动机

愉悦快乐的感受是人们对生活所向往的，也是驱使人们参加旅游活动的一个重要内生力。在旅游活动已经成为当代人生活方式的今天，每一次邮轮旅游活动都能给人们留下美好的经历和回忆，又成为人们策划下一次旅游活动的动力。

（五）学习异国文化动机

邮轮旅游能够使游客开阔眼界。增长见识。即使邮轮游客的目的只是享受休闲的好时光，他们在旅途中也能够学到大量所游景点的有关知识。许多邮轮会在旅游行程中安排专家讲授相关课程，帮助游客更为全面地了解游览线路所经过之处的历史和文化。更有一些邮轮公司为了满足游客的特殊要求，特地将学习知识作为旅游大餐，精心打造这一特色产品。另外，有的邮轮公司还将探险与猎奇相结合，为游客提供以"考察"为主的邮轮旅游产品。

（六）社会交往动机

邮轮旅游能够为交友提供更广泛的机会。邮轮旅游途中可以遇到很多新朋友，交往的机会也无处不在。正是由于游客们的相同爱好——选择同一条船、同一个航程和同一个旅游目的地会使彼此结下深厚的友谊。

邮轮旅游能够带给游客浪漫的经历和感受。许多电影、戏剧、歌曲和书籍等都是以海上航行作为故事题材和背景，从一个侧面说明邮轮旅游所蕴含的浪漫色彩。航行中的游客会很自然地有着同舟共济的潜意识，因而更容易友善相处，恍如老友。邮轮旅游具有强大的品牌宣传效应。邮轮旅游这一高档旅游形式凭借其日益突出的强大品牌效应，成为旅游市场热捧的重点。同时，借助媒体的宣传，有过邮轮经历的人也将其作为可以炫耀的经历广为传播。有关研究表明，亲友熟人的口碑宣传，是吸引游客选择邮轮旅游的首要原因之一。在心理层面上，人们选择邮轮旅游的一个不可忽视的原因是此次经历可以成为他们日后人际交往的话题。此外，有研究表明，邮轮旅游非常适合携带父母长辈休闲度假。

（七）性价比较高动机

邮轮旅游能够使游客体会到"物超所值"的感受。邮轮旅游是性价比最高的旅游方式之一。如果对参加邮轮旅游所获得的满足感和充实感与参加其他旅游所花费的费用进行比较，人们会明显发现邮轮旅游的价格相对便宜得多，很少有人事后对邮轮旅游的消费感到后悔。

同时，邮轮旅游的"包价"方式能够使游客提前预知所有花费。邮轮旅游是种真正将所有旅行费用明码实价，一包到底的度假产品。因此，人们在决定邮轮旅游之前，就会清楚准确地计算其发生的全部费用。这是其他类型的旅行方式很少做到的。例如，一个家庭在做一般旅游行程时会计算机票、住宿和租车的费用，但却很难预知食品、饮料以及娱乐性消费等难以预见的费用，而这些消费有时会使全程的费用增加50%。

（八）相对安全动机

邮轮旅游是一种比较安全的旅行方式。一般情况下，邮轮上有着严谨的管理制度和手段,任何异常情况都能被迅速地察觉,游客在登、离邮轮时会受到严格的监控。而且,船上的构造特征和配有的安全装置能够保证船舶安全航行。

受 2020 年新冠疫情影响,全球邮轮及港口的卫生防控体系得到进一步完善,游客及船员的防疫情意识、安全意识大幅提高。全球邮轮港口硬件设施改造升级,游客进出港流程得到优化,港口测温、隔离等防疫设施标准提升,港口工作人员的防疫知识经过培训有所增加。同时,世界邮轮公司将实行更加严格的游客登船限制,并在邮轮上建立起更完善的温度和医疗检测体系以及对游客和船员的健康监控体系,进一步完善温度和医疗检测体系以及对游客、船员的健康监控体系,进一步完善游客、船员登船信息可追溯管控机制,实行更加严格的船上消毒频次要求,为邮轮旅游创造更加安全的环境。

二、邮轮旅游者的消费特征

(一)邮轮旅游者特点

近年来,全球邮轮市场规模稳步增长,虽然在 2020 年受到新冠疫情影响而出现显著下滑,但全球邮轮界普遍认为疫情的影响只是阶段性的,不能改变全球邮轮市场长期向好的趋势。据国际邮轮协会(CLIA)统计数据显示,全球邮轮市场主要聚集在加勒比海、亚太地区、地中海、北欧及西欧、澳大利亚、阿拉斯加等区域,这六大区域占据了世界邮轮市场 85% 的份额,2018 年北美地区邮轮游客量达到 1 420 万人次,是全球最大的邮轮市场。与非邮轮旅游者相比,邮轮旅游者呈现出高龄化、高学历、高收入、退休人群占比较高等特点,本书以北美地区的邮轮旅游者特点为基础,尝试概括国际邮轮市场上游客的特点。

1.收入水平

邮轮游客年均家庭收入较高,表明收入较高的中产阶级群体对邮轮旅游这类品位较高的旅游活动具有偏好。

2.受教育程度

邮轮游客的平均受教育程度较高,统计数据显示,2018 年有约 80% 的邮轮游客具有大学及以上学历。

3.年龄特征

国际邮轮市场中 50 岁以上的邮轮游客占比在 50% 左右,近年来,越来越多的年轻人加入邮轮旅游这种新型的度假方式。2019 年《中国邮轮产业发展报告显示》,2018 年亚洲邮轮市场游客平均年龄为 45.4 岁,与 2017 年 45.6 岁基本一致,19 岁及以下游客占比为 13%,20~29 岁占比为 9%,30~39 岁占比 16%,40~49 岁占比为 14%,50~59 岁占比为 17%,亚洲邮轮游客呈现出年轻化趋势。

4.出游方式

参加邮轮旅游的游客几乎是结伴而行,将近五分之四的游客是与配偶一同出游,大约三分之一的游客带小孩出行。团队游客、蜜月游客是邮轮旅游者中的主力军。

(二)影响邮轮旅游消费行为因素

邮轮旅游能够满足不同游客的各类需求。有些游客参加邮轮航行的目的未必是度假,很多公司包下整艘邮轮开展商务活动。据调查,每一种曾经参加过邮轮旅游的消费群体,包括与家属同游、单身旅游,以及各种组织成员、年老者、年少者、运动爱好者、知识渴求者等,都对邮轮旅游有着积极的评价,这是其他类型的旅游方式从未有过的。影响邮轮旅游消费行为的因素归纳起来主要有主体影响因素及客体影响因素两个方面。

1.主体影响因素

心理影响因素。旅游者消费行为会在一定程度上受到性别、年龄,以及受教育程度、文化氛围、生活环境的影响,进而对邮轮旅游消费行为进行干预。第一,在年龄上,旅游者年龄差异,会导致其心理需求、消费习惯、购买经验等存在差异。青年期的旅游者会更倾向于选择时尚、新鲜的产品;中年期的旅游者多会选择新奇浪漫的产品;老年旅游者因其消费观念以及思想较为陈旧,多会选择价格较低的产品。第二,在生理上,两性旅游消费行为也会存在一定差别。女性较为细腻,多会选择浪漫海景以及免税店进行购物,而男性旅游者则会更倾向于品牌、运动类的产品。第三,在受教育程度上,不同人群对事物的理解以及接受能力有一定差别,一般来说,受教育程度越高,接受新鲜事物的能力越强,而低教育水平的人群从众心理较强。第四,对消费者行为有一定影响的主体因素还包括职业,一般情况下,国际化公司从业人员的接受能力更高。

经济影响因素。邮轮旅游主体经济条件会对邮轮旅游消费行为产生一定影响。也可以说,经济基础决定上层建筑,可支配收入多少会直接影响邮轮旅游消费者的消费偏好以及水平。经济收入高低会直接决定消费者选择什么级别的服务以及产品,直接影响旅游者的消费行为。

社会影响因素。旅游属于休闲活动,但会耗费相当大的体力以及时间,由此,旅游时间多少会直接限制旅游者的消费行为。一般情况下,人们的休息时间多为 3~4 天,但是邮轮旅游时间多与上班族的时间相冲突。这就导致邮轮旅游最大的消费群体为老年人,因其退休后有退休金支持旅游,同时也有闲暇时间,是邮轮旅游的最大消费群体。

文化影响因素。因旅游者生活背景、所处地区等不同,在文化价值观上也会存在一定差异,最终导致消费习惯以及偏好不同。

2.客体影响因素

邮轮设施。邮轮旅游属于新兴旅游形式,包括多种设施供游客享用。在邮轮上可以感受到不同地域的文化以及美食,服务设施齐全,旅游者可以不出邮轮,感受世界文化。邮轮上可以提供网吧、会议室等,旅游者不仅可以享受旅途风光,也能够同时进行工作,这是邮轮旅游的一大特色。

文化气氛。邮轮最早起源于西方国家,主要用于休闲。但目前以我国文化元素为主要文化氛围的邮轮仍然较少,多数邮轮旅游还主打国外文化,尤以歌诗达邮轮文艺复兴装饰为典范,其幸运号更是被誉为"海上博物馆"。国际邮轮上的服务人员大多数为外国人,旅游者在旅途中接触国人的机会较少,国际化的服务风格更能够吸引旅游者驻足,使旅游者对邮轮旅游更加向往。

营销影响。邮轮宣传促销会对消费者产生引导效果,也会促进邮轮消费行为。首先,有效的营销方式能够提升旅游者的游玩兴趣,例如三人同行、一人免单活动,65 岁以上游客半价活动,能够有效吸引大量旅游者。其次,为有效提升重游率,邮轮公司可以适时使用优惠促销政策。

【扩展阅读】

歌诗达邮轮幸运号再现意大利风华

博物馆之船与文艺复兴三杰海上相遇

歌诗达邮轮幸运号被誉为"海上博物馆",它以文艺复兴三杰:米开朗琪罗、达文西、拉斐尔等名作为灵感,用大量画作、雕塑和主题装饰,精心构筑出浪漫的意式风情,大师巨作零星散布于邮轮各角落,如"米开朗基罗 1965 餐厅"的大卫雕像、"拉斐尔 1965 餐厅"的圣母故事、"达文西 1960 沙龙"的世界名画《蒙娜丽莎的微笑》……没有固定的展馆,却在游轮漫步中随时有惊喜的发现。

歌诗达邮轮深谙旅客对美食的追求,在游轮上随时提供精致餐饮服务,从开胃前菜、主菜到甜点,严选千种食材入馔,并提供不同丰富菜式。其中在幸运号上,每天有超过50种佳肴可供选择,还有80多款葡萄酒及道地意式咖啡供旅客享用,让每位旅客尽享寰宇美馔。

除了美食,为了让乘客在航程间体验浪漫的意式风情,幸运号上更精心打造各种精彩的娱乐活动,以及不同的主题派对和特色表演,为旅程注入更多惊喜。特别推荐可容纳上千人的"雷克斯大剧院",其独特的环形设计,让坐在任何角落的观众都能以最好的角度,欣赏舞台上华丽的演出。此外,邮轮甲板上设有三个泳池,并配备有大型水上滑水道,以及按摩浴缸和水疗中心,船上特设计有儿童泳池和思高儿童俱乐部,让孩子玩得乐不思蜀。

资料来源:百家号,2018-12-20.

(三)影响邮轮旅游产品购买因素

虽然邮轮旅游有着其他旅游方式不可超越的优势,但并不是所有的消费者在购买邮轮旅游产品时都不会心存疑虑。尤其当消费者第一次参加邮轮旅游时,他们对邮轮旅游产品不甚了解,甚至会存有一些误解,不情愿购买。常见的影响邮轮旅游产品购买的因素有以下几种。

1.邮轮旅游费用昂贵

通过对消费者的民意调查显示,这是购买邮轮旅游产品时的最大障碍。邮轮旅游产品大多是包价产品,旅游过程中的大部分费用全包含在内,那么标价就会很高,而且,邮轮旅游产品要提前3~6个月预订。因此,消费者不习惯在出发前一次性购买整个旅游产品。所以国际邮轮协会（CLIA）主张邮轮旅游产品代理商应该为顾客做一个邮轮旅游与传统旅游的价格对比分析,让顾客了解到邮轮旅游的实惠度。

2.邮轮旅游体验有限

在邮轮作为交通工具的时代,乘客们在船上做得最多的事情就是在船舱里睡觉,这在消费者心里留下了深刻印象。尽管现在邮轮旅游已经大不一样,船上丰富多彩的娱乐活动会让游客乐此不疲、尽情尽兴,但是绝大多数消费者对此还缺乏亲身体验。因而,邮轮旅游的独特方式尚需扩大宣传,加强推广力度。

3.邮轮旅游适合老人

邮轮旅游产品是一种舒适、闲散的旅游产品,传统观念认为邮轮旅游这些特点更适合老年人。但随着邮轮公司产品的不断细化和丰富,越来越多的年轻人加入这个行列。参加邮轮旅游的游客各个年龄段都有,而且呈现出年轻化趋势。

4.邮轮旅游规范正式

邮轮旅游在很大程度上是一种随意、轻松的旅行,但是,在某些远洋邮轮上的主餐厅吃晚餐时的确有一定的着装规定。正式的礼服在高档豪华的邮轮旅游中更为常见。这个特点容易使年轻的旅游者对于登船旅游踌躇不前。

5.邮轮旅游港口停留时间短

过去的邮轮在港口停留时间极少超过12小时,而游客参加邮轮旅游的目的之一就是要尽力体验沿途港口城市的历史文化、风土人情,这就造成游客在港口上岸参观游览的时间显得匆忙。目前,这个情况已经得到邮轮公司的关注和调整。为了满足那些希望增加港口停泊时间的游客,一些邮轮公司调整发航时间,增加在港口的停泊时间,或建造速度更快的邮轮,从而增加邮轮在港停留时间。

6.邮轮旅游缺乏安全

"泰坦尼克"号沉没等一系列的海上灾难给世人留下了太多的恐惧和联想,不少游客对选择邮轮出行望而却步。随着现代科学技术的发展,目前的邮轮均已配备了更加安全的雷达操作系统和救生设施。船上尽管也发生过火灾,但火灾情况极为罕见且易于控制。

2020年随着新冠疫情的蔓延,全球范围内出现疫情的邮轮共有41艘,部分邮轮港口因担心新冠病毒对当地造成影响而拒绝邮轮停靠,对邮轮旅游者心理造成了较大的冲击。随着邮轮安全管控的升级,邮轮安全进一步得到了保障。

7.邮轮旅游发生晕船

某些游客对车船的移动极易产生不适感。现代远洋邮轮的稳定仪及其他设计可使该问题降到最低程度。邮轮往往在受保护的水域航行,产生颠簸的可能性较小,同时游客还可以通过服用晕船药丸等方法减轻症状,这些方法也非常有效。

8.邮轮旅游受到约束

为了使成百上千的游客有效流动,邮轮公司会尽力使一切井井有条。但邮轮的组织管理并非死板、僵化,而是有着较大的自由度。

9.邮轮旅游空间狭小

相对于岸上的酒店而言,邮轮客房以及公共空间相对狭小,但设计师在扩大邮轮空间上已经具有相当大的能力。

10.到达港口的飞行路程太远

这是住在偏远内陆地区预订邮轮的人们提出的问题。要让他们认识到为了这样一种美妙体验,这一切都是值得的,或者推荐较近一些的港口目的地,这样可以减少飞行和转程时间。

三、中国邮轮市场消费者行为分析

2020年新冠疫情全面暴发之前,我国邮轮旅游快速发展。随着国人生活水平的不断提高,旅游消费能力日益增强,人们对以邮轮旅游为代表的高端体验式旅游的需求量大增,邮轮旅游逐渐占据了旅游市场的较大份额。不少学者也研究了我国邮轮客源市场的主要特征,如乔勇(2010)从邮轮认知、消费观念、休闲时间和消费能力4方面研究邮轮旅游者的消费行为。周慧芬(2015)通过构建我国邮轮旅游者消费行为模型,对邮轮旅游前、中、后3个阶段进行消费行为分析,并着重研究邮轮旅游动机与邮轮旅游重要性满意度分析。朱琳、杨志猛(2016)对歌诗达大西洋号邮轮的游客进行研究后指出游客的特征以青年为主,并且大多数都是首次乘坐邮轮,客源地主要集中在广东、华东和东北地区,收入普遍偏高,航线天数在5天左右。刘永涓(2017)对厦门邮轮消费者行为进行分析研究后指出,第一,家庭每月收入是细分邮轮旅游市场的重要依据:受经济条件限制较大的旅游者一般更愿意选择国内短途旅游航线,而经济较富裕者则更愿意选择国际航线。第二,市场价格是邮轮旅游出行的关键因素:现有的邮轮旅游产品或项目中,大多数价格都高出旅游者对邮轮旅游的期许。第三,由于邮轮旅游存在着许多意外和安全隐患,因此安全因素是邮轮旅游决策的重要因素。第四,选择邮轮旅游的主要动机是尝新和促进亲朋之间的感情。黄海明、刘依阳及尹卫华(2020)对上海市邮轮消费者行为特征及影响因素进行了实证研究,结果显示女性消费者更青睐邮轮旅游。高学历中青年企事业人员因为工作与生活压力大,观念和视野更加开放,喜欢探寻新事物,更倾向于选择邮轮旅游,邮轮旅游的主要拉动因素为"娱乐与服务""邮轮的硬件设施"和"性价比与交通",其中"娱乐与服务"是邮轮旅游的核心竞争力。孙琳、周其厚(2017)分析了广西邮轮旅游市场的消费需求特征,发现邮轮旅游在我国以家庭游、蜜月游、商务会议游为主,其中高端客户和年轻人较多,70%以上消费者倾向于和亲朋好友一起出行。

总体而言,我国邮轮市场仍然处于旅游产品生命周期的初始阶段,因此,我国邮轮旅游者的消费特征呈现低渗透率、低客单价、高成长的特点。全球邮轮行业需求占整体旅游行业市场需求的1.4%。

面对复杂的国际市场形势、经济环境,中国邮轮客源市场发展压力巨大,但也标志着其产品创新和发展面临新机遇,研究梳理中国邮轮客源市场,对于平衡邮轮产品的供求关系,使中国邮轮旅游市场稳步发展具有重要意义。

(一)邮轮旅游天数

邮轮游客对于天数的需求主要集中在5~6天的航线上,相较于10天以上的航线,绝大多数游客选择了短期(小于 10 天)的航线。由于邮轮旅游大部分处于海上旅游,对于游客来讲,长期的邮轮旅游可能会导致他们不适应海上的生活方式,并且因海上景色较为单一,很有可能产生焦虑厌烦的心情,同时绝大多数邮轮旅游消费者并不能够拥有较长期的空闲时间来进行邮轮旅游。

(二)邮轮旅游时间段

邮轮游客对出游月份的需求也较为分散,但北半球 5 月份至 10 月份需求较高,主要原因是气候比较适合,不会过热或者过冷。总体来讲,夏、秋季的需求较春、冬季相比更多。

(三)邮轮大小选择

邮轮旅游者对邮轮大小的选择中,大部分是越大越好。对于旅游者来说,邮轮越大,代表他们活动的区域和享受的水平也就越高,同时,邮轮的吨位越大,船也就越平稳。受海浪影响也就较小,就会越安全。近年来,大船时代的到来,使越来越多的消费者减少了邮轮旅游决策时的限制性因素。

(四)邮轮旅游价格的接受程度

邮轮旅游者的航线价位大部分集中在 3 000~5 000 元和 5 000~10 000 元,对于旅游消费者来说,邮轮产品在质量得到保证的时候,价格越低越符合消费者的期望。但价格过低同样会引起消费者对于产品质量的怀疑,因此 3 000 元以下的价位比率并不高。

(五)邮轮旅游偏好

在娱乐活动偏好方面,各类歌舞秀表演较受欢迎;在饮食偏好方面,特色餐厅或自助餐厅较受欢迎;在岸上活动偏好方面,港口目的地的自然风光游较受欢迎。

(六)购买途径

中国邮轮旅游与现代自助和智慧旅游趋势不同,旅行社仍然是邮轮旅游产品主要传播和销售的中介机构,以携程、飞猪为代表的 OAT 平台正逐渐发展,成为青年邮轮消费群体购买的代替途径。而通过邮轮公司官网进行购买的中国消费者仍不多见,可能与中国消费者的英文阅读水平普遍不高有关。

(七)观念差异

邮轮旅游兴起于西方,最早为贵族文化,与我国传统旅游文化在观念上存在分歧,由此会受到我国传统文化价值观制约。

【拓展阅读】

邮轮旅游人均消费增长 邮轮市场显现分水岭

暑期旅游旺季,消费者出游热情持续高涨。乘坐邮轮闲适、自由地享受碧海蓝天成为不少人暑假出游的选择。

2018 年暑期,国内邮轮旅游初步呈现出结构性调整态势,航线优化,服务升级完善,使得暑期里邮轮旅游人均消费较去年同期上升了约 8%。

7月下旬，一批旅游代理商收到诺唯真游轮公司发布的通知，通知称公司旗下诺唯真"喜悦"号将于2019年4月离开中国市场，执航阿拉斯加航线。对比去年6月底"喜悦"号以"海上头等舱"的名号高调进驻上海母港，这条宣布离开中国的通知令人颇感意外。另外，"蓝宝石公主"号、皇家加勒比旗下"海洋水手"号等也有短期的航线调整。

中国交通运输协会邮轮游艇分会数据显示，2017年中国邮轮市场的旅客数量达495.5万人次，环比增长34%，远高于世界平均增长率，预计2018年可达到569.8万人次。

同程旅游邮轮事业部CEO孙杰表示，在国内邮轮市场连续10年保持40%~50%的高增长后，2017年开始出现增长放缓的迹象，也被称为分水岭。"总体而言，短期调整对于邮轮产品利大于弊，而同程旅游更是出现了暑假的邮轮人均消费稍涨这个迹象，表明市场可能在向更注重消费质量和体验的方向发展，整个邮轮旅游市场或将因此获得新的发展空间"。

1.暑期邮轮旅游人均消费稍涨

同程数据显示，2018年亲子出游选择乘坐邮轮增长明显，携带儿童的用户达到51.7%，开始呈现"低龄化"趋势；上海地区用户对邮轮旅游的认知度最高，占比40%，成为国内母港邮轮产品消费的主力军；另外，随着居民的消费结构升级，2018年暑期邮轮旅游平均人均消费金额达到4 523元（仅包含船票等费用，不含船上消费等开支），相比往年微涨。从年龄层次上来看，40岁以上的中老年群体仍是邮轮消费的主力军，占比50%，选择邮轮避免了舟车劳顿的辛苦，即使是68岁以上的客群也能轻松出游，这部分用户占9.1%。而正值中小学生放暑假，不少家长选择带着孩子上邮轮，18岁以下的用户占比27.5%，同期上涨趋势明显。

孙杰表示，邮轮市场调整的核心反映是结构上的供需不平衡，"从两个方面来看，首先在产品、服务体验上，目前国内的航线相对比较单一，华南主要是去日本、越南及公海航线；国内母港在岸上的行程安排更多的是组团旅行，安排相对也比较简单、短暂，船上行程拉长，其实是影响了游客对于目的地的观光旅行"。

从同程旅游提供的信息来看，2018年暑期同程邮轮涉及航次约160艘次，对其而言，几乎每一个包船的航次都会有自己的主题活动，比如8月1日起航的航次，就是将奇妙神秘的魔术和幽默诙谐的默剧结合，打造"海上奇遇记"主题航次。"我们希望可以更加注重主题航次的打造，深度开发旅行产品，为各个圈层的游客带来更加丰富的邮轮之旅，提升游客体验。"孙杰说。

2.邮轮游消费女性群体更强势

途牛旅游网对外发布的《中国在线邮轮旅游消费分析报告2018》，对2017年途牛邮轮产品客户预订情况进行分析，并对接下来邮轮旅游消费趋势进行了预测。

数据显示，从出游群体组成来看，以中老年团队为主的爸妈游客群占比最高，其次为带孩子出游的亲子客群，二者为邮轮游消费主力客群，而蜜月游、闺密游等其他类型客群紧随其后。在出游时间方面，亲子家庭主要集中在暑期和国庆节，其中以暑期7月下旬和8月上旬出游最为密集。亲子家庭更青睐阳台房和套房，希望给孩子和家人带来更舒适的旅程，因此在邮轮产品选择上，亲子家庭人均单价要高于其他类型客群；中老年人时间充裕，他们出游会避开节假日高峰期；蜜月游、闺密游客群出游时间全年较为分散。

途牛数据显示，2017年，年龄在30~59岁的游客占比达48.5%，是邮轮游的主力军；其次为60岁及以上的游客，占比达27.5%。从性别角度而言，女性游客整体人次占比高达

57.5%,明显高于男性。

在客房环境、美食、表演、岸上行程、主题活动等游客关心的邮轮游核心要素中,游客对岸上行程的关注度在过去一年显著提升,个性化岸上行程需求旺盛。与常规邮轮游相比,侧重于目的地港口的密集到访,游客可以体验"一天一港"(有时"一天两港")甚至"一周四国"奇妙旅程的内河游轮,日益成为国内游客体验目的地"慢生活"的新选择。

进入中国的国际邮轮品牌为了在众多品牌中脱颖而出,获得更多中国消费者的欢心,纷纷以转型、升级打造差异化出游体验为努力的方向。针对亲子客群、银发族、蜜月客群等不同群体推出多样化邮轮主题活动也是新兴趋势。

在航线和行程选择上,除了日本、东南亚以及国内的三峡等常规方向,国内西沙群岛以及境外的地中海、阿拉斯加、加勒比、多瑙河、莱茵河、极地等高端线路也将被越来越多的游客关注。一方面,中国出境游市场发展迅速,刺激了人们出境游的欲望和热情;另一方面,随着国内游客对邮轮游的认知进一步加深,更长的航线、更多样的目的地给游客带来更多截然不同的出游体验。

资料来源:中国青年报,2018-8-16.

【课后思考题】

1.邮轮旅游者的定义是什么? 邮轮旅游者应如何进行分类?

2.与一般旅游者相比,邮轮旅游者有哪些特征?

3.邮轮旅游者的购买动机有哪些? 购买动机是否会影响其在邮轮旅游中的感知?

4.旅游者在购买邮轮旅游产品时,常见的阻碍因素有哪些?

5.与国际邮轮市场相比,中国邮轮市场消费有哪些典型特征?

6.基于中国邮轮市场消费特征,试分析如何拓展中国邮轮市场。

【推荐阅读】

[1]苏翔,徐叶薇.中国消费者豪华邮轮需求偏好识别研究[J].经营与管理,2021(12).

[2]赵立祥,谢子轶,杨永志,等.基于收益管理的邮轮客舱分配与定价模型[J].中国管理科学,2022,30(1):196-205.

[3]李瑞雪,张言庆.测度、预测和解释邮轮旅游产品的偏好——基于脑电(EEG)数据分析[J].青岛职业技术学院学报,2021,34(2):72-77.

[4]夏彬.产业链视角下中国邮轮经济的高质量发展探讨[J].中国产经,2020(24):47-48.

[5]苏翔,陈芳,王志英.网络环境下中国消费者对邮轮品牌形象感知研究[J].科技与管理,2020,22(6):101-110.

[6]孙晓东,徐美华.邮轮属性评价与品牌定位——基于专业型游客的感知研究[J].地理科学,2020,40(10):1688-1697.

[7]林晓凤.国际豪华邮轮在华消费市场发展的瓶颈及对策[J].鞍山师范学院学报,2020,22(5):23-26,33.

[8]张颖超,亢元.邮轮消费者行为意向调查研究[J].中国产经,2020(11):83-84.

第七章　邮轮旅游从业人员

随着邮轮市场的飞速发展,邮轮旅游专业人才的需求也在迅速增加。就邮轮就业来说,分为船上与岸上两个工作领域,而船上工作人员又分为以船长为首的邮轮航行业务团队和负责游客服务的酒店业务团队。其中,酒店服务团队也就是我们通常所说的海乘,是国际邮轮乘务专业人才就业的主要方向。由于工作环境的特殊性,海乘人员除了具备良好的专业知识和职业技能外,还需达到更高的素质要求。

【学习目标】
　　理解:国际邮轮乘务人员的工作特点及对其心理的影响
　　熟悉:邮轮公司船上组织机构及人员设置
　　掌握:国际邮轮乘务人员的素质要求、岗位要求和招聘流程

【开篇导读】

我国船员数量居世界第一 建设高素质船员队伍势在必行

船员作为海洋开发和水上交通运输的先行者,在建设交通强国、海洋强国、服务长江经济带发展等国家战略及落实"一带一路"倡议等方面发挥着重要作用。

为深入贯彻落实《交通强国建设纲要》,优化船员职业发展环境,推动建设高素质船员队伍,2021 年 5 月,交通运输部联合教育部、财政部、人力资源和社会保障部、退役军人事务部和中华全国总工会六部门印发《关于加强高素质船员队伍建设的指导意见》(以下简称《指导意见》)。

《指导意见》以我国船员队伍职业发展需求和航运业高质量发展要求,按照"坚持以船员为中心,坚持问题导向、标本兼治、综合治理,构建完备的船员职业发展和权益保障体系"的思路,确定了 6 大方面 19 项具体措施,力争推动解决当前和今后一个时期船员队伍建设面临的问题和挑战。

《指导意见》明确:一是拓宽船员培养渠道,激励航海相关专业招生,支持退役军人加入船员队伍,多渠道吸纳培养船员;二是提升船员职业素养,注重船员培训实效,不断优化船员培养模式,打造航海教育培训品牌;三是强化企业主体责任,航运公司要大力推进船员自有

化,完善再培训制度,积极保障船员权益,倡导尊崇船员职业、尊重船员劳动的企业文化;四是优化船员服务,加强顶层设计,依托科技便利船员办事,搭建船员职业发展平台,同时加强国际合作,让中国船员"走出去";五是完善船员权益保障制度,构建和谐劳动关系,促进航运公司、船员服务机构、船员自律,落实船员职业优惠政策;六是加大航海文化培育,加大宣传力度,弘扬航海文化,不断提升船员职业荣誉感。

"截至目前,我国共有注册船员 176 万余人,船员数量居世界第一,是名副其实的船员大国。"交通运输部相关负责人表示,随着我国经济社会发展,船员队伍建设面临着新的机遇和挑战,船员职业吸引力下降、归属感不强、社会保障存在短板等实际问题对船员队伍的可持续发展提出了严峻考验。为促进航运业高质量发展,保障水上物流链畅通,稳定水上交通安全形势,建设一支高素质船员队伍势在必行。

该负责人表示,下一步,交通运输部将按照《指导意见》要求,从强化顶层设计、完善系统治理、抓好贯彻落实等三方面持续发力,统筹政府、市场、社会等多方资源,推动制定相关配套政策,细化任务举措,努力优化船员职业发展环境,扎实推动高素质船员队伍建设,促进航运高质量发展。

资料来源:凤凰网,2021-6-20.

阅读思考:我国应如何培养高素质的船员队伍?

第一节　邮轮公司从业人员

邮轮作为一座"海上移动的城市",为游客提供各种服务项目的同时,也为从事邮轮工作的人员提供了上百种的就业岗位。一般豪华邮轮的雇员,来自很多个国家,因此大型邮轮也被看作是一个"小联合国"。而邮轮的定位不同,游客与员工的比例也不太一样。在通常情况下,一艘旅游邮轮的游客与雇员之比为3:1,即邮轮上每3名乘客至少配备有1名工作人员。随着邮轮业的发展,在一些豪华的远洋邮轮上,这一比例可能达到1.5:1,有的甚至达到1:7,即一名乘客可以配备7名员工。邮轮公司在全球范围内开展业务运营,为了有序管理及有效分工与协作,实现既定的组织目标,合理的组织结构与明确的岗位职责是保证邮轮公司业务正常运转的前提。

一、邮轮公司组织结构

组织结构是指在共同实现组织目标的过程中,连接组织成员和组织内部各个职能机构部门的方式,以及这种方式所构成的形态。组织结构往往表现为一个纵横交错的网络,其中纵向层次约定了组织成员和机构之间的隶属关系和领导关系,横向部门形成了同一个层次上的不同单位或部门之间的协作关系。组织总是依据一定的结构而建立,然而组织结构又并非一劳永逸,新的环境导致新的组织结构的出现。

一个邮轮公司就是一个组织。首先需要科学合理的组织结构,即邮轮公司全体员工为实现经营目标,在各项工作中进行分工协作,在职责范围、责任、权利等方面所形成的结构体系。各大邮轮公司规模不同,组织结构也略有不同。小型邮轮公司运营邮轮及航线数量较少,内部组织结构分工也较为粗略,按照职能不同主要设置市场部、巡航部、技术部、财务部、人事部等部门。

大型邮轮公司员工成千上万,实行董事会之下的总裁负责制,内部组织结构分工也更为精细。董事会主席或者首席执行官(CEO)作为董事会成员出现,既是行政一把手,又是股东权益代言人,对企业经营负有责任。总裁是仅次于首席执行官(CEO)的第二行政负责人,在邮轮公司负责具体的业务运营。总裁之下根据业务职能的不同还设有销售副总裁、采购副总裁、财务副总裁等。一般来讲,大型邮轮公司设有市场与销售、巡航运营、质量监控、技术支持以及收益核算等主要业务部门,以及财务审计、环保合规、物资采购、港口协调、人力资源等职能部门。

二、邮轮公司岸上组织

(一)岸上岗位职责

邮轮公司岸上组织是邮轮公司运营管理的中枢,为邮轮公司的发展提供战略决策,为邮轮市场的拓展提供策略实施,为邮轮巡航运营提供必要的人力、物力以及技术支撑,同时协调各方关系,保证邮轮公司运营良好,实现既定的经济效益与社会效益。

(二)岸上岗位分布

邮轮公司岸上岗位主要分布在人才资源部门、市场销售部门、物资采购部门、财务审计部门等。

1.人力资源部门

人力资源部门是对邮轮公司中各类人员形成的资源进行管理的部门。人力资源部门对邮轮公司人力资源的合理配置和公司所需人才的及时补充负责,对公司招聘的员工素质负责,对及时合理解决公司与员工的劳动争议负责,对已获批准的奖惩决定执行情况负责,对薪酬测算数据的合理准确负责。邮轮公司人力资源部门管理的两大基石是工作分析评价和人员素质测评,邮轮公司通过实施人力资源管理,来全面提升其核心竞争力,支撑和保障其可持续发展和永续经营。人力资源部门一般设有招聘、绩效、薪酬、员工关系管理等岗位。

2.市场销售部门

邮轮公司的市场与销售部门是其组织架构中的重要部门,一般设有产品市场、市场开发、市场宣传、销售支持等分部门或岗位。产品市场部门负责邮轮公司新产品的开发战略,其工作重点是发现创新的源泉,完成新产品的定义。市场开发部门负责现有产品的定位和市场推广战略,通过给予市场明确的产品和价格信息来获得区别于竞争对手的价值体现。市场宣传部门负责与市场进行有效沟通,激发市场需求,工作重点是宣传手段和方法。销售支持部门向邮轮旅游代理商提供销售支持,包括产品培训、竞争分析、销售技巧、销售工具等。小型邮轮公司的市场与销售部门并没有如此严格的划分,大型邮轮公司也可能有其他人员配置方式,但实现的市场与销售功能是一致的。随着邮轮公司全球化品牌扩张进程的加快,为进一步了解当地顾客,以便对市场变化快速作出反应,邮轮公司还会在世界各地设立负责市场与销售工作的办事处,从而在全球范围内更好地销售和推广各自邮轮品牌。

3.物资采购部门

物资采购部门是邮轮公司中负责物资设备采购供应的专业性职能部门,需要做好供应商管理、采购计划管理、招标管理、价格管理、质量合同管理及综合管理等工作。物资采购是保障邮轮正常巡航运营的重要环节,需要建立完善的供应商管理体系,做好新产品考察比价采购、供货问题协调及质量监控等工作。基于邮轮巡航运营航线的全球化特点,邮轮物资船供更是一项复杂的任务,涉及通关、报税、监管、转关、物流查验等多项业务门类物资采购部门会考察邮轮靠泊港的实际情况,在全球采购中与利益相关方合作共同建设区域性的邮轮物资配送基地,以更好地服务于每艘邮轮的巡航运营。

4.财务审计部门

财务与审计部门负责邮轮公司的财务管理和对子公司的财务审计监督,其宗旨是强化内部控制,确保公司资产的安全和资金的合理使用。该部门负责在对邮轮公司的经营事项进行确认、计量和记录的基础上对外披露财务报告和相关财务信息,负责对资金、债权、债务、成本等项目进行综合分析管理,为邮轮公司经营提供决策依据,负责组织完成各项审计工作,并落实审计调整事项。通过财务管理与审计,可以评判邮轮公司财务状况和经营状况,透视邮轮公司战略的成败得失,预测邮轮公司财务的未来走向,其最终目的仍然是实现邮轮公司经营的利润最大化。

除以上4个较为典型的职能部门外,较大型的邮轮公司还设置有专门的技术支持部门、质量监控部门、环保合规部门和港口协调部门等。技术支持部门处理和解决邮轮巡航运营中出现的各类技术问题。质量监控部门对邮轮巡航运营的整体质量进行测量、监控、分析和激励,将抽象性的"质量"概念转化为实实在在的产品品质。环保合规部门践行绿色环保的宗旨,根据相关法规执行邮轮环境管理计划。港口协调部门负责与邮轮航行中靠泊港口的协调与对接工作。

三、邮轮公司船上组织

(一)船上岗位职责

邮轮公司船上组织是邮轮为游客提供巡航运营服务的实际操作部门,主要包括安全航行团队和对客服务团队两大类。邮轮安全航行团队承担为游客提供邮轮海上安全航行保障的各项任务,负责邮轮安全航行、港口联络、设备维护、燃料供应、防止油污等各项工作。邮轮对客服务团队承担邮轮在航行过程中对游客的服务与接待工作,其主要职责是完成客舱、餐饮、休闲娱乐、宾客服务等各项任务,确保游客度过一个愉悦的海上假期。

(二)船上岗位分布

邮轮公司船上岗位主要分布在航海部门、技术部门、医疗部门和酒店部门。在我国,船长是依法取得船员资格以及船员适任证书、受船舶所有人雇佣或聘用,主管船上行政和技术事务的人,要求有5~8年的航海经验、扎实的计算机和电子设备技能、国际海事部门认可的航海大学毕业、能说流利的英语等。在欧美国家,邮轮船长被称为是"聚光灯下的人物",担任邮轮上的船长至少需要具有20年的航海经验,入职时必须通过各种考核和在岗培训,熟悉航洋、航海等相关安全规程。而作为邮轮上的最高指挥官,船长在船上也拥有绝对的权力,有权对船舶、员工、顾客等相关问题采取相应措施。在游客登上邮轮后,船长也会出席船上的社交活动,对游客表示最直接的欢迎。

1.航海部门(Deck Department)

邮轮上的航海部门主要包括甲板部、通信导航部、安全部等,主要职责是在船长的领导下,负责船舶的驾驶与通信导航,同时主管救生、消防、堵漏工作及其设备器材的管理。

①船长助理(Assistant Captain),也可称副指挥,监督日常经营管理,协助船长。要求有证书和所有海事机构颁发的相关证书,有5~8年的航行经验、扎实的计算机和电子设备技能,国际海事部门认可的航海大学毕业,能说流利的英语,可以晋升船长。

②副船长(Staff Captain),是船长工作繁忙时航海部的主要负责人,监督邮轮的安全航行以及安全保障系统,监管内外维护、安全和纪律工作。根据邮轮的大小和等级不同,航海部还设有大副(Chief Officer)、二副(2nd Officer)、三副(3rd Officer)等,都能制定航行线路。大副要求有丰富的航海经验,要求有3~5年的航行经验、扎实的计算机和电子设备技能,国际海事部门认可的航海大学毕业,能说流利的英语,可以晋升船长助理。二副要求有丰富的航海经验,要求有2~3年的航行经验、扎实的计算机和电子设备技能,国际海事部门认可的航海大学毕业,能说流利的英语,可以晋升大副。三副要求有丰富的航海经验,要求有2~3年的航行经验、扎实的计算机和电子设备技能,国际海事部门认可的航海大学毕业,能说流利的英语,可以晋升二副。

③无线电报务长(Radio Offier),负责船舶到岸呼叫以及船上所有的通信系统。保安部经理(Chief Security Officer)负责安全疏散、防火以及身份查验等安全工作。还有保安主任(Chief Security),负责处理船上的船舶安全、严查违禁物品等,要求有海事机构颁发的相关证书,在安全和枪械操作方面有丰富经验,军方背景的优先考虑,能说流利的英语。保安人员(Securiy Guard)负责处理船上所有人员的安全,服从保安主任的安排,要求在安全和机械操作方面有丰富经验,军方背景的优先考虑。安全经理(Safety Manager)负责乘客和机组人员的安全演练、逃生演习、船员安全知识培训、船舶安全监督,要求有1~2年的工作经验,有海事机构颁发的相关证书,能说流利的英语。

以上工作职位均需取得相关海事部门颁发的船员适任等任职资格证书,属于高级船员的范畴。

2.技术部门(Technical Department)

邮轮上的技术部门主要包括轮机部、电气部、冷藏部等。由于豪华邮轮的设备越来越先进,所需人工操作的部分逐渐减少,因此技术部门同航海部门一样,人员配备相对较少。

①轮机部。轮机部负责邮轮上的机械运行、燃料、维护和保养等工作。轮机部由轮机长(Chief Engineer)负责,此外还设置有大管轮(First Engineer)、二管轮(Second Engineer)、三管轮(Third Engineer)等岗位。

②电气部。电器部负责邮轮上的空调设备、电气设备的运行。电器部设有首席空调设备工程师(Chief Air-conditioning Technician)、电气工程师(Electronic Engineer)等岗位。

③冷藏部。冷藏部设有制冷工程师(Refrigeration Engineer)等岗位。技术部门员工也应取得船员适任证书等资质,属于高级船员范畴。

④水手长(Bosun)。一般指派负责监督站,协助招标作业人员的安全。要求:在船上有

1~2 年的工作经验,有良好的英语技能。

3.医疗部门(Medical Department)

相关海事法规规定,游客人数超过 10 人的任何船舶均需要随船配备至少一名医生和多名护士。邮轮上的医疗部门主要负责为邮轮游客和船员提供多种医疗服务,大型邮轮设有首席医生(Chief Doctor)、医生(Doctor)、护士(Nurse)、药剂师(Pharmacist)、理疗师(Therapist)和牙医(Dentist)等岗位。邮轮上游客众多,缺少后援支持,因而医疗设施相对较为齐全。游客或船员在大海中遇到意外轻微损伤或疾病等紧急情况,医疗部门会予以帮助。医疗部门要做好药品的管理和使用,用药前要明确诊断,要对所用药物的规格、剂量和副反应详尽了解。不过邮轮上的医疗服务不是免费的,账单的处理方式与陆地上的诊所一样。一些邮轮公司也将医疗人员安排在酒店部门以创造收益。

4.酒店部门(Hotel Department)

酒店部门是邮轮上的对客服务部门,主要包括宾客服务及前台、客舱、餐厅、酒吧、赌场、娱乐、观光、后厨、库存管理、客户关系管理等多个子部门。酒店部门的工作岗位与服务职责与陆地上的酒店和度假村类似,在员工数量上也占有绝对优势。

酒店部门由酒店总监(Hotel Director)负责管辖,酒店总监需要具有专业化的航游知识和酒店管理知识,从而领导其专业团队为邮轮上的游客提供高水平的服务,并负责邮轮上总体的宾客满意度、确保船上的收益、支出达标,以及监管酒店部的一切大小事务。

(1)宾客服务部

①宾客服务部经理(GSM——Guest Services Manger)

宾客服务部经理是宾客服务部的总负责人,其负责前台、证件处、印刷部、套房礼宾、会员管理等部门,总体协调船上宾客的服务体验,督导宾客在母港日、港口日上下船,对外与邮轮总部及时沟通,确保实现船上宾客满意度的既定目标。

②前台经理(FDM——Front Desk Manger)

前台经理负责督导、管理、协助前台运营,确保前台运行顺畅,处理宾客的疑难杂症投诉、申诉,收银结算、兑换外币,组织新人培训、员工内训,评估、考核、审计前台员工。通常前台还设有副经理岗位(AFDM——Assistant Front Desk Manger),其职责和前台副经理职责类似,与前台经理换班执勤。但前台经理还需要与宾客服务内部与外部船上其他各部门积极协调配合,确保宾客满意度。

③话务员(Telephone Operator)

负责后台接听总机电话,解答宾客问题,处理宾客的要求、投诉、意见、建议,确保宾客满意度。校对翻译好的每日航程指南。

④宾客服务专员(GSO——Guest Services Officer)

宾客服务专员是前台面客的第一职位,直接和客人打交道。收银结算,外币兑换,船上广播,翻译每日航程指南、各种紧急、非紧急广播、文件、通知书,处理宾客的各种要求、投诉、意见、建议,跟踪事件发展,解决,确保宾客满意度。资深的宾客服务专员(SGSO——Senior Guest Services Officer)还要培训提携新入职的宾客服务专员。

⑤礼宾部专员(Concierge)与套房管家(Butler)

礼宾部专员负责套房宾客的欢迎、解答疑问、及时处理各种要求、投诉、意见、建议;并且针对套房宾客的专属特权,提供更为细致化、个性化的服务。通常,特性的套房级别还会配备专属的管家,提供特别的细致化、个性化服务,满足宾客作为专属贵宾的尊贵优越感。

⑥会员大使(LA——Loyalty Ambassador)

在针对邮轮会员专门设立的会员俱乐部酒廊,会员大使负责会员宾客的欢迎、解答疑问、及时处理各种要求、投诉、意见、建议;并针对会员的专属特权,提供更为细致化、个性化的服务。

⑦宾客离船专员(GDO——Guest Departure Officer)

宾客离船专员负责航程母港日邮轮到港后的全体宾客离船工作,连续航程宾客在两个航程间母港日的手续办理、航程中的宾客满意度,为丢失行李的宾客查询、追踪行李并送达,以及港口日宾客下船的指挥、协助工作。

⑧团队协调专员(GC——Group Coordinator)

团队协调专员负责邮轮上所有团队的相关服务,为领队提供便利,确保团队在船上预订礼仪活动及时到位,以及相关行程的顺利完成。中国市场包船(全包/半包)时期,团队协调专员作为包船方及所有领队的主要联系人,负责全船宾客在港口的上下船顺序安排;安排协调团队预订、使用船上场地进行会议、演出、聚会、活动;船上预订礼仪活动、相关活动的安排策划及时到位,按时顺利进行;团队酒水餐品销售等。

⑨宾客证件管理员(GAO——Guest Admin Officer)

宾客证件管理员负责船上宾客的证件管理,到达目的地港口的通关、证件、海关检查,邮轮启航、到港的通关手续等。亚洲市场还需负责收集与发放宾客证件。

⑩印刷员(Printer)

印刷员负责船上一切纸质文书的印刷、排版工作,印刷机器的维护、物料的管理、统筹。

(2)客房部

①客房部经理(EH——Executive Housekeeper)

客房部经理是客房部总负责人,更多地负责外部公关的事务,与总部协调。其作为船上五大部门之一的头脑,具有举足轻重的地位。

②客房部秘书助理(Housekeeping Admin Assistant)

客房部秘书助理主要负责客房部日常文书工作。

③客房部副经理(AEH——Assistant Executive Housekeeper)

客房部副经理负责客房部日常运营,内部培训、物料管理、与各部门协调合作,确保客房事务运转顺畅。

④楼层主管(DS——Deck Supervisor)

一般大船每层一位楼层主管,中小船两层一位楼层主管。其主要负责督导、协助客房服务生及时完成区域内的客房清扫打理工作;同时,应对宾客的问题投诉、并及时解决,确保楼层的宾客满意度。资历深的楼层主管还被称为资深楼层主管(SDS——Senior Deck Supervisor),其与楼层主管的职类似,只是范围一般也更大。

⑤客房服务员(SA——Stateroom Attendant)与初级房务员(Bell Attendant/Cabin Steward)

客房服务员负责区域内宾客房间的卫生工作。初级房屋原处于客房的起步职位,直接面客相对少。负责打扫高级员工的宿舍和宾客房间,负责接听客房部电话、处理一些床品、小件的运送事务。

⑥洗衣房主管(Laundry Master)与洗衣工(Utility Hotel)

洗衣工负责处理每日的脏布草,整理每日清洗完毕的新布草,包括床单、被罩、枕巾、浴巾、毛巾等床品、餐厅桌布餐巾、员工制服与客人要求清洗的衣服,洗衣房主管负责管理洗衣工,以及物料的统计、机器的管理、维护等等。

⑦裁缝(Tailor)

在欧美的船上,裁缝会比较忙,正装晚宴,总有客人会有这样那样的需求,或是更改、或是重做。也会为员工服务,但收取小费。

(3)餐饮部

①餐厅总经理(MDR——Manager of Dining Room)

一般在十万吨级别以上的中型、大型邮轮中会设有餐厅总经理一职,作为餐厅的总指挥人,负责正餐厅、送餐部、咖啡厅、自助餐厅、员工食堂,以及名目繁多的特色餐厅和各色咖啡点心区域。

②餐厅秘书(ROC——Restaurant Operations Coordinator)

餐厅秘书主要负责文书工作,比如餐厅的宾客满意度实时反馈统计;根据反馈数据分配服务生和助理服务生的餐台、台区大小、客人多少;餐厅员工的培训、转岗、休假等等一系列文书资料、备份等。

③主餐厅副经理(AMDR——Assistant Manager of Dining Room)/餐厅经理(Maitre D)

是在十万吨级以下的小型船中的餐厅一把手。其负责正餐厅、送餐部、咖啡厅、自助餐厅、员工食堂等部门,协调管理整个餐厅各部门的正常运转,确保收益指标达标。

④楼层主管(HW——Head Waiter)

楼层主管一般在正餐厅、自助餐厅或者指定餐厅,督导、协助领班、服务生、助理服务生,顺畅地完成本区域的餐厅正常运转流程;晚餐在正餐厅负责一片台区,督导、协助服务生、助理服务生,确保台区内的客人对晚餐的餐品、服务、质量等各方面的满意度。负责服务生和助理服务生的考核、评估、基础培训等。资历更深的楼层主管称为资深楼层主管(Senior Head Waiter),与楼层主管相比,资深楼层主管的餐台区的范围更大,而各类评估、报表等等文书工作相应地多些。

⑤领班(WL——Waiter Lead)

领班通常在正餐厅、自助餐厅或者指定餐厅,督导、协助服务生或者助理服务生,顺畅地完成本区域的餐厅正常运转流程。

⑥服务生(Waiter)及助理服务生(WA——Assistant Waiter)

助理服务生是餐厅面客的起步职位,但比送餐员、咖啡厅服务生、员工食堂服务生高一级,一般在国内招收的首要条件是要相关行业经验。服务生是台区内宾客晚餐的主导者,与助理服务生一起合作配合,完成餐台区域内当晚两轮餐次客人的完整正餐服务,负责向客人推荐菜单、酒水、点菜、上菜、加调料、确保餐品收到满意、桌台清理、桌布餐具摆放等。

⑦特色餐厅工作人员

特色餐厅工作人员有特色餐厅经理(Specialty Restaurant Manager)与特色餐厅服务生(Waiter)。特色餐厅经理与主餐厅副经理或餐厅经理职位类似,但主要负责相关特色餐厅的总运营、酒水餐品营销指标、开放时间、场地管理等。特色餐厅服务生与正餐厅里服务生职责类似,只不过晚餐在相关的特色餐厅里为客人服务。

⑧送餐部工作人员

一般大船会配备送餐部经理(Room Service Manager)的职位,其总管送餐部,负责和船上各部门协调、配合,确保送餐部的宾客和员工满意度。其他送餐部工作人员还有送餐部主管和送餐员(RSA——Room Service Attendant),送餐部主管跟主餐厅领班类似,只是白天在送餐部督导,协助送餐员,确保送餐部正常运作。送餐员比主餐厅助理服务生职位略低,与咖啡厅服务生、员工食堂服务生处于同一职位级别。

⑨餐厅培训经理(Restaurant Training Manager)

一般在大船上才会配备餐厅培训经理。负责餐厅员工的各方面专业相关的培训工作。

(4)酒水部(Beverage Department)

①酒水部经理(Beverage Manager Senior)

酒水部经理是酒水部的总负责人,其负责与邮轮总部外联,及时修改及更新酒水相关规定与销售目标,其他职责内容与酒水部副经理职责类似。

②酒水部副经理(Assistant Beverage Manager)

酒水部副经理统管船上各处酒吧、餐厅、咖啡厅、送餐部的酒水、饮品供应,负责酒吧和咖啡厅的日常运营工作,酒水的储备库存与补给,确保完成酒水销售目标。

③酒窖主管(Cellar Master)

酒窖主管监管船上酒窖的库存,包括但不限于红葡萄酒、白葡萄酒、啤酒、香槟、汽酒、烈酒、餐前酒、各种酒精类和非酒精类饮品。

④酒吧主管(Bar Supervisor)

酒吧主管负责指定片区的酒吧日常运营、班次人员安排等等。

⑤调酒师领班(Head Bartender)及调酒师(Bartender)

调酒师领班统管酒吧服务员,一般是作为特定酒吧片区的负责人。调酒师负责宾客点单的酒水制作,有些邮轮上调酒师与酒吧主管的职责是类似的,除了制作,也需要销售并服务酒水,包括上饮品、收饮品。

⑥酒吧服务员(Bar Server)

按片区划分,酒吧服务员负责所在片区的宾客酒水服务与销售。

⑦咖啡师(Barista)

咖啡师在船上的咖啡小站负责咖啡和饮品制作,维护咖啡厅及吧台卫生、基本运作。

(5)厨房(Galley Dept)

①行政主厨(Executive Chef)

行政主厨负责与邮轮总部外联,积极修改及更新菜式和菜单要求;作为后厨代言人,与邮轮其他部门和岸上部门交涉,其他职责与行政副厨类似。

②行政副厨(Executive Sous Chef)

行政副厨负责管理和监督整个邮轮所有餐厅、咖啡厅、酒吧、宴会、送餐部等各个就餐区域的餐食供应;负责监管后厨食物储备与库存,分配与定量,决定菜式与菜单。

③副主厨(Sous Chef)

副主厨监管并指导特定餐厅的后厨,在餐厅开餐时间内,确保餐食的供给以及质量,负责其辖区餐厅内的顺畅运作,并负责人员安排和班次制定。

④厨师主管(Chef de Partie)

厨师主管除了负责日常的餐点制作,还要督导、协助团队里的厨师,协同作业,共同确保后厨的顺畅运作,保证食物流程符合规章制度。

⑤厨师领班(Demi Chef de Partie)与助理厨师(Commis)

厨师领班负责后厨特定区域,或者按面点、甜点、冷餐、热餐等种类划分、负责特定餐点的制作。助理厨师属于厨师的起步职位,一般需要有厨师资历,负责在特定餐点的打下手工作,以配合厨师领班完成餐点制作。

⑥厨房洗碗工(Galley Steward)

厨房洗碗工(Galley Steward)在指定餐厅、咖啡厅,负责每日班次内的餐具清洗工作。一般还会有厨房洗碗工领班(Head Galley Steward),其负责督导并协助洗碗工,在指定餐厅、咖啡厅,负责每日班次内的餐具清洗工作。

⑦厨房助理协调员(Culinary Coordinator)

厨房助理协调员是总厨助理,负责各类与后厨相关的文书工作。

(6)娱乐部

①娱乐部总监(CD——Cruise Director)

娱乐部总监是船上酒店部五大部门之一的头脑,是邮轮的外在形象、代言人,主管船上所有的娱乐活动。娱乐部总监主要负责拟定、制作并核检每日的航程指南,带领娱乐部员工,主持并主导船上的晚会表演、大型宴会、歌舞、会员活动、各种派对等。并录制每日的航程节目宣传、配合各个营销部门制作宣传录像、与宾客须知录像。与邮轮总部及时沟通协调的同时与船上各部门相互合作,确保宾客满意度达标。

②活动部经理(AM——Activity Manager)

活动部经理管理娱乐部员工班次、分配相应任务,带领娱乐部员工,主导航程指南上每天大部分舞蹈、音乐、歌唱、游戏、派对等活动。还需要与娱乐部总监配合主持晚会表演、大型宴会。

③娱乐部助理(CPA——Cruise Program Administrator)

娱乐部助理负责娱乐部的文书工作,物料的库存统计,娱乐活动的总结、编纂。负责邮轮婚礼的策划。

④DJ(Disc Jockey)

DJ为每日娱乐部的活动配合必要的DJ音乐音效。

⑤娱乐部员工(Cruise Staff)

娱乐部员工是船上娱乐活动的主导者,是航程指南上每天大部分舞蹈、音乐、歌唱、游戏、派对等活动的组织、引领和参加者。在船上的各种演出、宴会、会员俱乐部活动、套房派对等正式场合,娱乐部员负责迎宾和欢送,同时还负责到港日和母港日时,宾客上下船时负责协调、引领、并维持秩序。

⑥剧院工作人员

剧院的工作人员有剧院经理(Production Manger)、舞台员工主管(Head Stage Staff)、舞台员工(Stage Staff)、歌唱演员(Singers)、舞蹈演员(Dancers)、灯光师(Light Technician)、音响师(Sound Technician)、录像师(Broadcast),其中剧院经理作为剧院负责人,管理邮轮上所有的演出场所、剧院,以及下属人员。确保演出、晚会、派对的顺利进行,其相当于总导演,并对相关场地进行维护,预订、预约管理;舞台员工主管协助舞台员工负责邮轮上剧院的基本维护,演出、宴会、讲座前后舞台的布置、道具的储运,必要时,为了演出、或团队需要、或特殊要求,也负责船上一些相应场地的布置;歌唱演员与舞蹈演员是剧院里晚会表演的歌者和舞者,一般是邮轮总部负责相关外联,基本是欧美国籍演员;灯光师负责邮轮上演出、宴会、歌舞、派对等一切需要灯光效果的场所;音响师负责邮轮上演出、宴会、歌舞、派对等一切需要音响效果的场所;录像师主要与 CD 配合,录制每日的航程节目宣传、配合各个营销部门制作宣传录像、与宾客须知录像。

⑦运动部工作人员

运动部工作人员有运动部主管(Sports Supervisor)和运动部员工(Sports Staff)。其中,运动部员工负责协助、引导宾客,参加船上的运动项目,积极为宾客做出示范、教练规范动作,并提醒相应的安全须知,管理场内场外的相关秩序,确保安全第一。运动部主管与运动部员工职责类似,在此基础上,监督、管理所有运动场地的正常运营、安全措施,器械、机械的安全及维护。

⑧儿童部工作人员

儿童部工作人员一般有经理(Youth Manager)、儿童部副经理(Assistant Youth Manager)与儿童部员工(Youth Staff)。其中,儿童部经理是儿童部的总负责,负责员工的培训、人员安排、日常活动的顺利开展、儿童器械、娱乐设备的维护、处理各种投诉等;儿童部副经理负责督导、协助儿童部员工,完成每日航程指南上青少年及儿童的日常娱乐活动安排;儿童部员工负责船上青少年及儿童的日常娱乐活动安排,在儿童中心主导与之相关的游戏益智娱乐活动。

⑨乐队总监(Musical Director)与乐手(Musicians)

乐手是邮轮上的交响乐团里,各种乐器的演奏者;乐队总监负责管理邮轮上的交响乐团,一般是总指挥。

(7)市场营销部(Marketing & Revenue)

①市场营销总监(M&R Manager)

市场营销总监总负责所在邮轮的市场营销,监管、督导船上各个销售部门的营销、运营;针对宾客调查变化,及时调整营销策略,销售手段,确保完成各个部门和邮轮的总航程目标、月度目标计划。

②未来航程销售工作人员

未来航程销售的工作人员有未来航程销售顾问(Cruise Salcs Associate)与未来航程销售经理(Cruise Sales Manager),其主要负责在邮轮上,为当前航次的宾客,销售邮轮公司的未来航程路线。实际上,未来航程销售相当于邮轮公司的直销点。如果是预订除中国出发的航线之外,一般价格都是非常划算的,比岸上订要划算。而中国市场鉴于包船、分销等各种中国特色销售模式,所以有时,最后一分钟的价格,才是最划算的。

③岸上游工作人员

岸上游一般设有岸上游经理(Explorations Manager)、岸上游副经理(Assistant Explorations Manager)与岸上游员工(Explorations Staff)三个岗位,岸上游工作人员其主要负责邮轮到港后岸上游览行程的团队票务销售、售后、投诉等等;到港后负责组织宾客集合、发团、送客,邮轮启航之前负责宾客的回船秩序疏导。在中国市场,许多宾客在从旅行社购买船票时,就已经将岸上游含在里面,所以上船后不会再买邮轮公司自带的岸上游行程。而在欧美和澳新等其他市场,宾客自由行的相对较多,岸上游行程在邮轮公司报名的也相对更多,所以岸上游员工的工资大概在 2 000~4 000 美金左右,而且经常会有机会作为宾客的团队全陪,参加免费的一日游团队,尽情游览目的地无限风光。

④照片廊工作人员

照片廊一般有照片经理(Photo Manager)、照片廊副经理(Assistant Photo Manager)、照片工作室经理(Photo Lab Manager)与摄影师(Photographer)四个职位。照片廊经理为照片廊的总负责人,需要对内管理、监管,对外与船上其他部门协同合作,完成总部制定的航程与阅读目标;照片廊副经理与摄影师职责类似,并要负责照片廊的日常运营,服务宾客挑选与购买照片与航程录像影碟;照片工作经理负责冲洗照片,工作室、器械的日常运营及维护;摄影师负责在宾客的航程中为其留下美好瞬间的影像。主要通过航程中在船上的特定场所搭建的影棚,来实现,也通过初登船、港口下船、宴会用餐、船长合影等重要时刻的抓拍。必要时,需要装扮成卡通角色与客人合影。摄影师还负责售卖照片廊的相机、数码产品。

⑤免税店工作人员

免税店一般有免税店经理(Retail Shop Manager)、免税店副经理(Assistant Retail Shop Manager)与免税店销售(Retail Shop Sales)。按酒水、香烟、化妆品、奢侈品、手表、眼镜、皮包等品牌免税店划分,免税店销售轮流值岗,销售商店里的免税品;免税店经理和副经理统管船上所有免税店的经营与销售,制定营销策略,统计管理库存与仓储。除此之外,免税店经理还要和岸上总部对接,及时汇报邮轮的销售情况,及销售策略。确保完成既定目。

⑥水疗中心工作人员

水疗中心的职位分为美体师、美容师、美甲师、美发师、针灸师、健身教练、SPA 经理,具体职责与美容院的差不多,因为比较显而易见,也很通俗易懂。SPA 的工资很大一部分也来自美容美体化妆品的销售收入。在中国市场,工资水平在 1 500~2 000 美金左右。在欧美市场,因为 SPA 的流行,奖金会更高一些,工资大概 2 000~4000 美金。

⑦艺术品拍卖员(Auctioneer)

在船上会有固定展区,专门展览画作。做活动时需要搬运展品,也要经常进行展品的维护和更新展品仓储。艺术品拍卖员和其他销售部门一样,到港可以尽情上岸游览;此外,工作时间比较少,因为和船上的销售目标业绩挂钩不多,所以自主安排工作时长。

(8)仓储部(Inventory)

①仓储部经理(Inventory Manager)

仓储部经理总负责邮轮的仓储。由于行业的特殊性,需要提前半年、一年与邮轮总部协调,规划、安排船上物料的供给,以及仓储空间的安排、定时清理。目的港口、母港港口的上下货安排。航线更改时，与相关方面沟通，更改上下货物流。

②储备部主管（Provision Master）

储备部主管负责与港口对接，大宗货物、上下货品的收发联系人，并负责货品的运输、盘点、储存工作。

③储备部管理员（Provision Storekeeper）

储备部管理员负责生鲜、蔬果、粮食等食品、酒水、饮品的储存、上货、下货、盘点等工作。由于供应量大、循环频繁，所以基本上下货物的时间比较多。

④仓储管理员（Hotel Storekeeper）

仓储管理员是酒店部仓储间的管理者，负责酒店部货物的上货、下货、盘点、清理。一般都是办公、生活用品。

⑤仓储控制管理秘书（Inventory Control Specialist）

仓储控制管理秘书负责仓储部门所有相关的文书工作，邮轮上载、下载货品的物料单、清单统计、告知发放工作。

（9）人力资源部

①人力资源部经理（Human Resources Manager）

人力资源部经理是邮轮船员的总负责。其负责邮轮内部岗位的招聘、面试、与总部电话面试、录取，与邮轮总部及船上各个部门头脑积极协调、配合，及时补给并适当调整邮轮内部岗位，并处理员工投诉、船员基本律例的监管。

②员工管理经理（Crew Admin Manger）

员工管理经理负责员工宿舍分配、调整，员工职位变更、合同修订等。与邮轮总部沟通，负责协调员工合同船只分配、上下船日期、机票、酒店的预订等，以及母港日合同结束、合同开始的船员离船、登船现场的主持主导工作，以及处理员工投诉、船员基本律例的监管。

③员工管理专员（Crew Administrator）

员工管理专员与员工关系专员配合，主要负责母港日合同结束、合同开始的船员离船、登船的现场引导工作，以及相关的文书工作；各类证件的发放、收回、保管；与邮轮总部联系、协调、确认员工登船、离船的机票、合同等各类相关文件。

④员工关系专员（Crew Relation Specialist）

员工关系专员与人事部专员配合，负责员工登船、离船的机票、合同等各类相关文件的发放；各类证件的发放、收回、保管，员工名牌的制作；负责协助母港日合同结束、合同开始的船员离船、登船的现场引导工作，以及相关的文书工作。

⑤人事部专员（HR Specialist）

人事部专员是人事部的起步职位，负责并协助邮轮上日常员工活动的策划、构思、布置、组织；员工证件的发放、收回、整理；各种员工表格、申请单的处理、跟进；员工福利活动的发放、管理等。

⑥培训部经理（T&D Manger）

培训部经理负责邮轮员工的上船基本培训项目，主导新登船的员工欢迎与培训。

（10）其他业务部门

除上述部门外，酒店业务还有设施清洁部和财务处（Finance）等。设施清洁部有设施清洁部经理、设施清洁专员、清洁工、泳池服务员、报修工、维修工等工作人员,其主要负责整个设施部清洁,包括邮轮酒店部门公共设施设备、客房内部、员工宿舍等等的维护维修管理、公共区域的卫生管理。设施清洁部经理则需要与酒店各个部门协调、配合,实现宾客对邮轮内部设施、卫生的满意度达标。财务处分为前台会计(2nd Purser Administration)、员工财务主管(2nd Purser Payroll)、员工财务经理(Crew Payroll Manager)、财务总监(Financial Controller)。其主要负责邮轮上所有财务相关的工作内容。财务总监还需要与邮轮总部密切沟通,及时发布酒店部宾客消费情况报表,调整员工薪酬,维护邮轮宾客区、员工区的 ATM 机、财务相关设备等等。

邮轮上的工作经常是交叉重叠的。邮轮规模越小,其工作交叉进行的可能性也就越大。此外,按照国际惯例,很多为游客提供的服务项目采取服务外包或者特许经营的模式。一些邮轮公司签约一些特许服务,允许一些知名的美容、发艺设计等机构在邮轮上经营业务,并收取一定的费用。特许经营商拥有独立的财务核算,也可以雇佣自己的员工。邮轮上常见的一些特许经营服务项目包括 SPA、面部护理、发型设计、美甲、营养讲座等。因此并不是所有邮轮酒店部门的工作人员都是邮轮公司员工,但一般情况下,酒店部门员工一般被称为"邮轮乘务员"或者"海乘"。

第二节　邮轮旅游代理商

邮轮旅游代理商是邮轮旅游产品重要的分销渠道,是邮轮旅游产品从邮轮公司到达顾客手中的途径。邮轮旅游代理商作为邮轮公司和顾客双方的桥梁,能够向邮轮公司和顾客提供市场与产品服务等双方感兴趣的信息,促进邮轮公司与顾客之间的沟通和了解。

当今的全球化趋势、竞争的加剧和现代信息技术的发展,再加上邮轮旅游产品具有的不可储存性,使得邮轮旅游产品的分销越来越重要。邮轮旅游产品不是一种普通旅游产品,它是一种旅游经历。因此,每一种邮轮旅游产品都彼此不同。购买邮轮旅游产品的消费者通常希望获得与其预期相匹配的目的地、食物、活动、娱乐和环境等,他们可以通过邮轮公司或网络进行预订。但是,要判定哪种邮轮旅游产品适合哪种类型的旅游者,是一项复杂而且较为敏感的任务。消费者在购买邮轮旅游产品之前,需要专业的旅游代理商(旅行社)的分析、介绍和经验,从而更方便、快捷、安全而且更便宜。因此,邮轮旅游代理商(旅行社)与邮轮旅游产品的销售有着密切的关系,邮轮公司必须选择合适的合作伙伴联合营销和分销邮轮旅游产品,邮轮旅游代理商此时便发挥了重要的作用。

一、行业协会

行业协会是邮轮业为了共同的利益而联合成立的组织。扩大市场影响力及产品销售常常是组成行业协会的初衷。行业协会使邮轮行业的营销覆盖区域越来越广泛,很多协会成员使用行业协会预订系统进行营销活动,从而获得更为广泛的客源。邮轮行业比较有影响力的行业协会是总部位于美国的国际邮轮协会。

二、独立代理商

这类代理商一般为私人所有，属于小型旅行社一类，通常员工数量少，实力有限。在与供应商（邮轮公司）打交道时，经济手段有限，在获得产品价格优惠方面经常会遇到一些挑战。但是，这类代理商的经营策略是集中精力做有特色的邮轮旅游产品，树立优质服务的声誉，提供周到、体贴的服务。

三、旅游批发商

旅游批发商主要从事组织和批发包价旅游业务，即与酒店、交通运输部门、旅游景点及包价旅游所涉及的其他部门签订协议，预先购买这些服务项目，然后根据旅游者的不同需求和消费水平，设计出各具特色的包价旅游产品并在旅游市场上销售。旅游批发商一般多为一些旅行社集团，这些批发商在一个区域或全国范围内展开品牌推广，在一定的区域内建立十几家甚至几百家或上千家分社。这些批发商多具有较高的品牌知名度、美誉度，能获得公众的认可，增强公众的信心。其规模和声誉为之带来了经济实力。这些优势使他们在与供应商谈判时能获得更多的优惠。

在这类旅游批发商中主要有两类旅行社，分别为拥有全部产权和特许经营。后者是指半独立的旅行社，它们支付费用来获得某品牌的使用权。旅游批发商可以获得品牌认可（吸引更多的顾客）、培训支持、业务指导、更多的优惠以及更高的利润。

旅游批发商同样是邮轮公司重要的代理商。旅游批发商通过与邮轮公司直接接洽，安排和组织包括各种时间、线路和价格的包价邮轮旅游产品。旅游批发商需要具备一定的管理能力和宣传能力，必须能够预见邮轮旅游安排中的一系列细节及其可能的变化，并且根据市场需求制定相应的营销计划和策略等。

四、联营旅行社

与特许经营相比，联营企业一般是采取合作的方式经营。联营的形式能给予旅行社更多的独立性，同时也能带来一个区域性或全国性大组织所拥有的影响力，但旅行社之间并不涉及品牌的问题。一家独立的旅行社只要缴纳一笔相对不多的费用就可以加入一个联营组织，这个联营组织可以代表其属下的旅行社，培养与供应商的关系，以取得供应方面的优惠，并向属下的旅行社提供辅助手段、培训支持、财政建议，以及共同建立的 24 小时预订服务系统。

五、邮轮旅游产品专业旅行社

这些旅行社是邮轮旅游产品经销的专家，它们熟谙邮轮、邮轮公司和港口，也出售机票和酒店住宿，但一般与邮轮旅游产品搭配销售。这些旅行社可能是独立社，也可能属于一家联号旅游批发商或联营旅行社。

目前，全球邮轮旅游中大约有 90% 的客舱是经过旅行社售出的。机票代理曾经是旅行社的重要利润来源，其后旅行社将其经营重点转移到代理邮轮旅游和观光旅游。这是因为邮轮旅游产品吸引力大,顾客满意度高,有助于形成游客的赞誉和回头客生意。另外,大多数邮轮公司高度重视发展与维护自己与旅行社之间的关系,这也是旅行社热衷于代理邮轮旅游产品的原因。

旅行社通过邮轮公司提供的专业途径了解邮轮旅游产品的内容,包括最新的宣传材料、录像资料和光盘等,有的时候还会派代表访问邮轮公司,或在重点城市举办研讨会,或前往邮轮参观等。同时,邮轮公司也会为旅行社提供游玩的方便,允许旅行社工作人员以很低的价格亲自乘船旅游,使其获得关于邮轮旅游产品的亲身感受和第一手资料,以便更好地向顾客进行邮轮旅游产品的销售。

尽管旅行社统治着邮轮旅游产品的销售,且势力强大,但是仍然存在着其他的销售渠道。当前,互联网的应用使邮轮旅游产品的预订销售更为高效、便捷。邮轮公司和邮轮旅游代理商纷纷拓展网络销售渠道,邮轮产品网上预订额正逐年飞速增长。在线公司通过互联网销售邮轮产品,有些旅游公司通过产品目录和其他促销方式销售,它们甚至为船上的游客提供特别的团体活动,将岸上观光加入包价中,并且派一名随船导游照料团队在船上的需求。

航游联合体(Consolidators)经常在邮轮公司在最后一分钟尽力清仓时(Last Minute Promotion)从邮轮公司购买大片的客舱,以折扣价出售给顾客,一般通过免费电话或互联网进行销售。邮轮公司也面向公众做直销,但它们会非常小心,以免破坏它们与代理商的良好关系。一般情况下,邮轮公司不允许公众直接从邮轮公司购买产品。

此外,邮轮公司在选择了销售渠道之后,为了更好地实现经营目标,促进与旅游代理商之间的良好合作,还必须采取各种措施对旅行社等旅游代理商给予激励,注重对旅行社等旅游代理商进行扶持和培育,以此来调动旅游代理商经销邮轮旅游产品的积极性。针对旅游代理商所覆盖客源市场区域的不同,激励的方式也应有所不同。

由于邮轮旅游产品专业旅行社专注于邮轮旅游产品的销售,通常能为游客提供"优先"的交易。按惯例,邮轮公司一般都要确定其"优先销售商",享有一定的优惠政策。

成为优先旅行社有着以下好处:

①旅行社能够为顾客提供成交价低于竞争者的价格。

②旅行社能够为顾客提供某些附加值性质的好处,如客房自动升级等,不另付钱。

③邮轮公司可能会提供合作资金和促销项目来帮助旅行社宣传其产品。

④邮轮公司可能允许旅行社拿到别人无法拿到的存货,即指邮轮空余的客舱。

⑤由于是专业的邮轮产品代理商,它们可以更好地向顾客推销其经营的产品。

⑥如果出现问题,邮轮公司将会和旅行社一道解决问题。

⑦旅行社可获得更好的经营业绩。

随着邮轮公司与代理商之间合作领域不断扩大、接触面不断扩大,邮轮公司对代理商的影响力也就随之扩大,最终与旅游代理商之间建立起长期的、良好的合作关系。

第三节　国际邮轮乘务人员

一、国际邮轮乘务工作的基本特点

（一）工作需要长期地在海上漂浮

邮轮服务人员是一个特殊的职业群体。他们需要长期在海上漂浮，每个合同 6~8 个月不等，其间不能回家，每次航程结束才能在岸上待几个小时。

（二）英语是主要的邮轮服务语言

目前国际豪华邮轮大部分是外国邮轮，英语是邮轮上主要的工作语言和服务语言，因此邮轮服务人员需要具备较高的英语能力。

（三）邮轮服务人员来自不同国家

邮轮上的服务人员来自很多国家，堪称是"小联合国"。以加勒比游轮公司旗下的帝王号为例，1 艘邮轮上，除有中国乘务员之外，还会有来自菲律宾、马来西亚、印度、越南等 60 多个国家的工作人员。他们在这样员工构成复杂的特殊社区工作和生活，除了要灵活运用语言和交际技能之外，还要对不同国籍同事的文化、习俗和观念有一定的认识，这样才能维持社区成员间较好的互动和交流状态，创造更好的契机融入邮轮这个多元化的国际小社区。

（四）邮轮服务工作强度大、时间长

国际豪华邮轮每次航程开始和结束都需要同时为两三千人提供各种接待服务，工作强度大，且时间长。

【拓展阅读】

邮轮十二时辰（片段截取）

夜半 子时 23 点至凌晨 1 点

"姑苏城外寒山寺，夜半钟声到客船。"我想如果是古人，这个时间段应该早就休息了，而我们的夜生活，却刚刚拉开序幕。

我是一名酒吧工作人员。

餐厅已经陆续关门，只剩几个收费餐厅仍然在营业，但客人似乎仍然精神饱满。我和我的同事收拾好餐厅的酒吧，看了下今天的小费成果，还不错。略作休憩，开始转战其他酒吧。此时邮轮中庭应该是一天中最热闹的时候，每天都有不同的派对在这里上演。看看那些手里举着鸡尾酒杯的客人，我的心也跟着他们的微醺的舞步略微雀跃。

鸡鸣 丑时 凌晨 1 点至 3 点

"夜半鸡啼惊梦，清风小雨无眠。"这样的感触和诗情真的没有几分，夜半是真，惊梦不用提。无眠是真，清风小雨也没有，只有那淡淡的银色月光笼罩着整个邮轮，一弯明月勾不起

我赏月的心思,反而让我有点想家了。休息了 20 分钟之后,我又要开始上班了。

眼睛有点痒,熬通宵几乎成了我们的必修课。在其他人都在被窝里酣睡的时候,我们将一夜无眠。没办法,这里只能在公海上开放,好在明天靠港,睡一觉,下不下船再说吧。

哦,对了,我是一名荷官。

平旦 寅时 清晨 3 点至 5 点

"平旦"是指太阳露出地平线之前,天刚蒙蒙亮的一段时候,也就是黎明之时。星光不问赶路人,我是一名厨师,在主餐厅厨房工作,三层的大餐厅,漂亮。

今天轮到我准备早餐,所以三点半得起床。(根据分到的餐厅和班次不一样,上班时间会有不同,很多厨师是不需要做早餐的。)

日出 卯时 清早 5 点至 7 点

"日出有曜,羔裘如濡。""日出"是指太阳升出地平线之时。用地支命名,为卯时。旭日东升,光耀大地,天气好的时候,有些游客会站到甲板上看日出,靠近陆地的时候能看到海鸥,深海的时候可以看到红色锅盖大小的水母。下雨的时候甲板会湿滑,我叫住了那个奔跑的孩子:"慢点,别滑倒哦。"孩子看我的眼神有点畏惧,开玩笑,我穿制服的,虽然没带警棍,肩膀上扛着对讲还是很英姿飒爽的,没错,我是一位女性安保员,巡逻中。

食时即每天的 7 点至 9 点

以地支命名,称之为辰时。食时,顾名思义,吃饭的时间。我正忙着收拾桌子,早餐很多人都喜欢在自助餐厅吃。一个绿眼睛女士似乎很喜欢我同事,跟她讲"You look like a Barbie girl!"我同事表情有点懵,"她夸你像芭比娃娃一样"。哦,她这才懂,羞红了脸,老铁,英语赶紧学啊,老外太爱唠嗑了。

对的,我是一名自助餐厅员工。

隅中 巳时 上午 9 点至 11 点

餐厅的早餐基本收尾,负责早餐的餐饮部同事也已经忙碌了好一阵。泳池畔也出现了一些拿着书本的老人和嬉戏的孩子,在加勒比航线这是司空见惯的事情。到了下午太阳毒辣的时候,还能见到很多晒日光浴的老外。

我是体育部员工,负责游客乘坐北极星的秩序。

日中 午时 中午 11 点至 13 点

上古时期,人们把太阳行至正中天空时作为到集市去交易的时间标志,这样的商品交换的初期活动,就在日中时辰进行。免税店的活动也在这个时候如火如荼进行着。作为免税店员工的我,自然也被席卷其中。

11 点,又一场促销活动和讲解已经开始进行。今天主推施华洛世奇,价格便宜,卖得很好。心里盘算着这个航程的销售目标还剩多少……

此时,旁边的咖啡屋里也已经坐满了人,娱乐部的员工也开始带领大家做一些小游戏了。奖品不少,老少都喜欢,吸引人气法宝,娱乐主持人这小姑娘英语真好,虽然主要对中国客人说的中文,但是随便几句英文就可见一斑。客人们在心满意足地购物之后,便到了饭点,于是一大群客人开始涌向主餐厅和自助餐厅。不过免税店的客人还在源源不断地增加……

资料来源:米饭 Will 邮轮.知乎,2019-10-21.(有删减)

二、国际邮轮乘务人员的心理特征

(一)邮轮服务职业对心理的影响

国际邮轮服务人员长期生活在大海这个特殊的自然环境和船舶这个特殊的人造环境中,工作和生活环境与陆地有着非常大的区别。生活圈被缩小,人们的活动范围也随之缩小,导致邮轮服务人员心理易压抑、乏闷。

国际邮轮的客流量集中、工作强度大,邮轮在港停泊时间长短不一,方方面面的检查频率高,进出港、接受检查、值班、清洁保养等连续工作时间长,缺乏睡眠、低质睡眠(作业噪声、时差、无规律等影响)使人疲劳,加上高度紧张的工作,容易产生烦躁、抑郁、焦虑的情绪,不利于邮轮服务人员心理调节。

(二)邮轮工作环境对心理的影响

在邮轮上工作,邮轮服务人员要经受许多与常人不同的复杂因素的影响。如海上的自然环境、水文和气象的复杂变化、湿度大、风浪多;邮轮的机动性大,在不同的海域中作业、停靠不同的港口码头;邮轮的环境特殊,不但固定,且空间狭小,既有噪声、振动、颠簸、高温、空气污染,又与家庭、社会分离;生活单调,获得信息少而迟缓,新鲜食品蔬菜供应受限;邮轮工作时间呆板,机械且紧张度高,值班时间多而时间安排特殊,劳动强度和体力消耗大等。所有这些因素都严重影响邮轮服务人员的身心健康,再加上海上作业以及随时都可能发生的不可预测的各种特殊情况及事故,对邮轮服务人员的心理影响更是显而易见的。

(三)不同工作岗位对心理的影响

邮轮服务人员工作竞争激烈,不同工作岗位受到重视不同,收入差别很大。其是清洁员,压力大,工作强度大,晋升途径相对不畅,收入和受重视程度相对低,就不容易调节心理。而餐厅、酒吧服务员则较受重视,收入也较高,容易调节心理。

(四)不同邮轮航线对心理的影响

由于受传统教育的影响,大部分邮轮服务人员喜欢距离自己国家近的航线,这使邮轮服务人员有一种归属感,不会有过多身在异乡为异客的孤寂感。反之,如果邮轮服务人员的航线距离自己的国家较远,心里的思乡情结会日益加重,这也会对邮轮服务人员的心理带来影响。之外,不同航线的客人也会有极大的反差,相较而言欧美航线的客人注重细节服务,而亚洲航线的客人则比较随意,这对邮轮服务人员的心理要求也颇高,需要随时调整不同心态应对不同客人。

(五)不同人员素质对心理的影响

接受教育多、技术高、遵纪守法等自控能力强、整体素质好的邮轮服务人员,心理素质相对较好。

三、国际邮轮乘务人员的心理问题

(一)紧张综合征

邮轮服务人员平时工作量大,压力也大,要随时应对各种严格的安全检查,有时还会遇到突发事件。这些都需要他们付出很大的努力去适应,有时甚至超出他们所能达到的适应能力,使邮轮服务人员在较长时间内始终处于心理紧张的状态,从而出现反应迟缓、无所适从、惊慌失措等心理障碍。

(二)情绪波动大

邮轮服务人员情绪波动大,并随着在船工作时间的延续表现越加明显。一般情况下,外派 3 个月以后,有些邮轮服务人员就会产生情绪不稳定、生理活动指标下降、易急躁、睡眠障碍、能力下降、对家庭思念加重、职业倦怠感明显等现象。个别服务人员甚至会表现得缺乏理智,乃至为了一些鸡毛蒜皮的小事而拔刀相向、大打出手,事后又追悔莫及。还有些邮轮服务人员则表现为沉默寡言、心事重重。

(三)矛盾心理

在整个职业生涯中,邮轮服务人员虽然职务可以得到不断的升迁,但工作、生活的环境几乎不变。这种职业的特殊性导致不少邮轮服务人员在从事邮轮业两三年以后逐步丧失原来由理想支撑的职业兴趣,甚至产生厌恶、恐惧的心理,试图离开这个职业,但又感觉没有其他基础,难以走出去,陷入了欲罢不得、欲干不愿的矛盾苦恼之中。有些邮轮服务人员从邮轮上回来后就又想回去,上邮轮工作了一段时间后又产生厌倦感,寻找种种理由想回来,不仅自己十分苦恼,也影响到了邮轮的稳定和其他服务人员的情绪。

四、国际邮轮乘务人员的素质要求

相对于"空乘",很多人把邮轮从业人员称为"海乘"。海乘其实就是海上邮轮服务员,工作性质和空乘差不多。但由于邮轮空间较大,属酒店式豪华旅游型的国际邮轮,集住宿餐饮、休闲、娱乐、文化、旅游为一体,因此服务的范围和岗位远远多于空乘。邮轮在浩瀚的大海上航行,而且邮轮上的游客来自世界不同的国家,这些都给邮轮乘务员任职条件提出了更高的要求。海乘包括各式客舱、餐厅、酒吧、商场、前台、收银、娱乐、人事及证件管理、儿童护理、保安、岸上导游等部门员工。

(一)心理素质

邮轮服务人员大部分时间都在海上度过。海上的生活与陆地上的生活差别很大:首先,船员的合同期一般在 8~10 个月不等,其间都在海上漂浮着,不能离开邮轮,不能回家与家人团聚;其次,长期在一个封闭的环境中工作,活动空间仅限于整个邮轮;最后,邮轮上的船员来自全世界不同国家,船员之间在信仰、习惯、沟通等方面差异很大,如果不能适应这种工作环境,就会影响船员的工作水平。

因此邮轮上的工作和生活方式并不一定适合所有人。例如,由于在邮轮上工作的经验和准备不足,有些潜在的员工不能适应新环境或者工作不顺利,一开始就不得不离开,或者被遣返回国。所以,海乘人员必须要具备过硬的心理素质。

邮轮员工生活和工作在邮轮这个特殊环境中,对其心理有一定的影响。在船工作期间,职务、岗位、分工的固定化,加上工作性质的特殊性,导致员工无论是上班工作期间还是业余休息期间,所扮演的角色基本一成不变。按照心理学理论,角色的不断变化,是促进一个人身心健康重要指标之一。而邮轮员工在一段时间里角色的相对固定、长期缺乏与社会进步信息的交流等因素容易造成邮轮员工心理活动的模式化,从而导致其心理疲劳,主要表现在强烈的思亲情绪、有一定的孤独感、情绪容易变化且心理宣泄的渠道较少等困难。

（二）身体素质

邮轮对船上酒店部门员工没有性别上的严格限制,但是对年龄的要求很明确。一般亚洲的国际邮轮对海乘的要求包括年龄、身高等:年龄要求在18～26岁,高中或中专以上学历;身高要求男生1.70米以上,女生1.60米以上。而欧美航线的国际邮轮对海乘的年龄要求比较严格,要求从事国际邮轮服务工作的海乘人员必须年满21周岁,掌握熟练的英语口语,大专以上学历;身高一般要求男生在1.70米以上,女生在1.60米以上(在特定的情况下,身高可以适当放宽)。除此以外,还包括性格开朗、气质好、五官端正、品行端庄、身体健康、无慢性疾病、传染病或家族病史、无色盲色弱;面部应无明显疤痕,持有"健康证""国际预防接种证"等。

由于船上工作负荷量较大,因此对员工的体能也有一定要求。国际豪华邮轮的客流量集中、工作强度大,每个航次需要同时接待两三千名旅客上下船。工作时间长,有的邮轮服务人员的工作时间达到12小时,这就决定了邮轮服务人员必须具备良好的身体素质。客舱服务人员在每个航次结束之后,只有不到几个小时的时间为下个航次的旅客准备客舱。餐厅服务人员每天需要准备早、中、晚三餐所需的餐桌摆台,进行席间服务,有时需要同时端几个餐盘,对服务人员的臂力要求较高;同时,还要在顾客用餐完毕后收拾餐桌。

（三）专业素质

国际邮轮海乘人员需要相当高要求的外语基础及服务意识,集中表现在熟练的外语、服务意识、跨文化交流、团队合作精神、职业技能和职业素养,在发生突发事件时还要有灵活应变能力。

1.流畅的英语水平

邮轮工作是高度国际化的工作,服务对象国际化、服务人员国际化、工作空间国际化。因此,较高的语言应用能力是邮轮员工的基本素质。目前,各大国际豪华邮轮上的通行工作语言就是英语。同时,语言应用能力越强,在邮轮上得到重用的机会越多,升迁的可能性越大,在同类岗位上的待遇也就越高。

2.较强的服务意识

邮轮旅游的独特性体现在其服务水平上,船员与游客的比例越大代表服务水平越高。此外,还要求邮轮服务人员热情周到、亲切真诚、一视同仁,具备主动为客人提供良好服务的意识,这是提高邮轮服务质量的关键。较强的服务意识是邮轮服务人员的从业前提,也是最基本的职业素质之一。微笑服务是服务意识的主要表现之一,也是邮轮对服务人员的最主要要求。

3.较强的沟通能力

邮轮服务人员需要处理好与旅客、同事及上下级之间的关系。在邮轮上,不管服务人员抑或旅客都来自不同国家,人际交往中,既有文化的冲突,又有利益的关联,这就需要邮轮服务人员掌握旅客和同事所在国的文化习俗,具有较强的沟通意识,掌握人际沟通的原则,具备良好的沟通交流技巧与能力,积极地进行交流。

4.团队合作精神

邮轮服务人员需要具备良好的团队合作能力,与同事、上下级相互支持、相互协作。邮轮工作的一大特点是一人多岗,根据工作需要,在特殊时段里跨部门合作是邮轮上常见的现象,尤其是娱乐部,因为员工比较少,遇到大型活动必须得到其他部门员工的援助;而在上下船娱乐部比较清闲的时候,需要帮助上下船专员维持秩序、引导接待等。

5.特定的职业技能

从事海乘工作除必须掌握一般的旅游、酒店管理知识外,还要学习国际海事法律、邮轮服务、海乘专业英语等知识和熟练的英语口语交流技能,接受游泳、跳水、海上急救等训练,并考取海员专业培训合格证,办理国际海员证等相关证书。

作为邮轮服务人员必须具备特定的职业技能。餐饮服务人员必须具备西餐服务的技能;客舱服务人员必须具备客舱清洁、做床、毛巾宠物等技能;前台员工必须掌握结账收银、外币兑换、投诉处理、总机转接等技能;酒吧员工必须具备调酒技能;商店员工必须具备销售技能;娱乐部员工必须具备主持、唱歌、跳舞、运动健身等技能。

五、国际邮轮乘务人员的岗位要求

邮轮工种繁多、机构庞大复杂,人员众多。从事邮轮服务工作的人员,必须充分认识到邮轮服务工作与其他工作一样,都是邮轮公司正常经营运转不可缺少的部分。邮轮乘务员要热爱自己所从事的专业,在实践中逐步培养起对专业的浓厚兴趣,这样才能在本职工作岗位上端正工作态度,潜心钻研礼貌的服务技巧。

(一)邮轮餐饮部对邮轮乘务员的岗位要求

1.要有经济头脑,同时提供殷勤周到的服务

任何邮轮乘务员都有一个共同的责任——降低成本。在餐饮经营中,每天不知有多少好食材被当作废料丢弃掉,这是最大的浪费。一个有理性的人是不会故意去损坏、浪费个人或企业财产的,许多浪费是无意之中发生的。训练有素的餐饮部乘务员应该在储存瓷器和玻璃器皿时小心拿放;食材分类存放;清理餐桌时不要把银器也混杂在剩菜中扔掉;在为游客添加黄油、面包和咖啡之前,要征询游客的意见;使用清洁剂时要适量。

邮轮餐饮部乘务员绝不可漫不经心或在工作时因想入非非而走神,必须不断地、机敏地照料进餐的游客,密切注视所服务的桌子正在发生的动作、可能发生的情况、用餐的速度、进餐过程等。这样,当需要加酒、撤盘或需要额外的调料时,邮轮餐务部乘务员就会提前做好准备,使进餐者感到舒适,使服务更加有条不紊。

2.要讲究各种服务礼节,掌握文明语言的运用技巧

邮轮餐饮服务中的礼节很多,依约定俗成的习惯和各种通行惯例,很有讲究。邮轮餐饮部乘务员应做到嘴勤、眼勤、手勤和腿勤。眼勤就是要做到对用餐游客有问必答,要眼观六路、耳听八方,像俗话讲的要"眼里有活儿",根据游客的往来、进餐程度、举止行动,准确判断游客的要求,及时主动地提供服务。手勤和腿勤就是邮轮餐饮乘务员要经常在自己负责的

餐桌周围自然地走走看看,及时地擦桌、收盘、送菜等。

邮轮餐饮部乘务员要讲究语言艺术,掌握文明语言的运用技巧;语言要力求准确、恰当;说话要语意完整,合乎语法;要依据场合,多用敬语;要注意语言、表情和行为的一致性。邮轮餐饮部乘务员应在尽量说英语的基础上,再学习和应用一至两门外语,以利于邮轮礼仪礼貌工作的开展。

3.卫生礼仪

邮轮餐饮部乘务员要勤洗澡、勤洗头、勤理发、勤换内衣,身上无异味。员工工作服要整洁干净,发型简洁大方,头发清洁无头屑。餐饮部乘务员上岗前不饮酒,不吃异味食物,工作期间不吸烟、不嚼口香糖,不在服务区域梳理头发、修剪指甲,不面对食物咳嗽或打喷嚏。女乘务员不论何种发型,头发垂下长度不得过肩,不戴戒指、手镯、耳环及不合要求的发夹上岗,不得留长指甲和涂指甲油,不化浓妆,不喷气味过浓的香水。男乘务员不得留长发,不蓄大鬓角。邮轮餐饮部乘务员个人卫生要做到整洁、端庄。

邮轮餐饮部乘务员要把好饭菜质量关,每餐工作前要洗手消毒,不用手拿取食品,取冷菜使用冷盘,热菜使用热盘,面包、甜品用托盘、夹子,冰块用冰铲,保证食品卫生。在服务过程中禁止挠头,咳嗽、打喷嚏时用手捂嘴。服务操作过程中始终保持良好的卫生习惯。

4.西餐服务礼仪

每餐正式开餐前,邮轮餐饮部乘务员应将餐厅卫生收拾得整洁干净,将台面摆放整齐,餐具布置完好。

游客入座后,桌面乘务员主动问好,及时递送餐巾,询问游客餐前是否用饮料或冰水,服务操作热情,斟酒、送饮料服务规范,没有滴洒现象。邮轮餐饮部乘务员应按照面包—黄油—冷菜—汤类—主菜—甜品水果的顺序上菜。上菜一律用托盘,热菜要加保温盖。托盘走菜稳,姿态端正。菜品上桌时介绍菜品名称,摆放整齐。上菜过程中,把好质量关,控制好上菜节奏、时间与顺序,无错上、漏上、过快、过慢现象发生。

游客用餐过程中,邮轮餐饮部乘务员应照顾好每一个台面的游客。游客用餐过程中,随时注意台面整洁,服务及时周到。游客离座时,乘务员应主动拉椅,微笑送客。游客离座后,乘务员清理台面时快速轻稳,台布、口布、餐具按规定收好,重新铺台,摆放餐具,准备迎接下一批游客。

5.安全服务礼仪

邮轮餐饮部乘务员进行某项服务时,必须随时随地注意周围每个人的安全,及时地报告不安全因素,在工作中必须遵守规章制度和操作规程,这是保证安全的前提。邮轮餐饮部乘务员千万不可疏忽、粗心、走神,脑中要有安全意识,防患于未然,要懂得使用安全用具。邮轮餐饮部乘务员在餐厅内、楼道里行走时要靠右,不要奔跑,以免在转弯角上碰撞弄伤;发现缺损的设备应及时向有关人员报告,以便及时修理;使用设备时要切实遵守操作规程和安全守则;体力劳动要量力而行。

餐厅内的某些设备和用具易造成严重烫伤,如烫的盘子和碗,不注意就会烫伤手指和周围的人员,还有可能烫伤游客。邮轮餐饮部乘务员服务时不要跑动、蹦跳,一旦发生烫伤立即做医疗处理。在餐厅中,食物噎塞是一种造成意外死亡的原因,如果不采取紧急措施,噎塞者很可能死亡,所以餐饮部乘务员一定要注意和预防此类事故的发生。

（二）邮轮客房部对邮轮乘务员的岗位要求

1.素质要求

（1）具有较高的自觉性

邮轮客房部乘务员在岗时，应自觉按照邮轮公司相关规定，不与同伴闲谈，不翻阅游客的信件、文件等资料；不借整理房间之际，随意乱翻游客使用的抽屉、衣橱；不在游客房间看电视；不用游客房间卫生间洗澡；不拿取游客的食物品尝。这些都是服务工作的基本常识，也是客房部工作的纪律。

（2）责任心强、善与同事合作

邮轮客房部的服务工作与很多部门不同，它的劳动强度大而与游客直接打交道的时候少，也就是说出头露面的机会较少。这就需要邮轮客房部乘务员要有踏踏实实和吃苦耐劳的精神，在每天所做的大量琐碎的工作中，能够具有良好的心理素质，不盲目攀比，以高度的责任感从事自己的工作。

邮轮客房部工作强度大，还需要邮轮客房部乘务员具有以我为主、善与同事合作的能力，以各自的努力，营造一个和睦相处、分工明确、配合默契、心境愉快的小范围内部工作场景，提高效率，以利于本职工作的顺利完成。

（3）要有充沛的精力和较强的动手能力

邮轮客房部服务工作的任务相对来说内容较为繁杂，体力消耗较大，游客要求标准较高，因此，邮轮客房部乘务员反应敏捷，有充沛的精力和较强的动手能力是十分重要的。

游客对客房的要求是舒适、整洁、安全，而要做到舒适整洁，首先是搞好清洁卫生。房间和卫生间的卫生，这是游客对客房最基本的要求，也是游客最爱挑剔、最为讲究的。客房要无水迹、无异味；地面、墙面要无灰尘、无碎屑；床单、枕套等卧具必须按照规定时间更换；房间内装饰布置要雅致和谐；酒店物品的放置要按规定整齐划一。清洁而符合规范的房间，是礼貌服务的物质依托。忽视了这一游客对房间的基本要求，其他礼仪便无从谈起。而要保证客房能够达到舒适整洁的标准，就要求邮轮客房部乘务员付出巨大的努力，在辛勤的劳动中提高工作效率。

2.礼仪要求

（1）行为礼仪

邮轮客房部乘务员遇到游客时应主动避让和打招呼，遇见同事和各级管理人员均需以礼相待，互相打招呼问好。除非游客先伸手，否则客房部乘务员不得先伸手与游客握手或主动拥抱游客，态度应端庄大方，手勿叉腰、插入口袋或指手划脚。邮轮客房部乘务员站立时应抬头挺胸，不得弯腰驼背。以精神饱满、微笑的面容与游客接触；在楼层内应沿墙边地带行走，在距离游客两三米时，自动停止行走，站立一边并向游客微笑问好；在为游客打扫卫生或者其他服务时，应打开房门；整理游客住的房间时，切不可随意扔掉游客的书报杂志，即使是花束、纸条等，未经游客的吩咐，也不得随便扔掉，因为可能对游客有用。客房部乘务员不得聚在一起讨论游客；游客迁出并检查房间时，如有遗失物品应立即交还或报告主管。

（2）迎送游客的服务礼仪

游客到达时要热情主动地迎上去，礼貌称呼游客并表示欢迎。客房安全保卫工作直接关系到游客生命和财产的安全,关系到邮轮公司的声誉,做好客房安全保卫工作是邮轮管理中的大事,是邮轮经营、服务的基础。邮轮客房乘务员应尽量记住游客的名字、特征等,注意保守游客的秘密,不能将游客的房间号、携带物品、活动规律等个人情况告诉无关人员,未经游客允许,不得将来访者带入游客的房间。游客离房时要提醒游客仔细检查自己的行李物品,以免将物品遗留在房间中。

(3)客房送餐的服务礼仪

游客用电话预约时要记住游客的房间号、姓名、用餐人数、点餐品种、点餐数量、送餐时间,记完后要向游客复述一次避免差错。送餐前要根据游客点的食品、饮料,先准备好用餐的器具,食品运送过程中注意食品安全。进门时要先按门铃,经游客允许后方可入房。见到游客时要问好,游客示意进入后即给游客摆位,一切工作就绪后即可离开,离开房间时要礼貌地向游客道别并把房门轻轻关上。游客用餐结束后,及时将餐具回收。

(三)邮轮娱乐部对邮轮乘务员的岗位要求

1.素质要求

(1)注重仪容仪表

邮轮娱乐部乘务员要按邮轮公司的规定着装,仪容端庄大方,举止规范、自然,体现出对游客的尊重。邮轮娱乐部乘务员主要负责邮轮上所有活动的主持与组织,从而丰富邮轮游客的海上假期。由于邮轮上的娱乐活动从早上到晚上一直都有,因此邮轮娱乐部乘务员的工作时间相对而言比较随机。邮轮娱乐部是邮轮上与游客直接接触最多的部门,所以邮轮娱乐部乘务员必须掌握流利的英语口语,活泼开朗,能歌善舞,能充分与游客互动并活跃气氛。另外,娱乐部乘务员除了组织活动外,也有一些额外的工作,比如帮助其他部门完成相关工作等,是邮轮上相对比较全能的岗位,因而对个人整体素质的要求也较高。

(2)一视同仁、周到服务

邮轮娱乐部乘务员必须把微笑服务放在第一位,礼貌周到地为游客服务。对于娱乐部的游客,邮轮娱乐部乘务员必须一视同仁地欢迎,以礼相待;坚持游客至上、质量第一的服务宗旨,使游客在情感上真正感受到看节目、听节目是享受,健身是享受,美容是享受的愉快氛围。有些场地比如滑冰场等,邮轮娱乐部乘务员要随时关注游客的安全,热情为游客服务。游客离场后,娱乐部乘务员要礼貌地向游客告别并欢迎下次再来。

(3)掌握和具备相关知识

邮轮娱乐部乘务员要有较强的语言表达能力,英语表达流利,能自觉遵守邮轮的规章制度,具有热爱、熟悉本职工作,责任心强,热情为游客服务的精神。对特殊的岗位,邮轮娱乐乘务员要经过专门训练并掌握专业技能后才能上岗,还要身体健康,能胜任本职工作。

2.礼仪要求

(1)健身房服务礼仪

游客来到健身房时,邮轮娱乐部乘务员要主动、热情迎接,问候和准确登记游客名字,及时为游客提供相关服务。游客有问题时邮轮娱乐部乘务员要耐心、细致地解答。对不熟悉器材的游客,邮轮娱乐部乘务员要能够为游客详细讲解器材的基本性能、锻炼作用和使用方法,并为游客提供示范服务,指导和帮助游客健身娱乐。健身房应配备急救药箱。游客有身体不适现象时,邮轮娱乐部乘务员要及时照顾,采取有效措施。运动健身过程中游客发生碰伤时,邮轮娱乐部乘务员要及时提供急救药品,采取救护措施。

（2）美容理发服务礼仪

邮轮娱乐部乘务员应该主动接待预约游客,并准确记录游客姓名、服务项目和指定专业人员,经与游客协商后复述一遍,取得确认。游客所有预约均事先做好安排,使游客有方便感。如果游客现场到美发中心服务,邮轮娱乐部乘务员要热情接待,表示欢迎。如果游客多时要按先后次序进行服务。为游客剪发时要按游客要求修剪。剪发时神情要专注,动作要轻快、熟练,使游客感到轻松愉快。游客离开时邮轮娱乐部乘务员要主动告别,欢迎再次光临。

（3）按摩师服务礼仪

游客预定按摩服务时,邮轮娱乐部乘务员要主动热情接待,并耐心地向游客介绍按摩种类、特点和帮助游客选择按摩项目。游客来到按摩室时,邮轮娱乐部乘务员应主动问好,热情、礼貌地迎接,询问游客有无预约。开始按摩前,邮轮娱乐部乘务员应耐心询问游客需要按摩的项目、部位。按摩过程中,每一个按摩项目均按操作程序和技术要求操作,做到保证时间,部位和穴位准确,力度掌握适当,保持绝对安静。

3.服务工作标准

（1）健身服务工作标准

邮轮健身房一般都备有多种类型的健身器械,为游客提供服务。游客运用健身器进行健身时,邮轮娱乐部乘务员要提醒游客注意,防止拉伤、扭伤、压伤等。游客运动量大时,邮轮娱乐部乘务员要给游客提供相关服务,使游客感到满意。邮轮内的球类活动过程中,邮轮娱乐部乘务员要注意球的质量,帮游客换掉不合标准的球,为游客提供捡球服务。

（2）美容服务工作标准

美容服务包括化妆、按摩美容服务和理发、染发美容服务。这两项服务,除需运用生理科学和操作技术外,还要注意药品、化妆品的使用安全,不能发生意外伤害现象。

（四）邮轮免税店对邮轮乘务员的岗位要求

1.礼仪要求

邮轮免税店乘务员要按邮轮公司的规定着装,穿制服,仪容端庄大方,举止规范、自然,体现出对游客的尊重。邮轮上的免税店大部分是外包品牌,不属于邮轮公司本身所有。免税店一般在邮轮驶出公海之后才能开门,所以到港日基本上是夜间营业。

职业仪表是指邮轮免税店乘务员在工作时的服装、修饰、举止姿态、精神状态、个人卫生等方面的外观表现,以能反映健康的精神面貌,给游客带来良好的感觉为标准。

（1）仪表

头发:邮轮免税店乘务员的头发要经常清洗,保持清洁,男乘务员不宜留长发。

指甲:指甲不能太长,注意经常修剪,女乘务员涂的指甲油要用淡色。

口腔:保持清洁,上班前不能喝酒或吃有异味的食物。

化妆:女乘务员的妆容应给人以清洁健康的印象,不能浓妆艳抹,不宜用香味浓烈的香水。

着装:着装整洁大方,着职业装,佩戴公司胸章。

（2）接待礼仪

保持微笑,热情、自信地对待游客,不冷落游客。对待游客应有耐心,讲话口气应保持温和、亲切,不得有不耐烦迹象。熟悉对待游客的基本对话技巧,熟悉专业销售技术及产品特征等基本知识,当好游客的参谋,不浮夸产品功能和功效。服务游客时,应细心询问游客的需要及实际的状况。为游客拿样板或者宣传手册时应熟练、正确,递给游客时应使用双手。收钱、找钱时均应该使用双手。在任何情况下不得与游客争吵。赞美、尊重、关心游客。游客有误解时邮轮免税店乘务员应先认错、道歉,再婉言解释原委。不管游客是否购买,邮轮免税店乘务员均应文明待客,礼貌送客。

2.礼貌用语要求

邮轮免税店乘务员应始终保持热情主动的销售意识,针对不同的情况,及时对光顾免税店的游客礼貌问候,主动介绍,让游客在愉快的气氛中接受推荐,促成购买。邮轮免税店乘务员在销售过程中,应尽量做到热情大方,但不必过于谦卑,用热情的服务来打动游客、感染游客。工作时邮轮免税店乘务员要使用礼貌用语,做到彬彬有礼、和蔼可亲。

以下是一些规范用语示例:

➢ 您好！欢迎光临！

➢ 我能帮您做什么？有什么需要我为您服务？

➢ 让我为您介绍一下（产品特征）,好吗？

➢ 对不起,我马上来。

➢ 对不起,让您久等了！

➢ 本店正在举行……活动,欢迎您的光临！

➢ 谢谢您！欢迎下次光临！

还有一些禁忌用语是邮轮免税店乘务员应该避免的,如:

➢ 你自己看吧！

➢ 我只负责卖东西,不负责其他的。

➢ 这些产品都差不多,没什么可挑的。

➢ 想好了没有,想好就赶快交钱吧！

➢ 没看见我正忙着吗？一个一个来。

➢ 这肯定不是我们的原因。

➢ 你怎么这样讲话？

（五）邮轮前台接待部门对邮轮前台接待人员的岗位要求

邮轮前台接待部门是邮轮公司行政部门之一,直接面对游客,代表着邮轮公司的企业形象。其通常的职责主要包括通过接待游客来访或者接听游客电话来处理游客在邮轮上遇到的困难、要求、投诉等,帮助游客解决邮轮旅游过程中遇到的大大小小的难题,为游客提供相应的服务和必要的协助。

1.仪表规范

①面带笑容,保持开朗的心态。

②头发梳理整齐,面部保持清洁,化淡妆。

③保持身体清洁卫生。

④保持口气清新,以便于与游客近距离交谈时留下良好印象。

⑤指甲修剪整齐,不涂抹鲜艳的指甲油。

⑥香水宜用清新、淡雅的,不宜使用香味浓烈的香水。

2.在游客来访时的接待礼仪

邮轮前台接待人员遇到游客来访时,应立即起身,面朝来访游客点头、微笑致意,待游客说明来意后,耐心、细致地为游客提供服务或者解决问题。

在面对来访游客时,邮轮前台接待人员要面带微笑、态度诚恳,注意游客的语调和音量,仔细聆听并做记录,记下重要信息,让游客感觉邮轮前台接待人员在严肃、认真地对待他们提出的问题。在处理游客问题的过程中,邮轮前台接待人员要仔细向游客询问有启发性的问题,并有意识地让游客参与到解决问题的过程中,尽快了解到游客的要求或者愿望,想出解决方案,为游客提供选择。邮轮前台接待人员要控制自我情绪,避免与游客争吵,使用平和的语调与恰当的表情,在言谈中避免说出负面言论。

3.电话接待礼仪

邮轮前台接待人员接电话时要不急、不慢,始终保持轻松、愉悦的声调,要勤用礼貌用语,如"您好""请问……""请稍等""谢谢"等。电话铃声响的第二、第三声的时候要接起电话。如果因故迟接电话,要向来电者说:"对不起,让您久等了!"电话接听完毕之前,复述一遍游客来电要点,防止因自己记录错误或者偏差引起误会。

(六)邮轮岸上观光部门对邮轮乘务员的岗位要求

邮轮岸上观光是邮轮旅行重要的组成部分。邮轮岸上观光部门是邮轮上专门负责帮助游客预订岸上游项目的部门。邮轮岸上观光部门乘务员良好的思想品质会展现给邮轮游客最美的形象,同时也深深地影响游客对邮轮旅游的印象。

邮轮岸上观光部门乘务员需要具备的能力包括良好的语言表达能力、组织能力、沟通协调能力、及时解决问题的能力、独立工作的能力等。

1.语言表达能力

这是服务过程中邮轮岸上观光部门乘务员必备的能力,是人与人交流沟通的基本能力。在帮助游客预订、带领游客旅游、接受和处理游客反馈旅游质量的环节中,邮轮岸上观光部门乘务员都必须具备较强的语言表达能力。口语表达与肢体语言的共同配合可以更加明确、精细地表达细节,更方便游客理解认知,提高游客和邮轮岸上观光部门乘务员之间的互动和交流,具有表达的形象性。

2.组织能力和沟通协调能力

团队活动的组织与旅游活动的开展都需要邮轮岸上观光部门乘务员有很强的组织能力和协调应变能力。邮轮岸上观光部门乘务员作为岸上观光活动的向导,应当熟悉旅游活动各个环节的工作,以便在活动开展过程中顺利、圆满地带领游客完成观光活动。

3.临场反应能力

及时、得体地解决问题的能力是每位游客期待邮轮岸上观光部门乘务员具备的能力。在发生意外事故或者遇到问题的时候,邮轮岸上观光部门乘务员应具备随机应变的能力来应对突发事件,协调处理,用最得体的方法解决难题,维持观光活动健康、稳定、有秩序地进行。

4.独立工作的能力

邮轮上的工作与地面工作的不同点之一在于邮轮乘务员工作和生活的地方是重叠的,所以每艘邮轮所携带的乘务员的人数都是有严格计划的。邮轮岸上观光部门乘务员的人数有限,那么每位邮轮岸上观光部门乘务员都应具有在有限时间内完成多项任务的能力,即可以完成帮助游客预订旅游、带领游客进行旅游及对游客进行回访等任务。这就要求邮轮岸上观光部门乘务员具备相关的旅游文化知识,掌握旅游信息与动态,同时在对客服务过程中具有很好的灵活性,根据相关的情况作出相应的调整,使观光进程合理地进行。

六、国际海乘人员的招聘与培训

现代邮轮经营活动能否正常运营,能否为游客提供高质量的服务,取决于邮轮员工的综合素质与业务能力和服务水平;而员工素质的高低、能力的强弱,又与员工招聘、培训等工作的开展密切相关。恰当地选择并激励员工有助于确保在所有对客接触中保持邮轮的形象和价值。

(一)邮轮员工招聘

员工招聘是人力资源管理中一个非常重要的环节,是寻找并且筛选合适的申请人填补岗位空缺的过程。只有对招聘环节进行有效的设计和良好的管理,才能得到高质量的员工。邮轮公司在制定招聘策略时必须牢记:开展招聘工作的目标是什么? 需要招到什么样的员工? 需要工作申请人接收到什么样的信息? 这些信息怎样才能最好地传达给工作申请人?

邮轮员工招聘的方式主要有内部招聘和外部招聘两种。

1.内部招聘

一般情况下,邮轮上很多工作岗位的空缺是由公司现有员工补充的,因此,公司内部是很好的招聘来源。通过内部招聘,既可以节约招聘成本,又可以获得对邮轮比较熟悉且技能已经得到证实的申请人。内部招聘涉及现有员工的内部提升、工作调换、工作轮换等3种类型。

①内部晋升。内部晋升是填补邮轮内部空缺职位的最好办法。除了可以迅速填补职位空缺、省时省力之外,提升的员工对邮轮内部情况已经有了相当的了解,不至于产生"震撼性现实"现象。更重要的是可以对邮轮员工的进取心、工作积极性产生激励作用,也给员工提供了职业发展的机会。

在进行内部晋升时,首先,要确定晋升候选人,对候选人的个人品德、才能、工作表现、工作年限进行考查,从而考虑其是否具有提升资格;其次,要对晋升候选人进行潜在能力和发展能力的测评,诸如分析问题能力、计划决策能力、沟通协调能力以及岗位业务能力,以考查其综合素质和提升潜力;最后,确定晋升人选。

②工作调换。由于经营环境或经营状况发生改变而对原有设置的部门和岗位进行分离或组合，从而引起部分员工职位变动。内部调换是指职务级别不发生变化，但工作的岗位发生变化，一般适合中层管理人员。工作调换可以为员工提供在企业内从事多种相关工作的机会，开阔员工视野，为员工提升到更高一层的职位做好准备。

③工作轮换。工作轮换不同于工作调换，适合于一般员工，具有周期性的特点，首先是便于有潜力的员工积累不同工作岗位的经验，减少员工因长期从事某项工作而带来的枯燥感，也可以采取不同岗位之间交替培训的方式来发挥员工的潜力。其次，有些员工掌握的技能与工作岗位要求不相适应，可以进行内部调动为其创造新的工作环境，以发挥其才能和工作积极性。

2.外部招聘

为了满足邮轮公司对人员的大量需求，同时，为公司内部补充新生力量，邮轮公司常常采取外部招聘的方法。常见的外部招聘渠道包括发布招聘广告、校园招聘、员工推荐与申请人自荐、招聘代理中介等。

①招聘广告。邮轮公司通过多种媒体形式直接向社会广泛发布招聘广告，招募所需人才。招聘广告可以提供有关工作岗位的足够信息，以使那些潜在的申请人能够将工作岗位的需要同自己的资格和兴趣进行比较。招聘广告也是邮轮广告的一种形式，阅读招聘广告的不仅有工作申请人，还有邮轮公司的潜在客户，所以邮轮公司的招聘广告还代表着公司的形象，提醒公众关注邮轮的产品和服务。

②通过委托培养、定向培养、校企合作开发项目、设立奖学金等方式与高校建立联系，通过校园招聘方式选拔高校优秀毕业生。

③员工推荐与申请人自荐。邮轮公司还可以通过现有员工推荐的方式雇佣新员工，这样既可以节约招聘成本，又可以获得忠诚且可靠的员工。另外，对于毛遂自荐的应征者，邮轮公司也应该给予礼貌而及时的答复。

④招聘代理中介。代理招聘是人才服务机构利用自身资源优势，通过专业化的运作手段，为企业广泛搜寻所需人才，并对人才进行分层筛选，为企业定向推荐最适用专业人才的一种服务模式，是确保企业岗位需求与人才高度匹配的一种高效纳才渠道。

为了提高服务水平，适应来自世界各地旅游者的需要，邮轮公司倾向于从世界各地招聘员工，这就需要从各地选择合适的邮轮招聘代理商或招聘中介进行代理招聘。邮轮公司提供招聘岗位需求和岗位职责，由招聘代理商的专业招聘团队设计专业的招聘方案，并负责整个招聘过程中发布招聘信息、搜索人才、收集和遴选简历、人才评估等各个环节的工作，根据邮轮公司需要提供服务邮轮职位要求的人选供邮轮公司选择。代理招聘简单快捷，不仅更有针对性，而且可以节约招聘成本、降低招聘风险，因此被各大邮轮公司广泛采用。

(二)邮轮员工招聘程序

根据邮轮公司招聘计划确定的所需员工数量和质量要求，招聘与选拔的规范程序一般如下：

1.招聘准备

制定招聘计划，对招聘工作进行翔实的安排。选择招聘工作实施者，并确保招聘人员具有良好的招聘技能。准备与招聘相关的材料,比如各种结构性表格等。

2.发布信息

根据招聘计划确定招聘信息发布的时间、范围与方式,并通过网络、中介公司广泛发布或在指定区域发布邮轮员工招聘职位信息。

3.初步筛选

同应聘者进行初步接触,经过筛选后发给职位申请表。通过简单问话、目测、验证、填表和了解应聘者的身体素质、文化程度、工作经历等情况,挑选基本符合邮轮要求的人员。

4.审核资料

审核职位申请表及有关材料。一般来说,对应聘者的初步评价是通过审阅完整的工作申请表、检查应聘者的求职资料来实现的。

5.面谈与测试

面谈是通过与应聘者面对面的交谈,观察应聘者的表情、动作姿态、谈话态度、思维广度、回答速度以及心理素质,评价应聘者是否适宜邮轮职位、是否具有培养潜力等。

邮轮上的很多工作岗位会与顾客高度接触,因此,招聘者需要评价应聘者的性格,诸如善于与人相处、灵活、有专业态度、有上进心以及注重外表等。有实际技能、知识和领悟能力的应聘者很可能成为有价值的邮轮员工。

6.海事体检

邮轮是服务性行业,对员工的健康标准有严格的要求。通过体格检查可以了解应聘者是否具有胜任工作的健康体质。

7.海事培训

获取四小证、客滚证等。

8.确定船期、申请签证

不同的职位船期会不一样,签证的申请依据登船港口而定。

9.准备登船资料

准备包括船东指定医院体检的健康证、海事证书、出境证明等。

10.上船

签订劳动合同,被录用者办理入职相关手续。

【知识链接】

登船所需的工作相关证件及条件

一、海员证(Seaman's Book)

《中华人民共和国海员证》由中华人民共和国海事局或其授权的海事机关颁发。在境外的延期和补发,由中国驻外的外交代表机关、领事机关或者外交部授权的其他驻外机关办理。在航行国际航线的中国籍船舶上工作的中国海员或由国内有关部门派往外国籍船舶上工作的中国海员可以获得海员证。其法律依据是交通运输部颁布的《中华人民共和国海员证管理办法》。办理海员证可由国际航线海船船员,港澳台航线船员以及国际河流段航线船员本人直接向签发机关申请,也可以委托海员外派机构、甲级海船船员服务机构、经营国际航线或者特殊航线船舶的航运公司代为申请。

(一)海员证的学习及培训

公民如要学习培训船员、办理证书,可到船务公司报名学习。公民到船务公司报名学习船员,船务公司安排至国家定点海员培训基地学习培训,学习期满考试合格后,由船务公司代为其办理专业培训合格证书、白皮适任证书、船员服务簿、海员证。

海员上船实习根据国家海事局规定,公民在学习培训合格取得所有海员证件后,必须上船实习六个月,由船长、船务公司及海事局和边防派出所盖章后将所有证件交付公司,由公司为船员办理适任证书正本。正式船员公民在具备了正本的专业培训合格证书、适任证书、船员服务簿、海员证后,具备正式海员资格,其资格及证书国际认可。上船公民在具备海员资格后,由船务公司为其办理上船工作事宜,上船时由船东与船员签订正规的《船员劳务合同》,明确相关责任及义务,并填写保证书。

公司内部合同的签订船员根据自身条件可与船务公司签订五年、十年的管理合同。合同签订后,海员必须将所有海员证件存放于公司内部,统一备案管理。在管理期间,船员必须服从公司分配,听从公司调遣,不得从事违法、犯罪的行为。海员证件年审根据海事局规定海员证每三年年审一次,适任证书每五年年审一次,不得拖延,否则原证件失效。

(二)海员证的申请条件

1.年满 18 周岁并享有中华人民共和国国籍的公民;

2.已依法取得中华人民共和国船员服务簿;

3.符合规定的船员体检标准;

4.持有国际航行船舶船员适任证书或有确定的船员出境任务;

5.无法律、行政法规规定的禁止公民出境的情形。

(三)签发对象

海员证签发给在中国籍国际航线船舶和在外国籍船舶工作的中国海员。

(四)有效期

中长期海员证:5 年。

中期海员证:2 年或 3 年。

短期海员证:18 个月、12 个月、6 个月、3 个月。

(五)提交材料

《海员证申请表》;办理海员证批件;船员服务簿及其复印件(必要时);有效身份证件及复印件(仅初次申请时);海员健康证明(仅初次申请时);合法有效的劳动合同或管理协议及其复印件;政审批件或公安机关出具的无法律、行政法规规定的禁止公民出境的情形的证明;适任证书或证明文件及其复印件(必要时);提供申请人近期免冠正面头像白底彩色电子证件照片;合法有效的劳动合同或管理协议及其复印件(适用船员委托机构办理或未持有国际航行船舶船员适任证书的船员办理);委托证明(适用委托办理)。

（六）海员证的收回及注销

海员更换服务单位时,应由其原劳动或人事关系所在单位或排除单位在办理其调离时收回海员证,并在3个月内交给办海员证的海事局注销。

二、登船体检表

为满足《中华人民共和国海船船员健康证书管理办法》和《海船船员健康检查要求》等规定的要求,有效实施国内规则和相关管理办法,从2012年10月1日起,海船船员申请注册和办理证书时,其健康条件需符合《海船船员健康检查要求》的规定要求,并使用新的《海船船员体检表》。

体检须知:

1.体检应在海事管理机构认可的海船船员健康体检机构进行。

2.体检者应携带有效的身份证件。

3.体检前两天禁止饮酒,体检前一天晚上8点后禁止饮食。

4.海船船员健康检查必须按照本表所列项目进行,不得减项。主检医师填写检查结果要规范,结论栏要如实写明"合格""不合格";如有限制,请列明;如不合格,简要说明原因。

5.血常规、尿常规、肝功能、血糖、血型、胸部X线检查、心电图为基本检查项目,体检医师根据实际健康检查情况可增加特殊检查。

6.超声波检查仅限于有症状或病史者,或者年满40岁的男性和年满35岁的女性。

7.有船员职业限制和禁忌证症状的须进行相关检查。

8.腹部超声波检查项目包括肝、胆、胰、脾、双肾,妇科超声波检查项目包括子宫、双侧附件。

9.健康检查表应附血常规、尿常规、肝功能、血糖、血型、胸部X光检查、心电图、超声波检查、听力检查报告,餐饮服务船员还应附大便细菌培养检验报告;"主检医师签名"栏内必须经相应的医师签名,船员健康体检机构必须盖公章,否则无效。

10.海船船员健康体检机构、船员服务机构、船员用人单位、海事管理机构应对船员医学隐私予以保护。

11.船员应向海船船员健康体检机构提供真实的医学信息。

12.海船船员职业限制和禁忌证有心脏疾病、血管系统疾病、呼吸系统疾病、消化系统疾病、泌尿系统疾病、血液系统疾病、内分泌代谢系统疾病、神经系统疾病、精神系统疾病、恶性肿瘤、运动系统疾病、耳疾病、鼻疾病、喉疾病、眼科疾病和其他(诸如妊娠七个月以上或异常妊娠者;严重的语言障碍者;严重的胸廓畸形者;疝气有嵌顿危险者;硬皮病、严重银屑病、红皮病、脓疱疮者)等禁止上船工作。

三、护照

护照是一个国家的公民出入本国国境和到国外旅行或居留时,由本国发给的一种证明该公民国籍和身份的合法证件。护照一词在英文中是口岸通行证的意思,也就是说,护照是公民旅行通过各国国际口岸的一种通行证明。所以,世界上一些国家通常也颁发代替护照的通行证件。

注意:护照要求在合约期满的至少 3 个月后仍有效,或者说,从上船之日算起有 1 年的有效期。

四、签证

签证是一个国家的主权机关在本国或外国公民所持的护照或其他旅行证件上的签注、盖印,以表示允许其出入本国国境或者经过国境的手续,也可以说是颁发给他们的一项签注式的证明。

概括来说,签证是一个国家的出入境管理机构(例如移民局或其驻外使领馆),对外国公民表示批准入境所签发的一种文件。

注意:海员及海乘人员应根据各自所参与航线的情况办理船只所到国家的签证。

五、船员上船协议

(一)上船协议的订立与解除

根据《2006 年海事劳工公约》标准 A2.1,船东或者船东代表应当与上船工作或者实习见习的船员订立书面上船协议。这里,上船协议指船员与船员用人单位建立劳动关系后,船员上船工作前与船东或者船东代表签订的协议。

船员的上船(就业)协议应在确保船员有机会对协议中的条款和条件进行审阅和征求意见,并自由接受的前提下,由船东与船员协商一致,并经双方在协议文本上签字或者盖章生效。协议文本原件由双方各执一份。上船协议和适用的集体合同应具有中英文文本,其正本或者复印件应当随船备查。船东使用船员服务机构为船舶提供船员配员服务的,应当将船员服务机构许可证复印件、配员协议和配员名单随船备查。

船东与船员协商一致,可以提前解除上船协议,但应当至少提前 7 天以书面形式通知对方。

(二)上船协议的内容

根据《2006 年海事劳工公约》标准 A2.1.4,上船协议应当至少包括以下内容:船员的姓名、出生日期及出生地;船东的名称和地址;签署的地点及日期;船员服务的船舶名称及在船上担任的职务;船员的工资总额或者计算公式、工资构成以及支付方式;带薪年休假的天数或者计算公式;上船协议终止的条件;社会保险;依据国家法律、法规规定可以从船员工资中代扣的费用;遣返的权利和义务;违约责任;适用的集体合同。

(三)邮轮员工培训

为了符合邮轮对客服务的标准和要求,邮轮员工应该得到适当的培训和学习机会。经过培训,每一位员工都能够树立起服务意识,掌握必备的服务技能。

培训是一种有组织的管理训诫行为。为了达到统一的科学技术规范、标准化作业,通过目标规划设定、知识和信息传递、技能熟练演练、作业达成评测、结果交流公告等现代信息化的流程,让员工通过一定的教育训练技术手段,达到预期的水平提高目标。

邮轮员工培训是一个系统的过程,它通过提高员工的技能水平,增强员工对邮轮公司未来规划和理念的理解以及改进员工的工作态度,旨在提高员工特征和工作要求之间的配合程度。常见的邮轮员工培训包括入职培训(Induction Training)和在岗培训(In-service Training)两种类型。

1.入职培训

入职培训又称为岗前培训,是邮轮员工在正式进入邮轮工作之前所接受的培训。入职培训的目的是让新员工对邮轮工作特性与岗位职责有一个初步的了解和基本认识。对于很多第一次上邮轮工作的员工来说,进入一种陌生的环境,往往会感受到很大的压力,比如陌生的环境与人员、经验与岗位的暂时不适、理想与现实的落差等,从而导致不能全身心或愉快地投入工作,既不利于邮轮的经营,又不利于员工的自身发展。入职培训可以缓解员工的焦虑和困惑情绪,帮助员工快速消除陌生感并尽快融入邮轮工作环境,培养员工对邮轮工作的积极态度,因此不容忽视。

邮轮公司新员工的入职培训时间一般为两周至一个月的时间,采取集中课堂培训的方法,并对每个人的培训效果进行严格测评。主要内容:公司培训讲师向新入职员工介绍公司创建背景、经营理念、品牌特色、客源状况、组织结构、规章制度等,以此帮助员工融入企业文化,培养员工的归属感。培训讲师在新员工培训方面具有很多优势,比如,丰富的邮轮实务经验,熟悉邮轮公司文化,熟悉邮轮内部专用沟通语言,擅长与新员工沟通和交流等。各大邮轮公司根据情况的不同可以灵活安排入职培训,以达到预期的效果。

2.在岗培训

在岗培训是对已经有一定教育背景并且已在岗位工作的员工进行的再培训活动。根据培训目的不同,在岗培训可以分为转岗晋升培训以及改善绩效培训两种类型。

(1)转岗晋升培训。转岗培训是对已经批准转换岗位的员工进行的,旨在使员工达到新的岗位要求;晋升培训主要针对拟晋升人员,旨在使其达到更高一级岗位要求。转岗晋升培训内容主要是新岗位或高一级岗位的任职要求与技能训练。

(2)改善绩效培训。改善绩效培训是希望员工提高工作绩效所进行的在岗培训,培训内容涵盖公司经营理念、邮轮品牌特色、岗位规章制度、对客服务技巧等方面,通过集中授课、操作要领指导等方式进行。歌诗达邮轮公司为员工制作了书面以及视频培训资料,员工在邮轮上工作之余要进行自学并接受考核。

提升在岗员工操作技能常用的方法是工作指导(Job Instruction),即对某项工作需要做什么以及如何做进行详细的指导,是在岗培训的一种极为有效的方式。工作指导可以从知识、技能等方面进行,主要侧重于工作岗位业务知识的掌握和具体操作规程的熟练程度进行培训,尽量使员工熟练地掌握必备的服务技巧以及应对突发事件的能力。

培训过程主要包括两个方面:一是展示并告知受训者做什么、怎么做;二是让受训者实际操作并按照正确的做法独立熟练操作。培训实施者首先必须解释和示范工作内容,然后让受训者练习,一步一步示范操作,必要时纠正错误,直到受训者能正确履行岗位职责为止。

岗位工作指导对于员工完成相对单一的工作任务非常有效,其有效性归根于为员工提供了广泛的实践机会并收到针对性很强的反馈。每个员工理解和吸收培训材料的速度不同,遇到的问题也不同。入职培训使邮轮员工具备了基本的岗位任职资格,但并不意味着员工已尽善尽美,也不能确保每个员工都能达到要求。工作指导可以使入职培训的不足得以弥补,使邮轮员工进一步发展和提高自己的工作能力,更好地完成邮轮上的对客服务。

【推荐阅读】

EXPLORE THE LIFE ON THE SEA

Working on board one of our state-of-the-art ships is an appealing and rewarding experience… Travelling the world and finding yourself in a different location every day, free of shore routines such as commuting and cooking, while meeting colleagues and guests from all over the world is an experience very few jobs can offer! However, working on board is not an easy job, since the working hours can be long.Nevertheless, it is a unique adventure, which we hope you will adopt as your way of life.You can read all about it here to find out whether this lifestyle is for you.

Contract

The length of our on board contracts is usually between 5 and 7 months, followed by a period of 2 months' holiday.

Working hours

Our guests are aboard our ships for a dream holiday, an experience of a lifetime… The pace of work necessary to make that happen can be challenging, with some extended hours and tight schedules.It will not be possible to take time off regularly, but this will be arranged as much as operationally possible.

Buddy System

MSC Cruises uses a Buddy System to help you settle into your new environment.Buddies are crewmembers who know the ship and your job well.They are companions and confidants.They will show you everything around the ship and help you adjust and get over the "lost" feeling that often comes during the first few days on board.

Accommodation

A cabin with an individual bathroom and TV will be assigned to you on your first day on the ship.Depending on your position, you may share your cabin with another colleague.Even if you are not used to this proximity, you will adjust to it quickly. Rest assured that there are clear rules ensuring all employees are comfortable in their cabins.You will see that your colleagues with more on board experience have adjusted well and have enjoyed making strong friendships with their cabin-mates!

Dining

The Crew Chefs have all been selected for their special ability and experience to cater for the needs of any religion and cultural practices. They have all been trained to meet the highest standards of Food Safety and Quality and welcome any special request.

Well-being

We care for the well-being of our crew!

As working on board is a challenging job, all our ships provide the following amenities to help you keep fit, healthy, and happy:

- Crew Gym: This amenity can be used at any time during your time off.
- Crew bar: The meeting place where our crewmembers socialise before and after work. Some ships even have a Crew Disco!
- Crew Pool: This is located at the front of the ship and can be used by all crewmembers, weather and sea conditions permitting.
- Medical Support: The ship doctor is available for all our crewmembers at no cost should you need medical treatment on board.
- Crew Laundry Service: Available to all crewmembers for bed linen and uniforms, but also personal items for a small charge.

MSC Cruises also organizes fun and relaxing activities that everyone can enjoy such as:

- Fitness lessons in the Guest Gym to stay fit and healthy.
- Access to the Spa at set times to relax and be pampered (sauna, massages etc.)
- Crew Shore excursions when off duty to visit our amazing destinations.
- Promotions and discounts in our on board Crew and Guest shops for the shopping-savvy.
- Live show every month in the Guest Theatre to enjoy the great work of our entertainment team.
- Surprise for every crewmember's birthday-Crew Bingo and crew lottery with cash prizes.
- Many award celebrations (Employee of the Month, Top Salesperson, Most Innovative Idea, etc.)
- Crew parties several times a month and sometimes also in the Guest Disco to celebrate your on board experience in style. These can be theme parties or to celebrate national holidays etc.

Staying in touch

Staying in touch with your family and friends is easy. You have the choice of the ship's special Crew Internet and Wi-Fi service (Crew charges apply), mobile phone (calls & text messages) and in most ports you can use phone cards. There are also Internet Cafés in convenient locations at most ports. And of course you can send and receive mail on the ship for those special occasions!

Smoking and substance abuse

There are specific designated crew smoking areas where smoking is permitted, only when off duty. You can enjoy a drink or two, but we expect all our crewmembers to drink responsibly. Alcohol tests may be conducted.

MSC Cruises has a zero tolerance policy with regards to drug use and random tests may be conducted on board.

【资料来源】地中海邮轮官网,2021-6-20.

【课后思考题】

1.邮轮公司有哪些船上工作岗位？尝试画出邮轮船上组织机构图。

2.邮轮公司岸上业务与海上业务如何相辅相成、相互促进？

3.选择一家邮轮公司,通过网络资源,搜集在该公司中国地区的旅行社代理商,并认真分析这些旅行社的经营方式与经营特点分别是什么。

4.邮轮公司与旅行社之间应该怎样进行合作,才能最大化地实现邮轮旅游产品的销售目标？

5.简述邮轮公司招聘的基本流程。

6.根据国际海乘人员的素质要求,准备一份面试用的英文自我介绍。

【推荐阅读】

[1]张磊,梁素铉.浅析国际邮轮乘务管理专业跨文化交际能力培养模式[J].青岛远洋船员职业学院学报,2021,42(4):60-63.

[2]孔洁,程芸燕,邹智深.国际邮轮乘务管理专业人才培养探析[J].航海教育研究,2021,38(2):57-61.

[3]胡桢妮,王秋雨.高职国际邮轮乘务管理专业人才培养建议——基于邮轮乘务人员离职现状及影响因素分析[J].对外经贸,2020(3):116-119.

[4]刘玉婷,姜仕倩,李伟峰,等.就业视角下邮轮乘务专业人才培养质量提升研究[J].湖南邮电职业技术学院学报,2019,18(3):77-80.

[5]史健勇.对国际邮轮人才培养的战略思考[J].中南林业科技大学学报(社会科学版),2013,7(6):24-26.

[6]黄丽华.邮轮概论[M].青岛:中国海洋大学出版社,2018.

[7]张蕊,郑燕华.产教融合背景下高职国际邮轮乘务管理专业人才培养路径探索[J].职业技术教育,2019,40(2):32-36.

[8]郑燕华."四段融合、海陆互通"人才培养体系研究——以国际邮轮乘务管理专业为例[J].教育理论与实践,2019,39(6):25-27.

[9]闫秦勤.现代学徒制在高职国际邮轮乘务管理专业人才培养中的实践[J].职业技术教育,2019,40(2):27-31.

第八章 邮轮公司

邮轮经济经过五十多年的快速发展,使得邮轮公司也如雨后春笋般地发展起来,各公司所拥有的邮轮数量和载客能力差异明显。排名靠前的邮轮公司拥有数十艘邮轮,而小型邮轮公司只有一艘。在激烈的市场竞争中,各邮轮公司之间的收购合并重组不断。邮轮产业存在着高度集中和垄断的特点,但部分小型邮轮公司也会开始将自己的业务集中在既定的目标市场上,采取差异化的战略获得稳定的市场份额。

> 【学习目标】
> 　　理解:邮轮公司的定义和发展,世界主要邮轮公司品牌
> 　　熟悉:国内外邮轮公司品牌及特色
> 　　掌握:邮轮公司发展的特点

【开篇导读】

本土邮轮还有多长路要走?

随着伊敦号正式入列招商维京船队,我们亟待思考本土邮轮还有多长的路要走。

1.伊敦号有其特定历史意义

我国邮轮产业长期徘徊在产业链的低端末游,在邮轮研制、运营等上游产业存在空白。我国邮轮经济自 2006 年诞生以来,一直扮演着市场客源地角色,目前已成为全球第二大邮轮市场,为世界贡献了 7% 的客源。邮轮产业围绕着国外邮轮公司,形成了船票销售、码头靠泊及旅游接待等初级产业链。如何向上突破产业链的分工限制,逐步迈向产业链的上游,是我国邮轮产业面临的严峻挑战。

此前海航邮轮、上海大昂天海邮轮以及钻石国际邮轮公司等本土企业先后进入邮轮运营市场进行探索,但受制于船队规模小、运营能力弱及市场环境突变的原因,最终都折戟沉沙。中船邮轮提出了构建邮轮生态体系的理念,全面布局邮轮研制、运营和供应链,整体推进邮轮产业的发展。此外中远海集团、招商集团等央企纷纷组建了中资邮轮船队,并在此基础上向产业链的上游延伸,均已取得了阶段性的成效。

令人遗憾的是,国内市场中的邮轮均为外籍,中国籍邮轮船队的建设一直未取得突破。

此次伊敦号邮轮的入列打破了这个尴尬的纪录,实现中国籍邮轮零的突破,补齐了我国邮轮领域缺失的关键一环。中国籍邮轮的入列是发展本土邮轮产业的关键一步,未来还要在中国籍邮轮的建造以及自主运营方面寻求突破。

2.收购合作模式难以复制

维京太阳轮的收购为本土邮轮船队的扩张、自主邮轮运营能力的培育带来了新亮点,但是这种发展模式具有特殊性,难以进行复制和推广。

首先是邮轮收购错失窗口期,二手船价止跌回升。自新冠疫情暴发以来,邮轮公司面临着停航的窘境以及营业收入枯竭的危机,为了降低现金流的消耗、克服生存危机,邮轮公司开始大规模出售低效益邮轮。其中嘉年华集团已经出售了15艘邮轮,未来还将出售4艘邮轮;皇家加勒比出售了精钻(Azamara)品牌、关闭了普尔曼(Pullmantur)邮轮、出售了海洋帝王(Majesty of the Seas)号和海洋皇后(Empress of the Seas)号邮轮;此外还有一批邮轮因公司破产而流入市场,一时间市场中涌现出大量二手邮轮,售价暴跌超过80%,逼近废钢价格,如CMV邮轮旗下的哥伦布号成交价仅为530万美元。在此期间部分公司展开了逆势收购,或是更新船队,如弗雷德奥尔森(Fred. Olsen)公司收购了荷美邮轮旗下建于1997年和2000年的鹿特丹(Rotterdam)号和阿姆斯特丹(Amsterdam)号邮轮,淘汰了旗下船龄高达47年和48年的布迪卡(Boudicca)号和黑色守护(Black Watch)号;或是成立新邮轮品牌,如三亚国际邮轮发展有限公司收购公主邮轮旗下的建于1998年的海洋公主号,该邮轮总吨位为77 499,最大载客量为2 222人。相比于此前的新浪漫号,其船龄、船况均有显著改善,且价格则更具优势。

2021年3月以来,国际邮轮市场局部重启,搁置已久的邮轮逐渐恢复航行。随着邮轮的活跃度提高,邮轮价格开始止跌回升。尽管邮轮价格仍处于历史低位,但是上涨的预期已经筑牢,邮轮公司也不会再抛售邮轮,市场中邮轮也将一船难求。

其次是我国政策制度限制了邮轮的进口。我国对于邮轮的进口设定了严格的标准,在技术方面,我国海事部门为了确保船舶和设备处于良好状态,对于船龄超过10年的邮轮不予以批准进口;税务方面,我国进口二手船舶需要缴纳巨额的税费,其中进口关税为9%,进口增值税为17%。上述技术和经济门槛限制了二手邮轮的进口。此外市场中船龄为5~10年的次新邮轮价格一直坚挺,甚至在疫情期间还出现逆势上扬。因此采用进口二手船的方式引进中国旗邮轮,本身就难以实现。招商集团之所以成功购买维京太阳号,原因在于其采用了股权合作的模式。该公司与维京邮轮合资成立了邮轮公司,维京邮轮将旗下的太阳号作为出资注入合资公司,因此招商获得该邮轮的部分所有权,从而实现了间接拥有。

这种合资方式目前在国内难以复制,原因在于难以找到国际邮轮巨头进行深入股权合作。目前嘉年华集团已经与中国船舶集团进行深层次战略合作,合资成立中船嘉年华,计划到2028年建成拥有8艘邮轮的多品牌邮轮船队;皇家加勒比在2014年与携程合资成立了天海邮轮,由于经营不善,该公司已于2018年关闭。另一方面皇家加勒比与德国迈尔船厂形成了长期合作伙伴关系,本就无意于在中国另觅生产合作伙伴;而诺唯真集团则经历了诺唯真喜悦号邮轮的溃败而黯然退出中国市场。因此市场上难以寻觅到有意愿与本土企业展开深度合作的国际邮轮公司的身影。

3.邮轮产业关键在于自主创新

中国籍邮轮的入列满足了国人的自豪感,更关键的作用在于通过建造和运营五星旗邮轮,培育自主研制与运营能力和培养我国的邮轮人才。邮轮产业发展关键在于研制与运营,目前这两个方面还存在着众多"卡脖子"问题,如邮轮建造中,薄板焊接技术、邮轮重量重心控制、邮轮振动噪声控制以及安全返港设计等关键技术;邮轮运营中,运营管理、产品营收管理、酒店管理、海事管理及信息化管理等核心能力。

中国籍邮轮可以通过购买的途径予以实现,但是核心技术靠化缘是要不来的,只有自力更生。中国邮轮产业要强盛、要复兴,就一定要大力发展科学技术,努力成为创新高地。中船邮轮始终坚持自主创新,瞄准形成邮轮自主运营和工程总包能力两大目标,全面推进邮轮产业结构的优化升级。公司坚定不移地支撑国产邮轮的建造交付,加快中资邮轮船队建设步伐,增强邮轮生态体系的韧性,实现邮轮经济的高质量稳定增长。

中船邮轮全面加强对科技创新的部署,推动邮轮产业的顶层设计,聚集国内邮轮研发设计、总装建造、供应链建设、运营服务等资金、人才、硬件设施等优势力量与资源,围绕解决发展邮轮产业的"卡脖子"问题,依托重大科技研发项目,通过基础理论研究、关键技术攻关和跨领域技术创新集成,突破关键核心技术,培育大型邮轮自主核心研发制造能力,形成具有更强创新力、更高附加值、更安全可靠的邮轮产业链、供应链。

我国邮轮产业的核心问题是培育邮轮生态系统,健康的邮轮生态系统拥有高生态效率的产业技术和运行机制,可以提升企业竞争力,实现品牌价值;完整的邮轮生态系统可以对冲产业各环节的波动风险,在生态系统内腾挪出时空上的回旋余地,实现人员和资本的合理分流与聚拢。作为邮轮市场的建设者、参与者和受益者,我们坚定不移地推动构建可持续发展的本土邮轮生态体系,呼吁共建船港城人一体的邮轮命运共同体,并希望更多本土企业参与到生态体系的建设中,最终实现百家争鸣、百花齐放、产业兴旺。

资料来源:中国邮轮网,2021-04-29.

阅读思考:中国籍邮轮的诞生给中国邮轮产业的发展带来什么样的契机?

第一节 邮轮公司的定义和发展

一、邮轮公司的定义

邮轮公司(Cruise Company)是组成邮轮产业最重要的基本要素之一,是整个产业的基础。它可以定义为以邮轮和海上旅游资源为依托,为旅游者提供海上旅游休闲度假服务及其相关服务的营利性经济实体。在邮轮行业发展的相互竞争形势下,现代邮轮公司的运营大多是采用集团化的模式进行。

基于以上定义,可以从以下 3 个方面对其功能及重要特性进行研究。

第一,邮轮公司以邮轮及海上旅游资源为依托,这是邮轮公司的运营基础。

20 世纪五六十年代率先在北美地区实现现代化转型。60 年代以后,由于经营不善,客运班轮渐渐通过改装游船上设施设备,增添了许多娱乐设施,并开始向主要以休闲娱乐度假的功能为主的邮轮发展。继而,娱乐休闲类的游客数量日益趋多,也就吸引了一大批造船公司修建了更多带有度假性质的邮轮。这些邮轮主要航行海域大多为气候温暖,且优先选择海况较为平稳的海域,将航线连通景色宜人的港口以及丰富多样的海上旅游资源,也能有效帮助邮轮对抗风浪影响,保持船体稳定,正常天气下,航行过程如履平地,深受游客推崇,成为船公司开展海上旅游经营活动的重要载体。经过 50 余年的产业发展和技术进步,现代邮轮业逐渐演变成以大型豪华游船为运作依托,跨国旅游为核心的新型产业,而邮轮公司旗下船只数量、档次高低、开辟航线数量、目的地优劣、航线的适应性也成为衡量邮轮公司发展水平的重要依据。

第二,邮轮公司为游客提供海上旅游休闲度假服务,这是邮轮公司的功能属性。

不同于早期的航运公司,如今现代化的邮轮公司有自己准确的目标群体及消费市场,他们不再是撒网式地营销,而是根据游客的特定需求和层次,量身定做独具特色的邮轮航线及产品,既满足了大众群体的基本需要,个性化服务也得到了体现。具体可以从航行运营中的食、住、行、游、娱、购等全方位的设计考量,来提供高质量的旅游航次产品,无论是邮轮设施、服务质量、航线规划、船上娱乐活动、餐饮水准还是实际运营,均得到了精心的设计和关注。

第三,邮轮公司是以营利为目的而建的经济实体,这是邮轮公司的企业属性。

在全球各大邮轮公司的市场竞争中,各公司的邮轮数量、娱乐设施、设计理念、载客量具有较大差异,且针对不同客源市场提供各具特色的邮轮旅游产品和服务,大型集团旗下会同时经营多个邮轮品牌,拥有数十艘甚至上百艘豪华邮轮,而小型邮轮公司只有为数不多的在航船舶投入到运营中。尽管邮轮公司在规模、品牌定位、目标的群体方面大相径庭,但不管邮轮公司是大或小,都需要通过提供邮轮产品服务来获得消费者的满意,进而获取高额的经营收入,并不断地扩大营运的利润,这是邮轮公司最基本的企业属性。

二、邮轮公司的发展

与邮轮的发展历程相一致,邮轮公司也同样经历了从早期班轮公司向现代邮轮公司的转型发展。现代邮轮的原型出现于 19 世纪 30 年代,于 20 世纪五六十年代率先在北美地区实现现代化的转型,业界一般将 20 世纪 60 年代作为现代意义上邮轮公司诞生的时期。这一时期,具有代表性的美国诺唯真游轮公司于 1966 年正式成立,旗下的向阳号邮轮在美国佛罗里达州迈阿密经营加勒比旅游度假航线并且取得了成功。经过 50 余年的产业发展和技术进步,现代邮轮业逐渐演变成以大型豪华游船为运作依托,跨国旅游为核心的新型产业,属于旅游市场的高端产品。邮轮公司在市场战略的部署上,经营的最终目标是增加并保持源源不断的游客。在市场激烈的竞争中,邮轮公司必须审时度势,紧紧跟随时代的步伐,把握发展战略的方向,通过资源的合理调配以及差异化的营销管理手段,形成自身的核心竞争力。

【知识链接】

2019 年 8 月 12 日,伦敦当地时间 12 点 41 分,星旅远洋国际邮轮有限公司正式签署"鼓浪屿"号交接船法律文件,船名正式变更为"Piano Land",完成"鼓浪屿"号实体接船。嘉年华英国船岸有关负责人、厦门中远海运、中国旅游集团邮轮事业部及 V.Ships 相关负责人出席此次接船仪式并共同见证了这一历史性时刻。

"鼓浪屿"号顺利接船,标志着中国本土邮轮品牌星旅远洋邮轮正式拥有了属于自己的首艘邮轮。

据了解,"鼓浪屿"号由中远海运集团和中国旅游集团合资购入。"鼓浪屿"号(Piano land)的前身是嘉年华邮轮集团旗下的 P&O 邮轮公司(英国)的奥利安娜号(P&O Oriana),奥利安娜号 1995 年由德国 Meyer Werft 建造,总吨位 69 153 吨,邮轮长度 260 米,邮轮宽度 32.2 米,载客人数 1 870 人,船员人数 760 人。

日前,"鼓浪屿"号已于 8 月 16 日自英国南安普敦港启程,前往希腊比雷埃夫斯港进行烟囱 logo 等视觉体系改造,烙印上象征着星旅远洋邮轮的船身和标志,正式披上星旅远洋的"战衣"。

"鼓浪屿"号船身以蓝白为主色调,包容的蔚蓝与纯净的白色融合为海天的颜色,象征着星旅远洋邮轮"以天为被,以海为床"的广阔邮轮梦想。而以品牌名"ASTRO OCEAN"首字母为基础设计的 logo,与海上航行方向标"星星、指南针、船舵"等形象相应和,将星旅远洋邮轮的公司背景、发展理念等展现得淋漓尽致。

在完成"换装"之后,"鼓浪屿"号途经苏伊士运河、科伦坡港、新加坡归国,航行近 10 000 海里,计划于 9 月 21 日抵达厦门港。返航期间,"鼓浪屿"号船员团队将有条不紊地进行邮轮运营准备工作。

星旅远洋邮轮公司由中远海运(厦门)有限公司代表中远海运集团与中国旅游集团合资成立,是两大集团合资邮轮业务的重要载体。公司将以中国重点建设的四大国际航运中心之一厦门为国内运营总部,以"鼓浪屿"号为起点,积极响应国家《关于促进我国邮轮经济发展的若干意见》的号召,不断扩大船队规模,以"服务大众,创造快乐"为宗旨,通过特色鲜明的差异化产品,为中国游客提供中西文化完美交融的优质海上度假体验,致力于打造更懂中国人的民族邮轮品牌。

资料来源:中国交通运输协会邮轮游艇分会网站.

阅读思考:

邮轮本土品牌的兴起,应该如何发挥出我国本土邮轮产业的优势? 在发展中国邮轮公司的同时,如何从邮轮整体设计上体现出文化自信?

第二节　世界主要邮轮品牌

一、美国嘉年华邮轮集团

美国上市公司嘉年华邮轮集团,成立于 1972 年,总部位于美国佛罗里达州的迈阿密市。作为美国上市公司,嘉年华邮轮集团为世界各地的游客提供最好的服务。嘉年华邮轮品牌年轻化,是美国年轻人比较热衷的邮轮公司,船上活动多彩多样,刺激娱乐性较强,属于经济型邮轮。凭借创新与资本收益运作,它在短时间内成功运营了多个子品牌,并拥有豪华的邮轮船队,下属邮轮公司有嘉年华邮轮、公主邮轮,世鹏邮轮、荷美邮轮、冠达邮轮、歌诗达邮轮、阿依达,以及风之颂邮轮等。嘉年华邮轮集团现有 24 艘 8 万~12 万吨大型豪华邮轮,这也是现今最为庞大的豪华邮轮船队。

表 8-1　美国嘉年华邮轮集团品牌及客源市场分布

邮轮品牌		邮轮数量	载客数	主要客源市场
嘉年华邮轮	Carnival	24	62 562	北美地区
公主邮轮	PRINCESS CRUISES	27	37 346	北美地区
世鹏邮轮	SEABOURN	6	1 975	北美地区
荷美邮轮	Holland America Line A Signature of Excellence	15	23 487	北美地区
冠达邮轮	CUNARD THE MOST FAMOUS OCEAN LINERS IN THE WORLD	3	6 686	英国、美国
铁行邮轮(英)	P&O CRUISES	7	14 468	英国
铁行邮轮(澳)	P&O AUSTRALIA	3	4 780	澳大利亚
歌诗达邮轮	Costa CRUISING ITALIAN STYLE	15	34 412	意大利、法国、德国
阿依达邮轮	AIDA CRUISES	10	18 656	德国
伊比罗邮轮	ibero	3	4 176	西班牙、南美

1.嘉年华邮轮

嘉年华邮轮隶属于美国上市公司嘉年华邮轮集团。目前,主要侧重于美洲加勒比海地区的经营。沿途经过世界最美的海域,其游览景点将一系列深受游人追捧的目的地串联成精挑细选的航行路线。精湛的美食及细致入微的住宿服务,丰富多彩的休闲设施、新颖的装潢、宽敞舒适的客舱,以及乐趣横生的娱乐性活动,包括大型歌舞剧、表演秀,让每一趟航行的客人都能置身于愉悦的嘉年华盛会之中,难以忘怀。嘉年华邮轮在业界以"Fun Ship"(快乐邮轮)著称,并成为其区别于其他对手公司的一大特色。现在嘉年华已经发展成为全球第一的超级豪华邮轮公司,拥有 28 000 名船员和 5 000 名员工,被业界誉为"邮轮之王"。

今日的嘉年华邮轮与几十年前的初期设施相比,已是另一番景象。嘉年华的首航邮轮是一艘改装的跨大西洋海轮,但其中寄托着创业者最初的梦想。这位现代邮轮业的开创者要实现自己的远大理想,让平常人也能享受以前富豪专属的度假经验,结果,梦想终于实现。

嘉年华邮轮是以欢乐为主题的邮轮,娱乐活动不可胜数,除了基本的网球、高尔夫球等,夜晚更安排夜总会现场歌舞表演、DISC 跳舞或者酒吧小酌两杯。无论选择内舱客舱还是豪华套房,都能得到客舱服务员的悉心服务,邮轮上还有中文菜单、中文每日活动表,旅客亦能从容融入邮轮生活。

船队全年在欧洲、加勒比海、地中海、墨西哥、巴哈马航行运营,而季节性航线则有阿拉斯加、夏威夷、巴拿马运河、加拿大海域航线等。其船队优势在于它多样化的休闲设施,装潢新颖、宽敞的客舱。邮轮上的秀场节目与娱乐设施应有尽有,让旅客在船上宛如天天参加嘉年华盛会,豪华的超五星级享受,闪烁的霓虹灯,流光溢彩的环境。

2.公主邮轮

公主邮轮创始于 1965 年,隶属于全球最大的度假公司嘉年华邮轮集团。作为邮轮公司的领航者之一,公主邮轮拥有 18 艘豪华邮轮的船队,超过 150 条特色航线,每年带领约 170 万宾客尽情游览领略近 350 个各具特色的热门旅游目的地,它们遍布世界各地。公主邮轮以创新的船舶设计、多样化的船上体验和卓越的客户服务而闻名;而训练有素的船25 000名员工来自 100 多个国家和地区,确保每位客人都能享受到海上东道主的贴心服务。

公主邮轮全新品牌定位为"全球旅行大师",与全新定位相符,自从进入中国市场,公主邮轮就为宾客打造了全新的高端邮轮体验,包括一系列专为中国宾客量身定制的文化、美食、娱乐等项目,比如专门配备了说普通话的船员、顶级中国娱乐演员和国内外精致美食甄选等。

3.世鹏邮轮

世鹏邮轮创始于 1987 年,最早投入运营的两艘船只是分别于 1988 年下水的世鹏骄傲号和 1989 年下水的世鹏精神号。1991 年,美国嘉年华邮轮集团购入世鹏邮轮 25% 的股份,1996 年这一比例上调至 50%,1998 年购入剩余 50% 的股份,目前公司总部设在美国佛罗里达州的迈阿密。世鹏游轮公司旗下为豪华小型游轮,走的是顶级消费路线,所搭载的乘客不多,所以,自从客人登船那一刻开始,船上的工作人员便可以亲切地用乘客的姓氏来称呼,突显其标榜顶级游轮的尊荣服务。此外,由于世鹏游轮的船体较小,不仅可以航行于一般大船所无法到达的地方,同时也可以停泊于最靠近市中心的码头,这也是世鹏游轮优于其他游轮的特色之一。

世鹏邮轮是超豪华邮轮的领先者,航线遍布全球各地,在短则 7 天、多则 100 多天的行程中为游客打造私密度假空间以及顶级尊享服务,船上服务人员与游客比例高达 1∶1,为提供优质细致入微的服务,世鹏邮轮一直在个性化服务方面有着自己的特色。世鹏邮轮无与伦比的品位及优雅细致的形象,吸引着全球游客的目光,不论是在挪威峡湾温暖的毛毯或热巧克力;还是在泳池边的肩颈按摩,客人就如同身处私人俱乐部一般,所有需求皆能得到满足及友善对待。

4.荷美邮轮

荷美邮轮起源于1873年成立的荷兰美洲航运公司,总部设在荷兰的阿姆斯特丹,在1989年被美国嘉年华邮轮集团收购之前经营从荷兰至美洲的客运和货运业务,目前总部位于美国的西雅图。

荷美邮轮的目标顾客群体是希望体验高品质邮轮假期的高消费顾客,旗下船只具有高贵典雅奢华的内部设计,布置了充满文化气息的艺术装饰品及陈列收藏品,航线中拥有私人专属小岛半月岛。2016年,荷美邮轮最新船只科宁士丹号注册总吨位99 500吨。

5.冠达邮轮

冠达邮轮成立于1840年,迄今已拥有超过183年的航海经历,是一家以英伦风格提供王宫贵族般服务体验的邮轮公司,它在1998年被美国嘉年华邮轮集团收购。

白星服务一直是世界上公认的一流服务。每位邮轮员工都在白星学院接受严格完整的训练,为顾客带来细致体贴的服务。冠达邮轮上的服务是英式传统服务淋漓尽致的体现,提供专属管家。

冠达邮轮拥有"全球最负盛名的远洋航行大师"的美誉,古典优雅与摩登气质赢得了无数赞誉,受诸多世界级名人的青睐。英国先锋设计师罗德斯以及美国著名影星伊丽莎白·泰勒(Elizabeth Taylor)也曾搭乘冠达邮轮。

全球首个海上时装周在冠达邮轮玛丽皇后号上举办,时尚圈一众名流,包括英国员佐勋章获得者、著名时尚历史学家及风尚评论家柯林·麦克道威尔(Colin McDowell)、纽约时装周创始人弗恩·马利斯(Fern Mallis)以及英国官佐勋章获得者、国际时尚顾问盖尔·萨克洛夫(Gail Sackloff),均搭乘玛丽皇后2号,从英国南安普敦港启程,开启为期7天的"跨大西洋时装周"航行。

6.铁行邮轮

铁行邮轮原本于1837年在英国本土创立,以纯粹英伦风格、中低价位为品牌诉求,是航线遍布全球各海域的豪华型老牌船队,也是现存全世界历史最悠久的邮轮公司。于2000年分离出来成为独立的邮轮公司,随后于2003年与嘉年华公司合并成为嘉年华公司旗下品牌。目前英国邮轮史上最大吨位豪华邮轮—不列颠尼亚号(Britannia),更是由英国女王伊丽莎白二世亲自命名。目前,铁行邮轮的主要航线分布于英国本土和澳大利亚。

7.歌诗达邮轮

歌诗达邮轮以"海上意大利(Italy at Sea)"为品牌定位的意大利歌诗达邮轮公司是欧洲地区最大的邮轮公司,隶属于世界邮轮业翘楚嘉年华集团。该品牌进军中国市场前,航行足迹早已遍布除亚洲以外的几乎任何一个地区,而进入到中国这个广阔的市场,也算是填补了全球版图上的最后一块空白。

它起源于1860年的Costa家族,名字源自创始人贾西莫·歌诗达先生(Giacomo Costa),有着悠久而辉煌的历史。1997年,美国嘉年华集团收购了歌诗达邮轮公司50%的股份,并于2000年9月收购了歌诗达另外50%股份,成为歌诗达唯一的股东。

歌诗达的每艘邮轮都是由意大利的设计师按照当地的风格与理念完成的,从内到外都弥漫着一股意大利式的浪漫气息,尤其在蔚蓝的欧洲海域,歌诗达船队以艳黄明亮色调的烟囱,搭配象征企业识别标志的英文字母C,航行所到之处均是掀起人们惊艳的目光。如同一艘艘漂浮的宫殿,邮轮上的艺术品倾注了数百万美元精心打造,包括雕塑、绘画、壁饰、壁挂和工匠手制家具。配有超大房间,其中大部分房间能够观赏海景并附有阳台,为游客提供宾至如归的舒适感受。

8.阿依达邮轮

阿依达邮轮是来自德国的邮轮公司,于1960年进入邮轮业,该公司于2000年被收购,2003年,合并在嘉年华集团旗下,而阿依达邮轮主要负责欧洲的板块,为德国的年轻人而设计,它最大的特点是邮轮外观个性新颖的设计搭配,让人眼前一亮,船体绘有醒目的黄色眼睛搭配蔚蓝色海水的波浪线条,船头绘有红色嘴唇图案。

9.伊比罗邮轮

伊比罗邮轮是一家新晋的邮轮公司,历史比较短,2007年才成立,总部位于西班牙。它的前身是西班牙的东方集团,面临着海运业的急速转变和邮轮业的迅猛发展,决定联合世界最大的邮轮集团公司嘉年华,一起开发还在成长中的西班牙邮轮市场,之后合资成立了伊比罗邮轮,伊比罗邮轮主要提供自西班牙本土出发前往欧洲,地中海和加勒比的航线。未来的计划也会涉及南美的西班牙语市场。

二、皇家加勒比游轮有限公司

1970年,皇家加勒比开启了一段航海旅程——改变世界邮轮旅行的方式,让光临邮轮的每一位宾客都能享受到别处难寻的度假体验。它是全世界阵容最大,提供服务体验最完善的邮轮公司之一,皇家加勒比游轮有限公司总部位于美国迈阿密,在全球范围内经营邮轮度假产品,是全球第二大邮轮公司。全球领先的皇家加勒比游轮有限公司,旗下拥有5个子品牌:皇家加勒比国际游轮、精致邮轮、精钻邮轮和CDF和途易邮轮。行程遍布世界各大旅游名胜约400余个旅行目的地,包括国内母港出发的航线、海外航线,热门旅行目的地、飞机相对较难到达的特色目的地,例如阿拉斯加冰川远足、伯利兹(Belize)洞穴探险、克罗地亚杜布罗夫尼克(Dubrovnik)葡萄园骑行穿越、中国奇迹之旅等小众景区。它带给游客全新的感官体验,以及带给度假者刺激冒险和闲适时光,观赏不同的风景,体验不同的文化,收获一次次难忘的旅程。但除了旅游景点,各种海上新奇活动和不断提升的邮轮体验更是皇家加勒比游轮深受客人喜欢的真正原因。例如,"海洋绿洲"号与"海洋魅力"号将分区理念实现在邮轮的空间中,将邮轮划分为中央公园、百达汇欢乐城、皇家大道、游泳池与活动区、海上水疗与健身中心、娱乐世界和青少年活动区7个主题来满足不同客人的度假需求。

皇家加勒比游轮有限公司多年将市场主力集中于美国地区,而在2004年后,开始将市场重心转移到欧洲、澳大利亚、中国及其他地区。作为在中国发展迅猛的邮轮公司,自2009年开启第一条中国上海母港航线,皇家加勒比一直以来致力于引领邮轮产业的发展,率先在中国市场部署和经营世界级邮轮,先后引进两艘吨位大、船龄新、设施先进的邮轮——"海洋航行者号"及"海洋水手号",引领中国邮轮行业进入"大船时代"。2019年,皇家加勒比全新的超量子系列首艘邮轮"海洋光谱号"开启中国首航。进入中国市场十多年来,皇家加勒比连续十一年获得该项行业盛誉。满载荣誉的发展历程,彰显了皇家加勒比的品牌力量与产品美誉,代表着业界及消费者对皇家加勒比的充分认可与支持。值得一提的是,总吨位近23万吨的"海洋奇迹号"是备受赞誉的绿洲系列邮轮的第五艘新船,在2021年下水并部署中国母港,为广大国内外游客带来耳目一新的全年奇迹旅程。"海洋奇迹号"创新性地呈现与延续绿洲系列邮轮标志性的七大社区概念,打造无可比拟的跨代家庭度假体验。这艘世界最新最大邮轮将引领中国邮轮市场走向又一个黄金10年。

【知识链接】

在2019年上海进博会上,皇家加勒比游轮再次参展,成为唯一参展的国际邮轮企业公司,在展会展出2021年部署上海的世界最大邮轮绿洲系第5艘邮轮——"Wonder of the Seas"的中文名称定为"海洋奇迹号","海洋奇迹号"的亮相或将成为这次进博会"最贵展品"。总吨位近23万吨的"海洋奇迹号"已于2021年10月在法国圣纳泽尔大西洋造船厂铺设龙骨和开工建造,这艘巨轮耗资8亿欧元(约14亿美元),共有16层甲板和2700个客舱,最多可搭载6 360名游客和2 100名船员,甚至设计了可以伸缩的烟囱,以便通过海峡桥梁。海洋奇迹号颠覆传统,将整艘邮轮分为7个社区,为来自世界各地的中外游客开辟全年母港航线。"海洋奇迹号"将融合皇家加勒比"绿洲"系列邮轮所具有的标志性七大社区概念以及一系列新奇有趣的体验、富有想象力的美食、无与伦比的娱乐活动和最前沿的科技,为所有游客带来刷新邮轮度假的完美体验。海洋奇迹号就像一座巨型海洋乐园,在这里可以体验参与到各类娱乐设施和活动。也很多娱乐项目都是史无前例,其中皇家独有的螺旋形的"终极深渊(The UtimateAbyss)"滑梯,应该算得上迄今为止邮轮上最高的水滑梯了。形状弯曲的蛇形滑道有10层高的落差,从上到下整个滑落的时间需要13秒左右。如果喜欢冒险的人,那终极深渊绝对不能错过。

表8-2 皇家加勒比游轮公司邮轮品牌及客源市场分布

邮轮品牌		邮轮数量	载客数	主要客源市场
皇家加勒比国际游轮	RoyalCaribbean INTERNATIONAL	22	64 125	北美地区
精致邮轮	Celebrity X Cruises®	11	23 898	北美地区
精钻会邮轮	AZAMARA CLUB CRUISES®	2	1 388	北美、英国、德国、澳大利亚
伯曼邮轮	pullmantur CRUCEROS	5	11 599	西班牙、拉丁美洲
CDF邮轮		2	—	法国
TUI邮轮	TUI Cruises	2	3 756	德国

1.皇家加勒比国际游轮

皇家加勒比国际游轮隶属于皇家加勒比游轮有限公司。皇家加勒比国际游轮是船队规模比较大的邮轮品牌,共有量子、君主、梦幻、灿烂、航行者、自由、绿洲7个船系约25艘现代邮轮,每年提供200多条精彩纷呈的度假航线,畅游近300个旅游目的地,遍及加勒比海、阿拉斯加、加拿大、欧洲、中东、亚洲、澳大利亚及新西兰等70多个国家和地区。

量子系列(约16.78万吨):在中国市场熟为人知的海洋量子号从中国上海母港出发,海洋赞礼号从中国天津母港出发;它主要航行于东亚及东南亚地区。

绿洲系列(目前世界最大吨位邮轮,约22.5万吨):主要有海洋魅力号、海洋绿洲号、海洋和悦号;主要航行于加勒比海地区。

航行者系列(约13.8万吨):该系列行程中趣味性强,适合家人欢聚的豪华邮轮,令人大开眼界。世界级冰上秀表演团队,给度假者呈现动人绮丽的故事集。海洋水手号、海洋航行者号(中国深圳、香港母港)、海洋冒险者号、海洋探险者号、海洋领航者号。

自由系列(16万吨):海洋自由号、海洋独立号、海洋自主号;加勒比海、欧洲、横渡大西洋航线。

灿烂系列(9万吨):海洋光辉号、海洋珍宝号、海洋灿烂号、海洋旋律号。

梦幻系列(7.8万吨):海洋幻丽号、海洋富丽号、海洋迎风号、海洋荣光号、海洋梦幻号。

君主系列(7.4万吨):海洋帝王号;主要航线为巴哈马群岛。

2.精致游轮

"精致邮轮"成立于1989年,始终追求的是精致但不繁复,讲究而非做作的邮轮体验,也正因此,那些真正懂得享受邮轮旅行品位的人士越来越青睐"精致邮轮"。它的经营宗旨是"经典、优雅并保持创新",传递给游客的是与时俱进的旅行视角,与当下生活方式同步发展。在1997年,"精致邮轮"整个船系被皇家加勒比游轮公司兼并,它也成为皇家旗下奢华品牌的代表作之一。多年来,连续当选世界顶级邮轮,这样的公司品牌成长得益于精准的定位,也是引领"现代奢华"的典范。该品牌的形象标志中"X"代表着现代和个性,区别于其他邮轮品牌的旅游体验,本身"精致邮轮"想呈现的就是为客人提供超出预期的服务,并制定全球化标准,"高品质,出众的外观设计,宽敞的住宿环境,宏伟的风格,周到的服务和出色的美食。"2014年11月,皇家加勒比游轮集团正式发布声明,精致邮轮中文名变更为极致邮轮。旗下拥有12条船队,231条航线。例如,精致邮轮极致号就是"现代奢华"的缩影,宽敞的甲板上,徜徉在明媚的阳光下,五光十色的瑰丽景色尽收眼底,陶醉于林林总总的服务设施带来的舒适享受中,更有精致邮轮闻名遐迩的周到服务、豪华水疗房、绿荫俱乐部、私家酒窖等特色娱乐项目。

3.精钻会邮轮

2007年成立的精钻会邮轮船队虽然只有"精钻旅程"号(Azamara Jourmey)和"精钻探索"号(Azamara Quest)2艘邮轮,但却是皇家加勒比公司旗下最高端、最具品质的船队。精钻会邮轮的精髓是:聚焦全新航线,打造深度旅行,尊享奢华旅程。"精钻旅程"号和"精钻探索"号邮轮分别能容纳694位游客,93%的客舱拥有海景,68%的客舱拥有私人阳台。精钻会邮轮是为渴望新颖豪华的独特远海巡游的高品位乘客量身打造的,具有无与伦比的设施和服务,每一个客舱都可以提供管家服务。精钻会邮轮近期更是投资1 750万美元更换船上的设施,包括全新的欧洲床上用品、纺织品、平板电视、新的阳台装饰和家具,并在所有客舱和公共区铺设无线互联网。由于船体偏小,精钻会邮轮可以带领游客前往那些大型邮船根本无法到达的、隐藏在世界角落里的美景。

精钻会邮轮的名字 Azamara 出自罗曼语中的一个词语,其中包括蓝(az)和海(mar)。这个名字的灵感还来自一颗星——Acamaro。在古代,Acamar 是可以从希腊纬度看到的最南方的一颗璀璨的星。公司也期望精钻会邮轮(Azamara Club Cruises)成为蓝色大海上最闪亮的一颗星。

4.普尔邮轮

普尔邮轮公司(Pullmantur)成立于 1971 年,总部设立在西班牙首都马德里。2006 年伯曼邮轮正式加入国际闻名的皇家加勒比海邮轮(RoyalCaribbean)的大家庭。Pullmantur 是西班牙最大的一家豪华邮轮运营商,拥有 5 艘邮轮,航线主要分布在北海、波罗的海、地中海、加勒比海等区域。Pullmantur 除了自身拥有的豪华邮轮运营外,还有丰富的岸上观光旅游度假套餐可供乘客选择,此外还经营 3 艘 747 喷气式客机用来提供邮轮始发地的港口和目的地之间的空中飞行服务。皇家加勒比游轮公司收购 Pullmantur 后,Pullmantur 在皇家加勒比游轮公司的麾下保持其独立自主的品牌,以保持它与众不同和成功的客户市场经验。

2005 年,普尔曼邮轮在西班牙推出 ALL-INCLUSIVE 餐饮全包的套餐服务。一般只有在六星级的超豪华邮轮上才会推行的餐饮全包服务在普尔曼邮轮上得以实现,普尔曼邮轮也因此成为首家推行该项服务的豪华邮轮公司。

在享受普尔曼邮轮提供的幽雅环境和优质服务的同时,乘客还可以在邮轮上随时随地无限制地尽情享受美食和饮品。从 2011 年起,普尔曼邮轮向中国乘客承诺提供最优质的餐饮服务,娱乐节目及精选航程。

"普尔曼君主"号(Sovereign)改建于 2008 年,是普尔曼旗下载客量最多的邮轮。同时该邮轮是普尔曼系列船队中体积最庞大、设施最完善的邮轮,有如一座巨大的海上行宫。共有客舱 1 162 间,其中有 744 间海景房,游客可以不出客房直接欣赏海上美景。"普尔曼君主"号共有 4 个主餐厅,可为游客提供意大利、欧美以及亚洲风味的菜肴。有 3 个大小不等的游泳池,有可容纳 700 多人的剧院,乘客可以享受到歌剧、舞蹈、音乐剧表演。还有各式酒吧、夜总会、豪华赌场、免税商店、健身中心及 SPA、图书馆和赌场,甚至还有浪漫的结婚礼堂。

2016 年,皇家加勒比游轮集团将普尔曼公司 51% 的股权出售给西班牙私募股权公司——Springwater Capital,并保留船队所有权,将其租赁给合资公司运营。2020 年,全球邮轮市场遭遇严重的疫情危机,各邮轮因停航而陷入资金短缺的困境,为此纷纷开展自救。皇家加勒比游轮集团实施了全球收缩和资产优化战略,通过淘汰旧船、出售品牌、关闭邮轮公司的方式,以达到缩减维护成本、降低支出的目的。2021 年皇家加勒比游轮集团又以 2.01 亿美元的价格将从普尔曼析出的精钻邮轮出售给私募基金——梧桐资本(Sycamore Partners),完成了普尔曼邮轮资产的处理,在市场和资金上都获得较大回报。

5.CDF 邮轮

CDF(Croisieres de France)邮轮公司隶属于美国皇家加勒比游轮公司,共有两艘邮轮——Horizon 和 Zenith。

6.TUI 邮轮

TUI 邮轮主要客源是德语市场的游客,现在拥有 Mei Schiff 1 和 Mein Schiff 2 两艘邮轮。

三、诺唯真游轮控股有限公司(NCLH,Norwegian Cruise Line Holdings Ltd.)

诺唯真游轮控股有限公司是全球领先的邮轮运营商,旗下拥有诺唯真邮轮、大洋邮轮和丽晶七海邮轮三大品牌。诺唯真游轮控股有限公司目前营运 25 艘邮轮,共有约 50 400 个舱位,旗下三大邮轮品牌的行程遍及全球 450 多个目的地。

2014 年 9 月 2 日,诺唯真游轮控股有限公司同意以 30.25 亿美元收购威望国际邮轮公司。该公司是大洋邮轮和丽晶七海邮轮的母公司,可谓高级邮轮业的市场领先品牌。该项收购于 2014 年 11 月 19 日完成,使得诺唯真游轮控股有限公司成功实现了业务多元化,并成为集合现代、尊尚以至奢华路线的世界级邮轮品牌,有助于增加细分市场的占有率。2017年 12 月 19 日,诺唯真游轮控股有限公司从纳斯达克全球精选市场转板至纽约证券交易所(纽约证券交易所代码:NCLH),并于 2018 年 1 月 11 日在纽约证券交易所举行转板敲钟仪式,纪念公司股票首次公开发行五周年并庆祝转板交易。2025 年,诺唯真游轮控股有限公司将新增 7 艘邮轮,2026 年及 2027 年还将带来两艘全新邮轮。

(一)诺唯真邮轮(Norwegian Cruise Line)

诺唯真邮轮,曾用名为挪威邮轮,成立于 1966 年,2016 年发布"诺唯真"全新中文名称,完美诠释"承诺、专属和真诚"的品牌理念。诺唯真邮轮极富创新精神,自成立以来,在过去50 多年的品牌历史中不断突破传统、重新定义邮轮旅行方式,邮轮行业实现了一系列的发展与创新。1977 年,购买巴哈马大马镫礁,历史突破性地成为提供私人外围岛旅游的邮轮品牌。1998 年,开辟夏威夷火奴鲁鲁航线。2000 年,推陈出新、率先推出"自由闲逸式邮轮假期",游客可以自由灵活地设计心仪的旅程,享受自由闲逸的邮轮时光。2016 年,为游客提供自由自在、无拘无束的"海上头等舱"般的全新邮轮出行体验。在诺唯真邮轮上,游客不必拘泥于固定的就餐时间、不必受限于正式的着装要求,更有众多精彩纷呈的娱乐活动可供选择。

诺唯真邮轮在世界各地拥有 15 艘船只,并在世界旅游大奖评选中连续十年被评为"欧洲领先邮轮"、连续六年当选"世界领先大型船舶邮轮",同时,也曾获评"加勒比海领先邮轮"。诺唯真邮轮倡导的自由闲逸式邮轮假期概念,大幅提升了邮轮假期的自由度和灵活性,品牌秉承至高水准的服务态度,满足现今游客千变万化的要求,缔造随心所欲的休闲度假享受。诺唯真邮轮是首个提供无人岛度假体验的邮轮品牌。也是首创单人房住宿的品牌。其"爱彼号"特设单人内舱房,让单独出游的游客可以一人价格享受贴心独特的下榻体验,以提升邮轮旅游的吸引力。诺唯真邮轮还创立了首个海上卡丁车赛道和首个海上虚拟现实体验场馆,"喜悦号"上的海上双层卡丁车赛道和虚拟现实游戏为游客提供"海上头等舱"般的娱乐体验。

(二)丽晶七海邮轮(Regent Seven Seas Cruises)

丽晶七海邮轮,原名雷迪森七海,由雷迪森邮轮和七海邮轮合并而成。雷迪森是世界最大酒店集团之一——卡尔森(Carlson)集团旗下的品牌。为了进军奢华邮轮界,雷迪森七海邮轮需要注入更高级的血统,于是选中了同在卡尔森旗下的五星级酒店品牌丽晶。2006 年,雷迪森七海邮轮正式更名为丽晶七海邮轮。

丽晶七海邮轮定位于奢华市场,是世界著名的六星级邮轮品牌之一,主要面向北美游客,提供高雅无忧的全包度假体验。丽晶七海邮轮曾经被评选为"全球最佳小型豪华邮轮公司"以及"最佳年度邮轮",其在奢华邮轮市场具有一定的品牌号召力。

丽晶七海邮轮也是业界提供奢华全包式服务的知名邮轮品牌,总部设在劳德代尔堡,船队来回穿梭在全世界 300 个以上的港口,其航线遍及非洲及印度、阿拉斯加、亚洲及澳大利亚、百慕大、加勒比海及墨西哥、欧洲及地中海、拉丁美洲、俄罗斯及斯堪的纳维亚、大溪地及南太平洋、环球之旅等。船上 100%附设私人阳台的客房,让船上的生活成为豪华、舒适的代名词。更加贴心的服务和更为宽敞舒适的个人空间为游客献上最高品质的服务。B 级以上的客房旅客皆有执事管家服务,管家服务包括从普通的客房服务到特殊的个人要求。

丽晶七海邮轮可为游客提供全套房住宿、境内往返程机票、超凡的个性化服务、备受赞誉的美食佳酿和酒水、免费无线网络、地面交通接送、免费停靠港口观光游览、专为下榻礼宾服务级以上套房的游客提供的行程前酒店套餐等。作为六星级邮轮,丽晶七海开创了全球第一艘全套房、全阳台的邮轮,船队自运营以来就拿奖拿到手软。

【拓展阅读】

极具奢华的七海辉煌号邮轮

丽晶七海邮轮旗下七海辉煌号邮轮共有舱房 375 间,全部是拥有独立沙发区域和阳台的套房,其中最小的面积为 28 m²,而最大的一间,则有 412 m²,是目前海上面积最大的套房。这间套房位于 14 层甲板的船头,驾驶室的正上方,客人可以随时随地和船长一样,坐拥 270°无敌海景。而占地 120 m² 的环绕式阳台,则让这份快乐更加真实可感。套房设有私人桑拿室和水疗室,开个门就能做 SPA。七海辉煌号不仅在室内升级了落地海景淋浴,在前阳台上还专门设有定制的意大利 Treesse 水疗池。一边泡澡、一边小酌一杯 Veuve Clicquot、一边欣赏着海上夕阳,真的不香吗?要说最绝的还属卧室里那张价值 20 万美元的 Vividus 床垫,它由四位工匠耗时 300 多个小时完成。而这些工匠,都需要接受顶级技师长达 1 年的训练,才有资格来为床垫缝线封口。正是由于特殊的材质和精湛的手工,Vividus 让睡眠这件事变得极致健康与舒适。套房还专门配备了私人管家,每到一处目的地,都有专属司机和向导,带客人深度探索当地的美景与风情。除此以外,七海辉煌号上还有 32 间特色套房。面积74 ~ 195 m² 不等,装饰和配色上各有千秋,但都舒适有余、格调倍足。

当然,七海辉煌号的美食也极为精致。船上最大的特色餐厅 Compass Rose,美食选择多种多样。马来西亚咖喱汁焖牛肉短肋排、顶级夏多布里昂牛排、白鲟鱼子酱配上烟熏黑线鳕果冻和柠檬奶油……摆放在几万一套的范思哲餐具里,枝形吊灯的光映照下来,吃的就是一个讲究。而其他餐厅也各有特色。Pacific Rim 提供丰富的泛亚菜肴;经典牛排屋 Prime 7 里提供新的美式菜单;法国餐厅 Chartreuse 的气息,就像在香榭丽舍大街一般优雅浪漫;Sette Mari at La Veranda 则将一部分区域延伸至海面,让客人在海水的包围下沉浸式用餐。光有美食不够,七海辉煌号上还教你怎么做美食,船上配备了 18 个独立烹饪台,供客人学习制作菜肴。在首个航季中,七海辉煌号邀请了国际专业大厨,推出 16 种全新的烹饪课程,指导客人制作包括加勒比海、爱琴海等各种风味的美食。

奢华型邮轮和大众型邮轮因为定位不同,船上的娱乐方式相对有所区别。不执着于逆天的娱乐设施,而是简单地把享受这件事,做到极致。七海辉煌号有三个装饰兼具古典与现代风格的酒廊,提供以新鲜水果、天然香料等精心制作而成的 19 种招牌鸡尾酒。这些招牌鸡尾酒主要以金酒、伏特加、干邑白兰地等为主,再选用高端汤力水 Fever-Tree 的各种饮品调制。客人也可以自己 diy,选择自己喜欢的浆果和香料。除此以外,客人还可以前往星座剧院观看酣畅淋漓的表演。七海辉煌号制作了五场大型秀,有摇滚和乡村音乐之间的决战、有集冒险浪漫于一身的故事,还有致敬过去七十年最伟大歌手们的音乐盛会……从导演编剧到舞者歌手,都拥有丰富的百老汇经验。在绝对奢华的卡座式剧院里一坐,你就等着被艺术的荷尔蒙撞个满怀吧。看完表演,客人还可以去体验海上最豪华国际级水疗养生服务 Serene Spa & Wellness。这项水疗养生套餐包含 450 个航程目的地的特色理疗项目,其中有做完就像是开了美颜的英国顶级 ELEMIS 护理、法国诗殿堂级卡沙龙护理以及一系列私人健身课程。还有一些护理项目,特地采购了当地的理疗原料,融入当地独有的技法。比如丽晶按摩护理,就使用了地中海沿岸的迷迭香、茴香和沙棘综合调制而成的精油。而且这一切都采用一价全包的策略。也就是说,船上所有餐厅、酒水、Wi-Fi、服务费、岸上观光等等,全都包含在船票里。丽晶七海的岸上观光也非常具有吸引力。客人可以乘坐直升飞机飞越摩纳哥美丽的乡村;可以在法国普罗旺斯米其林一星餐厅 La Bastide de Moustiers 品尝明星主厨 Alain Ducasse 制作的佳肴;可以骑着电动单车探索法国小镇 La Cadiere d'Azur,累了就去附近的葡萄园品尝一杯陈酿;还可以在那不勒斯仁慈山小教堂里欣赏卡拉瓦乔的名作……60 多种线路选择,满足不同客人的不同需求。当然,处于邮轮链顶端的船,船票自然不会便宜,很多航线都是万美元/人起步。如果要预订高级别的套房,价格还得再往上翻一番。不过所有房型都是一价全包,上船后都不用再多花一分钱,就能获得极致体验。

资料来源:知乎专栏.

(三)大洋邮轮

大洋邮轮(Oceania Cruises)成立于 2002 年,定位于高端市场,是以美食和目的地为特色的全球领先邮轮品牌,它强调以服务理念为游客创造最豪华、最舒适的感觉。旗下邮轮体现出低调、优雅与随性的乡村俱乐部风格,鼓励游客放松步调,享受海上以及沿途停靠的港口景致。

大洋邮轮旗下拥有 6 艘时尚温馨、高端奢华的邮轮,每艘邮轮的载客量仅为 684 或 1 250名。大洋邮轮精心安排的行程遍及欧洲、阿拉斯加、亚洲、非洲、澳大利亚、新西兰、新英格兰地区、加拿大、百慕大群岛、加勒比海、巴拿马运河、大溪地、南太平洋等地的 450 多个港口,更有为期 180~200 天的环球航线。

四、名胜世界邮轮(Resorts World Cruise)

名胜世界邮轮,成立于2022年3月,是一家新成立的亚洲豪华邮轮品牌,公司注册在新加坡,云顶集团总裁林国泰先生出任执行主席。目前旗下共有2艘邮轮:"云顶梦"号、"名胜世界一号"。"云顶梦"号2022年6月15日首次开出新加坡和吉隆坡双母港航线,"名胜世界一号"则于2023年4月在香港和高雄开始双母港运营;迄今公司已接待超过130万名乘客。

名胜世界邮轮是名胜世界的品牌延伸。名胜世界有限公司在1989年成立,接管云顶集团的所有旅游业务。名胜世界是全球知名品牌,在四大洲的八个国家拥有46家酒店,每年接待超过8 000万名游客,拥有超过三万名员工。

名胜世界邮轮总部设在新加坡,在吉隆坡、雅加达、马尼拉、上海、广州、香港、台北、首尔、曼谷、新德里、胡志明市等地都设有办公室。

名胜世界邮轮总裁吴明发(Michael Goh)表示,公司在短短的一年里取得了非凡的成绩,不仅扩充了船队规模,还将服务推广到了整个东南亚地区。未来公司将继续努力保持亚洲邮轮行业领先地位,并将品牌影响和业务扩展至地区更多的市场,使邮轮旅行变得更加便捷。

【知识链接】

云顶香港已成"过去式",林国泰仍未放弃邮轮市场

林国泰是云顶集团董事长及首席执行官,作为云顶集团业务多元化的举措之一,林国泰从1990年代起积极在香港扩展邮轮业务。1993年,在林国泰的策划下,云顶集团以1.625亿美元从一家瑞典公司手中买下两艘邮轮,并成立丽星邮轮公司,正式进军豪华邮轮市场。2000年,丽星邮轮收购挪威邮轮公司,将航线从亚洲拓展至全球。同年,丽星邮轮在香港上市。2003年,林国泰正式接手云顶集团。随着林国泰的精心运作,云顶的邮轮业务一度取得巨大成就。2009年,丽星邮轮正式更名云顶香港。2015年,云顶香港以5.5亿美元的天价,将日本邮轮分支水晶邮轮收入囊中。同年,云顶集团在广州宣布成立星梦邮轮,致力于为游客提供高水准的服务,并专为中国及亚洲市场设立了"云顶梦号"、"世界梦号"和"探索梦号"三艘邮轮,打造出丽星邮轮、水晶邮轮、星梦邮轮三个品牌。2015年,云顶香港还以1 750万欧元收购了Lloyd Werft船厂。此后,云顶香港与其签订了10艘邮轮的建造协议。2016年,云顶香港将2.31亿欧元收购的3家德国船厂合并,成立德国MV造船集团。从而联手Lloyd Werft船厂,押注豪华邮轮,配合三大品牌,进行全球拓展。2020年,云顶香港已然成为亚洲最大的豪华邮轮巨头。以邮轮运力来算,其占全球份额的3.2%,亚洲第一,全球第五。

然而,与快速扩张相伴的,却非经营业绩的上涨。市场竞争日益加剧,市场推广成本上涨,再加上邮轮以及船厂的折旧与摊销,自2016年起,云顶香港便一直处于亏损状态。雪上加霜的是,2020年,一场史无前例的疫情席卷全球。全球旅游业遭受重创,邮轮业亦损失惨重。2020年2月,云顶香港所有邮轮航班被迫暂停,并推出自愿减薪计划,建议管理人员减

薪 20%~50%。然而,依旧难挽业绩颓势。这一年,云顶香港的营收从 2019 年的 122 亿港元,骤降至 28 亿港元。而亏损则从 2019 年 11.8 亿港元,扩大至 121 亿港元。更糟糕的是,这场疫情延续数年。2022 年 1 月 10 日,德国 MV 造船集团和 Lloyd Werft 船厂在德国申请破产,由此触发云顶香港 27.77 亿美元融资交叉违约。一周后,云顶香港向法院提交清盘申请。1 月 18 日,云顶香港停牌。此后,云顶香港旗下三大品牌相继停运。1 月 21 日,林国泰辞去主席一职,公司总裁、副行政总裁及执行董事区福耀也一同辞职。

随着清盘的宣布,云顶香港开始"卖卖卖"。截至 2023 年 3 月,云顶香港旗下 17 艘邮轮接连被出售,或是报废拆解。但这不影响林国泰的邮轮梦。2022 年 3 月,林国泰于新加坡注册成立名胜世界邮轮,并出任执行主席。同年 6 月,名胜世界邮轮租赁了原属运营的"云顶梦"号,并于新加坡首航。

2023 年,名胜世界邮轮再度收购"探索梦"号,并将其更名"名胜世界壹号"。

如今,全球邮轮业复苏,云顶香港以退市遗憾告终,但林国泰的"邮轮梦"并没有告终。

资料来源:百家号.

第三节　中国主要邮轮品牌

一、渤海邮轮有限公司

渤海轮渡股份有限公司是国内规模最大、综合运输能力最强的客滚运输企业。经营业绩在国内上市公司的航运板块一直名列第一,连续 7 年运输市场占有率、营业收入、实现利润、上缴税金等均列全国同行业第一。主要经营烟台至大连、蓬莱至旅顺航线客滚运输业务及国际旅游业务。2014 年 2 月,在香港注册成立了全资子公司——渤海邮轮有限公司。2014 年 3 月,公司购买了一艘国际豪华邮轮——"中华泰山"号,8 月份正式投入营运。这是中国第一艘全资、自主经营管理的豪华邮轮,标志公司正式进军国际豪华邮轮产业。

中华泰山号邮轮是(香港)渤海邮轮有限公司斥资 6 000 多万美元,从意大利引进的豪华邮轮。邮轮总长 180.45 米,型宽 25.5 米,总吨 2.45 万吨,载客量 950 个客位。船体上设计了"茉莉花"彩色五线谱大型彩绘,象征着海上度假旅游的丰富多彩和舒适浪漫。船舶设计共有 9 层。一层为动力舱室,二层为船员生活区,三、四、五、七层为游客客房,六层为驾驶室、公共休闲娱乐购物及餐饮区域。船舶结构布局合理,奢华而不烦冗。它还提供健康养生的海上体验,从按摩面部到身体的其他部位,众多的享受来自芳香植物精油和异国情调的植物精华,水疗中心提供一系列令人难以置信的温泉享受。盘头、美发护理、发型设计等服务,让客人能彻底的放松身心。

二、中船嘉年华(上海)邮轮有限公司

中船嘉年华(上海)邮轮有限公司于 2019 年 8 月 22 日成立,是由中国船舶集团有限公司和嘉年华集团在中国成立的合资公司,旨在打造具备市场营销和商务运营、海事运营、酒

店和产品管理、新造船管理等全运营能力的中国邮轮旗舰企业。

这家总部位于中国的新公司于 2019 年开始运营自己的邮轮船队，为中国邮轮旅客提供服务。中国船舶集团有限公司和嘉年华集团对中船嘉年华邮轮的持股比例分别为 60% 和 40%。目前，中船嘉年华邮轮船队共有歌诗达大西洋号和歌诗达地中海号两艘邮轮。中船嘉年华邮轮有限公司向嘉年华集团旗下的歌诗达邮轮集团购买两艘现有邮轮。歌诗达邮轮集团是欧洲及亚洲地区领先的邮轮运营商。首艘新购进邮轮"歌诗达大西洋号"总吨 85 861 吨，载客量 2 210 人，另一艘为大西洋号的姊妹船"歌诗达地中海号"，该船载客量为 2 114 人。

此外，中船嘉年华邮轮有限公司还公布了两艘新建邮轮订购协议，这两艘邮轮将在中国建造，并服务中国邮轮市场，打造中国顶级的邮轮市场。它们将由中国领先的中资造船厂——上海外高桥造船有限公司建造，第一艘邮轮已于 2023 年 6 月 6 日在上海顺利出坞，预计 2023 年底正式投入运营。第二艘大型邮轮也于 2022 年 8 月 8 日在中国船舶集团上海外高桥造船有限公司开工建造。中船嘉年华邮轮共订购了 4 艘在华建造的邮轮，以满足中国消费者日益增长的需求。

所有新的邮轮将依照新的邮轮合资公司及中国游客的需求和偏好而量身设计。作为拥有 100 多艘船，同时在 2025 年前将有 22 艘新船订单的全球最大的邮轮公司，嘉年华集团将利用其丰富的行业经验，为邮轮建造提供现场监造和支持。中船嘉年华还将负责公主邮轮和冠达邮轮在中国市场的营销工作，推广其奢华邮轮海外航线。

2022 年 11 月 25 日，中船嘉年华邮轮有限公司盛大揭幕旗下全新中国邮轮自主品牌——爱达邮轮（Adora Cruises），目前在建的首艘国产大型邮轮将作为该品牌旗下的首艘邮轮。爱达邮轮秉承深耕中国市场、服务中国消费者的愿景，将以邮轮体验为载体、以文化创新为核心、以文旅融合为手段，致力为中国旅客打造更为鲜活的海上文旅新体验，树立中国邮轮自主品牌全新标杆。

爱达邮轮不仅是展现国家制造业与服务业实力、传播国家友好形象、满足人民美好生活需要的自主运营品牌，还是体现自主设计、自主建造、自主运营能力，带动本土船舶配套产业升级、推动本土邮轮经济可持续发展的邮轮品牌。未来，爱达邮轮将秉承着"邮轮让生活更精彩"的初心，继续集成中国科技、整合中国制造、传播中国文化，为 21 世纪海上丝绸之路打造一张张移动的"国家名片"。

品牌将融汇多元世界及中国文化精粹，自东方美学撷取灵感和巧思，进行现代化的全新演绎，多维度打造独具特色的邮轮创新体验，呈献非凡奇境、匠心珍馔、沉浸娱乐、潮流购物等邮轮体验新场景，让宾客在精彩纷呈的"一船好戏"中感受自我，与至亲、挚爱、挚友共同发现和创造生活的美好。

此次发布的全新爱达邮轮品牌是将经典邮轮体验与新兴文旅资源相结合的重要创新。作为扎根中国市场的全新中国邮轮品牌，爱达邮轮将中国特色根植于品牌建设，结合国际视野、发挥本土优势，通过多元文旅要素进行跨界融合，打造出更符合中国宾客需求的邮轮出行体验。未来品牌将持续致力于构建以中国文化 IP 为核心的邮轮文旅新概念，以文化自信推动文旅创新融合，奏响新时代中国邮轮交响曲。

中船嘉年华邮轮公司首席执行官陈然峰表示："爱达邮轮秉持'爱游无界'的品牌理念，

呼吁好奇体验家们与所爱之人共创灵感迸发的探索之旅。其首次亮相的品牌标识也无不将其理念于创意巧思间展现得淋漓尽致。其品牌标识用充满寓意的色彩多层次地展现品牌特征,分别以中国红、阳光黄、大地绿、星海蓝生动地诠释"热情"、"关爱"、"活力"和"创想"的品牌个性。爱达邮轮船体涂装从敦煌壁画艺术中采撷灵感,以"丝绸之路"为主题,创新演绎东方文化韵味。海上丝绸之路被爱达邮轮(Adora Cruises)赋予了新的时代内涵,于多维沉浸式体验中交织经典韵律,创造跨越时空的文明交汇,建设"东方邮轮之都"的海上城市名片。"

图 8-1　爱达邮轮品牌主视觉

如今,国内旅游客群体呈年轻化、家庭化的新趋势。基于此洞察,爱达邮轮聚焦特立独行的"新生代"、与时俱进的"新老人"、精致享乐的"新中产家庭"三大核心新消费群体,通过多维度打造空间、美食、娱乐、购物等沉浸式体验新场景,共创灵感迸发的文化沉浸之旅。

①非凡奇境:融合东西方美学,交汇传统与现代设计灵感,多元艺术与智能科技交融共振,在虚实交错的奇幻时空,激活文化与艺术的魅力;

②匠心珍馔:臻选世界美食及中国地道的传统珍馐,以现代技法匠心烹饪,通过细致周到的品质服务,为宾客开启美食文化的全新探索;

③沉浸娱乐:演绎东方故事,传播世界精彩,以光影塑造舞台盛宴,多维打造集创新演艺、时尚休闲、艺术展陈、亲子娱乐为一体的体验空间,升级五感沉浸;

④潮流购物:荟萃全球潮流名品、国潮设计品牌及文创艺术商品,以智能导购升级体验场景,以中式传统融合新世代潮流文化打造特色"海上"集市。

在航线体验方面,爱达邮轮品牌将融汇中国文化及世界精粹,为宾客带去极具东西方韵味的海上探索之旅,并为游客提供国内和国际游等长、中、短结合的邮轮旅游航线,短途的周末游为上班族、亲子家庭提供更便利的出行方式,中长航线的国内和国际游将提供更高品质的船上体验及岸上观光特色线路产品,满足不同旅客的多样化需求。爱达邮轮还将推出"海上丝绸之路"航线,让这艘满载东方文化精粹的邮轮成为"一带一路"上的亮丽风景。

未来,中船嘉年华将通过多船多母港的全方位运营策略,致力于构建亚洲最大的邮轮船队,航线部署将会覆盖华东、华南、华北等地的多母港全年运营。而中船嘉年华邮轮作为具备市场营销、商务运营、海事运营、酒店和产品管理、新造船管理等全运营能力的中国邮轮旗舰企业,也将致力构建中国邮轮的生态体系,推动中国邮轮经济的可持续发展,打造邮轮产业"中国标杆"。

【拓展阅读】

首艘国产大型邮轮"爱达·魔都号"揭晓

2023 年 5 月 19 日,爱达邮轮(Adora Cruises)于中国旅游日当天发布旗下首艘国产大型邮轮船名为"爱达·魔都号(Adora Magic City)"。目前,爱达·魔都号已全面进入综合调试和内装完工阶段,计划于 2023 年年底交付,其后将开启以上海为母港的国际航线。

将魔都的奇幻魅力于海上重现

爱达·魔都号,以摩登都市为灵感,通过构筑东西交融的海上城邦,将魔都的奇幻魅力于海上重现。船名融汇了多元巧思和创新理念,以"摩登"诠释邮轮之都的时尚潮流,以"魔力"展现经典文化的创新魅力,以"魔幻"带来东西方文旅要素的跨界融合,与中国宾客共创充满想象力的海上文化探索之旅。

船体涂装首次亮相,演绎东方文化韵味

爱达·魔都号船体涂装从敦煌壁画艺术中采撷灵感,以"丝绸之路"为主题,选取中式美学的敦煌飞天及天女散花,将经典的颜色与灵动的线条融为一体,创新演绎东方文化韵味,带来了全新的美学体验。

"一船好戏"打造高端邮轮度假体验

图 8-2 爱达·魔都号主餐厅

作为首艘国产大型邮轮,爱达·魔都号聚焦"新生代""新老人""新中产家庭"三大核心消费群体,融汇多元世界及中国文化精粹,多维度构建独具特色的邮轮体验,通过"一船好戏",打造真正受国人喜爱的高端邮轮度假体验。爱达·魔都号推出多重邮轮体验创新举措,与中免集团强强联手建造海上最大免税店、携手上海电信首创全球 5G 邮轮、依托清华美院的资源和优势打造海上"丝绸之路"艺术空间、与中国最具影响力的喜剧品牌之一开心麻花推出首个开心麻花海上专场、与国际知名娱乐公司 Selection 共同呈现全新艺术歌舞剧《马可·波罗-丝路情缘》。爱达邮轮还宣布,以"魔都(Magic City)"命名的全新艺术歌舞剧将在爱达·魔都号上演。该歌舞剧通过摩登都市的魅力演绎,将上海兼收并蓄的"万花筒"文化浓缩于海上"魔都"主舞台,为中国宾客呈现耳目一新的观赏感受。

年底交付开启上海母港航线

爱达·魔都号全长 323.6 米,总吨位 13.55 万吨,可搭载乘客 5 246 人。爱达·魔都号计划于 2023 年年底交付后开启以上海为母港的国际航线,执航日本及东南亚航线,并适时推出"海上丝绸之路"等中长航线,打造长、中、短相结合的多样旅行度假选择,为中国宾客带来更高质量的邮轮体验和更广阔的文旅视野。

资料来源:邮轮课堂微信公众号.

三、星旅远洋国际邮轮有限公司

星旅远洋国际邮轮(厦门)有限公司于 2019 年 6 月 14 日成立。星旅远洋邮轮由中国旅游集团和中国远洋海运集团两大央企共同出资设立,将致力于打造本土邮轮品牌,为广大旅客提供优质、便利且广为国人喜爱的海上度假旅游服务。总部设在中国香港,在厦门设有国内运营总部。两大央企借助彼此的优势资源,强强合作,而依托于如此平台的星旅远洋邮轮国际有限公司将立足中国特色,打造民族邮轮品牌,旨在成为国内邮轮行业的领军者。

"鼓浪屿"号隶属于星旅远洋邮轮,是两大央企集团强强联手进军国际豪华邮轮产业打造邮轮民族品牌的首艘邮轮,总吨数约为 7 万吨,最大航速 24 节;共有 13 层甲板,941 间客房,可载客 1 880 人;"鼓浪屿"号设有剧院、餐厅、酒吧、健身房、泳池、篮球场、网球场、免税店等餐饮娱乐设施,将全方位地为游客开启海上度假生活。鼓浪屿号邮轮极尽优雅,充满浓郁的贵族气息——经典的分层鸭尾设计,内部配以蒂芙尼玻璃置顶的挑高中庭,180 度落地玻璃环绕的全景酒吧,宽阔的海滨长廊,空间充足,设施齐备,装饰温馨而亲切,是名副其实的海上桃花源。

星旅远洋国际邮轮公司以近洋航线为基础,逐步向远洋航线和国际母港航线延伸。围绕"服务大众,创造快乐"的宗旨,通过贴心、舒适的服务,特色鲜明的差异化产品,为游客提供中西方文化完美融合的高品质邮轮度假体验、回味无穷的中外美食、精彩纷呈的娱乐派对、琳琅满目的免税商品、宾至如归的住宿感受、绚丽多姿的目的地风光,为中外游客营造多样的海上桃花源。星旅远洋秉承西方邮轮的传统品质与仪式感,结合中国游客需求打造的本土邮轮,称"星"如意的美食盛宴、体验舌尖"星"享受、别出"星"裁的娱乐体验、"星"驰神往的岸上风光、怦然"星"动的免税商品、温"星"惬意的海上生活。星旅远洋必将引领中国邮轮旅游"星"风尚,成为中国游客的"星"期待。

它也是一艘集聚中国特色美食的海上移动餐厅,赋予游客不一般的味蕾体验,让邮轮旅程也成为难忘的美食之旅;中式菜肴,西式摆设,愉悦味觉享受;餐食中西结合,一次尝遍中国各大菜系,自在选择,挖掘美食家潜力;粤式餐厅,星级厨师打造海上美味佳肴,满足中国胃。

打造本土邮轮,提升全新体验。公司提出"服务大众,创造快乐"的宗旨,通过贴心、舒适的服务与特色鲜明的差异化产品,为游客提供中西方文化完美融合的高品质邮轮度假体验——回味无穷的中外美食、精彩纷呈的娱乐派对、琳琅满目的免税商品、宾至如归的住宿感受、绚丽多姿的目的地风光,为中外游客营造多样的海上桃花源。全新的本土邮轮,不一样的全新体验,将为所有游客带来令人心驰神往的文化盛宴,畅享浪漫惬意的海上生活,拥有完美假期从星旅远洋启程。

四、钻石国际邮轮公司

钻石邮轮国际公司(注册地:巴哈马)成立于 2015 年 7 月,是由太湖国旅联合投资机构共同组建的一家境外国际豪华邮轮公司。公司以"Diamond Cruise 钻石邮轮"为品牌,不断开拓国际邮轮航线的海洋旅游度假服务。

钻石邮轮国际公司首艘邮轮购于德国,命名为"Brilliant Of The Seas 辉煌号",同时钻石邮轮将"Brilliant Of The Seas 辉煌号"作为公司邮轮营运的起点,为中国邮轮客户提供耳目一新、更具本土化特色的高端海洋旅游服务体验。该邮轮于 2015 年 12 月抵达中国上海,进行装修改造。钻石邮轮着眼邮轮产业的未来,组建自有国际化管理运营团队和物资供应链,紧抓中国邮轮旅游井喷前的机遇,向高价值、高附加值的产业链上端延伸。

同时,公司也将积极打造中国本土邮轮生态链体系,力争全行业、全产业链都能达到共赢。未来几年,公司还将购买 3~5 艘豪华邮轮,紧抓中国邮轮旅游机遇,乘风破浪,占据中国本土邮轮市场的产业主导地位。

辉煌号是钻石邮轮(Diamond Cruise)旗下首艘邮轮,由德国建造,长 180.45 米、宽 28 米,排水量 4.5 万吨,甲板 8 层,航速 22 节(最高 28 节),核定载客量为 1 300 人,2016 年 5 月重新装修,在服务和设计上,"钻石辉煌号"更加注重中国本土游客的吃、住、娱、购的综合体验,走亲民路线,是极具性价比的邮轮。

五、南海邮轮

三沙南海梦之旅邮轮有限公司(简称"南海邮轮")于 2016 年 5 月 20 日成立,由中国最大的旅游集团中国旅游集团公司、全球综合运力排名第一企业中国远洋海运集团有限公司和世界 500 强企业中国交通建设股份有限公司三大央企强强联合,共同出资设立。

三沙南海梦之旅邮轮有限公司依托中国旅游集团公司、中远海运集团和中国交建集团在资金、技术、专业化队伍等方面的优势,以西沙航线为切入点,大力开发南海诸岛、台湾海峡及其他沿海航线,设计打造符合中国游客需求的精品航线,进一步拓展东南亚、东北亚等国际邮轮航线,积极开辟无目的地邮轮航线,探索洲际及环球邮轮航线,共同打造中国邮轮产业民族品牌。

"南海之梦"号为满足短途邮轮航线的需求,该船舶已从运营资质、技术安全、游客体验等方面进行了功能性改善,并着重对客舱区及功能区的软硬件设施进行了升级,提高了船舶的整体舒适度。其中,船体配置了先进的减摇鳍,能够大大降低船舶行进中的摇晃感,提高游客的乘船舒适度。

"南海之梦"号最大可载客 893 人,船上服务团队 100 多名员工,船上配套设施齐全,经过舒适性升级后,更新增星空剧场、影院、露天烧烤吧、健身中心、阳光休闲区、书吧以及超市、棋牌室、医疗室等。船上客房的独立卫生间及公共卫生间全部采用高级卫浴设施,大大提高了游客的乘船舒适度,共有 8 种房型供游客选择。根据房型不同,房间内也配备了不同的设施以满足游客的不同需求。船上共有餐饮、购物、娱乐、保障四大功能区,除此之外,还配备自助洗衣区、公共淋浴区/冲洗区、公共卫生间等,给游客创造一个舒适、愉快的度假体验氛围。

六、招商维京游轮有限公司

招商局维京游轮有限公司(简称"招商维京游轮"),由百年央企、世界 500 强企业招商局集团旗下招商蛇口(股票代码 001979)联合荣膺多项国内外权威游轮奖项的内河及海洋游轮公司维京游轮(Viking Cruises, LTD)于 2020 年共同出资设立,致力于打造以服务中国高知客群为特色的中型奢华邮轮旅游产品,成为全球领先的高端邮轮运营商。

依托招商局集团雄厚的综合实力和维京游轮丰富的游轮运营经验,公司以打造全球首家拥有五星红旗邮轮船队的邮轮运营商为己任,不断推动中国邮轮产业迈向全球价值链中高端。公司购入业界权威 Berlitz 指南、Cruise Critic 评为全球"最佳中小型邮轮"之一的奢华游轮"维京太阳号",将该船注册为中国籍,使其成为中国首艘五星红旗高端游轮。秉承着高度尊重中国消费者的服务理念,公司将对船上标识、餐饮、娱乐等进行升级改造,将简约北欧风与中华文化有机融合,提供高端游轮旅行体验与尊享服务。

【知识链接】

维京游轮

维京游轮是由挪威企业家托尔斯泰·哈根(Torstein Hagen)在 1997 年创立的跨国游轮公司,目前全球船队有 73 艘河轮及 6 艘海轮,业务覆盖全球多个市场,其运营总部位于瑞士巴塞尔,销售总部位于美国洛杉矶。自 2016 年正式耕耘中国市场以来,维京游轮为中国旅客量身打造了"雅奢"的欧洲内河游轮产品,通过维京"一票多享"的产品及有温度的全中文礼宾服务,让宾客们轻松开启"随波而至"的原味欧洲内河之旅,享受如同在家一般自在及温暖的旅行。

资料来源:维京游轮网站.

2021 年 6 月 26 日上午,伴随着庄严雄壮的国歌声,五星红旗在深圳招商蛇口国际邮轮母港冉冉升起,以"见证历史 传承启今"为主题的中国首艘五星旗高端游轮"招商伊敦号"命名暨首航仪式隆重举行。仪式上,招商局集团董事长缪建民命名招商维京游轮船队的第一艘海轮为"招商伊敦号";招商伊敦号教母、招商局集团董事段湘晖,为"招商伊敦号"游轮举行掷瓶礼;在现场来宾的见证下,主礼嘉宾共同为"招商伊敦号"推杆启航,寓意中国首艘悬挂五星红旗的高端游轮即将顺利扬帆起航。未来,"招商伊敦号"将以深圳蛇口为母港,开展以国内旅游目的地体验为核心的沿海航线,打造新奢海岸人文之旅。

此次"招商伊敦号"游轮命名暨首航仪式以"见证历史 传承启今"为主题,见证了中国首艘五星旗高端游轮正式被命名的里程碑时刻,也表达了招商局集团和维京游轮对"不忘初心,开拓创新"精神的致敬。曾经的"伊敦号"是招商局购买的第一艘局轮,作为中国近代民族航运业的第一艘商船,开创了中国航海史新纪元;如今的"招商伊敦号"游轮作为招商维京游轮船队的第一艘海轮,也是中国第一艘悬挂五星红旗的高端游轮、第一艘由中国自主经营管理的高端游轮,是中国邮轮产业发展史上的重要里程碑,标志着中国邮轮产业跨进了新时代。

图 8-3　五星红旗在蛇口邮轮母港冉冉升起

在立足新发展阶段、贯彻新发展理念、构建新发展格局的时代背景下,招商维京游轮依托招商局集团雄厚的综合实力和维京游轮丰富的游轮运营经验,共同组建高端游轮船队,打造全国首家五星旗高端游轮航运公司,填补我国高端游轮运营的空白。

"招商伊敦号"前身为"维京太阳号"游轮,由意大利芬坎蒂尼船厂于 2017 年完成建造,总吨为 47 800 吨,拥有 465 间全阳台客房,能容纳 930 位宾客。游轮的每一个空间细节都洋溢着优雅现代的北欧设计风格,配备超过 7 个提供丰富美食的餐饮场所以及完善的休闲娱乐设施,包括 1 个健身中心、1 个水疗中心、室内和户外游泳池、1 个剧场、2 个影院、精挑细选的书籍及艺术品珍藏等,是海轮界当之无愧"小而美"的代表。"招商伊敦号"升级改造后,将有机融合北欧氛围与中华文化精髓,继续以贴心细致的服务为中国宾客们营造像在"家"一般的自在与温暖。

第四节　其他邮轮公司

一、迪士尼邮轮

迪士尼海上巡游是迪士尼公司从 1998 年开始提供的豪华邮轮游览服务。迪士尼邮轮以船上丰富的活动为卖点来鼓舞和娱乐所有家庭成员,知名的服务和质量在迪士尼世界的每个角落都可以感受到。迪士尼邮轮是第一个专门针对儿童的区域和活动而设计整个邮轮的公司。迪士尼邮轮是迪士尼主题乐园及度假区最具增长性、表现最好的一项业务。提供往返于美国东海岸佛罗里达,包括巴哈马海域、加勒比海、美国西海岸—墨西哥蔚蓝海岸和地中海地区的多日航海度假产品。目前,迪士尼邮轮公司共有 4 艘豪华邮轮,分别是"迪士尼魔力"号、"迪士尼奇观"号"迪士尼梦想"号、"迪士尼幻想"号。

表 8-3　迪士尼邮轮船队

外观	邮轮名称	吨位/吨	载客数/人	首航
	迪士尼幻想号	129 750	4 000	2012/3
	迪士尼梦想号	128 690	4 000	2011
	迪士尼奇观号	83 000	2 400	1999
	迪士尼魔力号	83 000	2 700	1998

二、地中海邮轮

地中海邮轮经过近几年的快速发展,已经成为地中海、南非及巴西邮轮产业的领军者。地中海邮轮全年航行于地中海,并季节性航行于北欧、大西洋、加勒比海、法国安的列斯群岛、南美、西南非以及红海。地中海邮轮拥有 12 艘邮轮组成的现代化的船队,乘客突破 140 万人次。地中海邮轮是一家欧洲家族企业,目前共有 1.55 万名员工,遍布世界 45 个国家和地区。地中海邮轮的标志把 MSC 三个字母镶嵌在指南针图案中间,代表在 MSC 邮轮的世界里,顾客永远是中心。指南针本身象征着公司邮轮将驶向各个方向,从而达到公司的长远目标。由于 MSC 邮轮独特的意大利风格,使其与其他邮轮公司区别开:船上热情的招待、剧院装饰、好客、美食、气氛,都反映出公司"意大利制造"的理念,这也是 MSC 邮轮的特别之处。

三、银海邮轮

意大利人对每样东西都有极大的热情,他们喜欢追求生活的品质。在这种传统的影响下,罗马 Lefebvre 家族成立了一个具有创新性意义的邮轮公司—银海邮轮(Silversea),它为客人提供了一种私人的卓越环球航海旅行。

银海的成功得益于以下几个因素:私人定制化、互补,以及迎合每一个客人独一无二的需求。银海系列的"银云"号(Silver Could)邮轮在 1994 年完成了其首航,"银风"号(Silver Wind)、"银影"号(Silver Shadow)、"银啸"号(Silver Whisper)、"银海探索"号(Silver Explorer)、"银神"号(Silver Spirit)也相继在 1995 年、2000 年、2001 年、2008 年和 2009 年完成了处女航。这些精致的邮轮是专门为少数客人度身设计的,邮轮上意大利和欧洲其他国家的员工为客人提供了最高级别的私人化服务,同时客人也拥有更大的私密空间。银海邮轮提供大多数带有私人阳台以及露天餐台的全海景套房给客人选择。但银海邮轮更独一无二的是,它配备了人们在邮轮上能找到所有自己最喜欢的娱乐设施。作为奢华邮轮旅游的先行者,银海通过其一价全包的价格以及邮轮上由全球最知名的奢华品牌提供的无与伦比的产品服务,很快成为现代富有旅行者的不二选择。

银海邮轮为世界唯一六星级全套房邮轮公司,现有的 6 艘顶级邮轮服务于地中海、北欧、东南亚、非洲、阿拉斯加、加勒比海及南美洲区域,航行遍布七大洲,超过 120 全国家的 400 多个目的地。

四、保罗高更邮轮公司

"保罗高更"号邮轮是专属于波利尼西亚(大溪地)的一艘充满活力的船舰,全年在大溪地巡游,带给游客非比寻常的南太平洋度假体验。在这美丽的热带国度,超豪华的六星级邮轮"保罗高更"号为游客提供最舒适的服务,让游客时刻感受到太平洋上的惬意。

五、阿瓦隆水道公司

随着旅游活动的增加,水上游轮成为邮轮产业中发展最快的部分。阿瓦隆水道公司(Avalon Waterways)是拥有 12 艘邮轮的最年轻的舰队,主要是小型船舶,拥有同行业中最大的客舱、度假风格的设施,包括免费的美酒、美食、啤酒或汽水的晚餐,最好的游览和以英语为母语的船员无与伦比的服务,提供了一个世界级的巡航经验。

阿瓦隆水道公司在 5 年内从 25 条旅行线路扩展到 45 条。在非洲也有许多新航线。2011 年 5 月,阿瓦隆增加行业的第一艘提供两个整层甲板套房并带有 64 套全景套房的邮轮"阿瓦隆全景"号,可以欣赏莱茵河和多瑙河等欧洲主要河流两岸的绝美风光。2012 年有两个新船订单——Avalon Vista 和 Avalon Visionary。尽管阿瓦隆水道公司是世界上最年轻的河道邮轮公司之一,但是与同类别邮轮相比拥有 98%的乘客满意度,以及多个行业的赞誉,它正在快速成为一个知名品牌。

【拓展阅读】

皇家加勒比邮轮的文化管理

核心提示:企业文化是一种价值观,是企业的一种表现,是客户的一种感受,尤其是你的服务对象从你身上感受到的一种感觉。可能在两个不同的企业里,你会有截然不同的感受,因为他们的文化不一样。当你的客户从你的员工带有"文化特征"的行为中感觉和认同了你的文化,文化就成为了你的核心竞争力。

感觉"持续改进"

2021 年,全船客人中唯一来自大陆的旅游团队,邮轮公关部的高级经理特地到餐厅来看望:"很高兴你们来到海洋灿烂号,希望将来有更多来自中国的客人,"她指指胸前的铭牌"我会五种语言,现在我要尽快掌握第六种语言,那就是中文,以便更好地和我的中国客人沟通。"你可以说这只是一种商业行为,但是他们确实是把它作为一种工作的"持续改进",公正地说,这种对客人的欢迎举动还真不是纯粹的客套,因为第二天晚餐时,她请在现场服务的运营总监带来一瓶上好的红酒(酒是唯一要自费的,很贵),以示她衷心的欢迎。同时,自助餐厅的菜牌上增加了中文说明,你真的无法不为他们的细致服务感动。文化的渗透力无处不在,这不是用管理制度所能完全覆盖的。

快乐服务的背后是文化

皇家加勒比游轮公司董事长兼 CEO 理查德·费恩接受采访时说:"我们有约 45 000 名日复一日工作的员工,工作时间很长,很辛苦,但他们肯定地表示他们非常愉快,他们喜欢工作,在工作中取得成功。"以快乐的员工为基础,皇家加勒比游轮公司通过提供富有竞争力的产品和服务获得客户更高的满意度。

阅读以上案例,并说说文化竞争力在什么情况下才得以体现?

在我国邮轮业发展过程中,如何打造属于有民族品牌特色的文化管理?

资料来源:旅业报.

【课后思考题】

1.说出云顶邮轮两条知名的航线,并比较它们各自的特色。

2.在邮轮外观设计上,请列举出与之品牌内涵贴合的邮轮航线,并详细说明原因。

3.试论述不同地区和国家的邮轮公司有哪些差异化管理。

【推荐阅读】

[1]黄雪忠,顾鹏程,张磊.从国际邮轮公司兼并重组看本土企业发展路线图[J].中国船检,2020(10):38-41.

[2]张宁宁,邱羚.中国本土邮轮公司发展战略研究——以 BH 邮轮为例[J].中国水运(下半月),2020,20(11):29-30.

[3]孙晓东,倪荣鑫.中国邮轮游客的产品认知、情感表达与品牌形象感知——基于在线点评的内容分析[J].地理研究,2018,37(6):1159-1180.

[4]孙晓东,徐美华.邮轮属性评价与品牌定位——基于专业型游客的感知研究[J].地理研究,2020,40(10):1688-1697.

第九章　邮轮航线及航区

　　邮轮航线是由邮轮始发港、海上行程、停靠港、目的港串联而成的邮轮旅游线路,是邮轮产品的主要构成要素之一,航线设计受诸多因素影响,而目的地旅游发展状况是邮轮航线选择的重要依据。区域经济社会发展状况、旅游资源特色、地方相关政策等影响着国际邮轮旅游航线的选择。

> 【学习目标】
> 　　理解:邮轮航线定义与分类、邮轮航线设计的科学性和合理性
> 　　熟悉:邮轮航线设计目标与开发原则、邮轮航线设计与开发的影响因素等基本内容,各邮轮航区的自然和人文地理特征
> 　　掌握:掌握世界主要邮轮航区地理与文化状况,特别是主要邮轮航区的旅游业概况和涉及的港口和航线状况

【开篇导读】

全球最受欢迎的邮轮目的地

　　第一名:冰河湾(阿拉斯加)。冰河湾是阿拉斯加地区首屈一指的目的地,那里有无数的冰山、各类鲸鱼和爱斯基摩人的皮划舟。冰河湾国家公园最引人入胜的景观之一就是巨大海湾中活动着的冰河。

　　第二名:阿尔勒(法国)。阿尔勒是一座有古罗马遗迹的老城,有废墟的戏剧院、古罗马斗兽场和礼拜堂,除此之外,这里也是荷兰画家梵高曾经作画并且度过人生最后时光的地方。阿尔勒仁立在罗纳河上的珍宝,庇护在地中海海风吹过的湛蓝的晴空下。

　　第三名:魁北克(加拿大)。大部分居民说法语,身处其中,让你感受到这里无处不在的法兰西气息。魁北克市景致迷人、历史悠久,是加拿大旅游胜地中最具欧洲风情的城市。旧城街道是由鹅卵石铺成的,走在这样的街道上,观赏着建于 17 世纪的古老教堂和城堡,一种置身于历史的感觉油然而生。

　　第四名:布达佩斯(匈牙利)。有"多瑙明珠"的美誉,被联合国教科文组织列为珍贵的世界遗产之一,曾经被法国人评为"世界上最安静的首都"。布达佩斯由位于多瑙河左岸的

城市布达和古布达以及右岸城市佩斯合并而成。

第五名:符兹堡(德国)。符兹堡濒临美因河,是德国著名"浪漫之路"的起点,是德国 21 处世界文化遗产之一,其乡间是著名的法兰克尼亚葡萄园。

第六名:杜恩施泰因(奥地利)。被誉为"瓦豪之珠",是瓦豪河谷最迷人的小镇。小镇保留了很多中世纪和巴洛克风格的建筑,到处弥漫着中世纪的古老味道。

第七名:阿维尼翁(法国)。位于法国南部,是 14 世纪罗马教皇的居所。由西蒙德·马蒂尼和马泰奥·焦瓦内蒂设计装饰的罗马教皇宫,看上去非常古朴。

第八名:圣彼得堡(俄罗斯)。位于俄罗斯西北部,波罗的海沿岸,是仅次于莫斯科的俄罗斯第二大城市。建在波罗的海东岸的涅瓦河河口,整个城区分布在涅瓦河三角洲的岛屿上,许多河流穿越而过,别具水城风情,故有"北方威尼斯"之称。从 1712 年彼得大帝迁都到彼得堡开始,一直到 1918 年的 200 多年的时间里这里都是俄罗斯文化、政治、经济的中心。

第九名:杜布罗夫尼克(克罗地亚)。位于风景绮丽、气候宜人的达尔马提亚海岸南部石灰岩半岛上。依山傍海,林木茂盛,是具有中世纪风貌的古城,在亚得里亚海和东西方贸易中起过重要的中转站的作用,被联合国教科文组织收入世界遗产名录。

第十名:里维埃拉(法国)。属于法国东南沿海普罗旺斯—阿尔卑斯—蔚蓝海岸大区一部分,区内植物种类很多,花卉四季均可栽种,岸边景象巍峨壮丽,清澈透明的海水和热带沙漠般的海滩,让这里仿佛天堂般让人流连忘返。

资料来源:2018,你去了吗? 它们都是最受欢迎的邮轮目的地[J].旅游世界,2018(11):76-83,75.

阅读思考:你最喜欢的邮轮旅游目的地是哪里? 为什么?

第一节　邮轮航线概述

一、邮轮航线定义与分类

(一)定义

邮轮航线是邮轮的去向,是邮轮旅游产品的主要构成要素。邮轮航线是邮轮公司根据现有海洋资源和旅游发展区域的整体状况,以邮轮客在一定时间内获得最好旅游体验为目的,以串联邮轮始发港、海上航程、中途港及停泊点、目的港为手段,以邮轮作为凭借所形成的航行走向。

邮轮航线根据不同属性可以分为 4 种。按照世界地理区划以及旅游资源的分布规律,邮轮航线分布于五大区域,分别是北美洲、中南美洲、欧洲、非洲、亚太地区;按照航线运营频率,邮轮航线分为 2~5 天的短期航线、6~8 天的中期航线、9 天以上的长期航线;根据邮轮航线路径划分,邮轮航线划分为单程航线、双程航线、环形航线和组合型航线 4 种。

（二）运营方式

邮轮公司对邮轮航线的运营皆属独立经营。邮轮公司依据航线规划合理选择邮轮母港，同时整合调配邮轮船舶，制订有效控制成本的、绿色环保的海域路线。邮轮航线独立的经营模式赋予各大邮轮公司产品的独特性，游客根据个人需求选择邮轮航线。

（三）邮轮航线发展现状及其特点

1.世界邮轮航线发展现状及特点

20世纪60年代，邮轮旅游产业起源于欧美发达国家，如今已发展半个多世纪。随着邮轮旅游产业的快速、高效益发展，全球世界邮轮航线已经形成了较为稳定的布局形态。邮轮活动主要集中于北美、欧洲、南美和大洋洲地区，其中，北美是世界邮轮产业聚集度最高的地区，同时携手欧洲成为邮轮航线设置最密集的区域。从整体上看，国际邮轮产业有着无与伦比的发展优势，源远流长的邮轮历史文化、各具特色的密集邮轮航线、优秀完备的港口配备条件、辐射广阔的港口经济腹地成为邮轮产业持续健康发展的重要保障。

2.中国邮轮航线发展现状及特点

目前，我国邮轮旅游产业发展处于起步阶段，现有邮轮母港运营主要布局于日本、韩国等东北亚地区，泰国、越南等东南亚地区，邮轮航线匮乏，定位单一，主题模糊，难以满足我国邮轮客的需要。基于我国邮轮航线发展多为短途且价格低廉的现状，我国邮轮航线有待拓展和开发，以增强在国际邮轮产业中的市场吸引力与竞争力。

二、邮轮航线设计目标与开发原则

（一）邮轮航线设计目标

邮轮的航线设计是以航线运营利润最大化为决策目标，是邮轮公司瞄准特定的邮轮旅游细分市场，从而取得高额经营利润的主要经验业务之一。邮轮公司是依托邮轮及海上旅游资源，为邮轮客在一定时间内提供最愉悦的邮轮旅行经历，从事相关经营活动的营利性的、相对独立的经济实体。邮轮公司以邮轮作为载体和平台，以邮轮母港作为基底，以航线和停靠港作为运营支撑，以组合式邮轮旅游产品的销售和高质量的邮轮服务作为收益的主要来源。

（二）邮轮航线开发原则

1.安全性原则

邮轮航行于世界上最美丽的海域，交织成世界各大邮轮旅游航线。与陆上旅游相比，海上旅游存在一定的风险，会遭遇包括地震、海啸、台风、火灾，甚至政治性问题等危险因素，从而导致危险事故的发生。邮轮航线的设计与开发必须确保跨国家跨地区海域的国际政治和平和友好，遵守航线上邮轮始发港、邮轮目的地港、邮轮挂靠港和海上航行海域的相关法律法规，确保邮轮航行安全与乘客安全。

2.多样化原则

邮轮航线开发应满足邮轮客多样化的需求及体验，着重整合多样化的船上娱乐活动和开发多样化的岸上观光项目。一条高品质邮轮航线是既有满足老年人喜好的自然观赏景观及古迹,又具备满足年轻人偏好的购物项目及地方美食。

3.个性化原则

在激烈的邮轮旅游市场竞争中,邮轮公司的核心竞争力在于始终创造并保持顾客。邮轮航线的开发必须审时度势,牢牢把握邮轮公司的发展战略。按照邮轮客的欲望和需求把总体市场划分为若干个具有共同特征的子市场,并对细分市场进行评估进而准确定位。主题鲜明的邮轮航线具有强有力的鲜明个性,不仅在邮轮客心中占据特殊的位置,在邮轮旅游市场中更是独树一帜。

4.地域依托型原则

邮轮航线的开发要遵循地域依托型原则,既要依托风景秀美,具有足够吸引力的旅游资源,同时还要毗邻广阔的经济腹地。一条邮轮航线的设计与开发是完备的,它是在满足邮轮客对旅游目的地或停靠港需求的同时实现邮轮一系列后勤保障目标,以确保邮轮客在一段时间内获得最大的旅游体验的集合。

5.区位可及性原则

邮轮航线开发要考虑沿途各景点目的地的趣味性、可及性以及永续性发展等要素。一些地区在发展邮轮旅游方面客观存在着有利条件、优越地位,例如加勒比海地区,凭借紧邻美国的地理与地理优势,加上独特的亚热带岛屿风情,成为全球邮轮航线首推地域,广泛获得了邮轮客的青睐。

三、邮轮航线设计与开发的影响因素

邮轮航线涉及多个主体环节,包括港口、邮轮客、中间商、岸上观光等,因此邮轮公司常常衡量以上内、外部环境主体要素,进而进行资源的组合优化。总的来说,邮轮航线设计一般重点包括港口选择、邮轮旅游服务和岸上产品开发3个主要工作。

(一)港口选择

邮轮港口的选址与邮轮航线密切相关。邮轮公司通过衡量邮轮港口位置、港口费用的高低、港口是否便捷可达、港口的接待能力好坏、港口数量的多少、港口间顺序的编排、港口之间距离的远近、船舶属性等抉择邮轮是否开设邮轮航线。

(二)邮轮旅游服务

邮轮旅游服务是连接邮轮公司和邮轮游客之间关系的桥梁,良好的邮轮旅游服务是邮轮客选择邮轮航线的关键,是树立邮轮公司品牌形象,赢得邮轮客忠诚度,提高邮轮客重游率的保障。邮轮航线设计要为邮轮客提供全方位、高质量的服务,包括邮轮客的签证、通关便捷性、最佳巡游时间、丰富的岸上活动、全程花费等。

(三)岸上产品开发

邮轮航线设计包括海上时间及其项目的设计和停港时间及其观光活动的开发,邮轮公司根据邮轮客的不同需求确保两者之间的平衡,开发良好的岸上观光活动,一定程度上对整条航线的吸引力具有“画龙点睛”的作用。岸上产品开发取决于旅游目的地港口的抉择,在于充分考虑其旅游资源的丰富程度、到港商业服务接待的能力等重要因素。

【知识链接】

豪华邮轮:明天会更好

经历了一轮高速发展之后,近几年我国邮轮产业发展进入调整期,而新冠疫情的突然暴发也给我国邮轮产业的发展带来了极大的冲击,国内邮轮产业链大部分都处于"蛰伏"状态。即便如此,我国邮轮产业在首艘国产大型邮轮建造、内河游轮发展等领域仍然取得了不错的业绩。目前,由于疫情防控形势和相关政策管控的原因,外旗邮轮暂时没有在中国市场恢复运营。

2021年10月18日,由上海外高桥造船有限公司建造的首制国产大型邮轮实现全船贯通,标志着中国船舶工业在大型邮轮建造领域取得重大突破。国产大型邮轮2号船于2022年下半年开工。招商工业交付了"海洋胜利"号、"海洋探险"号极地探险邮轮。

在当前国家"双循环"发展格局下,邮轮无目的地航线和国内沿海航线是国内疫情防控进入常态化阶段国内邮轮市场重启、实现内循环战略的重要措施。2021年7月12日,海南省政府印发《海南邮轮港口中资方便旗邮轮海上游航线试点管理办法(试行)》,随后海南省交通厅和中国船级社在海口通过了中资外旗邮轮海南进行无目的地海上游防疫安全技术方案。青岛市邮轮无目的地航线申报已取得山东省交通厅的大力支持,目前正积极争取向交通运输部汇报,力争邮轮无目的地航线政策尽快落地青岛。

维京游轮与招商局集团合资的首艘邮轮"招商伊敦"号成为中国首艘悬挂五星红旗的高端邮轮,成为中国邮轮产业史上的一大里程碑。目前,招商维京游轮已经公布了"中国海岸人文之旅"2022年航线计划,包含于4月启航的深圳—上海/上海—深圳"东南海岸文化之旅"航线。由客滚船改装而来的两艘西沙邮轮"南海之梦号"和"长乐公主号"也恢复了三亚至西沙的航线。"长乐公主"轮在除夕开启四天三晚的虎年首航,来自全国的300余名游客乘邮轮在西沙欢度春节。

从国家政策方面来看,邮轮产业仍然是国家重点关注的领域。2021年年底,国务院先后印发《"十四五"现代综合交通运输体系发展规划》《"十四五"旅游业发展规划》。《"十四五"现代综合交通运输体系发展规划》提出,提升旅客出行服务品质,积极培育邮轮市场,促进邮轮服务升级,推动游艇、游船、房车旅游发展;提升大型邮轮等研发能力;研发长江游轮运输标准船型。《"十四五"旅游业发展规划》提出,完善邮轮游艇旅游等发展政策,推进上海、天津、深圳、青岛、大连、厦门、福州等地邮轮旅游发展,推动三亚建设国际邮轮母港;重点推进邮轮游艇等旅游装备技术提升及自主创新,加强邮轮游艇等旅游装备研发应用和产业化发展等内容。

资料来源:刘志良.豪华邮轮:明天会更好[N].中国船舶报,2022-02-18(004).

阅读思考:新冠疫情对世界邮轮旅游业产生了哪些影响?我国为什么积极发展邮轮产业?

第二节　加勒比海航区

一、区划与人口

加勒比地区的范围,依照联合国地理分区里的地理亚区来判定,为加勒比海上的诸岛—西印度群岛,国家与地区包含古巴、海地、多米尼加、牙买加、巴哈马、安圭拉、安提瓜和巴布达、阿鲁巴、巴巴多斯、博奈尔、圣尤斯特歇斯和萨巴、英属维尔京群岛、开曼群岛、库拉索、多米尼克、格林纳达、瓜德罗普、马提尼克、蒙特塞拉特、波多黎各、圣巴泰勒米、圣基茨和尼维斯、圣卢西亚、法属圣马丁、圣文森特和格林纳丁斯、荷属圣马丁、特立尼达和多巴哥、特克斯和凯科斯群岛、美属维尔京群岛。

加勒比国家联盟成立于 1994 年 7 月 24 日,共 37 个成员,包括加勒比地区所有国家和未独立的岛屿,总面积达 500 多万平方千米,人口 4 400 多万人。

二、自然特征

加勒比海表层海流主要通过南部安地列斯诸岛之间的水道和海峡进入加勒比海,然后在信风推动下越过狭窄的犹加敦海峡进入墨西哥湾。加勒比海水文特性的同质性高,以海面的月平均温度为例,各年的变化不超过 3 ℃(25°~28 ℃)。加勒比海的盐度为 3.6%,海面水的颜色从蓝绿色至绿色。

加勒比海域大部分位于北纬 10°~20°,强大的南、北赤道暖流在此交汇,注入墨西哥湾,增温增湿,具有显著的热带海洋性气候的特点。8 月和 9 月是热带风暴、飓风最集中的时段,空气湿度可达 80%以上,但同时也严重影响了航运安全和旅客数量。

加勒比海终年温差不大,海水的温度非常适合进行潜水、游泳和海水浴。那里气候温和,风景美丽,充满无限的异国风情,邮轮旅游是全年性的,由于该区域旱季也常有气旋雨造访,旅客们出门最好随身携带雨具。

三、加勒比海邮轮旅游航线

加勒比海航线邮轮母港和旅游航线出发港几乎全部位于美国,大部位于美国南部的佛罗里达州,包括佛罗里达州的迈阿密、罗德岱堡、基韦斯特、卡纳维拉尔角、坦帕等,以及得克萨斯州的加尔维斯顿、加利福尼亚州的洛杉矶、纽约的凯普邮轮自由港。加勒比海邮轮旅游可划分为东、西、南三条航线。

(一)东加勒比海航线旅游特色

传统上把波多黎各之东的航线划为加勒比海邮轮旅游东线。东线一般从美国的佛罗里达州邮轮母港出发(如迈阿密、罗德岱尔堡等),途经巴哈马、圣马丁(分属荷兰和法国)、圣基茨和尼维斯联邦、美属维京群岛、波多黎各(美国自治领地)、安提瓜和巴布达、百慕大(英国自治领地)、海地、阿鲁巴(荷兰王国自治国)等国家或地区。

停靠主要港口有拿骚(巴哈马)、菲利浦斯堡(荷属圣马丁)、巴斯特尔(圣基茨和尼维斯联邦）、夏洛特阿马利亚（美属维京群岛的圣托马斯岛）、圣胡安（波多黎各圣托马斯岛）、圣约翰（安提瓜和巴布达）、国王码头（百慕大）、太子港（海地）等。

加勒比海东线成为人们最常选择的一条航线，中世纪海盗传奇故事和历史遗迹、突出的"3S"旅游资源，以及多元的民族文化，吸引着大量的旅游者。

（二）西加勒比海航线旅游特色

加勒比海邮轮旅游西线一般从美国的佛罗里达州邮轮母港或得克萨斯州的加尔维斯顿出发，途经墨西哥、洪都拉斯、伯利兹、牙买加、开曼群岛（英国海外属地）、海地等国家和地区。停靠主要港口有科苏梅尔（墨西哥）、科斯塔玛雅（墨西哥）、罗阿坦岛（洪都拉斯）、伯利兹市（伯利兹）、法尔茅斯（牙买加）、乔治敦（开曼群岛）、拉巴地（海地），以及佛罗里达州的基韦斯特。

西线展现给人们更多的是文化层面的景观，岸上观光选择更加多样化。除了包含加勒比海海岛、沙滩美景、世界第二大珊瑚群、热带雨林、溶洞之外，还有南美原始人文风情和历史悠久的玛雅文明遗址。

（三）南加勒比海航线旅游特色

南线一般从波多黎各的圣胡安出发。停靠主要港口有布里奇顿（巴巴多斯）、卡斯特里（圣卢西亚）、法兰西堡（马提尼克）、奥拉涅斯塔德（阿鲁巴）、威廉斯塔德（库拉索）等。

南线属于探险路线，更适合有加勒比海旅游经验的人。途经岛屿地势复杂多样，人烟稀少，火山与瀑布让前往的游客能领略到另一种加勒比海风情。

四、加勒比海主要邮轮港口

（一）迈阿密

迈阿密被誉为"邮轮之都"，拥有12个超级邮轮码头大厦，可同时停泊20艘邮轮，嘉年华邮轮公司、皇家加勒比游轮公司、诺唯真游轮公司等15个国际邮轮公司均在这里设有总部或分部。迈阿密邮轮码头位于市中心海滩的黄金地段，距机场仅有15分钟车程，离市中心最近的大型购物、宾馆、餐饮区也仅有几分钟车程，舒适宜人的天然海边浴场距邮轮出入口只有10分钟车程。

它拥有世界上最先进的管理设施系统，能够同时为8 400名游客出行提供服务。还拥有许多相关设施，如舒适的休息大厅、多个商务会议大厅、全封闭并加装中央空调的游客上船通道以及完善的订票系统、安全系统、登轮查验系统和行李管理操作系统等，拥有能够容纳733辆汽车的车库，先进的信息化服务能够高效率指挥码头内部的交通，为游客出行提供近乎完美的服务。迈阿密邮轮客运枢纽站的业务流程设置相当规范，商店、游客、行李和船舶均为独立管理，并将第三层楼设计与船体位于同一高度，便于游客上下船。它的服务无微不至，服务力求便捷，服务形式多种多样，体现了顾客至上的服务理念。

除此之外，其异域文化风情浓厚。这里，有西班牙人最早踏上美洲大陆的殖民历史，有20世纪60年代和80年代古巴的两次大移民潮，还有当地的原住民印第安人部落文化等，这令迈阿密成了一个拥有浓郁异域风情的美国城市。

（二）劳德代尔堡

劳德代尔堡素有"美国的威尼斯"之称,它拥有 300 英里长的可航行水路和无数运河、水渠,居民可以直接把他们的船停在后院里。目前它也是世界第二大繁忙的邮轮港口,共有 12 个邮轮泊位。海洋绿洲号和海洋魅力号邮轮在此拥有自己专用码头。

（三）拿骚

巴哈马群岛是位于大西洋西岸的岛国,地处美国佛罗里达州以东,古巴和加勒比海以北,包含 700 多座岛屿和珊瑚礁。拿骚是巴哈马群岛的首都,是一个古文明的神奇与新世纪的梦幻交汇的地方。粉红与白色外墙的建筑是巴哈马群岛被英国殖民统治 300 年历史的见证,喧闹的酒吧、赌场与豪华酒店则是另一种不同风格的繁华景象。拿骚被称为"购物者的天堂",知名大师设计的服装、当地的手工艺品以及各类珠宝首饰应有尽有,其免税的价格对游客也非常具有吸引力。

（四）圣胡安

圣胡安是加勒比海地区最繁忙的邮轮码头之一,也是南加勒比航线最主要的母港城市。圣胡安是美国自治领地波多黎各的首府和最大城市,位于波多黎各岛的东北岸。波多黎各是构造完美的热带岛屿,在 16 世纪由西班牙殖民统治。圣胡安于 1521 年建成,西班牙语意为"富裕之港"。小岛包罗各种热带景观,拥有多个美丽海滩,游客可以从圣胡安市中心直接步行到邮轮码头,在"16 世纪的环境中,找到 21 世纪的便利"。

第三节　阿拉斯加航区

一、区划与人口

阿拉斯加州（State of Alaska）面积 1 717 854 平方千米,占美国全国面积的 20%,是美国面积最大的州,位于北美大陆西北端,东与加拿大接壤,另三面环北冰洋、白令海和北太平洋。该州拥有全美 20 座最高山脉中的 17 座,6 194 米的麦金利峰是北美最高峰。

阿拉斯加州人口 73 万（2019 年）,居全美第 47 位,占全美总人口的 0.23%。州总人口中白人占 67.6%,印第安人和阿拉斯加州原住民占 15.6%,拉丁裔人 4.1%,亚裔人 4%。首府朱诺（Juneau）,人口 3.1 万,位于阿拉斯加东南区,无陆路相通,交通依靠水路或空运。安克雷奇（Anchorage）市是阿拉斯加州第一大城市,人口 29.2 万。阿拉斯加土著居民有印第安人、因纽特人和阿留申人,约占全州人口的 1/7。其余为美国人、俄罗斯人、日本人、中国人和其他民族。州内有 8 万军人及其家属,46% 的居民居住在安克雷奇地区。

二、自然特征

阿拉斯加地域宽广,加之地势起伏很大,导致州内气候多样化。南部沿海、东南部、阿拉斯加湾岛屿和阿留申群岛属于温带海洋气候,夏季平均气温 4~16 ℃,冬季 4~−7 ℃。内陆盆地属亚温带,比沿海干燥,也稍冷,夏天平均气温 7~24 ℃,冬天 −7~−23 ℃。白令海沿岸和岛屿属北极海洋性气候,夏温 4~16 ℃,冬温-7~-23 ℃。中部高原属大陆性气候,夏温 7~24 ℃,冬温-23~-34 ℃。

三、阿拉斯加邮轮旅游航线

阿拉斯加航线一般以美国西雅图、苏厄德、加拿大温哥华为出发港,停靠城市、港口或峡湾有美国阿拉斯加州的朱诺、斯卡圭、凯奇坎、安克雷奇、特雷西峡湾、冰峡、加哈伯德冰川,加拿大的维多利亚等。

阿拉斯加的邮轮航程通常在 7 天左右,常见的线路是从温哥华或西雅图出发,向北穿过狭长的海岸,游览冰川湾国家公园以及阿拉斯加最长的冰河——哈伯德冰川。一些邮轮公司还会提供更多的旅游线路供游客选择,比如,让游客通过火车深入阿拉斯加腹地,在德纳里国家公园住宿观光,更为全面地了解阿拉斯加。

冰川、峡湾、湖泊、河川、数不尽的野生动物,使得阿拉斯加自然景色美不胜收。七、八月份是阿拉斯加最好的旅游季节。

航线越接近北极,就越能感受到冰山的魅力,甚至能看到冰川断裂的壮烈场景,欣赏北极光的绚丽色彩。旅途中,邮轮将造访壮观的冰川湾国家公园、哈伯冰川、特雷西峡湾、冰峡,并停靠多个阿拉斯加历史港口,在凯奇坎体验垂钓野生鲑鱼的乐趣,在朱诺品尝原汁原味的阿拉斯加鲑鱼烧烤,在斯卡圭体验淘金乐趣。

四、阿拉斯加主要邮轮港口

(一)凯奇坎

凯奇坎是阿拉斯加东南最靠近边界的城市,也是邮轮进入阿拉斯加的第一站,凯奇坎依山傍海,民宅五颜六色,充满了鲜艳的色彩。凯奇坎小镇的两大支柱产业是旅游业和三文鱼(鲑鱼)养殖业,所以小城有"鲑鱼之都"的美称;此外,这里还有世界上最多的图腾柱。凯奇坎拥有诸多的原住民历史遗迹,可以登岸后徒步前往溪街,现在已经重新整修成了一间间独具特色的商店街,另外就是前往图腾博物馆领略当地印第安文化的异域风情。

(二)朱诺

朱诺是一个仙境般的地方。1880 年因发现金矿兴建,1906 年起为州首府,是优良的不冻港。鱼类加工、采矿、林业等较盛。附近罗伯茨山曾是著名的金矿区。阿拉斯加原本的首府锡特卡因为捕鲸业与兽皮交易业逐渐下滑而没落,失去了重要性;相反,朱诺因为蓬勃发展的金矿开采而逐渐重要,曾经一度朱诺境内的三座大型的金矿的矿产量高居世界第一,因此该州首府正式迁到朱诺。除此之外,朱诺是美国本土州首府里面唯一一个没有道路与美国其他部分的土地相连的,欲到达朱诺非靠海空运输不可。其一川碧水,清澄宁静。两岸的青山,层层淡去,在水天交汇处融成了一片迷茫。山顶的残雪亲吻着云雾,给清晨带来几分凉意。今天朱诺不仅是著名的黄金矿产区,也是欣赏美丽的冰川和壮丽的山脉景色的绝佳目的地。

第四节　地中海航区

一、区划与人口

地中海以亚平宁半岛、西西里岛和突尼斯之间的突尼斯海峡为界,分东、西两部分,地中海平均深度 1 450 米,有记录的最深点是希腊南面的爱奥尼亚海盆,为海平面下 5 121 米,地中海盐度较高,最高达 39.5‰,地中海是世界上最古老的海之一,历史比大西洋还要古老,地中海沿岸还是古代文明的发祥地之一,这里有古埃及的灿烂文化,有古巴比伦王国和波斯帝国的兴盛,更有欧洲文明的发源地(爱琴文明、古希腊文明以及公元世纪时地跨亚、欧、非三洲的古罗马帝国)。

地中海西部通过直布罗陀海峡与大西洋相接,东部通过土耳其海峡和黑海相连。东南部经 19 世纪时开通的苏伊士运河与红海沟通。地中海处在欧亚板块和非洲板块交界处,是世界强地震带之一。地中海地区有维苏威火山和埃特纳火山。

地中海邮轮航区涉及欧洲南部地区、亚洲西部和非洲北部的地中海沿岸国家和地区,总人口超过 2 亿,其中欧洲部分人口密度较高,但是分布不均。

二、自然特征

气候:地中海夏季受副热带高压控制,炎热、干燥;冬季受西风带影响,锋面气旋活动频繁,温暖、潮湿、多雨,年降水量达 300~1 000 毫米,为典型的地中海式气候。春季气候多变,秋季时间较短。冬半年占 60%~70%,夏半年只有 30%~40%。"冬雨夏干"的气候特征,在世界各种气候类型中,可谓独树一帜。

地形地貌:北岸有高大的阿尔卑斯山脉,南岸是广阔无垠的撒哈拉大沙漠。地中海海岸线长而曲折,多半岛、岛屿和海湾。

水文特征:受地中海地区气候的影响,地中海蒸发旺盛,周围又无大河流入,海水的盐度高,密度大,水面偏低。与地中海相邻的大西洋海水,盐度比地中海低,密度小,水面比地中海高,于是大西洋表层海水便经由直布罗陀海峡流入地中海,而地中海底部海水则由海峡底层流入大西洋。

三、地中海邮轮旅游航线

地中海航区作为全球第二大邮轮旅游目的地,目前沿岸港口接待邮轮游客人数约占世界邮轮客流总量的 20% 以上。地中海航区的邮轮旅游资源主要来自意大利、西班牙、法国、希腊等国家,主要邮轮母港为西班牙的巴塞罗那港,意大利的罗马、热那亚、威尼斯等。

地中海清澈透明的蔚蓝海岸,风情万种的意大利威尼斯贡多拉上的歌声,西班牙巴塞罗那令人惊叹的世界文化遗产建筑,阳光、海滩和美女如云的希腊爱琴海岸,都是地中海邮轮之行的看点。

地中海连接着亚欧非三大洲,环地中海的邮轮旅程不仅起源早,曲折的海岸线更赋予了环地中海邮轮丰富的港口选择,环地中海邮轮通常可达欧、亚、非洲的近 20 个国家。地中海航线航程一般 7 日至 20 日不等,最佳旅游时间为 4 月至 10 月(每年的春末至秋初)。很多邮轮公司以意大利半岛为中心,将该地区的邮轮旅游航线分为东地中海/爱琴海航线和西地中海航线。

(一)西地中海邮轮旅游航线

西地中海的重点国家是意大利、法国、西班牙、突尼斯等。邮轮母港和出发港多选择西班牙的巴塞罗那、帕尔玛以及意大利的罗马、热那亚。

西地中海航线兼具意大利的风情、西班牙的热辣、法国的浪漫,沿着庞贝的古文明,游客可以一路欣赏现代艺术和西西里美景。海湾、沙滩、梯田、果园、融合古老遗迹和欧洲现代派建筑的蓝顶小屋与白色教堂构筑成独特的地中海格调的城市风光,还有北非独特的民俗建筑,让旅游者流连忘返。

(二)东地中海邮轮旅游航线

东地中海是以希腊群岛为主,沿途主要国家有意大利、希腊、克罗地亚、土耳其、以色列、黑山。邮轮母港和出发港多选择意大利的威尼斯、热那亚、罗马等,主要停靠港口有意大利的巴里,土耳其的伊斯坦布尔、伊兹密尔,克罗地亚的杜布罗夫尼克,黑山的科托尔,以色列的海法,埃及的亚历山大,希腊的雅典、卡塔科隆、科孚、罗德岛、伊拉克利翁等。

古老的地中海孕育了欧洲文明。航线经过埃及、希腊、土耳其、意大利等历史悠久的国家。阳光、碧海、蓝天、岛屿上明信片一样的风景、古希腊的神话、古埃及文明,时空穿梭于过去和现在之间,营造出独特的浪漫迷人氛围,串联出东地中海航线的独特魅力。

航线的最东端,土耳其首都安卡拉、以色列的耶路撒冷、充满浓郁俄罗斯风情的克罗地亚,又为游客增添了多元化的文化风格,更成为众多摄影爱好者和年轻情侣们神往的圣地。

东地中海邮轮航线最佳季节为每年的 5 月至 10 月,7、8 月份是游客最多的月份。

四、地中海主要邮轮港口

(一)威尼斯

意大利威尼斯始建于 5 世纪,素有"水上都市"的美誉,是世界上最美丽的城市之一。游客坐在贡多拉小舟或游艇之上徜徉于城中蜿蜒的水巷之中,可以尽情享受美丽水乡风情之下的艺术气息。

(二)巴塞罗那

西班牙巴塞罗那是西地中海地区出色的大都会,也是深受游客欢迎的登船港口。这里气候宜人、风光旖旎、古迹遍布,素有"伊比利亚半岛的明珠"和"地中海曼哈顿"之称。带有哥特风格的古老建筑与现代化的高楼大厦交相辉映,共同构成了巴塞罗那令人迷醉的天际线。

(三)热那亚

热那亚是意大利最大的港口城市,是著名航海家哥伦布的故乡。热那亚及其所在的利古里亚海岸沿岸均为著名旅游胜地。热那亚也是意籍邮轮的大本营,歌诗达邮轮公司总部所在地,歌诗达邮轮公司在萨沃纳拥有自己的专属码头和候船室。

（四）伊斯坦布尔

伊斯坦布尔是土耳其最大的港口城市和游览胜地,有"城上之城"和"世界最美城市"之称。伊斯坦布尔作为连通欧亚大陆的交通要塞,每一寸土地都带有古希腊、古罗马、拜占庭帝国的历史痕迹,东西方文明在此完美交会。

（五）雅典

雅典是希腊的首都,也是著名的文化圣地。游客在雅典游览的著名景点雅典卫城和国家考古博物馆,一个是雅典荣耀神祇的圣地,一个是收藏希腊古文明的宝库,都象征了雅典不朽的精神。

（六）戛纳

法国戛纳是位于法国东南部的小城,不仅是欧洲有名的旅游胜地和国际名流社交集会场所,也是戛纳电影节的举办圣地。戛纳拥有洁白漂亮的海滩,海水蔚蓝,棕榈葱翠,气候温和,既是过冬胜地,也是避暑天堂。

第五节 北欧与波罗的海航区

一、区划与人口

"北欧"作为政治地理名词时,指的是丹麦、瑞典、挪威、芬兰、冰岛这 5 个国家。而在邮轮航线划分中,北欧航线涉及的国家除了这 5 个,还扩展到德国、英国、俄罗斯、爱沙尼亚、荷兰等国。

波罗的海是欧洲的北部的内海。世界最大的半咸水水域。在斯堪的纳维亚半岛与欧洲大陆之间,长 1 600 多千米,平均宽度 190 千米,面积 42 万平方千米。波罗的海被瑞典、俄罗斯、丹麦、德国、波兰、芬兰、爱沙尼亚、拉脱维亚、立陶宛 9 个国家的陆地环抱。波罗的海是北欧国家,特别是俄罗斯与欧洲贸易的重要通道,是沿岸国家之间以及通往北海和北大西洋的重要水域。

北欧五国人口稀少,共约 2 500 万人。

二、自然特征

波罗的海位于温带海洋性气候向大陆性气候的过渡区,全年以西风为主,秋冬季常出现风暴,降水颇多,北部的年平均降水量约 500 毫米,南部则超过 600 毫米,个别海域可达 1 000 毫米;地处中高纬度,蒸发较少;周围河川径流总量丰富。波罗的海地区夏季云量约 60%,冬季则多于 80%。南部和中部每年的雾天平均 59 天,波的尼亚湾北部雾最少,每年约 22 天。

由于北大西洋暖流难以进入波罗的海,海水得不到调节,致使冬季气温比较低,而且南北差异较大,夏季气温不高,且南北差异很小。水温自北向南升高,8 月表面水温,波的尼亚湾为 9~13 ℃,芬兰湾为 15~17 ℃,海区中部为 14~18 ℃,西部海区达 20 ℃。2—3 月,开阔海区水温为 1~3 ℃,波的尼亚湾、芬兰湾、里加湾及其他海湾均低于 0 ℃。从南向北的 1 月平均气温为零下 1.1~10.3 ℃,7 月为 17.5~15.6 ℃。

三、北欧与波罗的海邮轮旅游航线

北欧航线按航区和特色来划分,主要分为 3 类:一是在波罗的海航行,包含多个北欧经典城市,适合喜欢看城市风光的游客。二是在挪威海岸航行的,途经挪威著名的几大峡湾,自然风光居多,还有一些特色小镇,其中,挪威还是欣赏极光极佳的地方。三是以冰岛、格陵兰岛为主要目的地的航线,不过价格较高,比较小众。乘坐豪华邮轮在北欧航游,不仅可以走访北欧(Northern Europe)的深度旅游景点,还有机会踏访北极冰川,与电影中的野生动物做零距离接触。每年的 6—9 月是北欧邮轮旅游的最佳季节,航线可以到达爱尔兰、挪威、丹麦、冰岛、格陵兰等地。虽然适航时间较短,但这里的港口却很受游客欢迎。北欧与波罗的海航区以丹麦哥本哈根为中心,划分为北海及挪威峡湾以及波罗的海两大航线,由于其航线形状貌似蝴蝶状,因此也被称为蝴蝶航线。

北海、挪威峡湾

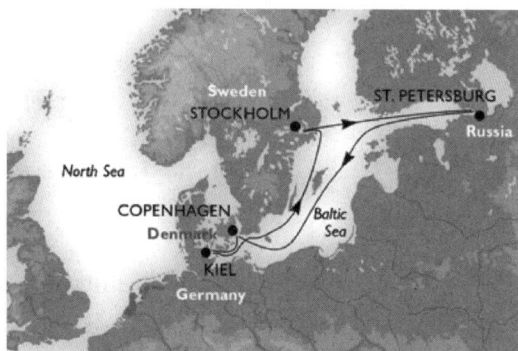

波罗的海

北欧与波罗的海航线产品一般价格偏高。因为这条航线几乎串联了北欧知名的大城市,包括丹麦的首都哥本哈根、瑞典首都斯德哥尔摩、芬兰首都赫尔辛基、挪威首都奥斯陆、爱沙尼亚首都塔林、俄罗斯的圣彼得堡和波兰的格但斯克,有些行程还包含了荷兰首都阿姆斯特丹、拉脱维亚首都里加等。

(1)北海及挪威峡湾航线

北欧及挪威峡湾航线一般从德国或者丹麦出发,以自然景观为主,航行途中可以欣赏到挪威峡湾景观,这也是北欧航线的一大卖点。从奥斯陆北上,经世界最长的松恩峡湾,再到优美险峻的盖伦格峡湾,山峰、绝壁、湖泊、瀑布、冰原,都能在这一行程里尽览。

(2)波罗的海航线

波罗的海地区线路以人文为主。典型的航程之一是从汉堡或哥本哈根出发,行至瑞典的斯德哥尔摩,结束于俄罗斯的圣彼得堡。另外一条线路则偏南航行,途经立陶宛、拉脱维亚和爱沙尼亚 3 个波罗的海国家。

四、北欧波罗的海主要邮轮港口

(一)赫尔辛基

赫尔辛基是芬兰最大的港口,也是继英国南安普敦之后欧洲第二繁忙的客运港口,每年接待约 1 100 万乘客。赫尔辛基是芬兰的首都,是一座古典美与现代文明融为一体的都市,又是一座都市建筑与自然风光巧妙结合在一起的花园城。在大海的衬托下,无论夏日海碧天蓝,还是冬季流冰遍浮,这座港口城市总是显得美丽洁净,被世人赞美为"波罗的海的女儿"。同时,因地处高纬度,在夏季这里的光照时间长达 20 个小时,因此赫尔辛基又被称为"北方的白昼城""太阳不落的都城"。赫尔辛基市著名的景点有岩石教堂、波罗的海的女儿雕像、芬兰城堡等。建于 250 年前的芬兰堡作为现存的世界上最大的海上要塞,是芬兰最为重要及著名的景点,也是赫尔辛基市外海上璀璨的明珠。

(二)圣彼得堡

圣彼得堡是俄罗斯最大的邮轮港口和第二大城市,是俄罗斯的中央直辖市,列宁格勒州的首府,俄罗斯西北地区中心城市,全俄重要的水陆交通枢纽,是世界上人口超过百万的城市中位置最北的一个,又被称为俄罗斯的"北方首都"。圣彼得堡也是波罗的海航线上最重要的一个港口,邮轮码头位于瓦希里岛西南角。圣彼得堡河渠纵横、岛屿错落、风光旖旎,拥有美丽的涅瓦河、童话般的欧式风格建筑、各式各样金碧辉煌的宫殿、蓝天白云等。圣彼得堡是一座文化名城,美术、音乐、芭蕾舞和文学是这个城市的骄傲。

圣彼得堡旅游资源丰富,有与城市历史一样长久的涅瓦大街、位于十二月党人广场上的青铜骑士是圣彼得堡市标志性雕塑,还有冬宫、夏宫等历史优秀建筑。因为建在波罗的海东岸的涅瓦河口,整个城区分布在涅瓦河三角洲的岛屿上,许多河流穿越而过,别具水城风情,故有"北方威尼斯"之称。由于圣彼得堡纬度很高,夏季特有的"白夜"景色令人流连。

(三)哥本哈根

哥本哈根是丹麦王国的首都、最大城市及最大港口,同时也是丹麦政治、经济、文化和交通中心,世界著名的国际大都市。哥本哈根曾被联合国人居署选为"全球最宜居的城市",并给予"最佳设计城市"的评价。哥本哈根既是传统的贸易和船运中心,又是新兴制造业城市。哥本哈根市容美观整洁,市内新兴的大工业企业和中世纪古老的建筑物交相辉映,使它既是现代化的都市,又具有古色古香的特色,是世界上著名的历史文化名城。丹麦标志美人鱼雕像在海边静静沉思,充满童话气质的古堡与皇宫比邻坐落在这个城市中,古老与神奇、艺术与现代。

(四)斯德哥尔摩

斯德哥尔摩是瑞典的首都和第一大城市,是瑞典政治、经济、文化、交通中心和主要港口,也是瑞典国家政府、国会以及皇室的官方宫殿都所在地,世界著名的国际大都市,著名的旅游胜地。市区分布在 14 座岛屿和一个半岛上,70 余座桥梁将这些岛屿连为一体,因此享有"北方威尼斯"的美誉。斯德哥尔摩是阿尔弗雷德·诺贝尔的故乡。从 1901 年开始,每年12 月 10 日诺贝尔逝世纪念日,斯德哥尔摩音乐厅举行隆重仪式,瑞典国王亲自给获诺贝尔奖获奖者授奖,并在市政厅举行晚宴。

（五）塔林

塔林是爱沙尼亚首都、最大城市和经济、文化中心,是波罗的海沿岸重要的商港、工业中心和旅游胜地。塔林的起源可追溯到 13 世纪,从条顿骑士团的一个骑士发现这个城堡的那一刻开始,而后这里发展成为汉斯同盟的主要中心。塔林是北欧保存最完好的中世纪城市之一,它是与汉萨贸易区共存的封建堡垒的独特典范,它们共同受到防御体系的保护。塔林老城被联合国教科文组织世界遗产委员会批准作为文化遗产列入《世界遗产名录》。

塔林历史中心最引以自豪的是展现给人们的绚丽多彩的公共建筑,特别是那些教堂,以及那些商店的室内结构。塔林的大教堂尽管经过了不断的改建,还是保留了其哥特式风格。塔林是北欧保存最完好的中世纪城市之一,它是与汉萨贸易区共存的封建堡垒的独特典范,它们共同受到防御体系的保护。塔林三面环水,风景秀丽古朴,是北欧唯一一座保持着中世纪外貌和格调的城市。

第六节　亚洲邮轮航区

一、区划与人口

亚洲绝大部分地区位于北半球和东半球。亚洲与非洲的分界线为苏伊士运河,苏伊士运河以东为亚洲。亚洲与欧洲的分界线为乌拉尔山脉、乌拉尔河、里海、大高加索山脉、土耳其海峡、地中海和黑海,乌拉尔山脉以东及大高加索山脉、里海和黑海以南为亚洲。

亚洲是世界三大宗教佛教、伊斯兰教、基督教的发源地。

亚洲地域辽阔,为了便于认识,按照地理方位,把亚洲分为东亚、南亚、东南亚、中亚、西亚和北亚 6 个地区。这些地区的自然环境和人类活动各具特色。

根据联合国发布的《2022 年世界人口展望》报告,全球人口预计将在 2022 年 11 月 15 日达到 80 亿。其中,人口最多的两个区域都分布在亚洲:其中东亚和东南亚有 23 亿人口(约占全球人口 29%),中亚和南亚有 21 亿人口(约占全球人口 26%)。世界人口从 70 亿增长到 80 亿的过程中,有一半是亚洲人口扩张的结果,非洲的贡献第二大,增长了近 4 亿;有 10 个国家的人口增长占这十亿新增人口的一半以上,印度是最大的贡献者,其次是中国和尼日利亚。

二、自然特征

亚洲大陆跨寒、温、热三带。气候的主要特征是气候类型复杂多样、季风气候典型和大陆性显著。东亚东南半部是湿润的温带和亚热带季风区,东南亚和南亚是湿润的热带季风区。中亚、西亚和东亚内陆为干旱地区。以上湿润季风区与内陆干旱区之间,以及北亚的大部分为半湿润半干旱地区。

亚洲大部分地区冬季气温很低,最冷月平均气温在 0 ℃以下的地区约占全洲面积的 2/3,上扬斯克和奥伊米亚康一带,1 月平均气温低达−50 ℃以下,奥伊米亚康极端最低气温曾低达−71 ℃,是北半球气温最低的地方,被称为北半球的寒极区。夏季普遍增温,最热月平均气温除北冰洋沿岸在 10 ℃ 以下外,其余地区均在 10～15 ℃。20 ℃ 以上的地区约占全洲面积的 50%。

三、亚洲邮轮旅游航线

亚洲航线主要集中在东亚和东南亚地区。亚洲地区也是世界邮轮市场中较年轻但发展最快的一个区域,区域内邮轮旅游市场规模逐年增加,特别是中日韩航线正在成为继加勒比海航线和地中海航线之后又一吸纳邮轮旅游客源的热门航线。按照邮轮旅游区划,亚洲地区可划分为中日韩、两岸、东南亚(越南、柬埔寨、泰国、菲律宾、新加坡、文莱、印度尼西亚等国)和南亚 4 条航线。亚洲地区邮轮旅游客源主要集中在中日韩、东南亚两条航线,两岸航线主要针对中国市场。

(一)东北亚航线

东北亚航线主要集中在中国、日本和韩国,其航线也是世界邮轮旅游市场最年轻、发展最快的航线。东北亚航线航行海域为渤海、黄海、日本海以及日本东海岸的太平洋海域,航线停靠韩国的城市和岛屿有仁川、釜山、丽水、济州岛等。停靠日本的城市或港口有九州岛的福冈、长崎、鹿儿岛、佐世保、别府,本州岛的横滨、神户、广岛,北海道的函馆、小樽等。

中国、日本、韩国同属东亚地区,位于亚洲东部,太平洋西侧,是世界上人口分布最多的地区之一,居民以黄色人种东亚类型为主。中、日、韩都是经济大国,在世界经济领域举足轻重。中国和日本国民生产总值仅次于美国,分别占世界第二、三位。

东部沿海地区和岛屿季风气候显著,是最典型的亚热带、温带季风气候区,即东亚季风区,气候湿润温和;西部内陆地区为温带大陆性气候,属干旱、半干旱气候区;青藏高原地区为高地气候区。

(二)东南亚航线

东南亚位于亚洲东南部,西临印度洋、东临太平洋、南邻大洋洲,是连接亚洲与大洋洲、太平洋与印度洋的"十字路口",地理位置十分重要。东南亚地区可分为中南半岛和马来群岛两大区域,中南半岛为陆地,马来群岛散布在太平洋和印度洋之间,共有两万多个岛屿。东南亚地区共有 11 个国家:越南、老挝、柬埔寨、泰国、缅甸、马来西亚、印度尼西亚、文莱、菲律宾、东帝汶、新加坡,陆地面积共约 462 万平方千米,海域面积共约 750 多万平方千米。

东南亚地区目前约有 6 亿人口,分布不均,主要集中于河海平原、河口三角洲地区和岛屿,雨林地带人口稀少。东南亚各国都属多民族国家,信奉宗教主要有佛教、伊斯兰教、基督教、印度教等。

东南亚地处热带,中南半岛大部分地区为热带季风气候,一年有旱季和雨季之分。马来群岛大部分地区则属热带雨林气候,终年高温多雨,热带雨林资源丰富。

东南亚各国都有自己悠久的历史,旅游资源非常丰富。茂密的热带原始雨林、美丽的热带海滨、珍贵的名胜古迹、独特的民俗文化形成了独特的东南亚风情。东南亚地区年温差不大,邮轮航线多沿海岸线航行,相对比较平稳,不用担心大风浪干扰,非常适合开展邮轮旅游。

东南亚邮轮航线多以国际邮轮母港新加坡为始发港,覆盖东南亚地区,途经或停靠马来西亚兰卡威、槟城、吉隆坡(巴生港)、马六甲、刁曼岛、热浪岛、泰国普吉岛、苏梅岛、曼谷(林查班),柬埔寨的西哈努克,越南下龙湾、岘港、芽庄、胡志明市(富美)、顺化(真美),文莱的斯里巴加湾(穆阿拉),菲律宾的马尼拉、长滩岛、巴拉望,印度尼西亚的巴厘岛(伯诺阿)、科莫多岛、龙目岛、泗水、三宝垄、雅加达。此外,东南亚航线也有从中国邮轮母港如香港、三亚等港口出发,途经东南亚各国家,终点至新加坡的邮轮航线。

(三)西亚航线

西亚地区即亚洲西部地区,通常称为中东地区。自伊朗至土耳其,是联系亚、欧、非三大洲和沟通大西洋、印度洋的枢纽。黑海出入地中海的门户是土耳其海峡,霍尔木兹海峡是波斯湾的重要出口,航运十分繁忙。苏伊士运河和红海是亚非两洲的分界线,沟通了印度洋和地中海。

西亚不仅是亚、欧、非三洲的结合部,也是人类古代文明发祥地之一:古巴比伦(即两河文明)位于如今伊拉克美索不达米亚平原,伊斯兰教、基督教、犹太教等世界性和地区性宗教发源于此。

气候特征:西亚地形以高原为主,北回归线过中部;副热带高气压带和东北信风带交替控制,炎热干燥沙漠布;农业主要靠灌溉,山地绿洲可放牧;冬季降水地中海,西亚北非均分布。

西亚大部分地区降水稀少,气候干旱,水资源短缺,草原和沙漠广布。在干旱的环境下,这里的人们发展了畜牧业和灌溉农业。北回归线从本区中部穿过,大部分地域处于副热带高压和干燥的东北信风控制之下,同时,本区西南临干旱的北非,加之高原边缘有高大山系环绕,所以气候干燥,多属热带沙漠气候。降水很少,蒸发强烈。年降水量多在250毫米以下,降水较多地区一般也不超过500毫米,仅山地和地中海沿岸地带降水较丰富。

地中海东岸为冬雨夏干的地中海气候。阿拉伯半岛等地降水稀少,是世界著名的干燥气候区。受降水和地形的制约,本区内陆流域及无流区面积广大,地表径流贫乏,河网稀疏。除幼发拉底河与底格里斯河多为短小河流,大部分发源于高原边缘山地,靠冰川融雪水补给,河流水量较小,季节变化显著。

中东地区具有独特的文化和悠久的历史,又与世界最大的旅游目的地和客源地欧洲毗邻,在发展旅游业方面具有得天独厚的条件和优势。但由于经济社会原因,中东一些国家长期对旅游业在国民经济中的巨大作用认识不够,中东旅游业的发展较为缓慢。进入20世纪70年代以后,国际石油危机和中东战争引发了两次大规模的石油价格暴涨,中东国家靠石油出口从传统的农牧业社会跨入到了现代社会。在此历史条件下,中东地区特别是新兴的海湾石油国家,加大基础设施和旅游设施投资,积极发展现代旅游业,成为世界新兴的国际旅游目的地之一。

但是,政局动荡、战争频繁、极端主义活动频发等因素严重损害了该地区的旅游目的地形象,中东旅游业的发展情况并不令人满意。在发展的过程中,频繁受到外界因素干扰,大体呈现出"起步—缓慢发展—迅速崛起"的发展历程。

作为古埃及文明、古巴比伦文明的发祥地,犹太教、基督教和伊斯兰教三大宗教的诞生地以及东西方文明的交汇处,中东在世界旅游史中占有重要地位。

尽管受到恐怖主义、自然灾害、石油价格高涨、传染疾病和其他政治经济不稳定等因素的影响,中东旅游业发展艰难曲折,但依然在困境中崛起,表现出强大的生命力,取得了显著的发展。中东除了丰富的文物古迹和独特的民族风情外,海滨度假和沙漠生态旅游资源也十分丰富。地中海沿岸国家作为中东旅游业发展的重点地区,已经形成了以休闲度假为主的新兴的旅游目的地和旅游度假区,方便快捷的旅游交通系统和体系完整的旅游饭店设施。阿拉伯半岛国家虽然旅游业发展起步较晚,但后来居上,表现出强劲的增长势头。

四、亚洲主要的邮轮港口

（一）中国

1.上海

目前上海有北外滩上海港国际客运中心和上海吴淞口国际邮轮港两个国际邮轮码头,已形成"两主一备"邮轮母港形态布局。其中上海国际客运中心主要用于接待 7 万吨以下的吨位较小的邮轮(杨浦大桥限高 50 米),吴淞口国际邮轮码头则停靠 7 万吨级以上的国际邮轮。

上海港国际客运中心码头面积约 2 万平方米,水深 9~13 米,岸线长 880 米,可停靠 3 艘 7~8 万吨级国际大型邮轮,客运综合楼"一滴水"成为上海邮轮母港建设的重要标志。北外滩拥有 2.5 千米的黄金滨水岸线,良好的景观区域和得天独厚的水深条件是发展邮轮经济独特的区位优势。北外滩航运文化底蕴深厚、悠久的航运历史沉淀留下了下海庙、海员医院等航运历史文化资源和建筑。上海港国际客运中心在有着 160 年装卸历史的高阳码头区域内,与环球金融中心,东方明珠、金茂大厦隔江相望,一些世界著名企业的大型商业活动纷纷安排在国际客运中心码头举行。

上海吴淞口国际邮轮港位于长江岸线的炮台湾水域,即长江、黄浦江交汇入海处,2011 年 10 月 15 日正式投入使用,码头水域资源条件良好,水域航道宽约 220 米,航道水深 9~13 米,没有泥沙淤积,可满足大型邮轮的通航,码头水域规划岸线总长 1 500 米,陆域配套设施建筑 5 余万平方米,拥有 4 个大型邮轮泊位,可形成"四船同靠",拥有年接靠国际邮轮 800~1 000 艘次的运营能力。目前已成为亚洲第一、全球第四的邮轮母港。

2.天津

天津国际邮轮母港位于天津东疆港区南端,2010 年 6 月开港,建有长 625 米的码头岸线和占地 6 万平方米的客运大厦,拥有 40 个边检通道,可满足 4 000 名游客同时出入境通关需要。2014 年 5 月,天津国际邮轮母港二期工程竣工,码头岸线增加 442 米,可靠泊 22.5 万吨世界最大邮轮,年设计游客通关能力为 92 万人次。

天津是中国北方最大的经济中心和国际航运中心,也是东北亚地区重要的经贸和港口城市,拥有便捷密集的立体交通体系,周边旅游资源丰富,腹地客源市场巨大。滨海新区设立邮轮旅游发展实验区,建设邮轮母港具有巨大的优势和潜力。津冀沿海重点发展天津港,服务华北及其他地区,拓展东北亚等始发航线和国际挂靠航线,提升综合服务水平,吸引邮轮要素集聚。

（二）日本

1.福冈

福冈是九州政治经济文化的中心。在日本对外交往史上占有重要的地位,被称为"九州门户"。福冈特有的新鲜水产种类繁多,有着"食在福冈"之美名。福冈的游乐场所也很多。

2.长崎

长崎自古以来就是沟通中国和日本的桥梁,同时也是日本实行锁国政策时期,少数对外开放的港口之一,因此受到中西文化的影响比较大。长崎作为日本主要的旅游停靠港,接收来自众多国家的观光邮轮,它是日本第一个配备有停靠10万吨级轮船能力的港口,可容纳大型国际邮轮停靠。

（三）韩国

1.釜山

釜山是韩国东南端的港市,位于首尔南东部450千米处,为著名深水良港,朝鲜半岛南部门户,韩国第二大城市,泛太平洋物流中心。釜山本身就是著名的旅游城市,其海岸线上还有很好的沙滩和美丽的海滨风景;城市的周围被连绵的群山所环抱,城市中的温泉星罗棋布。无论是它的山川景色还是它的海洋风光,釜山都会是一处旅游观光的理想之地。大多数邮轮造访釜山的时间集中在每年的6—8月,季节性较为明显。

2.仁川

仁川港是韩国的第三大城市和第二大(仅次于釜山)贸易港口,距离首尔仅1小时车程,作为东北亚的中心城市,是韩国走向世界的交通要塞,拥有最先进的大型国际机场。

3.济州岛

济州岛位于朝鲜半岛的南端,是韩国最大的岛屿,也是一座典型的火山岛,世界新七大自然奇观之一,素有"韩国夏威夷"之称,是理想的旅游和垂钓胜地。这里可以观赏自然景观和名胜古迹,还可以登山、骑马、兜风、狩猎、冲浪和打高尔夫球等。

（四）新加坡

新加坡邮轮产业的发展历史始于1991年,是亚洲邮轮旅游发展最快的地区之一。1991年政府耗资5 000万新币兴建邮轮码头,1994年开始着力发展邮轮业,1998年政府又投资2 300万新币重建码头,使其向海岸线延伸,可同时停靠8艘邮轮。2012年邮轮中心进行了翻修,现在的新加坡邮轮中心拥有一流的设施和服务。

新加坡邮轮中心分为新加坡国际邮轮码头及地方客运码头。国际邮轮码头有2个邮轮泊位,达到12米的天然水深,长度分别为310米、270米的两个泊位,供航行于新加坡、马来西亚和印尼之间的区域性邮轮使用。

（五）马来西亚巴生港

马来西亚最大的港口巴生港,其邮轮港1995年启用,距吉隆坡45分钟的车程,1997年在"梦想世界邮轮之旅"(Dream World Cruise Destination)杂志中获得"世界最佳港口设备"奖。巴生邮轮码头有3个邮轮泊位,总长660米,水深12米,可接待总长达300米,吨位5万吨的邮轮,曾是丽星邮轮公司的总部所在地。

（六）迪拜

随着国际邮轮公司的全球扩张,豪华邮轮开始驶入阿拉伯这方神秘的国度,拓展新兴邮轮旅游市场。邮轮航线一般为期一周左右,从阿联酋迪拜出发,沿途停靠阿曼首都马斯喀特、阿联酋首都阿布扎比以及岛国巴林等地。

迪拜是阿拉伯联合酋长国的最大城市,也是中东地区的经济和金融中心。源源不断的石油和重要的贸易港口地位为它带来巨大财富,使迪拜几乎成为奢华的代名词。

第七节　大洋洲邮轮航区

一、区划与人口

大洋洲陆地总面积约 897 万平方千米,约占世界陆地总面积的 6%,是世界上最小的一个大洲,位于太平洋中部和中南部的赤道南北广大海域中,在亚洲和南极洲之间,西邻印度洋,东临太平洋,并与南北美洲遥遥相对。

大洋洲的英文名称是 Oceania,意思是“被大洋环绕的陆地”。大洋洲跨南北两半球,东西距离 1 万多千米,南北距离 8 000 多千米。由一块大陆和分散在浩瀚海域中的无数岛屿组成包括澳大利亚、新西兰、新几内亚岛(伊里安岛)以及美拉尼西亚、密克罗尼西亚、波利尼西亚三大岛群。

大洋洲有 14 个独立国家,其余 10 个地区尚在美、英、法等国的管辖之下,各国经济发展水平差异显著。澳大利亚和新西兰是发达国家,其他岛国多为农业国,经济比较落后。工业也主要集中在澳大利亚,其次是新西兰。在地理上划分为澳大利亚、巴布亚新几内亚、新西兰、美拉尼西亚、密克罗尼西亚和波利尼西亚六区。

大洋洲合计约 2 900 万人,是世界上除南极洲外人口最少的一个洲,约占世界人口的0.5%,全洲 65% 的人口分布在澳大利亚大陆。各岛国人口密度差异显著,巴布亚人、澳大利亚人,塔斯马尼亚人、毛利人、美拉尼西亚人、密克罗尼西亚人和波利尼西亚人等当地居民约占总人口的 20%,欧洲人后裔约占 70% 以上,此外还有混血种人、印度人、华人和日本人等。原住居民为黄种人(波利尼西亚人等)和棕色种人(澳大利亚原住民)。

二、自然特征

大洋洲陆地面积不大,但有众多的岛屿,散布在辽阔的太平洋海域上,南北所跨纬度因而各地气候差异明显,类型多样。大洋洲大部分地区处在南、北回归线之间,绝大部分地区属热带和亚热带,除澳大利亚的内陆地区属大陆性气候外,其余地区均属海洋性气候。绝大部分地区的年平均气温在 8~25 ℃。最凉月平均气温为北半球从夏威夷群岛最北面向赤道由 16 ℃ 递增到 25 ℃,南半球从南纬 50°附近起向赤道由 6 ℃ 递增到 25 ℃,新西兰的南岛和澳大利亚东南部山区可达 0 ℃ 以下。最热月平均气温为北半球从夏威夷群岛最北面起向马里亚纳群岛附近由 24 ℃ 递增到 28 ℃ 以上,南半球从南纬 50 度附近起向澳大利亚西北部,由 12 ℃ 递增到 32 ℃。

澳大利亚昆士兰州的克朗克里极端最高气温达 53 ℃,为大洋洲最热的地方。澳大利亚中部和西部沙漠地区年平均降水量不足 250 毫米,是大洋洲降水量最少的地区。夏威夷的考爱岛东北部年平均降水量高达 12 000 多毫米,是世界上降水较多的地区之一。新几内亚岛北部及美拉尼西亚、密克罗尼西亚、波利尼西亚三大岛群属全年多雨的热带降水区,迎风坡年平均降水量多在 2 000 毫米以上。美拉尼西亚北部、新几内亚岛北部及马绍尔群岛南部,年平均降水量可达 3 000 毫米,背风坡则仅 1 000 毫米左右。

三、大洋洲邮轮旅游航线

大洋洲(Australia)是一片广袤辽阔的大陆。每年的 11 月到次年的 4 月,南半球的气候会格外宜人,很多邮轮公司会在此时开辟更多的大洋洲邮轮旅游线路,帮助游客踏上澳大利亚与新西兰之旅,欣赏悉尼的景色,游览华美的大堡礁,领略令人心旷神怡的美景。

该航线一般是从澳大利亚的悉尼港,或者布里斯班、墨尔本启航,进入浩瀚的南太平洋,巡访风景宜人的新西兰。清新的空气、火山岛、珊瑚岛、原始生活的土著人的生活成为该航线主要的旅游资源。

(一)澳大利亚

澳大利亚是位于南半球的南太平洋上,西邻印度洋与世界其他国家隔离的大陆岛国。澳大利亚分南澳大利亚、西澳大利亚、昆士兰、新南威尔士、维多利亚和塔斯马尼亚六个州,以及澳大利亚首都与北领地两个行政区。

1.袋鼠岛

袋鼠岛是澳洲第三大岛,也曾被美国国家地理杂志评为"亚太第一岛"。这里有幽静的海滩,微风湾(VivonneBay)曾在全澳州"最佳海滩"评选中位列榜首。在这里,绵长的海岸线、高耸的悬崖峭壁、雄壮的自然奇观足够让热爱自然的游客尽情探索;而独特的野生动物诸如袋鼠、野生考拉、沙袋鼠、企鹅、海狮、海豹等,可与人类亲密地相处,因此袋鼠岛被形象地称为"没有围栏的动物园"。此外还有牧场,牧羊人、养蜂人和酿酒人在这里生产闻名于世的当地美味土特产。小镇上有亲切的餐馆和出售本地艺术品的店铺。游客们可以用好几种方法来领略袋鼠岛的魅力,真正享受这片美丽的岛屿。

2.悉尼港

悉尼港是澳大利亚进口物资的主要集散地。港湾总面积为 55 平方千米,口小湾大,是世界上著名的天然良港。渡船、游艇、汽艇、远洋班轮和划艇,所有这些都争相来到悉尼海港这个世界上最好的港口,令它时刻生气勃勃。包租一艘游艇停泊到海湾中,或是从环形码头出发乘船航游,无论何种选择,都能使人心情舒畅。悉尼港是第一舰队殖民者最终选择下锚的海面。港内有些地方回荡着原住民历史,而另一些地方由囚犯修建的建筑和古老的堡垒则反映着欧洲殖民者的往昔。悉尼皇家植物园占地 30 多公顷,是悉尼景色最为壮观的地点之一,直接面临港口。

3.墨尔本

墨尔本是澳大利亚南部滨海城市,是澳大利亚的第二大城市,是维多利亚州首府,也是世界著名的旅游城市和国际大都市。墨尔本是澳大利亚文化、工业中心,南半球最负盛名的文化名城。墨尔本是澳大利亚联邦维多利亚州的首府,城市绿地率高达40%。城市环境非常优雅,曾荣获联合国人居奖,并连续多年被经济学人智库评为"全球最宜居城市"。

4.布里斯班

布里斯班是澳大利亚第三大城市,也是昆士兰州首府和主要港口,地处布里斯班河畔,濒临摩尔顿湾,属亚热带气候。布里斯班原为土著聚居地,有着大片的绿地。布里斯班河呈S形蜿蜒过市,市区街道笔直有致,多以昔日英国皇室成员命名。市内现代化大楼与典雅古老建筑毗邻,皇后大街为主要商业中心,一年一度的迎春节在这里举行。这里多拓荒时代遗迹,哥特式约翰英国教堂建于19世纪50年代。建于1932年的市政厅大厦,钟楼高106.67米,有瞭望台可俯瞰市容,为布里斯班标志。

5.珀斯

珀斯是澳大利亚西澳大利亚州的首府,也是澳大利亚第四大城市。由于地处澳大利亚大陆西岸地中海气候地区,温和的气候与天鹅河沿岸的别致景色,使珀斯得以成为非常受欢迎的观光旅游目的地。珀斯拥有广阔的居住空间及高水平的生活质量,每年的世界最佳居住城市评选中都是名列前茅,反映出珀斯无论居住环境,生活质量及社会福利等都是极佳的城市。珀斯人的友善态度世界公认,曾于2003年获得世界最友善城市称号,得到世界性的赞赏及认同。

6.大堡礁

大堡礁是世界最大最长的珊瑚礁群,位于南半球,它纵贯于澳大利亚的东北沿海,北从托雷斯海峡,南到南回归线以南,绵延伸展共有2011千米,最宽处161千米。有2 900个大小珊瑚礁岛,自然景观非常特殊。大堡礁的南端离海岸最远有241千米,北端较靠近,最近处离海岸仅16千米。在落潮时部分珊瑚礁露出水面形成珊瑚岛。在礁群与海岸之间是一条极方便的交通海路。风平浪静时,游船在此间通过,船下连绵不断的多彩、多形的珊瑚景色就成为吸引世界各地游客来猎奇观赏的最佳海底奇观。大堡礁于1981年被列入世界自然遗产名录。

(二)新西兰

新西兰位于太平洋西南部,领土由北岛、南岛及一些小岛组成,有"长白云之乡"美誉的新西兰属于大洋洲,位于太平洋西南部,澳大利亚东南方约1 600千米处,介于南极洲和赤道之间,西隔塔斯曼海与澳大利亚相望,北邻新喀里多尼亚、汤加、斐济。首都惠灵顿以及最大城市奥克兰均位于北岛。境内多山,山地和丘陵占总面积75%以上。平原狭小,河流短而湍急,航运不便,但水利资源丰富。北岛多火山和温泉,南岛多冰河与湖泊。

14世纪时毛利人在此定居,1642年后,荷兰人和英国人先后到此。新西兰是一个高度发达的资本主义国家,其经济成功地从以农业为主,转型为具有国际竞争力的工业化市场经济,鹿茸、羊肉、奶制品和粗羊毛的出口值皆为世界第一。新西兰也是大洋洲最美丽的国家之一,总计约有30%的国土为保护区。拥有3项世界遗产、14个国家公园、3座海洋公园、数百座自然保护区和生态区。

新西兰属温带海洋性气候,季节与北半球相反。四季温差不大,植物生长十分茂盛,森林覆盖率达29%,天然牧场或农场占国土面积的一半。广袤的森林和牧场使新西兰成为名副其实的绿色王国。

1.惠灵顿

惠灵顿是新西兰的首都,位于新西兰北岛西南端,人口约 45 万,是北岛南部的主要人口中心,是新西兰的第二大城市,与悉尼和墨尔本一起成为大洋洲的文化中心。惠灵顿气候温和湿润,是南太平洋地区著名的旅游胜地。惠灵顿是往来南北二岛的交通枢纽。在海洋性气候的影响下,天气和暖,阳光充沛。由于惠灵顿濒临海湾,加之地势较高,时常受到海风的侵袭,一年之中大部分日子都刮风,是世界上平均风速最大的城市,因而有"风城"之称。

2.奥克兰

奥克兰是新西兰北部的滨海城市、新西兰最大的港口城市、南半球主要的交通枢纽,也是南半球最大的港口之一。同时,它还是全世界拥有帆船数量最多的城市,所以又被称为"风帆之都"。由于其发达的经济、怡人的环境、高水准的生活和迷人的风景,奥克兰连续多年被评为"世界上最宜居的城市之一"。

第八节　南美洲邮轮航区

一、区划与人口

南美洲位于西半球、南半球,东临大西洋,西临太平洋,北临加勒比海。北部和北美洲以巴拿马运河为界,南部和南极洲隔德雷克海峡相望。

南美洲是陆地面积第四大的大洲,陆地面积 1 784 万平方千米。安第斯山脉几乎纵贯整个南美洲西部,拥有美洲最高的山峰——阿空加瓜山。安第斯山脉东部就是面积广大的亚马孙河盆地,大部分地区都是热带雨林。

地理区域上划分为:南美北部诸国,包括圭亚那、苏里南、委内瑞拉和哥伦比亚,一个地区为法属圭亚那;安第斯山地中段诸国,包括厄瓜多尔、秘鲁、玻利维亚;南美南部诸国,包括智利、阿根廷、乌拉圭、巴拉圭。

印第安人是南美洲最早的开拓者。安第斯山脉中段高原地带是南美大陆古文明发源地。早在公元 10 世纪前后,居住在这一带的印第安人部族——印加人,建立了以秘鲁南部库斯科为中心的印加帝国。

印加帝国在 1438 年到 1533 年间,运用了从武力征服到和平同化等各种方法,使得印加帝国的版图几乎涵盖了整个南美洲西部。

到 15 世纪鼎盛时期,其疆域北起厄瓜多尔北部,南达智利的塔尔卡,人口约 900～1 200万。当时农业已相当发达,栽培玉米、豆类、马铃薯、木薯、昆诺阿藜等作物,驯养骆马和羊驼,在水利灌溉工程、交通驿道、建筑、手工业等方面也达到较高水平。光辉的印加文化是人类物质和精神文明的重要组成部分。哥伦比亚、智利南部和巴拉圭是印加帝国以外人口较集中的地区。

16 世纪初,来自欧洲伊比利亚半岛的葡萄牙、西班牙殖民者开始入侵。葡萄牙侵占了巴西,西班牙统治了除巴西以外的南美广大地区。

1810 年,武装起义烈火燃遍整个南美洲。经过十多年浴血奋战,终于推翻了西、葡殖民统治。

第二次世界大战以后,斗争日益深入和广泛。南美国家带头发起反对超级大国海洋霸权的斗争,掀起了以收回民族资源为主要内容的国有化浪潮,积极推行地区经济一体化,争取建立国际经济新秩序,在发展民族经济方面取得了很大成就。

二、自然特征

南美洲大陆地形可分为东西两个纵带:西部为狭长的安第斯山脉,南美洲海拔 300 米以下的平原约占全洲面积的 60%,海拔 300 米至海拔 3 000 米之间的高原、丘陵和山地约占全洲面积的 33%,海拔 3 000 米以上的高原和山地约占全洲面积的 7%。全洲平均海拔600 米。

安第斯山脉由几条平行山岭组成,全长约 9 000 千米,是世界上最长的山脉,也是世界最高大的山系之一。南美洲东部呈平原高原相间分布,由北至南,分别是奥里诺科平原、圭亚那高原、亚马孙平原、巴西高原、拉普拉塔平原、巴塔哥尼亚高原、潘帕斯草原。其中亚马孙平原面积约 560 万平方千米,是世界上面积最大的冲积平原;巴西高原是世界上最大的高原,面积约 500 万平方千米,地面起伏平缓。

南美洲大部分地区属热带雨林气候和热带草原气候。气候特点是温暖湿润,以热带为主,大陆性不显著。全洲除山地外,冬季最冷月的平均气温均在 0 ℃以上,占大陆主要部分的热带地区,平均气温超过 20 ℃。冬季远比北美洲暖和。而南美洲西部则有呈带状分布的热带沙漠气候和地中海气候,安第斯山脉则为高山气候,在南美洲东南部则有亚热带季风和季风性湿润气候。

三、南美洲邮轮旅游航线

南美洲太平洋航线主要有 3 段。

①下段:阿根廷的布宜诺斯艾利斯港开出,经由乌拉圭的蒙得维的亚、阿根廷的马德林港、合恩角风景区,穿越麦哲伦海峡,途经智利的蒙特港最终抵达智利的圣地亚哥。当然也有从圣地亚哥出发经过相似的路线抵达布宜诺斯艾利斯的行程。另外也有从布宜诺斯艾利斯出发,经过巴西的伊哈贝拉、杜斯布济乌斯、伊利亚格兰德、埃斯特角城返回布宜诺斯艾利斯的航程。

②中段:由巴西的桑托斯港开出,经过格兰德岛、萨尔瓦多、伊列乌斯和杜斯布济乌斯后返回桑托斯港。

③上段:从巴西的里约热内卢出发,挂靠布宜诺斯艾利斯、埃斯特角城和伊哈贝拉后返回母港。三段行程也可以结合港口位置编排不同的较长航线。

南美洲旅游最主要的是海滨度假旅游,而其中以巴西最为突出。巴西是世界上最大的热带国家,8 000 千米的海岸线上分布着众多风景绚丽的海滩。该国充分发挥多姿多彩的热带风光、独具风韵的人文景观优势,发展海滨度假旅游。旅游业成为近年来巴西发展最快的行业之一。智利连续四年被评为"南美洲最佳冒险旅游目的地",成为"南美洲最浪漫的旅游目的地"。瓦尔帕莱索港获评"南美洲最佳游轮港口",厄瓜多尔首都基多获评"南美洲最佳旅游目的地",玻利维亚被评为"南美洲最佳绿色旅游目的地",秘鲁成为"南美洲最佳文化旅游目的地"。

巴西的巴西利亚、里约热内卢、圣保罗,阿根廷的布宜诺斯艾利斯、乌斯怀亚,智利的圣地亚哥,秘鲁的利马,哥伦比亚的波哥大、麦德林,厄瓜多尔的基多等都是世界著名的旅游城市。

四、南美洲主要邮轮港口

1.布宜诺斯艾利斯

布宜诺斯艾利斯是阿根廷的首都,位于南美洲东岸,当地人称之为 porteños(港口居民)。城市的名称在西班牙文中的意思是"好的空气"。此处不仅是南美洲最富有的城市之一,且极具丰富的文化、音乐和艺术气息。城市布宜诺斯艾利斯划分为 47 个小区(Barrio),每区都有各自的独特风格。里科莱塔(La Recoleta)使人联想到巴黎,而圣提尔摩(San Telmo)则显示该市的跨国历史遗迹,其中包括西班牙殖民建筑、意大利建筑和优美的法式建筑。在布宜诺斯艾利斯度假期间,探戈舞和购物是两大绝佳的活动选择。

2.里约热内卢

里约热内卢是巴西第二大城市,被称为"狂欢的城市"或"奇妙的城市",这里充满森巴节奏、阳光、热情好客之道、丰富色彩和真正的度假气氛。该市的主要地标——巨型的救世基督像位于科科瓦多山或称为糖包山的山顶,一块花岗岩巨石也坐落于该市。

里约热内卢海滩在里约热内卢居住区的前面横跨 4.5 千米。它的景色之美让人目瞪口呆:花岗岩环绕着通往海湾的大门。这种"城市—海滩"的布局给予游客更多的采购机会:这里有购物中心、电影院、时装和珠宝商店,以及设置得当的餐馆和夜总会。灰色的公路、白色的沙滩、蓝色的海水是城市边缘的三原色。当地的夏季是从 12 月到次年的 2 月,气温在 25~35 ℃。

3.蒙得维的亚

蒙得维的亚港口是乌拉圭最大的城市、首都与主要港口,也是美洲最重要的港口之一。美丽的海滩是这个国家的特点。蒙得维的亚是个迷人而历史悠久的城市,有 19 世纪和 20 世纪的典雅建筑、美丽公园和历史文物等。

多年来,不少来自西班牙、葡萄牙、法国和英国的移民涌到这里,在这个小镇留下了印记,这点可在款式多样的建筑风格中反映出来,包括殖民建筑和装饰艺术等,包罗万象。蒙得维的亚的建筑丰富多彩,甚至在南美洲内无与伦比。

游客可在旧城附近漫步到邻近的卡拉斯科,也可沿着河岸前行,当地渔民就在那里整理渔获。繁华热闹的港口地区,遍布餐厅、咖啡室和酒吧,到了周末,港口市场也会开放。

4.圣地亚哥

圣地亚哥是智利首都,西邻南太平洋,东临安第斯山脉的圣地亚哥,一边是壮阔的海洋,一边是终年积雪的山脉,自由切换海与山的异样美,400 多岁的古城完美融合了沧桑与现代。

第九节　南极洲邮轮航区

一、区域地理概况

南极洲位于地球南端,四周被太平洋、印度洋和大西洋所包围,边缘有别林斯高晋海、罗斯海、阿蒙森海和威德尔海等。南极洲由大陆、陆缘冰、岛屿组成,总面积1 424.5万平方千米,其中大陆面积1 239.3万平方千米,陆缘冰面积158.2万平方千米,岛屿面积7.6万平方千米。全境为平均海拔2 350米的大高原,是世界上平均海拔最高的洲。大陆几乎全被冰川覆盖,占全球现代冰被面积的80%以上。大陆冰川从中央延伸到海上,形成巨大的罗斯冰障,周围海上漂浮着冰山。整个大陆只有2%的地方无常年冰雪覆盖,动植物能够生存。

在南极圈内暖季有连续的极昼,寒季则有连续的极夜,并有绚丽的弧形极光出现。

由于自然环境极为严酷,南极洲生物种类十分稀少,是世界上生物资源最少的洲,尤其是在内陆地区,几乎不存在自然生命。但是海洋里生物资源却极其丰富,有大量的海藻、珊瑚、海星、海绵、磷虾等生物,其中磷虾是南极洲海域众多生物的主要食物来源。

南极洲生物绝大部分分布在南极半岛和沿海地带及岛屿。海岸和岛屿附近有鸟类和海兽。鸟类以企鹅为多。暖季时,企鹅常聚集在沿海一带,构成南极地区代表性的景象。海兽主要有海豹、海狮和海豚等。

二、旅游业发展状况

南极旅游业始于20世纪50年代末,当时智利和阿根廷用一艘海军运输船搭载500多名付费乘客前往南设得兰群岛。1966年,拉斯-埃里克·林德布莱德(Lars-Eric Lindblad)率领第一支探险队前往南极洲,开始了"探险巡航"的概念。自此,南极洲成为很多旅行爱好者和探险家穷极一生的梦想之地。

南极并没有四季之分,只分暖季、寒季,最适合旅行的为11月至次年3月之间。

目前到达南极有3种方式:纯飞机旅行、空海旅行、邮轮旅行。邮轮是最普遍的一种方式,邮轮以及邮轮公司的选择决定了南极旅行的体验度、舒适度以及安全性。

三、南极邮轮旅游航线

坐邮轮去南极旅行,是目前市面上去南极最常见的旅行方式。但根据出发地的差异,也会有不同:

①最常见的选择:阿根廷乌斯怀亚出发,这是市场上超过85%的航次的首选出发地。

②少数航线的出发地:蓬塔阿雷纳斯(智利)或蒙得维的亚(乌拉圭)/阿根廷布宜诺斯艾利斯出发,这类出发地的航次多见于南极季的首航航次,是各邮轮公司从北部转港南极航线的航线选择之一,更多见于11月初的航次;一般航海日比较多,优势是价格便宜。

③特殊航线:澳大利亚的霍巴特或新西兰的利特尔顿或布拉夫/达尼丁出发,这部分的邮轮一般是走罗斯海线路和偏远的东南极洲,数量有限,目前只有少数的几家公司有这个航线。

福克兰群岛、南佐治亚岛、南极半岛被称为"南极三岛",是邮轮航线必经之地和重要的旅游目的地。

【拓展阅读】

极地探险邮轮

极地(南极和北极)探险作为一种新兴的旅游方式,正在越来越多地受到全球游客的关注和青睐。目前,投入运营的极地探险邮轮数量在 94 艘左右(包含一些短期被租用为探险邮轮的科考船和破冰船),运营商大部分集中在欧美。

根据国际南极旅游组织协会(IAATO)的统计数据,近年来全球南极邮轮游客数量稳步快速增长,复合年均增长率达 18.2%。其中,2019—2020 航季南极邮轮游客数量为 74 381 人,较上一航季增长 29.1%。

而北极邮轮旅游则分为北极点游和周边国家游,包括俄罗斯、北欧三国、加拿大、美国极圈内区域等。2009—2020 年,北极邮轮游客增长约 300%,近 3 年来也持续保持平均 10% 以上的稳定增长。

过去,极地探险旅游市场主要集中在欧美地区,随着我国经济水平的飞速提升和人民生活水平的日益提高,中国市场正在成为全球极地旅游发展新的重要增长点。IAATO 的统计数据显示,2017 年中国已经成为全球南极旅游的第二大客源国。受新冠疫情影响,2020 年 1 月 27 日起,我国停止了出境旅游,但 2019—2020 航季来自中国的南极游客仍然表现强劲,突破了 8 000 人次。尽管南极旅游船票价格高昂,但历年中国游客南极游平均复购率达到 45% 之多。

极地探险邮轮属于小众高端市场,客户具有较高忠诚度和较强消费能力,该市场在疫情前保持高速增长的良好势头,疫情后也将快速复苏。2020 年全球市场上仅有的 5 艘新造邮轮订单均为极地探险邮轮,充分显示了该细分市场的韧性。总体来看,未来极地探险邮轮建造市场将呈以下主要趋势:

1.老龄船潜在更新需求较大

极地探险邮轮船队的老龄化问题比较突出。目前 94 艘船的平均船龄为 21.68 年,其中 25 年及以上船龄的邮轮高达 46 艘(48.9%)、8543 客位(41.4%)。随着游客对于舒适性要求的提高,以及环保法规日趋严格的影响,老龄极地邮轮的淘汰速度将会加快。

2.低碳环保政策将催生新船或改造需求

目前极地探险邮轮手持订单共 23 艘、5 000 客位,交期排至 2023 年。手持订单中,有 9 艘采用了更为环保的混合动力推进系统,占手持订单船数的 39%。而在营船队中,采用混合动力推进系统的仅有 7 艘,占船队总数的 7.4%。随着全球"脱碳"进程的加速,以及南极、北极固有的严格的环保要求,改造旧有船舶或是直接订造更为环保的新船将是极地邮轮运营商必须要进行决断的问题。

3.具有冰级符号的邮轮更具优势

虽然无冰级符号的邮轮也能跑极地航线,但有冰级符号的船拥有时间更长的运营期和可前往更深入的区域两大优势,新开发的航线如俄罗斯远东、加拿大西北、南极罗斯海均需要冰级船方可前往,因此更多的船东在订造新船时选择 IC 冰级以上的邮轮。现有船队中的 31 艘 IC 级以下的船舶将在未来的竞争中处于劣势,而且这 31 艘船的平均船龄已达 26.4 年,将会是结构调整的主要对象。

资料来源:郭歆,潘越,刘臣.后疫情时代邮轮市场的新动能:极地探险邮轮[J].中国港口,2021(8):25-27.

思考:

1.极地探险邮轮旅游呈现什么样的特征?

2.你对极地探险邮轮旅游持什么态度? 请说说你的理由。

【课后思考题】

1.简述邮轮航线定义及分类。

2.当前世界邮轮航线呈现的特点是什么?

3.邮轮航线开发应遵循的原则是什么?

4.邮轮航线设计与开发影响因素有哪些?

5.简述世界主要航区的邮轮旅游特征。

【推荐阅读】

[1]《亲历者》编辑部.坐邮轮游世界[M].北京:中国铁道出版社,2021.

[2]古镇煌.坐邮轮游世界[M].北京:中信出版集团,2020.

[3]孙晓东.邮轮港口发展与航线布局:国际经验与中国实践[M].上海:上海交通大学出版社,2019.

参考文献

[1] 张颖超，亓元. 邮轮旅游业概论[M]. 哈尔滨：哈尔滨工程大学出版社，2020.

[2] 刘艳. 邮轮运营管理[M]. 北京：化学工业出版社，2018.

[3] 叶欣梁. 邮轮概论[M]. 2版. 大连：大连海事大学出版社，2019.

[4] 王常涛，党杰. 船舶概论与识图[M]. 北京：国防工业出版社，2015.

[5] 杨杰. 邮轮运营实务[M]. 北京：对外经济贸易大学出版社，2012.

[6] 黄丽华. 邮轮概论[M]. 青岛：中国海洋大学出版社，2018.

[7] 苏枫. 邮轮概论[M]. 上海：上海交通大学出版社，2014.

[8] 陈咏梅，张梦娜. 我国邮轮旅游市场推广策略[J]. 北华大学学报（社会科学版），2019，20(6)：95-99.

[9] 中国邮轮游 2.0 时代[J]. 中国远洋海运，2019(9)：34-41.

[10] 徐虹，杨红艳，韩林娟. 中外邮轮旅游研究回顾与展望：基于研究对象演变的分析[J]. 旅游科学，2019，33(2)：1-18.

[11] 皮晖，常新利. 邮轮旅游概论[M]. 武汉：华中科技大学出版社，2019.

[12] 孙晓东，冯学钢. 中国邮轮旅游产业：研究现状与展望[J]. 旅游学刊，2012，27(2)：101-112.

[13] 张瑜. 中国邮轮产业断链：制造业仍是空白管理滞后[EB/OL]. 新浪网，2015-7-6.

[14] 前瞻产业研究院. 2019 年中国邮轮旅游行业发展现状和市场前景分析[EB/OL]. 网易，2019-10-26.

[15] 刘卓鑫. 基于 SWOT 分析的海南邮轮旅游市场研究[J]. 中国水运，2020(5)：18-20.

[16] 叶欣梁. 打造上海邮轮经济全产业链战略思路[J]. 科学发展，2020(8)：20-32.

[17] "上海国际邮轮旅游人才培训基地"教材编委会. 国际邮轮产品运营和服务规范[M]. 北京：中国旅游出版社，2017.

[18] 汪泓. 中国邮轮产业发展报告—2020[M]. 北京：社会科学文献出版社，2020.

[19] 汪泓. 中国邮轮产业发展报告—2019[M]. 北京：社会科学文献出版社，2019.

[20] 汪泓. 中国邮轮产业发展报告—2018[M]. 北京：社会科学文献出版社，2018.

[21] 孙晓东. 邮轮产业与邮轮经济[M]. 上海：上海交通大学出版社，2014.

[22] 张磊，梁素铉. 浅析国际邮轮乘务管理专业跨文化交际能力培养模式[J]. 青岛远洋船员职业学院学报，2021，42(4)：60-63.

[23] 孔洁，程芸燕，邹智深. 国际邮轮乘务管理专业人才培养探析[J]. 航海教育研究，

2021，38（2）：57-61.

［24］胡桢妮，王秋雨. 高职国际邮轮乘务管理专业人才培养建议：基于邮轮乘务人员离职现状及影响因素分析［J］. 对外经贸，2020（3）：116-119.

［25］刘玉婷，姜仕倩，李伟峰，等. 就业视角下邮轮乘务专业人才培养质量提升研究［J］. 湖南邮电职业技术学院学报，2019，18（3）：77-80.

［26］史健勇. 对国际邮轮人才培养的战略思考［J］. 中南林业科技大学学报（社会科学版），2013，7（6）：24-26.

［27］张蕊，郑燕华. 产教融合背景下高职国际邮轮乘务管理专业人才培养路径探索［J］. 职业技术教育，2019，40（2）：32-36.

［28］郑燕华.“四段融合、海陆互通”人才培养体系研究：以国际邮轮乘务管理专业为例［J］. 教育理论与实践，2019，39（6）：25-27.

［29］闫秦勤. 现代学徒制在高职国际邮轮乘务管理专业人才培养中的实践［J］. 职业技术教育，2019，40（2）：27-31.

［30］黄雪忠，顾鹏程，张磊. 从国际邮轮公司兼并重组看本土企业发展路线图［J］. 中国船检，2020（10）：38-41.

［31］张宁宁，邱羚. 中国本土邮轮公司发展战略研究：以 BH 邮轮为例［J］. 中国水运（下半月），2020，20（11）：29-30.

［32］最邮轮官网［EB/OL］.

［33］黄嘉瑞，叶欣梁，金佳雯. 上海游客对邮轮旅游的整体感知度研究［J］. 经营管理者，2014，（20）：96-97.

［34］孙琳，周其厚.“一带一路”背景下广西邮轮旅游的创新发展：基于广西邮轮消费需求的调查研究［J］. 社会科学家，2017（7）：118-122.

［35］黄建莹. 国内游客邮轮旅游消费行为代际差异研究［D］. 上海：上海工程技术大学，2019.

［36］PARRY E，URWIN P. Generational differences in work values：A review of theory and evidence［J］. International Journal of Management Reviews，2011，13（1）：79-96.

［37］JOSHI A，DENCKER J C，FRANZ G，et al. Unpacking generational identities in organizations［J］. Academy of Management Review，2010，35（3）：392-414.

［38］TOUDERT D，BRINGAS-RÁBAGO N L. Impact of the destination image on cruise repeater's experience and intention at the visited port of call［J］. Ocean & Coastal Management，2016，130：239-249.

［39］MOLLY V，LAVEREN E，JORISSEN A. Intergenerational differences in family firms：Impact on capital structure and growth behavior［J］. Entrepreneurship Theory and Practice，2012，36（4）：703-725.

［40］ALHABASH S，JIANG M T，BROOKS B，et al. Online banking for the ages：Generational differences in institutional and system trust［M］// Communication and Information Technologies Annual. Bingley：Emerald Group Publishing Limited，2015：145-171.

［41］程钟慧，张强. 上海游客邮轮消费行为的特点研究［J］. 旅游纵览（下半月），2016（4）：

132-133.

[42] 周慧芬. 我国邮轮旅游者消费行为研究[D]. 上海：上海工程技术大学，2015.

[43] 黄旦妮，邱羚. 中国游客邮轮消费行为特点调研分析[J]. 上海企业，2014(6)：78-80.

[44] 邱羚，夏雪梅. 中外邮轮游客消费行为比较研究[J]. 交通与港航，2017，4(4)：17-22.

[45] 郑慧. 基于中国旅游者需求的邮轮旅游产品开发对策研究[D]. 青岛：中国海洋大学，2009.

[46] MARSCHALL S. 'Personal memory tourism' and a wider exploration of the tourism – memory nexus[J]. Journal of Tourism and Cultural Change，2012，10(4)：321-335.

[47] MARSCHALL S. 'Travelling down memory lane'：Personal memory as a generator of tourism[J]. Tourism Geographies，2015，17(1)：36-53.

[48] HWANG S J，HYUN S H. Examining the cruise passengers' autobiographical memory triggers based on memory theory：Interdisciplinary approach on the theory of scarcity [J]. Korean Journal of Hospitality & Tourism，2018，27(2)：145-162.

[49] 叶欣梁，孙瑞红. 基于顾客需求的上海邮轮旅游市场开发研究[J]. 华东经济管理，2007，21(3)：110-115.

[50] KANG J，MANTHIOU A，KIM I，et al. Recollection of the sea cruise：The role of cruise photos and other passengers on the ship[J]. Journal of Travel & Tourism Marketing，2016，33(9)：1286-1308.

[51] 张维亚，俞世海，严伟. 基于 MOA 理论的邮轮旅游者消费决策研究[J]. 消费经济，2013，29(3)：65-70.

[52] PETRICK J F. Development of a multi-dimensional scale for measuring the perceived value of a service[J]. Journal of Leisure Research，2002，34(2)：119-134.

[53] 张言庆，马波，刘涛. 国际邮轮旅游市场特征及中国展望[J]. 旅游论坛，2010，3(4)：468-472.

[54] 杨乔蕾. 顾客感知邮轮风险探究[J]. 物流科技，2013，36(5)：121-123.

[55] 高洪云，张言庆，谭晓楠. 青岛市居民邮轮旅游认知及消费意愿研究[J]. 青岛职业技术学院学报，2016，29(1)：13-16.

[56] 郭柳晨，周依晨. 基于文化价值观的邮轮旅游购买意愿问题分析[J]. 世界海运，2013，36(12)：1-7.

[57] 吴春艳. 我国邮轮旅游者购买决策影响因素研究[D]. 大连：东北财经大学，2012.

[58] 乔勇. 上海邮轮旅游营销策略探析[J]. 现代商贸工业，2010，22(1)：113-114.

[59] 周慧芬. 我国邮轮旅游者消费行为研究[D]. 上海：上海工程技术大学，2015.

[60] 刘永涓，孟世文. 厦门邮轮旅游市场消费行为调查研究[J]. 福建师大福清分校学报，2017(2)：89-96.

[61] 黄海明，刘依阳，尹卫华. 上海市邮轮旅游者行为特征及影响因素实证研究[J]. 海洋经济，2020，10(4)：49-57.

[62] HUNG K，PETRICK J F. The role of self- and functional congruity in cruising intentions

［J］. Journal of Travel Research, 2011, 50(1)：100-112.

［63］BRIDA J G, PULINA M, RIAÑO E, et al. Cruise visitors'intention to return as land tourists and to recommend a visited destination［J］. Anatolia, 2012, 23(3)：395-412.

［64］TEYE V B, LECLERC D. Product and service delivery satisfaction among North American cruise passengers［J］. Tourism Management, 1998, 19(2)：153-160.

［65］程钟慧, 张强. 上海游客邮轮消费行为的特点研究［J］. 旅游纵览(下半月), 2016(4)：132-133.

［66］FIELD D R, CLARK R N, KOTH B A. Cruiseship travel in Alaska：A profile of passengers ［J］. Journal of Travel Research, 1985, 24(2)：2-8.

［67］Morrison A M, Yang C H, O'Leary J T, Nadkarni N. Comparative profiles of travelers on cruises and land-based resort vacations［J］. Journal of Tourism Studies, 1996, 7(2)：15-27.

［68］Moscardo G, Morrison A, Cai L, et al. Tourist perspectives on cruising：Multidimensional scaling analysis of cruising and holiday types［J］. Journal of Tourism Studies, 1996, 7(2)：54-64.

［69］HUNG K, PETRICK J F. Why do You cruise? Exploring the motivations for taking cruise holidays, and the construction of a cruising motivation scale［J］. Tourism Management, 2011, 32(2)：386-393.

［70］孙晓东, 林冰洁. 谁主沉浮? 全球邮轮航线网络结构及区域差异研究［J］. 旅游学刊, 2020, 35(11)：115-128.

［71］冯宪超. 疫情防控常态化下对邮轮产业发展的思考［J］. 中国港口, 2020(12)：28-31.

［72］王丽, 齐林恺, 邱羚. 我国邮轮港口综合竞争力提升研究［J］. 中国水运, 2021(7)：21-23.

［73］宋丹瑛, 陈旭东, 董克, 等. 中国邮轮港口竞争力研究(上)［J］. 中国港口, 2019(12)：29-31.

［74］魏錾依. 广西出台意见支持北海建设国际化邮轮港口［N］. 中国水运报, 2021-09-24 (2).

［75］吴慧, 王道平, 张茜, 等. 基于云模型的国际邮轮港口竞争力评价与比较研究［J］. 中国软科学, 2015(2)：166-174.